Atlas des RISQUES MAJEURS

ÉCOLOGIE, ENVIRONNEMENT, NATURE

MICHEL BARNIER

Atlas des RISQUES MAJEURS

ÉCOLOGIE, ENVIRONNEMENT, NATURE

PLON

Direction éditoriale : Pierre Vallaud
Direction artistique : Bruno Leprince
Cartographie : Emmanuelle Chaulet, Francine Héral, Frédérique Vannier
Correction, révision : Isabelle Coutiet
Flashage : Compo Rive Gauche

Un ouvrage conçu et réalisé par Artegrafica

ISBN : 2-259-02544-7

Sommaire

Introduction

A l'affirmation de Paul Valéry : « Nous autres, civilisations modernes, nous savons que nous sommes mortelles », ne faudra-t-il pas substituer un jour une formule plus radicale encore : « Nous autres humains savons que nous pouvons détruire la planète », indiquant, une fois pour toutes, que nous sommes conscients des plus grands dangers que l'Homme fait courir à ce que les Grecs appelaient la « Terre-Mère ».

Depuis des années déjà, des voix se sont élevées - la plus forte et la plus récente est celle du Commandant Cousteau - pour mettre en garde hommes politiques et citoyens contre les dangers que comportait la volonté de dominer la nature. Utopistes, rêveurs et quelquefois scientifiques, leurs voix, leurs protestations sont souvent restées sans écho...

Peut-être était-ce dû, non pas au manque de vérité de leurs propos, mais au ton sur lequel ces choses-là étaient dites. Il est des excès dans la violence du langage, dans le pacifisme, voire les bons sentiments, qui témoignent d'une sorte d'intégrisme. Aux mises en garde légitimes s'ajoutaient souvent des discours moralisateurs que nul n'était préparé à entendre. Au nom de quoi parlaient donc ces amoureux de la nature, au nom de quel projet de société précis, au nom de quelle pratique « universalisable » ?

L'Homme - mais y sommes-nous pour quelque chose, et n'est-ce pas une des lois de l'espèce ? - a passé le plus clair de son temps, depuis qu'il est apparu sur Terre, à vouloir tenter de *dominer la nature*.

Que pouvait-il faire d'autre, lui, le plus démuni des mammifères, dans un monde hostile ? Savants et philosophes nous ont enseigné que c'est cette capacité même à comprendre et à transformer la nature qui fait que l'Homme est ce qu'il est.

Il a fallu comprendre, et la science est née. Il a fallu transformer, et les techniques se sont développées. Il a fallu aussi lutter contre la faim, la maladie, les éléments. L'Homme s'y est attaché. Il y a perdu des millions des siens ; il s'est pourtant aussi sauvé lui-même.

La victoire de l'Homme sur cette terre est avant tout la victoire d'une espèce sur les autres espèces. Une victoire sur les autres formes de vie qu'il tient en respect, qu'il commande et qu'il peut même modifier.

S'il est quelque chose de nouveau aujourd'hui, c'est justement l'immensité des moyens dont l'Homme dispose désormais dans tous les domaines, industriels, militaires, médicaux... moyens, nous le savons, qui peuvent être mis au service du meilleur comme du pire.Il faut donc que ces moyens soient contrôlés. Aucune idéologie - et certainement pas au sens étroit du terme, l'idéologie écologique - ne peut y suffire ; aucun scientifique non plus ne peut être le seul juge des applications de la science qu'il contribue à créer.

Ce contrôle relève du philosophe, bien sûr, mais il est aussi du ressort de l'homme politique. C'est à la fois une tâche écrasante et exaltante.

Encore faut-il poser clairement les principes sur lesquels doit reposer son action.

Il en est qui semblent simples parce que sans cesse rebattus, redits, détournés, à tel point qu'ils en viennent à perdre de leur sens.

Ces principes sont ceux de la Démocratie, de la Démocratie dans l'acception la plus noble du terme, celle dont la liberté est la pierre angulaire. Celle où l'Homme peut s'épanouir en disposant de tous les moyens utiles à son développement. Mais cette démocratie a aussi une autre dimension : elle ne se divise pas. Rousseau disait qu'un « principe ne se divise pas », cette assertion est également ici vérifiée.

Autrement dit, ce qui est bon pour moi doit l'être pour chacun ; il n'y a pas d'îlots de liberté ou alors ils sont les sanctuaires à partir desquels la liberté doit prendre pied partout. On peut affirmer qu'on ne règle pas les problèmes de la planète ici, sans prétendre pouvoir les régler également ailleurs ; on ne pourra pas se contenter de trouver des solutions partielles.

Nous le voyons tous les jours, les problèmes économiques, politiques, humanitaires, sont liés, c'est encore plus vrai des problèmes de l'environnement, de la nature et de l'écologie. Chacun pour tous ! Plutôt que chacun pour soi.

Pour maîtriser les risques majeurs, il faut d'abord en prendre la mesure, il faut les identifier, les localiser. Il faut leur restituer leur vraie dimension, il faut faire face à la réalité, aussi sinistre soit-elle.

Comprendre pour agir !

Certains lecteurs jugeront cette présentation exagérément, voire systématiquement pessimiste. Mais l'insistance à souligner les dangers n'est que l'autre version d'un appel au volontarisme des hommes politiques et des citoyens. Il n'y a pas de fatalité !

Il faut avoir le courage de dire que le développement de type occidental, tel que nous le connaissons aujourd'hui, n'est certainement pas possible pour l'ensemble de la planète. Ce qui entraîne probablement des révisions déchirantes de l'idée que nous nous faisons encore du progrès. L'écologie peut être, doit être, le moteur d'un autre développement.

C'est notre devoir, mais aussi notre honneur en cette fin de XXe siècle, d'avoir à relever un tel défi, d'avoir à prendre à bras-le-corps ces problèmes si pesants et à remettre sur l'ouvrage l'essentiel de ce qui a semblé constituer, jusqu'à ce jour, l'avenir et la prospérité de la planète.

Les effets pervers de cette prospérité partielle et très souvent injuste risquent d'être désastreux pour l'avenir du monde. Le temps est compté.

Mettre au service de cette cause tout notre courage, toute notre volonté, c'est à la fois la voix du cœur et celle de la raison.

Il est tard. Il n'est pas trop tard.

Michel Barnier

A l'échelle de l'histoire du monde

L'univers a été créé, selon les astronomes, il y a environ 15 à 20 milliards d'années lors du *big bang* initial. Une lente évolution inorganique a abouti à la formation d'éléments chimiques et a donné le Soleil et la Terre, âgée, elle, de 4,7 milliards d'années. L'histoire de l'espèce humaine n'est donc qu'un élément d'une histoire beaucoup plus générale et plus vaste.

La **naissance** même **de l'homme** date de **trois millions d'années,** ce qui n'est rien au regard de l'**apparition de la vie** qui remonte à **trois milliards d'années,** à peine le dernier millionième. Des êtres vivants de forme unicellulaire sont apparus les premiers, suivis, il y a environ 500 millions d'années, par l'émergence d'anatomies pluricellulaires, et il y a **70 millions d'années,** par celle de **primates.** Les humains auxquels nous ressemblons sont apparus il y a 100 000 ans seulement. L'homme n'est donc qu'une forme de vie, celle jusqu'à ce jour la plus élaborée et ce, au terme d'une longue évolution. **Australopithèques, homo habilis, homo erectus, homo sapiens,** nous ne ressemblons qu'approximativement à **Lucy,** la petite australopithèque fossile née il y a 3 millions d'années et dont certains considèrent qu'elle pourrait être une lointaine arrière-grand-mère de l'homme. L'hominisation s'est réalisée par de **multiples modifications génétiques et culturelles.** Le milieu et les conditions climatiques ont façonné nombre de caractéristiques morphologiques des individus, mais les adaptations sont toujours à examiner avec beaucoup de prudence.

L'homme est parti à la conquête du monde, et a peu à peu apprivoisé la nature. Il l'a dominée grâce à la conquête du feu, à l'invention des outils, à l'agriculture, la science et la technique. Dans ces conditions, l'homme a prospéré sur cette terre et s'est multiplié jusqu'à atteindre 6 milliards en l'an 2000. Que va-t-il advenir, maintenant que l'espèce humaine met en danger la planète ? La poursuite de l'**évolution** est imprécise. Celle du **patrimoine héréditaire,** par exemple, est incertaine, d'aucuns craignent même que l'élimination de la sélection naturelle permette la survie et la reproduction d'individus porteurs d'affections héréditaires graves.

L'**Homo sapiens qui a supplanté les autres** ne **sera-t-il** pas lui-même **victime à son tour d'une nouvelle espèce ou sous-espèce ?** Ou bien **connaîtra-t-il le même sort que les dinosaures** qui, après avoir vécu durant 100 millions d'années en bonne adaptation avec leur milieu, ont disparu. Les raisons de leur extinction restent largement obscures. Les divers spécialistes avancent au moins une soixantaine de causes sans s'accorder : causes internes (les dinosaures ne réussissant plus à se reproduire en raison de leur taille), causes astronomiques, via une comète, ou encore causes alimentaires, climatiques, géologiques.

Comme le montre Yves Coppens qui a participé à la découverte de Lucy, « l'histoire de l'évolution est une histoire de compétition, de lutte pour la vie. Les possibilités de la nature ne sont pas infinies. Elle porte et fait vivre une société végétale et une société animale, et **le nombre de places est limité.** Si bien que lorsqu'un groupe est en plein épanouissement, comme celui, immense, des dinosaures à l'ère secondaire, les autres doivent se faire tout petits ».

L'homme qui se distingue par son intelligence apparaît donc comme un être vivant dont l'importance est toute relative. Cette **relativisation de l'existence humaine** a particulièrement été montrée par l'Américain Stephen Jay Gould. Selon lui, l'**homme** n'est en fait qu'un **accident de l'Histoire** et peut disparaître définitivement d'un instant à l'autre et ce d'autant que les extinctions de masse semblent avoir été considérables. Il y en aurait eu 5 ou 6 majeures au cours des 600 derniers millions d'années.

L'existence de l'homme passe de plus en plus, non seulement par la préservation d'un milieu bien adapté à l'épanouissement et à la survie des espèces vivantes, mais aussi par la gestion des équilibres énergétiques, nutritifs et démographiques.

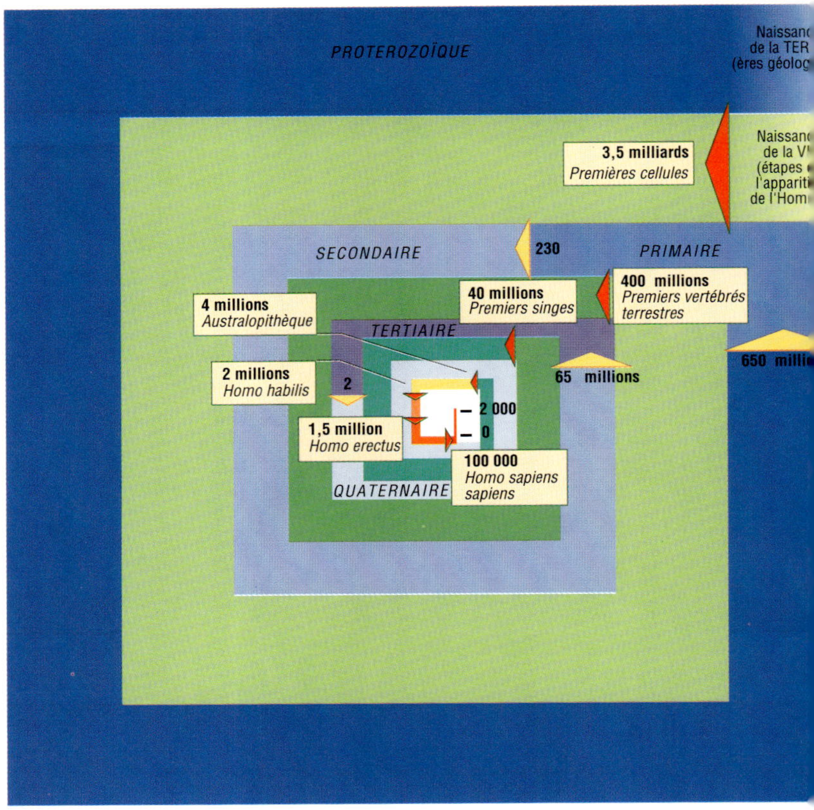

La Terre, la vie et l'homme

Tous les risques majeurs doivent être mesurés au regard de l'échelle du monde. Pour certaines grandes tendances, comme l'évolution de la fréquence des séismes ou des éruptions volcaniques, un seul siècle n'est pas significatif.

Premières migrations humaines

Après être apparu, vraisemblablement, selon les plus anciens fossiles, quelque part entre l'Afrique du Sud, l'Afrique de l'Est et le Proche-Orient, l'homme a emprunté deux grandes voies essentielles, celle du nord en passant le détroit de Bering à la faveur des glaciations et celle du sud jusqu'en Indonésie et en Australie. Chaque nouvelle découverte permet de mieux dater l'apparition des premiers hommes et leurs étapes migratoires. Ainsi, les estimations sur le peuplement du continent américain varient de plusieurs milliers d'années selon les sources. S'il a fallu beaucoup de temps à l'homme pour découvrir la planète et la conquérir, un siècle a suffi pour la mettre en danger. Maintenant qu'il n'y a plus d'« ailleurs » et de « nouveaux mondes » à coloniser, préserver la planète est une urgence.

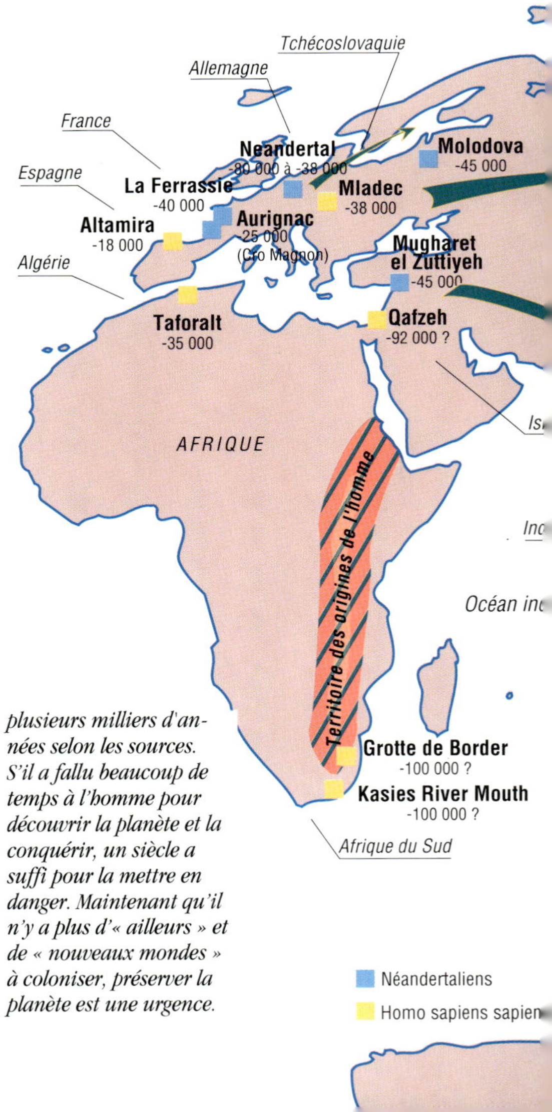

L'homme et la nature

Soumis d'abord aux rigueurs de la nature, l'homme a passé le plus clair de son temps à essayer de s'en protéger et de la dominer. Les progrès de la pensée, des techniques et de la science lui ont permis d'acquérir une certaine autonomie par rapport à elle. Avec les découvertes du XXe siècle, l'homme s'est révélé capable de remettre en question le fragile équilibre établi jusqu'alors. Aujourd'hui, c'est à lui, non plus seulement de se protéger de la nature, mais aussi de protéger la nature elle-même contre des agressions dont les effets pourraient être irréversibles.

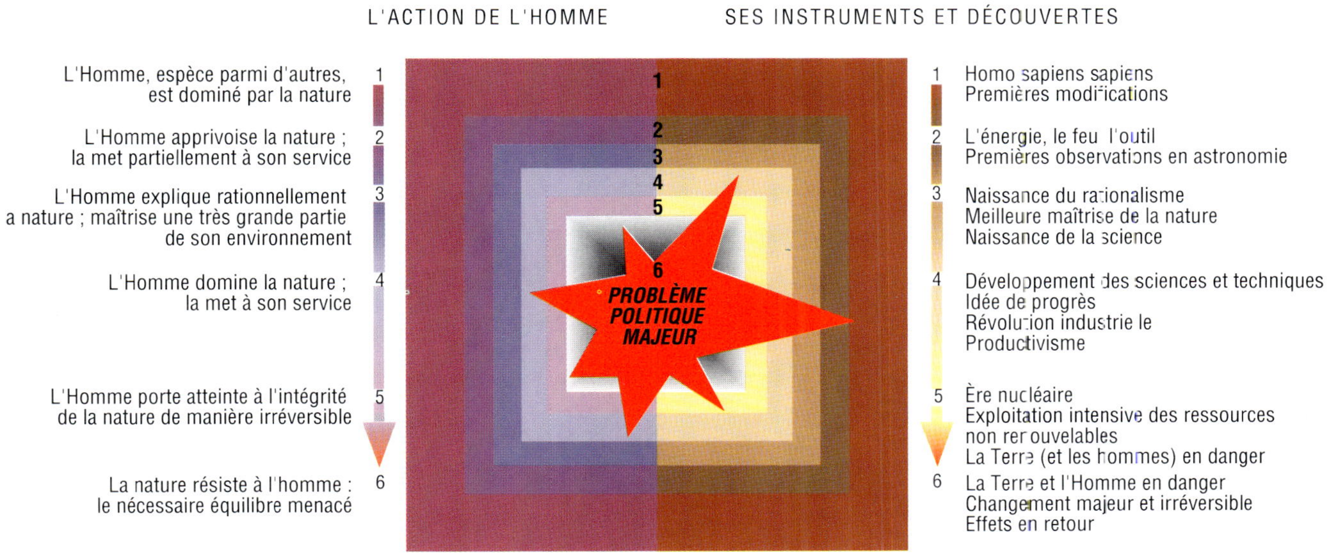

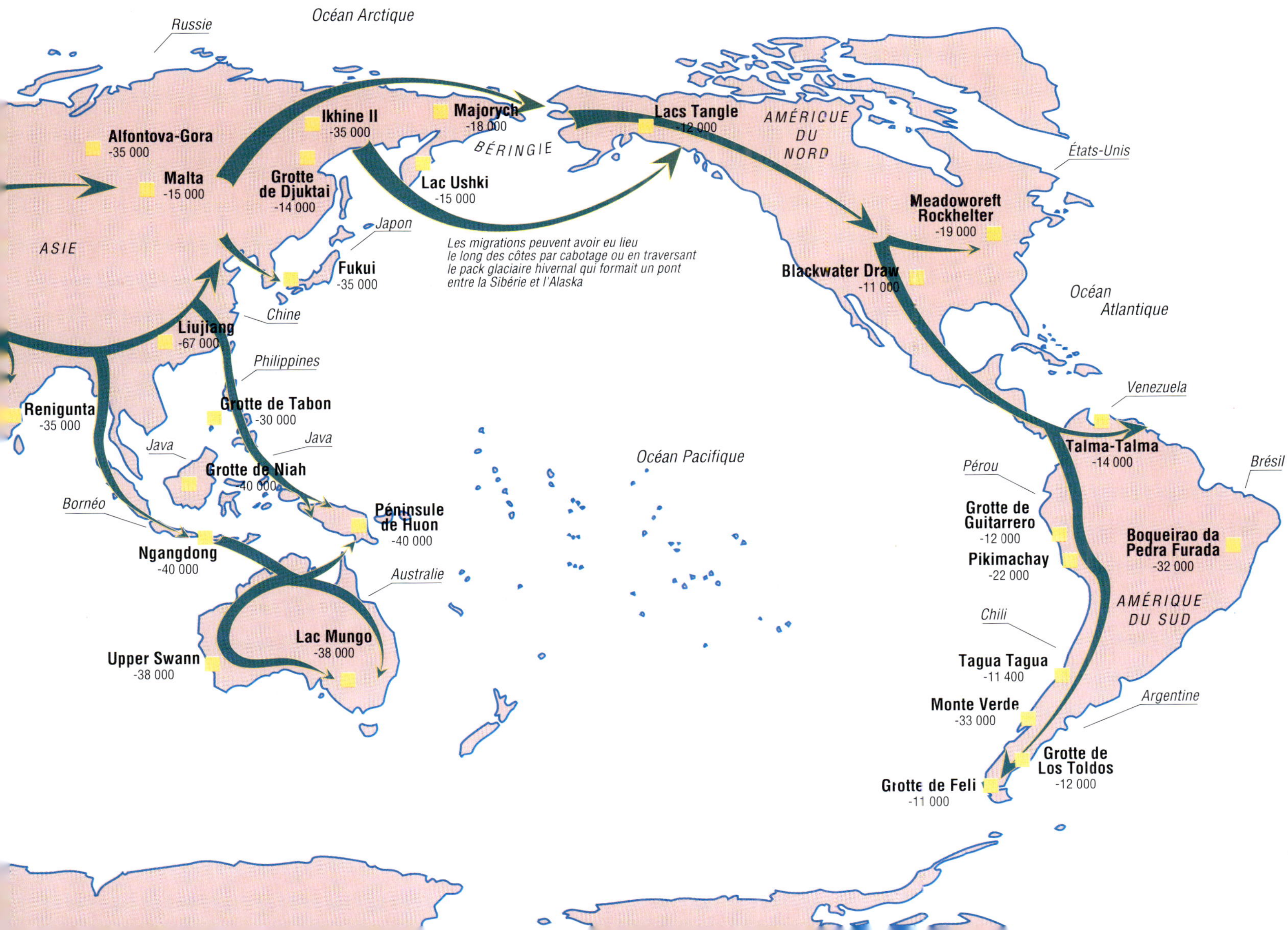

Pour quelques degrés de plus

Près de 30 % du **rayonnement solaire** sur la Terre est **réfléchi** par les particules de l'atmosphère, la surface de la planète, les nuages ; le reste du rayonnement conservé par la Terre est renvoyé ensuite vers l'espace sous forme d'**infrarouge.** Or, lors des échanges Soleil-Terre-Espace, certains gaz, agissant comme une vitre, laissent passer la lumière du soleil et arrêtent les infrarouges. C'est l'**effet de serre.** Dans une serre, les rayons du soleil chauffent à travers la vitre les plantes qui à leur tour irradient une chaleur qui reste en grande partie piégée à l'intérieur. Sans ce phénomène, la température terrestre serait de -18 °C. La perturbation ne vient donc pas du processus lui-même, mais du développement des activités humaines. Depuis la révolution industrielle, en effet, l'importance des **GES (gaz à effet de serre)** dans l'atmosphère a augmenté. Or, **plus les GES sont nombreux, plus l'énergie réémise sous forme d'infrarouge est piégée et plus le réchauffement augmente.**

Le récent réchauffement planétaire serait donc dû à la présence croissante de ces gaz dans l'atmosphère : l'eau **(H_2O),** le gaz carbonique **(CO_2),** le méthane **(CH_4),** les hydrocarbures chlorofluorés **(CFC),** le protoxyde d'azote **(N_2O)** et l'ozone de basse altitude **(O_3).** Leur origine humaine est de mieux en mieux connue. Le CO_2 provient pour environ 20 % des **défrichements forestiers** et 80 % de la combustion des **combustibles fossiles** (avec, par ordre de nocivité décroissante : charbon, pétrole, gaz naturel). Le CH_4 comme le N_2O sont essentiellement émis par l'**agriculture.** Le CH_4 provient notamment de la riziculture et de l'**élevage** à cause de la fermentation des aliments végétaux dans l'appareil digestif du bétail ; le N_2O, de la combustion de **biomasse** et de l'épandage d'**engrais** sur les sols naturels cultivés. Les **CFC,** seuls GES à être totalement **artificiels,** sont utilisés pour les solvants, agents moussants et propulseurs de bombes aérosols, fluides réfrigérants. Leur émission est désormais limitée depuis la signature du protocole de Montréal. L'augmentation de O_3, enfin, résulte de processus photochimiques.

Si les émissions progressaient à la même vitesse, la température globale augmenterait au cours du prochain siècle de 0,3 °C par décennie. Il s'ensuivrait, semble-t-il, une hausse de 3 °C avant la fin du XXIe siècle. La **marge d'incertitude** est très grande, car l'anticipation des taux d'émission de GES reste approximative et la prédiction des **climats** risquée. Quel est exactement le rôle des nuages, de l'océan ou du gaz carbonique ? Selon Ichtiaque Rasool, responsable scientifique pour la NASA des études sur les changements climatiques, « les nuages de haute altitude auraient tendance à aggraver l'effet de serre, tandis que ceux de basse altitude, qui renvoient dans l'espace une partie du rayonnement solaire, agiraient en sens inverse ». Sur les 7 milliards de tonnes de carbone rejetées dans l'atmosphère chaque année par les activités humaines, la moitié est absorbée par l'océan, « poubelle à CO_2 de la planète ». Pour les effets du CO_2, enfin, on s'interroge : en réchauffant les océans, le CO_2 perd ses capacités d'absorption, mais dans le même temps, il favorise la croissance des plantes. Enfin, selon Haroun Tazieff, l'augmentation de la teneur en CO_2 de l'atmosphère (passée de 0,025 % environ il y a un siècle à 0,03 % environ aujourd'hui) est certaine, mais son influence sur le climat est insignifiante.

Une chose est sûre, les **anomalies climatiques** se sont multipliées. Au Sahel, la sécheresse a sévi dans les années 1973-1983. En Indonésie, en Australie, l'été 1982 a fait des ravages. Aux États-Unis ou en Chine, l'été 1988 a été torride. Gilbert en 1988 et Hugo en 1989 ont été parmi les cyclones les plus brutaux… et les cinq années les plus chaudes se situent lors des années 1980. Le **réchauffement planétaire** se profile donc avec sa cohorte de nuisances : **sécheresses, désertification, inondations, cyclones, famines, modification des habitats et des activités économiques, déplacements de populations, tensions internationales accrues…** Néanmoins, la sécheresse reste localisée et la météorologie est par définition capricieuse.

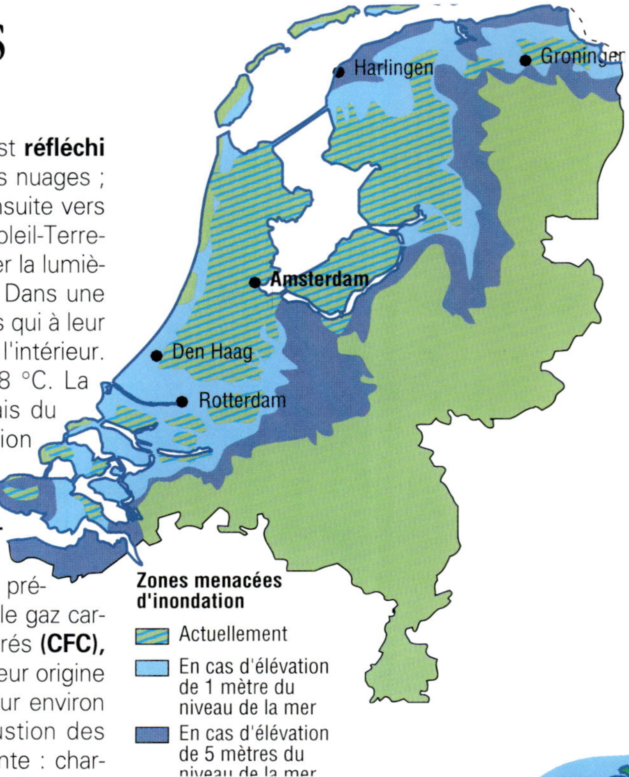

Un exemple en Europe

En 1282, sur le territoire des actuels Pays-Bas, une catastrophe noya 200 000 personnes. Depuis, les Hollandais mettent en place des digues. Le littoral, exposé aux marées de la mer du Nord, s'enfonce lentement, au risque de remettre en question l'existence matérielle d'une part importante du territoire national.

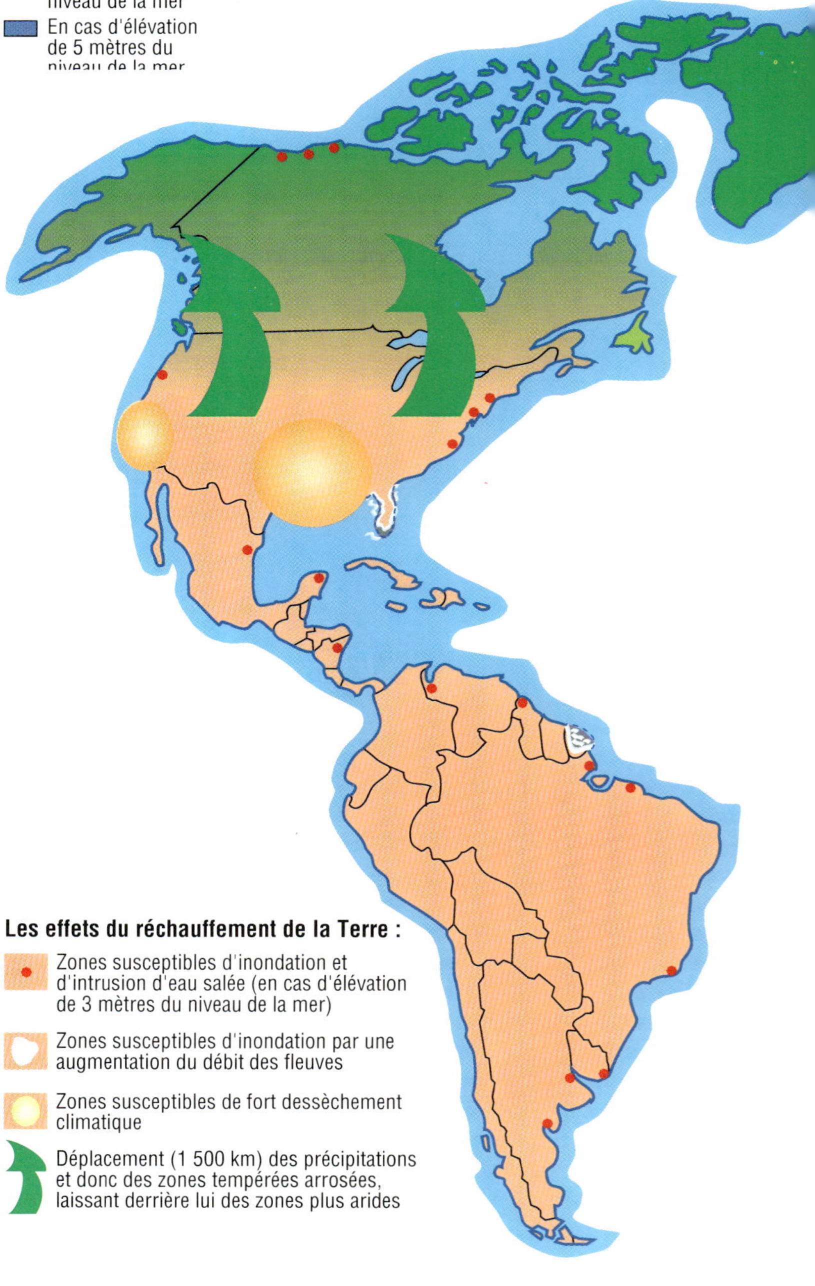

Montée des eaux, sécheresse, nouvelles précipitations

En cas d'accélération du réchauffement planétaire, l'aridité accrue des grandes zones continentales des latitudes tempérées (Middle West américain, Europe, Australie, Kazakhstan soviétique, Chine) ferait complètement changer de camp l'arme alimentaire. Les difficultés de production de céréales des États-Unis et de la Chine seraient compensées par l'accroissement de la production en Sibérie ou au nord-ouest du Canada, nouveaux greniers du monde. Dans les zones de montagne, le réchauffement déplacerait les climats, supprimant certaines stations de ski d'altitude moyenne, tandis qu'une pression se ferait fortement sentir pour les zones plus hautes et plus fragiles. Les glaciers eux-mêmes pourraient disparaître. Sur le littoral, enfin, la montée des eaux menacerait la moitié de l'humanité qui vit, en effet, dans les zones côtières. Au cours des cent dernières années, on a constaté une élévation de près de dix centimètres du niveau moyen des mers. Avec une poursuite de cette tendance jusqu'à un mètre de plus, le quart du Bangladesh serait rayé de la carte, les Maldives disparaîtraient. La Camargue, Venise, Alexandrie, New York, les Pays-Bas, la Floride seraient entamés. Les deltas du Gange, du Nil et ceux de nombreuses rivières du sud de la Chine seraient noyés. Cependant, toutes ces modifications ne sont que des hypothèses et font partie d'un scénario-catastrophe.

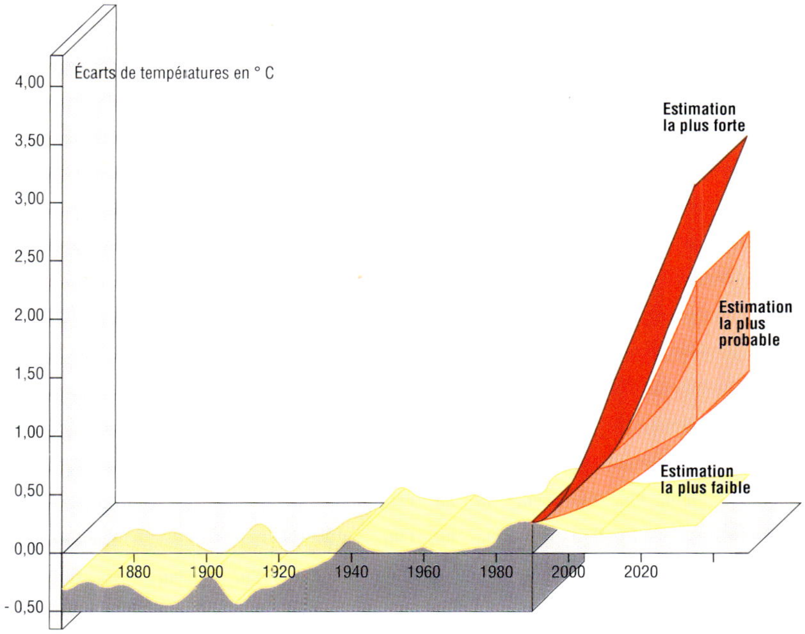

Réalités et prévisions

En un siècle, le réchauffement de la planète a été effectif. Les simulations, quoique prévoyant des situations extrêmes, laissent penser cependant que la réalité se situera dans une zone intermédiaire en raison des mesures qui devraient être prises pour limiter les GES et de la très grande inertie thermique des océans.

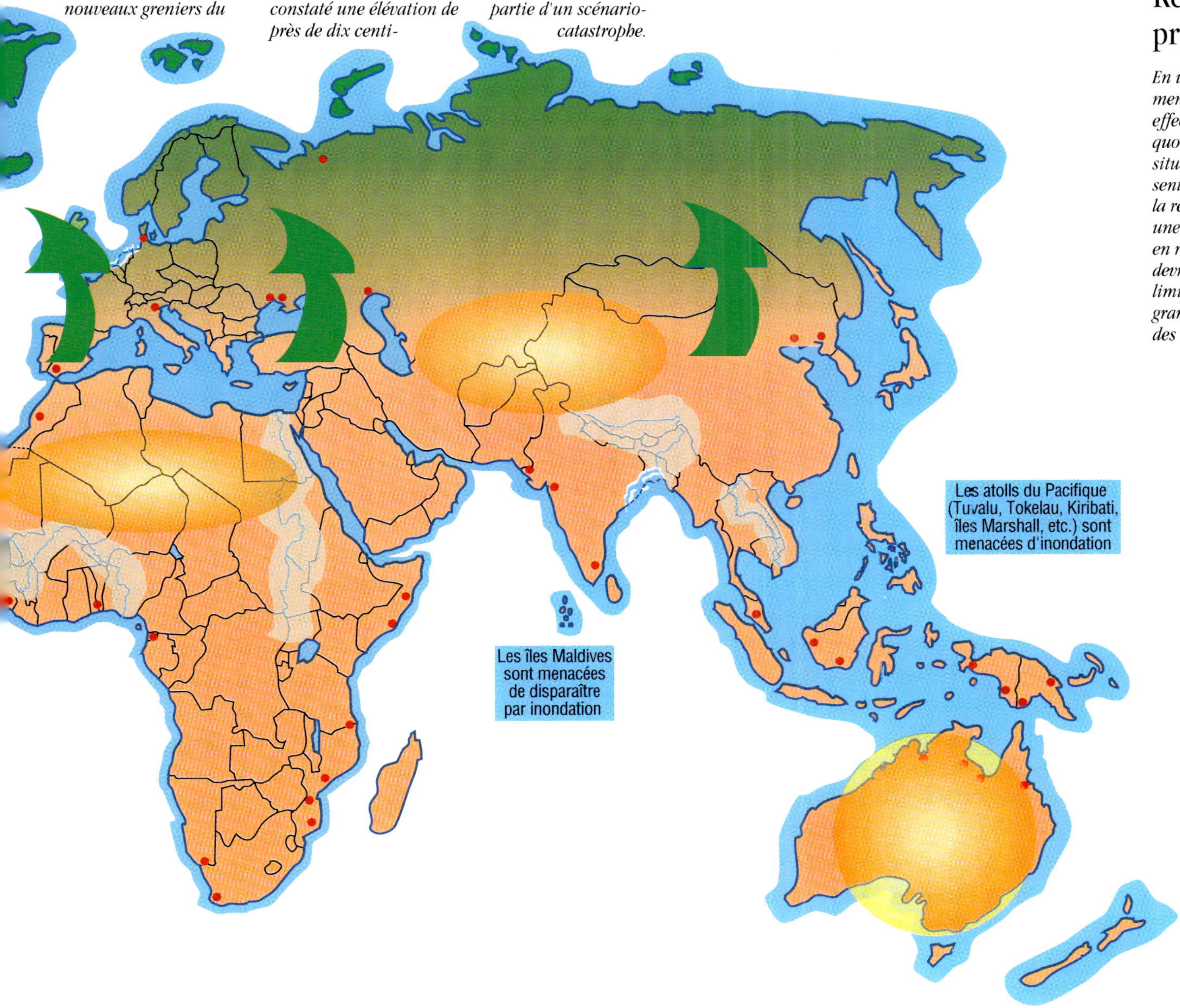

L'ozone en danger

Molécule formée de trois atomes d'oxygène (O_3), l'ozone stratosphérique se situe entre 15 et 40 kilomètres d'altitude. Sa diminution étudiée dans les années 1970 est particulièrement sensible aux pôles où elle prend la forme d'un « trou ». Observé d'abord au **pôle Sud,** il provient d'un **appauvrissement de 50 % de la couche d'ozone entre 1979 et 1988.** Mesuré plus récemment au **pôle Nord,** il montre que dans une région comprise entre 30° et 64° de latitude nord, la **baisse** est déjà de 3,5 à **5 %** pour la même période. La généralisation du phénomène est préoccupante. En effet, si jusque-là la destruction de l'ozone touchait surtout des régions inhabitées du pôle Sud, elle menace désormais les fortes concentrations humaines du Nord : Nord-Est américain, Europe de l'Ouest, régions très peuplées de la Chine.

Le programme ***European Arctic Stratospheric Ozone Experiment,*** qui s'est déroulé de novembre 1991 à mars 1992, a mis en œuvre de grands moyens : observations terrestres et satellitaires, lâchers de ballons-sondes, instruments de mesure embarqués à bord d'avions ou de fusées pénétrant directement dans la couche d'ozone. Les mesures ne sont pas aisées, car le trou se forme de manière cyclique, aux alentours de septembre-octobre, une particularité qui a longtemps conduit les scientifiques à donner au phénomène une explication naturelle. L'analyse des données recueillies est formelle : les **principaux agents responsables** de la diminution de la couche d'ozone sont les **CFC (chlorofluorocarbures)** et, dans une moindre mesure, d'autres gaz tels le méthane ou l'oxyde nitreux. Les CFC étant des gaz totalement artificiels qui entrent notamment dans la composition d'aérosols et de liquides réfrigérants, ce sont donc les activités industrielles qui sont à l'origine du « trou ».

Ce phénomène d'origine humaine est d'autant plus inquiétant qu'il peut être aggravé par des facteurs naturels. **Certaines éruptions volcaniques** ont ainsi déjà provoqué une diminution de l'ozone. En 1982, l'éruption du volcan El Chichon, au Mexique, laissa soupçonner une corrélation entre les deux processus. L'éruption du Pinatubo, en 1991 aux Philippines, deux fois plus importante pour ses rejets soufrés, permet de l'affirmer.

La destruction de l'ozone est grave. L'ozone, en effet, constitue une sorte de bouclier naturel qui protège la vie terrestre du rayonnement très dangereux des ultraviolets C (de longueurs d'ondes en dessous de 280 nanomètres) et partiellement des UV-B (280 à 320 nanomètres). La suppression de cet écran met en danger la santé des hommes. Selon un rapport de l'ONU de novembre 1991, une **baisse de 10 % d'ozone** dans l'atmosphère entraîne une **hausse de 26 % des cancers,** soit 300 000 nouveaux cas dans le monde. Suivant les précisions de l'Agence pour la protection de l'environnement, l'accroissement se répartit ainsi : plus 10 % de mélanomes malins et plus 50 % de cancers de la peau non mortels, mais défigurants. Ainsi, en Australie, on a constaté un accroissement de 5 % des cancers de la peau d'origine solaire au cours de la dernière décennie. Hormis les cancers, il est établi que l'**ozone préservant des UV-B** qui ont un **effet immunosupresseur**, sa diminution provoque de nombreuses lésions oculaires : cataractes (en tablant toujours sur une perte de 10 % de la couche d'ozone, elles passent de 1,6 à 1,75 million), presbyties, et même cécités. A l'aplomb du trou d'ozone de l'Antarctique, près de **Punta Arenas,** les **bergers** portent toute l'année chapeaux et lunettes noires, quant aux **moutons,** beaucoup sont devenus **aveugles.**

La diminution de l'ozone **altère aussi la chaîne alimentaire** et **diminue les productions agricole** et **aquatique :** une exposition accrue du maïs, du blé ou du riz aux ultraviolets réduit les récoltes en quantité et en qualité. Enfin, dernier effet néfaste, elle risque d'accentuer les **modifications climatiques.** Des réactions multiples sont à craindre. L'augmentation des ultraviolets atteignant la Terre devrait, entre autres, participer au **renforcement de l'effet de serre.**

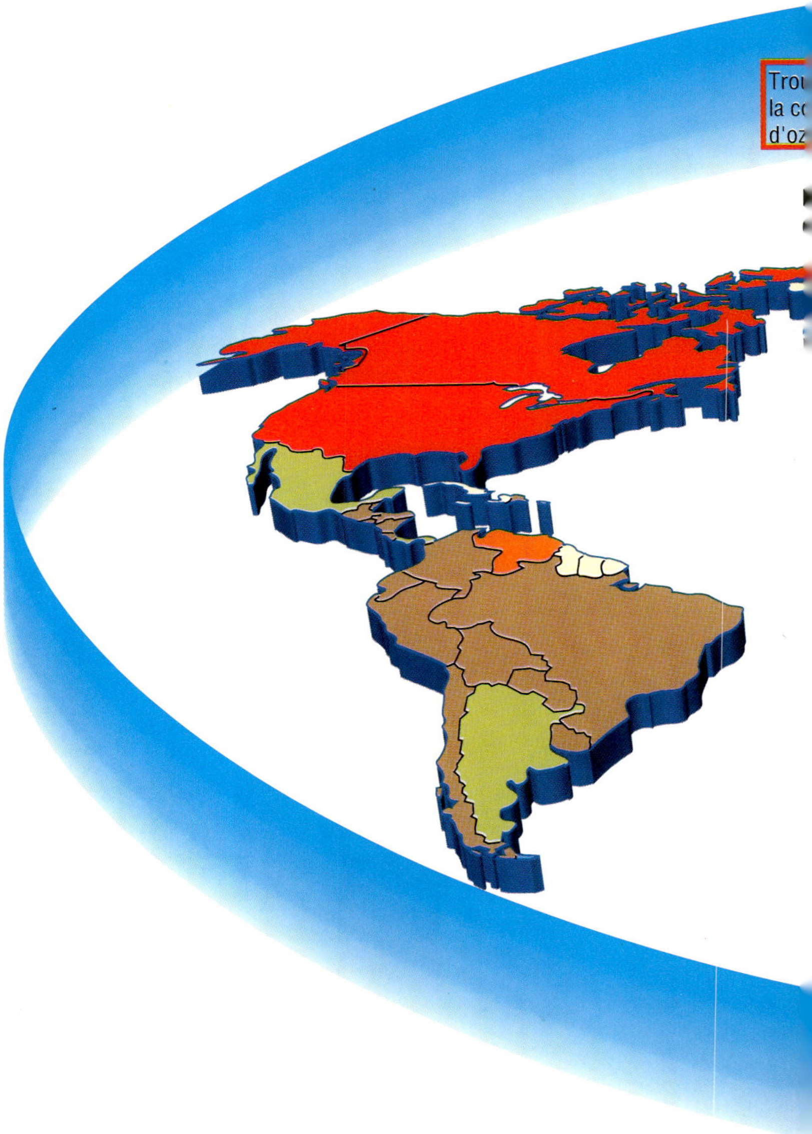

Le « trou »

En pénétrant dans la stratosphère, les CFC se décomposent sous l'action des UV et se transforment en composés actifs qui réagissent avec l'ozone et le détruisent. Le processus est plus apparent dans l'Antarctique et dans l'Arctique où les très basses températures provoquent la formation de cristaux qui « piègent » les réactions. Pour lutter contre cette évolution, 24 pays producteurs de CFC ont signé un accord limitatif, le Protocole de Montréal, en 1987, élargi à Londres en 1990 : 80 pays producteurs et utilisateurs se sont engagés à arrêter la production et l'émission des CFC d'ici l'an 2000. Le délai a même été raccourci de cinq ans, étant donné l'accélération du rythme de déperdition de l'ozone. Il faudrait aussi interdire certains substituts contenant du chlore (HCFC) ou du brome (HCFB).

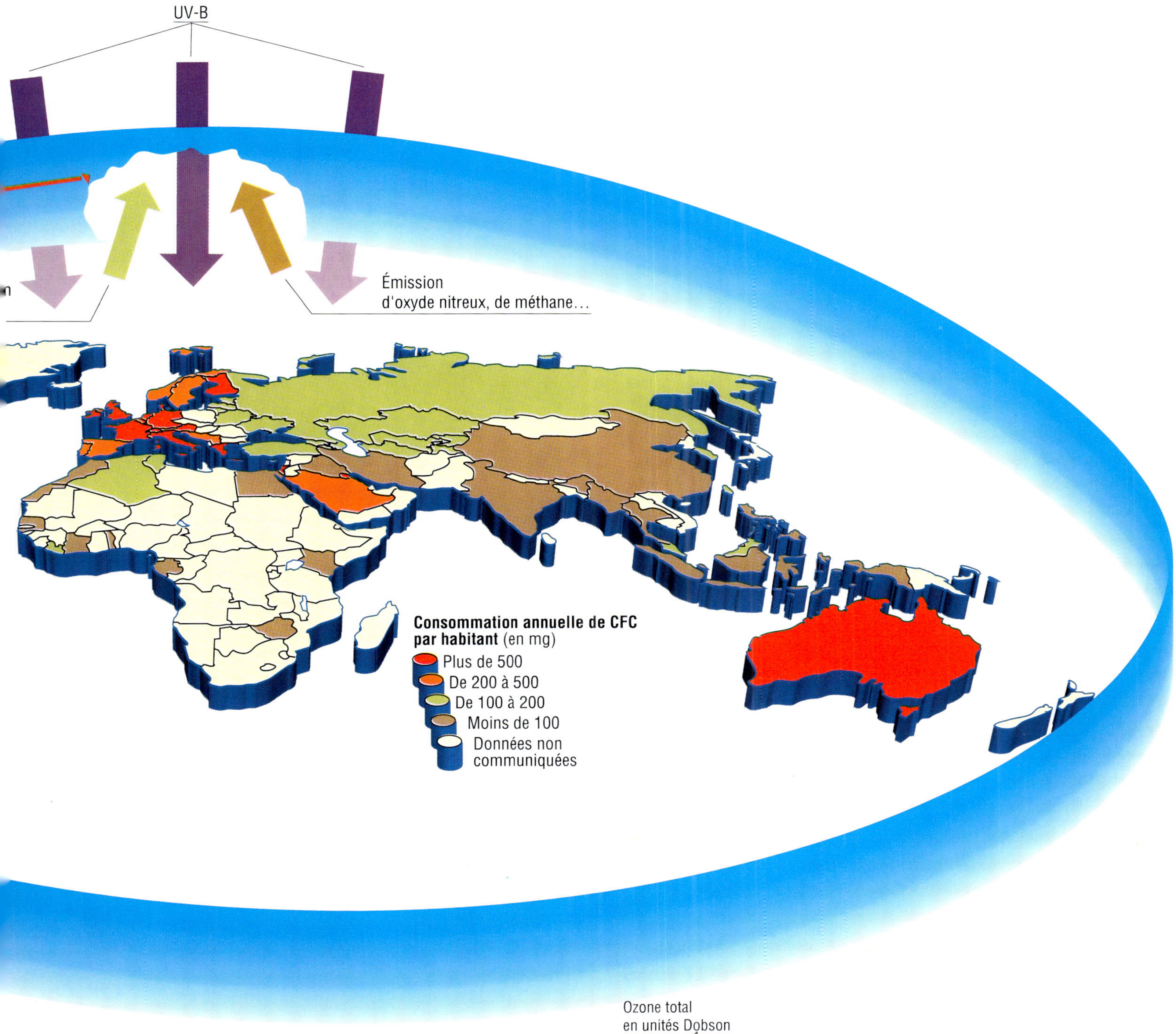

Évolution de l'ozone dans l'Antarctique

La baisse de la quantité d'ozone s'est accusée dans les années 1980 par rapport aux années 1960 et 1970. En septembre 1987, cette diminution a atteint jusqu'à 50 %, voire plus de la colonne d'ozone, dans une région presque aussi vaste que le continent Antarctique.

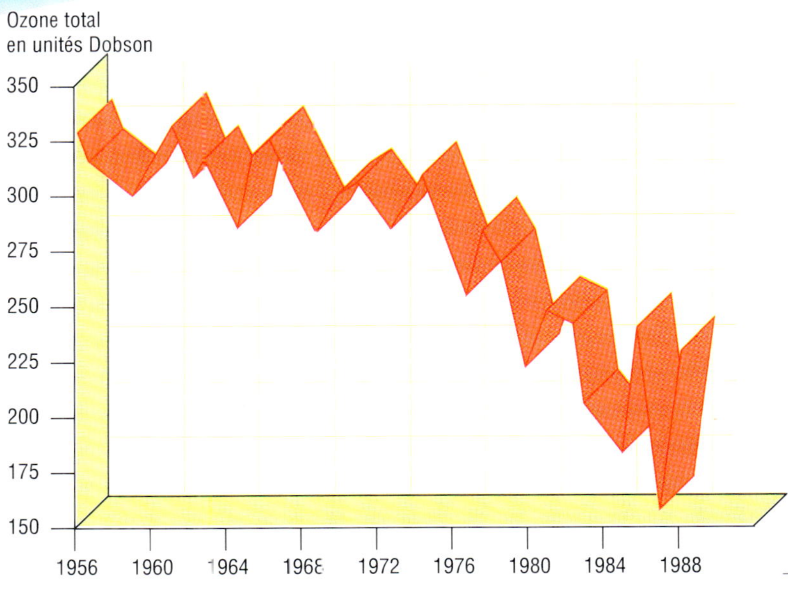

L'avancée du désert

Le désert gagne près de **6 millions d'hectares par an.** Sa progression, qui n'est pas uniforme, affecte peu à peu des zones de terre qui deviennent stériles. Cette avancée touche près d'**une soixantaine de pays** qui regroupent environ **un milliard d'habitants.** Elle s'étend à une **vitesse alarmante :** ainsi pour la seule saison 1983-1984, le désert aurait gagné plus de 50 kilomètres au Soudan. Des régions entières sont bouleversées : Maghreb, Sahel, Mali, Tchad, Éthiopie, Nordeste brésilien, provinces intérieures de Chine...

La désertification provient de l'action conjuguée des **modifications climatiques** et des **activités humaines.** Parmi les anomalies climatiques qui ont accompagné le réchauffement de la Terre, figurent l'absence de mousson, les vents de sable et surtout la succession d'années de sécheresse entre 1968 et 1984. Quant aux activités humaines, elles sont pleinement responsables de quatre causes essentielles de dégradation : le **surpâturage,** la **surexploitation des terres de culture,** le **déboisement** et enfin la **saturation en eau** et la **salinisation** des terres irriguées. Autant de mauvaises gestions de la terre que provoquent ou renforcent la **pression démographique** non contrôlée et les **politiques volontaristes de développement.**

La croissance de la population, en nécessitant une augmentation des troupeaux, bouleverse le précaire équilibre qui régnait entre besoins et ressources du cheptel. Plus nombreux, les animaux se concentrent sur les pâturages et détériorent la litière du sol qui n'a pas eu le temps de se régénérer. En effet, habituellement alimentée par la pluie, cette litière composée d'humus et de mousse retient l'eau et nourrit à son tour les nappes phréatiques. Mais, une fois l'humus balayé, le sol se dénude et s'érode. Au Mali, les sols dénudés sont passés de 2 à 26 % de la surface du pays entre 1954 et 1975. Autre raison du déséquilibre, les contentieux territoriaux et la délimitation de **frontières** qui, **entravant les déplacements** des pasteurs itinérants au gré des précipitations, menacent certains peuples comme les Touaregs. Le nomadisme et la transhumance semblent pourtant la meilleure pratique dans les régions semi-arides. Enfin, la surpopulation contraint les agriculteurs itinérants à réduire le temps de jachère.

La désertification s'accompagne d'une **érosion pluviale,** en privant les sols de la protection de toute couverture végétale lors de violentes précipitations. L'**érosion** peut être aussi **éolienne :** au Sahel, les sols des dunes se sont remis en mouvement avec l'envol des particules fines.

L'explosion démographique rend le déboisement dramatique, alors que certaines pratiques comme le pâturage étaient initialement inoffensives. Les réactions en chaîne multiplient les dégâts. Les déboisements des pentes de l'Himalaya, en accélérant le ruissellement des affluents du Gange et du Brahmapoutre, réunis dans le delta du Bangladesh, ont amplifié les effets dévastateurs des inondations. En accumulant les terres arrachées en amont et en provoquant un enlisement prématuré de l'embouchure des fleuves, elles préparent, aussi, une future désertification.

Les **pays du tiers monde** sont les plus **durement touchés** par la désertification : la sécheresse, s'ajoutant à la mauvaise gestion des terres (labourages sur les sols en pente, abandon des pratiques culturales traditionnelles sans une véritable adaptation à l'agriculture occidentale) fait des agents involontaires de ces dommages les premières victimes des **terribles famines.**

Cependant, les **pays industrialisés** sont **aussi menacés.** L'épandage intensif de **pesticides et d'engrais,** l'irrigation à outrance ont abouti à un véritable **lavage des sols.** La stérilisation définitive des terres agricoles pourrait concerner à terme, et selon la FAO, 544 millions d'hectares (18 % des terres cultivées dans le monde) si aucune mesure supplémentaire de conservation n'est adoptée rapidement.

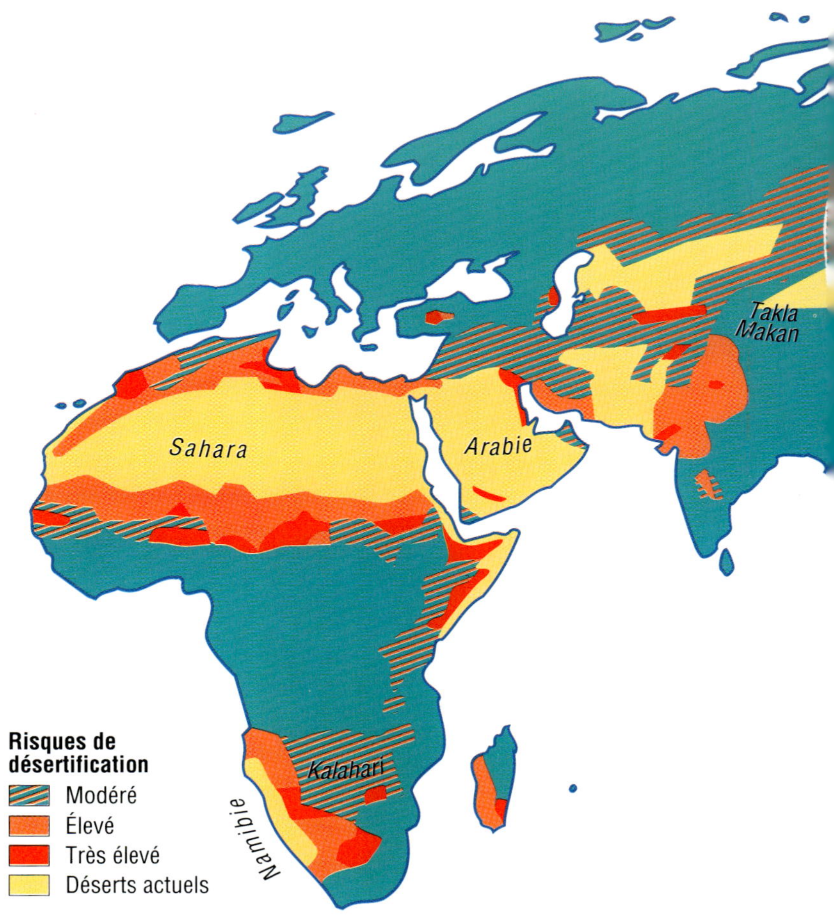

SITUATION ACTUELLE

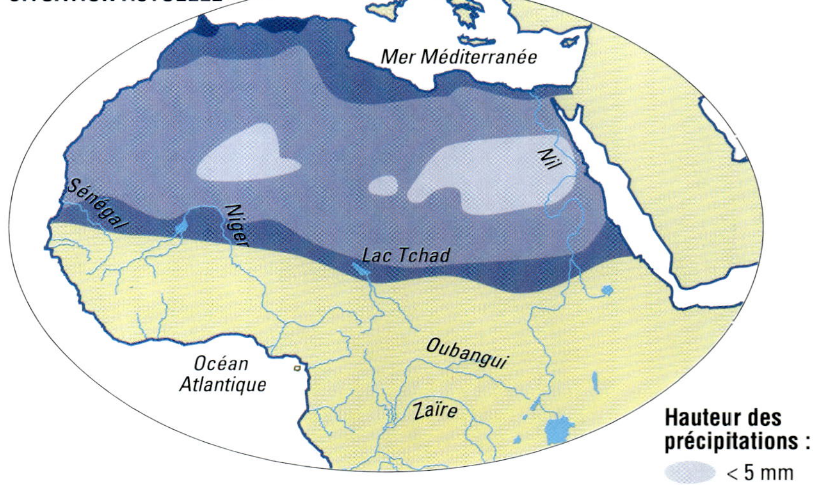

SCÉNARIO CHAUD

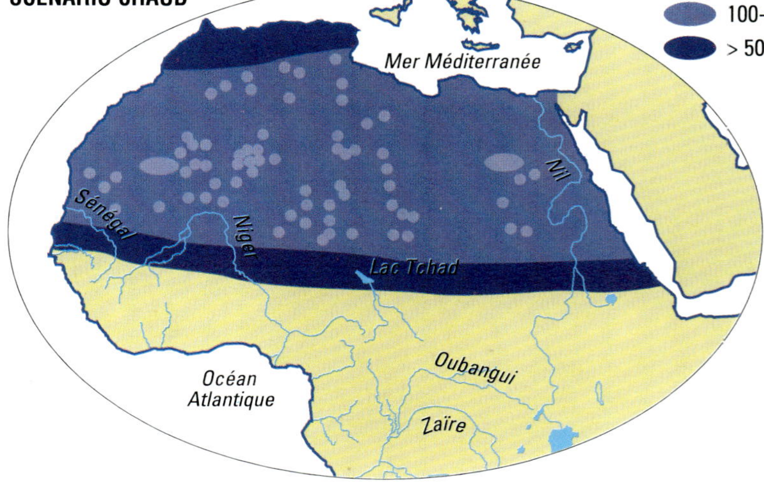

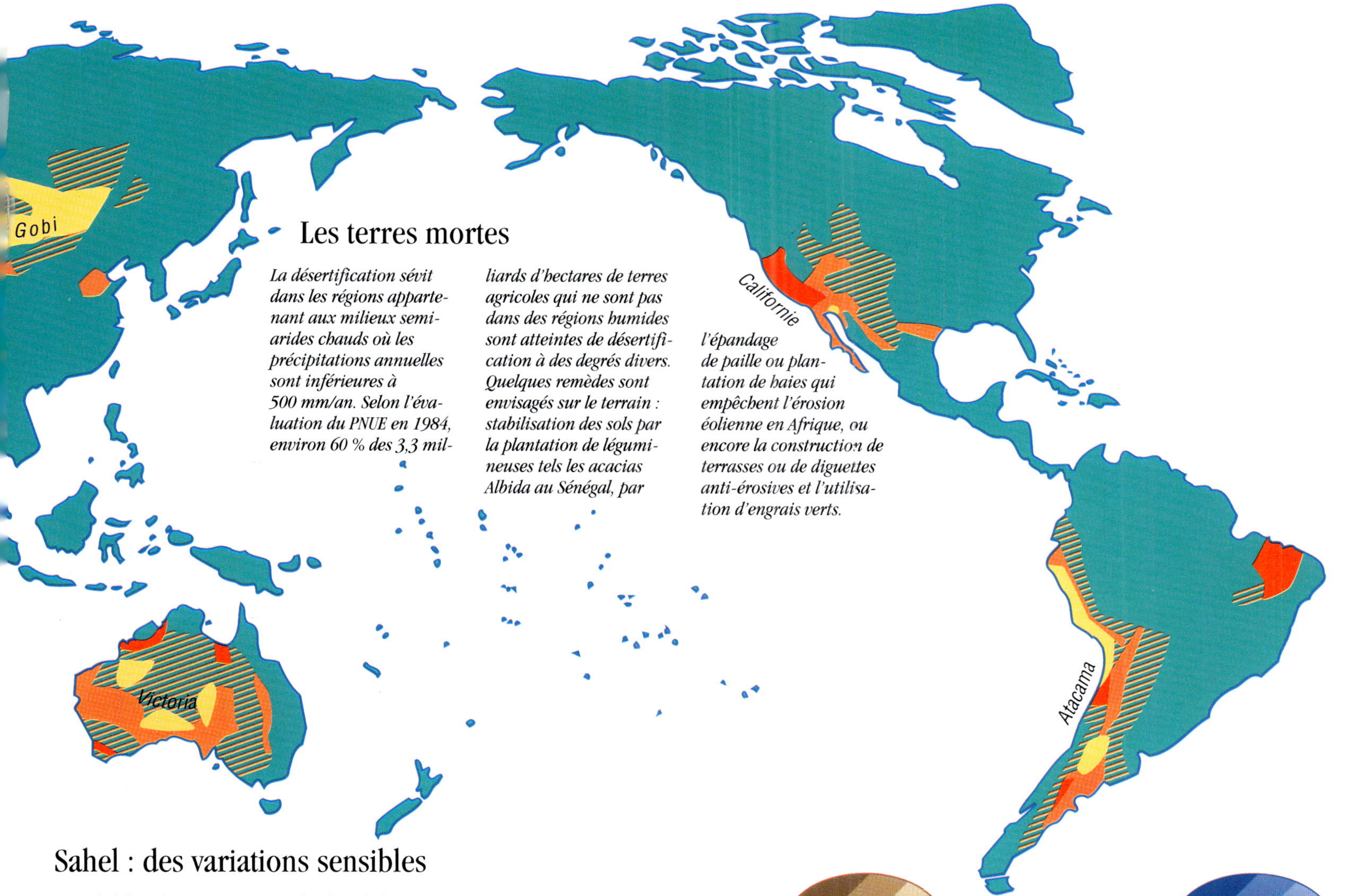

Les terres mortes

La désertification sévit dans les régions appartenant aux milieux semi-arides chauds où les précipitations annuelles sont inférieures à 500 mm/an. Selon l'évaluation du PNUE en 1984, environ 60 % des 3,3 milliards d'hectares de terres agricoles qui ne sont pas dans des régions humides sont atteintes de désertification à des degrés divers. Quelques remèdes sont envisagés sur le terrain : stabilisation des sols par la plantation de légumineuses tels les acacias Albida au Sénégal, par l'épandage de paille ou plantation de haies qui empêchent l'érosion éolienne en Afrique, ou encore la construction de terrasses ou de diguettes anti-érosives et l'utilisation d'engrais verts.

Sahel : des variations sensibles

Au Sahel, la présence d'arbres fossilisés et de peintures d'antilopes, d'éléphants et de girafes prouvent qu'il y a à peine 9000 ans poussait là une végétation abondante (scénario chaud). Désormais, le Sahel est victime d'une désertification qui provient non seulement de la multiplication des sécheresses, de la démographie, de la déforestation aggravée par les feux de brousse, mais aussi du développement de la culture du coton et de l'arachide. Ce développement semble avoir brisé l'interaction entre les cultivateurs du Sud et les pasteurs nomades du Nord. Les jachères ont été mises en culture, privant les pasteurs de pâturages. La suppression des jachères a appauvri les sols sans être compensée par le recours aux engrais ignorés ou mal utilisés par les paysans. La crise du bois de feu s'en est trouvée accrue d'autant. Les pasteurs, repoussés vers des zones plus pauvres, se sont regroupés autour des puits, provoquant une baisse de la nappe phréatique et la compaction des sols piétinés (situation actuelle). La désertification pourrait s'accentuer (scénario froid).

SCÉNARIO FROID

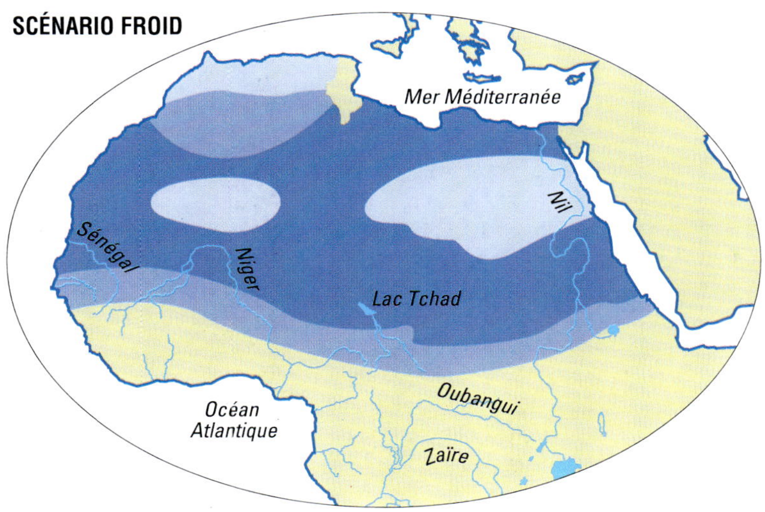

Le processus

La combinaison des facteurs naturels et humains, aboutissant à la disparition du couvert végétal, permet tous les types d'érosion. Elle rend la terre stérile en conduisant à sa fossilisation. La désertification peut être irréversible ou bien elle peut être contrée à grands frais, si des précipitations répétées ne suffisent pas à produire une régénération naturelle.

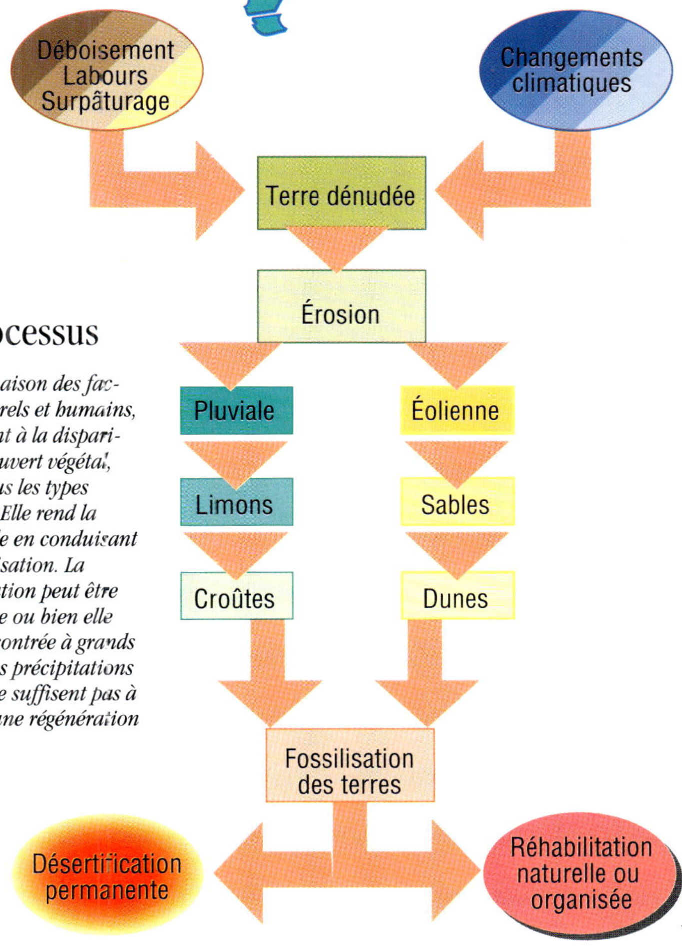

Les forêts qu'on abat

Les forêts d'**Amérique du Nord** ou d'**Europe** subissent d'**importantes agressions.** La demande de **défrichements** pour créer des **zones urbaines, industrielles** ou **commerciales** est toujours plus pressante. Le développement de voies de **transports** est sans cesse accru. L'**exploitation commerciale** donne lieu à des déboisements. Les **pluies acides** entraînent un dépérissement de la forêt.

Le vrai défi lancé à la communauté internationale est, cependant, celui de la **forêt tropicale.** Celle-ci perd, en effet, 100 000 km² par an, un rythme plus qu'inquiétant qui tend à s'accélérer. Des facteurs de plusieurs ordres concourent à son extension : **exploitation de bois ronds** tropicaux à usage industriel pour répondre à une demande croissante du marché mondial, **surexploitation du bois de feu, surpâturage** au plan local... Les **conséquences** sont **catastrophiques** pour l'environnement et l'économie des pays concernés : **érosion** des sols, **barrages** inutiles, dégradation de la **fertilité** des terres, pertes des **couvertures** nourricières, **espèces** protégées braconnées, détérioration des **revenus** vivriers... Mais elles sont également néfastes pour l'ensemble de la planète : perte du **patrimoine génétique,** disparitions d'**ethnies** et, plus vital encore, renforcement du processus de **changement climatique.** Les forêts tropicales participent, en effet, à la circulation du carbone à travers la biosphère. Elles constituent à la fois un réservoir de carbone (leur destruction libère donc dans l'atmosphère du CO_2 augmentant ainsi l'effet de serre) et un régulateur du bilan thermique et hydrique. Leur disparition est donc susceptible de modifier bien des paramètres du climat : la réflectance du sol, l'évapotranspiration, le régime hydrique et la fréquence et l'intensité des précipitations.

L'**Amazonie** a été au premier plan des forêts tropicales en péril. Depuis la nouvelle **conquête intérieure** lancée par le président brésilien Vargas en **1946,** les colons dévorent l'Amazonie à coups de **brûlis.** Au fur et à mesure, la forêt a perdu des millions d'hectares convertis en **cultures industrielles** d'exportation (cacao, canne, soja, café...) et en **pâturages.** La construction de la **Transamazonienne,** voie routière de 4 918 km, a parachevé cette destruction qui, dans les années **1980,** s'est considérablement accélérée avec le développement de **nouveaux fronts pionniers : Rondonia, Para.**

Les forêts d'**Afrique,** comme celles de **Madagascar** surexploitées, paient aussi leur tribut. Comme partout, les plus faciles d'accès ont été les plus maltraitées par la **sylviculture,** c'est le cas des forêts de la côte ouest de l'Afrique : Côte-d'Ivoire, Cameroun, Ghana, Guinée, Nigéria, Bénin. Comme dans les pays pauvres, en général, le problème du **bois de chauffage** joue un rôle non négligeable. En **Haïti,** au **Bangladesh,** en **Inde** ou en **Indonésie** et plus encore en Afrique, le bois est la principale source d'**énergie domestique** pour la population et il est indispensable pour la cuisson des aliments. Or, suite à la désertification, le bois se fait rare. Lorsque les forêts régressent, faire chauffer la marmite devient très coûteux. Une telle évolution grève un budget déjà fragile (le bois peut représenter jusqu'à 40 % de ce budget, et les familles peuvent parfois passer jusqu'à 300 heures par an pour récolter du bois de chauffage). En outre, dans ces régions, les techniques agricoles primitives, telle la pratique de la **culture itinérante sur brûlis,** épuisent le sol.

L'**Asie,** enfin, est le dernier foyer important de cette déforestation. L'**exploitation commerciale** du bois y est particulièrement intensive. Selon un rapport du Programme des Nations unies pour le développement, au rythme d'exploitation actuel, le Cambodge, par exemple, pourrait exporter jusqu'à 1,2 millions de mètres cubes de bois en 1992, soit 5 fois la quantité tolérable pour préserver son **écosystème.** Rien d'étonnant après de tels prélèvements que les **catastrophes naturelles, corollaires de la déforestation,** se manifestent : le Cambodge central a été victime d'inondations exceptionnelles en août et septembre derniers.

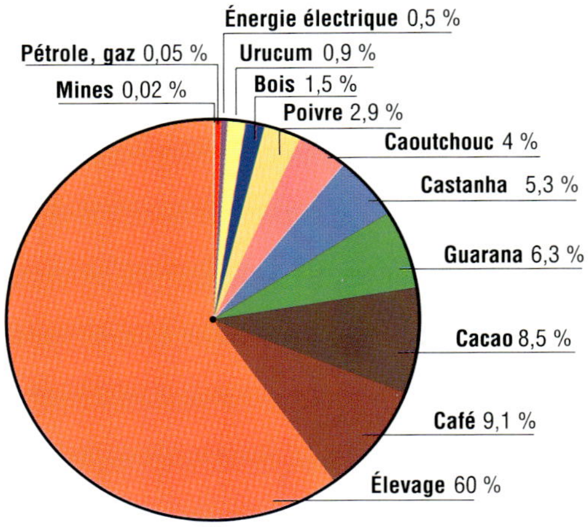

Consommation d'espace

L'élevage bovin est de loin l'activité la plus consommatrice de forêts. Les cultures de café, de cacao ou de fruits s'avèrent moins néfastes. Quant à l'activité minière, la faiblesse de ses dégâts est à nuancer. Elle s'accompagne souvent de la création de villes, de plantations agricoles ou de barrages forts consommateurs d'espace.

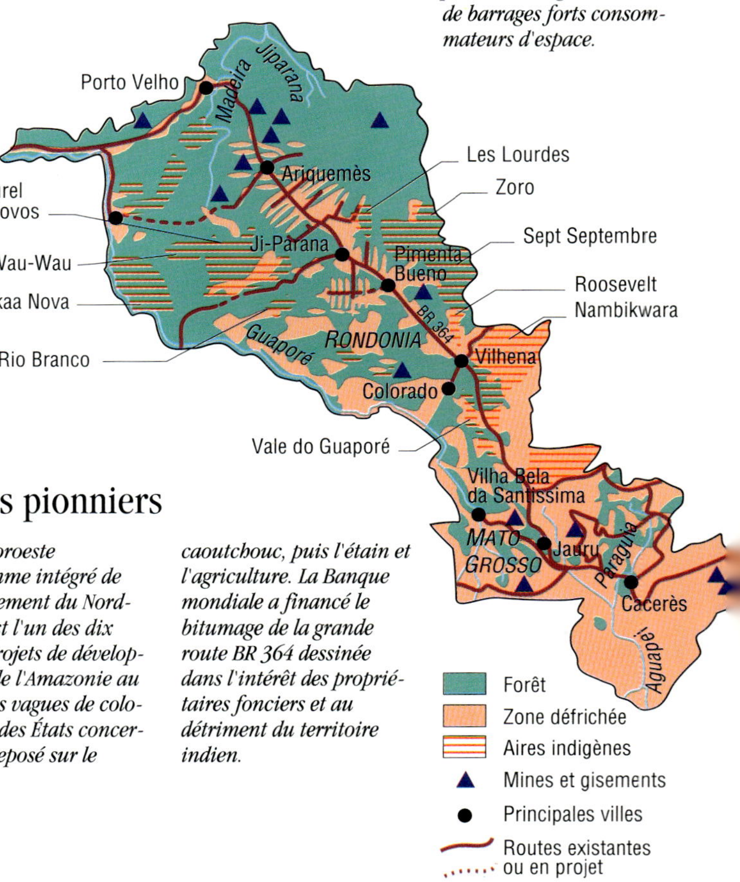

Fronts pionniers

Le Polonoroeste (programme intégré de développement du Nord-Ouest) est l'un des dix grands projets de développement de l'Amazonie au Brésil. Les vagues de colonisation des États concernés ont reposé sur le caoutchouc, puis l'étain et l'agriculture. La Banque mondiale a financé le bitumage de la grande route BR 364 dessinée dans l'intérêt des propriétaires fonciers et au détriment du territoire indien.

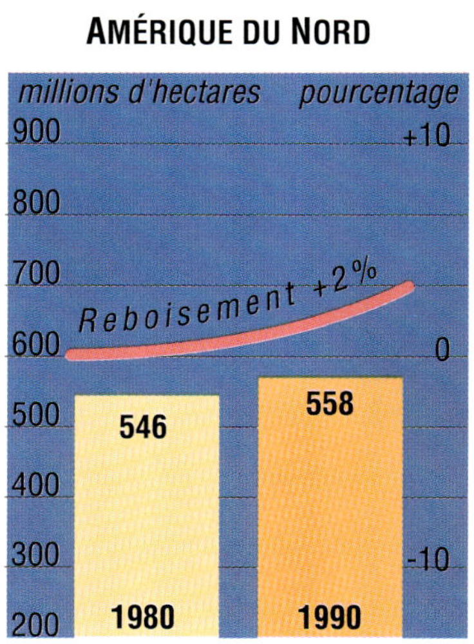

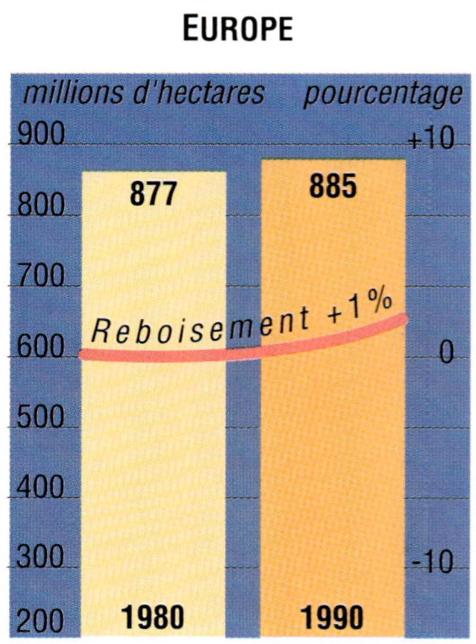

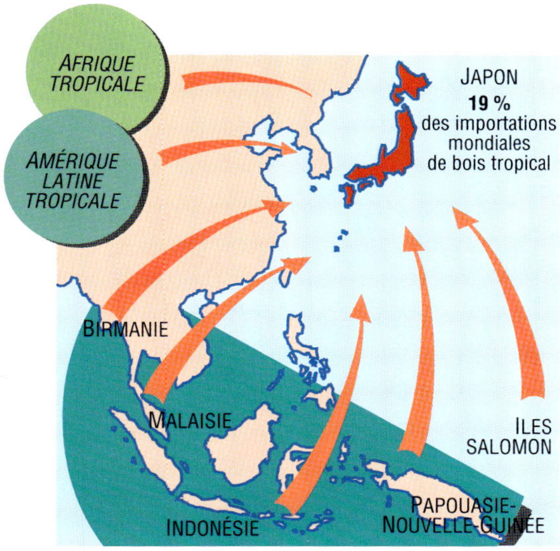

Achats de bois : n°1, le Japon

Le Japon est le premier importateur de bois tropicaux devant l'Europe, l'Extrême Orient et l'Amérique du Nord. Les principaux exportateurs sont la Malaisie, l'Indonésie, le Brésil, Singapour, Taïwan, Hong-Kong, la Corée du Sud, la Papouasie-Nouvelle-Guinée et le Gabon.

Incendie en Indonésie

Favorisé probablement par le Niño de 1982, un incendie a ravagé l'archipel indonésien. Allumé sans doute par des agriculteurs itinérants ou des migrants de Java, implantés en forêts, dans le cadre du programme indonésien de « transmigration », il n'a pu être maîtrisé à cause de la sécheresse exceptionnelle.

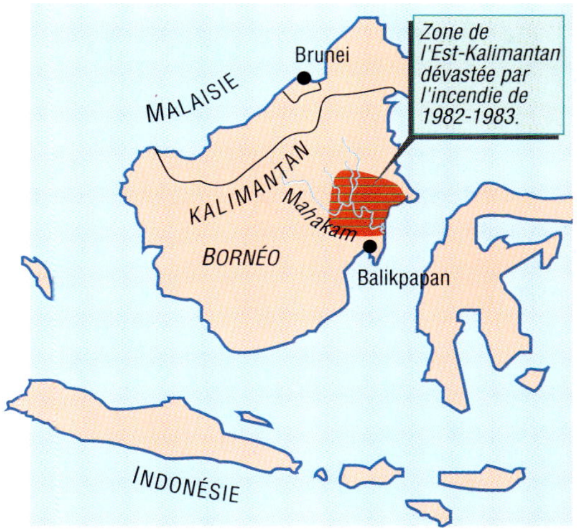

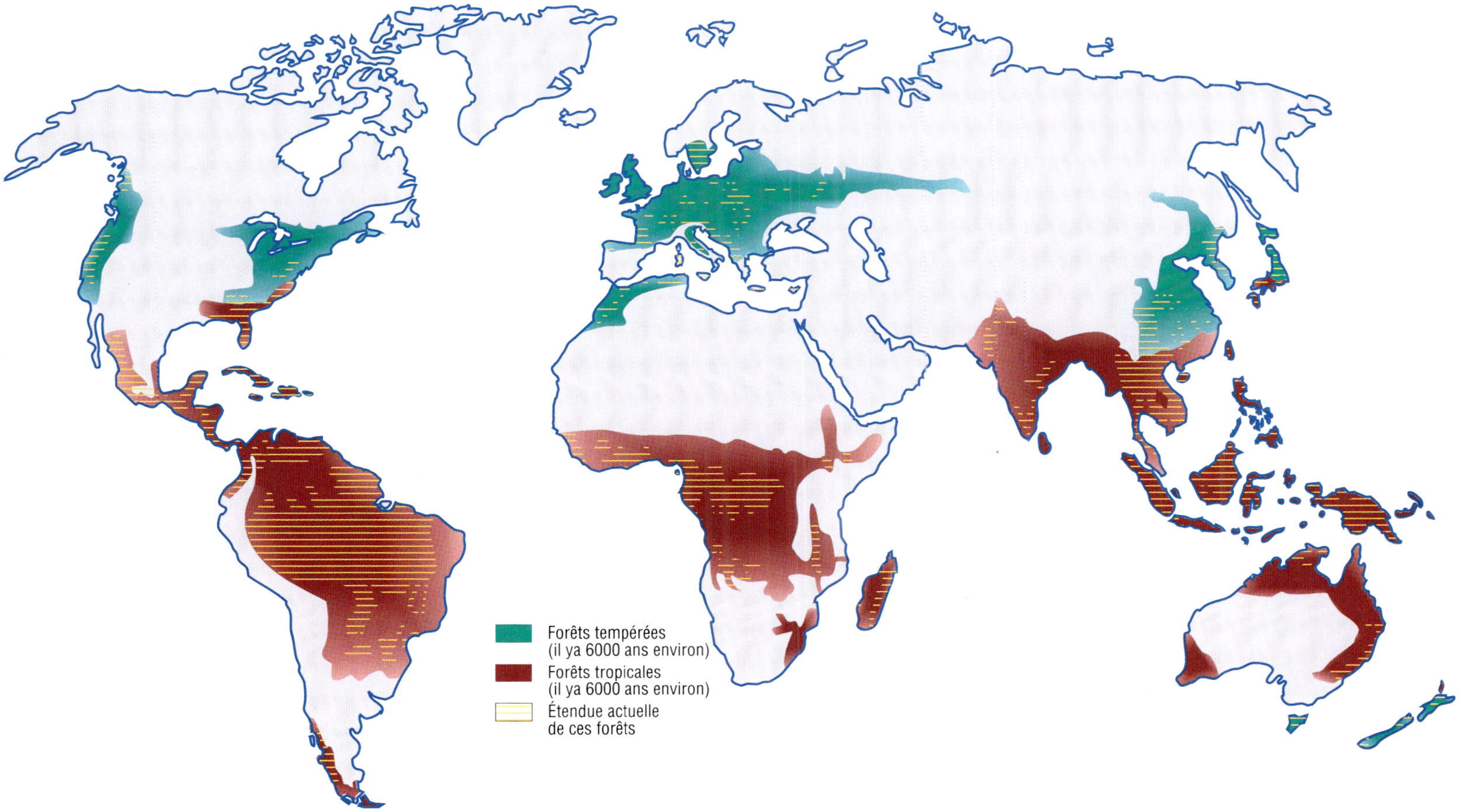

AMÉRIQUE LATINE

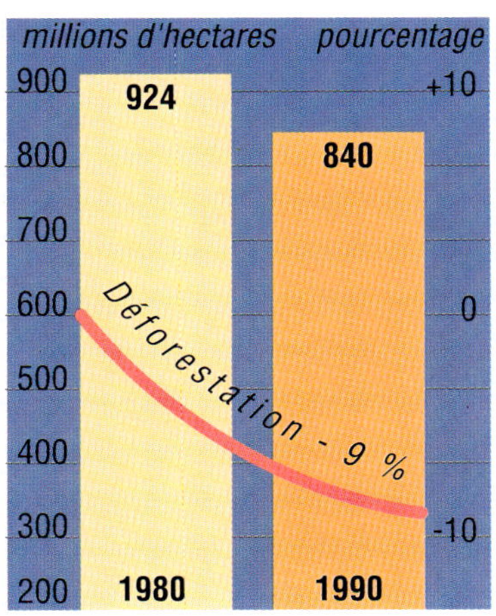

AFRIQUE

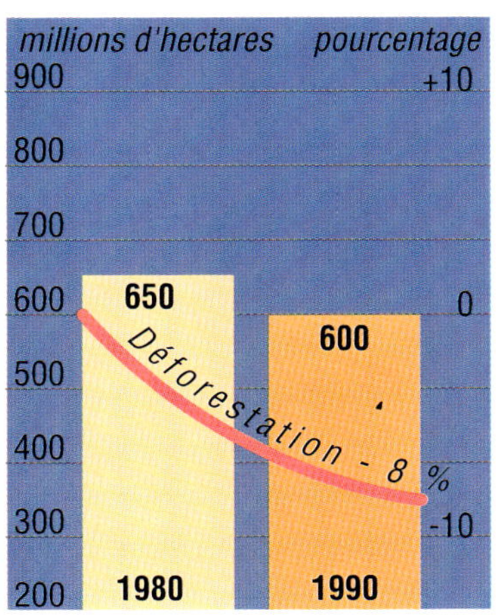

ASIE

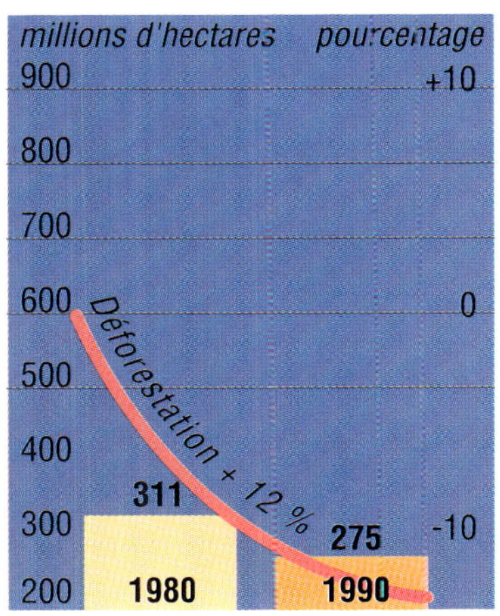

Le saccage de la forêt

La forêt est en péril au Nord comme au Sud, mais au Nord on commence à reboiser, tandis qu'au Sud la déforestation s'accroît. En Amérique latine, l'Amazonie, avec 7 millions d'hectares perdus par an, est la région la plus menacée. L'Afrique et l'Asie, notamment les zones insulaires de l'Asie du Sud-Est, sont également très touchées.

Les pluies acides

La **pollution atmosphérique** est à l'**origine des pluies acides** qui menacent les forêts comme les monuments. Ces pluies corrosives résultent, en effet, d'interactions atmosphériques auxquelles participent essentiellement le **dioxyde de soufre**, les **oxydes d'azote** et les **hydrocarbures volatils** dégagés par l'industrie, les centrales thermiques, les transports, l'agriculture... L'eau contenue dans les nuages se charge en passant au-dessus des usines de ces éléments chimiques rejetés dans l'air. Diverses réactions transforment alors ces gaz en acides : le dioxyde de soufre (SO_2) combiné avec l'eau (H_2O) donne de l'acide sulfurique (H_2SO_4) ; l'oxyde d'azote, de l'acide nitrique. Les éléments nocifs collés sur les particules d'eau en suspension retombent au gré des vents, endommageant de nombreux écosystèmes. Les **sols** deviennent **impropres à l'agriculture** et plus encore ceux déjà naturellement dépourvus de calcaire comme au Canada ou en Scandinavie, situés sur un socle de granit. Les **lacs** deviennent **stériles** : les poissons meurent. Surtout, la **forêt dépérit**.

Le mécanisme d'action des dépôts acides sur le dépérissement des forêts tempérées est encore peu connu. Il est probable que le lessivage des arbres par ces solutions décapantes les appauvrit en calcium et en magnésium. Dans un cas, il provoque le jaunissement des feuilles, dans l'autre, la perte des aiguilles. De plus, dans le sol même, l'eau acide solubilise les sels d'aluminium des roches sédimentaires telles que l'argile, et l'aluminium, ainsi libéré, semble intoxiquer les racines. La prise de conscience de ces dégâts date de années 1970. **De l'Europe à l'Amérique du Nord, de nombreux pays sont touchés**. En Allemagne, où les premières atteintes sont apparues en forêt Noire et dans le parc national de Bavière, le syndrome a été baptisé ***Waldsterben*** (mort de la forêt), et les *Grünen* (les « Verts ») ont réagi par une vaste offensive contre les industriels pollueurs. En France, les dommages sont relatifs. Certes, la France est la plus grande surface forestière d'Europe, mais sa forêt est essentiellement feuillue (chênes et hêtres) et située en dessous de la ligne des 700 mètres d'altitude. Or les pluies acides s'attaquent surtout aux résineux entre 700 et 1 100 mètres.

Les **pluies acides** ne sont probablement pas la seule cause du dépérissement des arbres, mais elles exigent un remède et même une solution internationale. Les pluies acides, en effet, sont souvent des **pollutions de voisinage**. Mieux vaut être exposé à des vents dominants provenant de l'Atlantique comme la France qu'à des vents en provenance de la Pologne ou de la CEI, dont l'industrie lourde rejette de fortes émissions de dioxyde de soufre. La Suède, par exemple, qui reçoit à la fois les fumées de la Grande-Bretagne, de la Pologne, de l'Allemagne (notamment celles de l'ex-RDA aux usines archaïques) a près de 61 % de sa surface forestière endommagée ou détruite. La Norvège n'est pas mieux lotie.

La solidarité internationale n'est pas toujours aisée à appliquer. **Ni la Grande-Bretagne ni les États-Unis n'ont signé le protocole de « SO_2 » de la conférence d'Helsinki** en 1984 qui visait à limiter les émissions de dioxyde de soufre. La Grande-Bretagne, en effet, bien que dotée d'une industrie souvent ancienne et deuxième producteur de ces gaz toxiques, bénéficie d'une exposition sur le passage des vents d'ouest dominants qui la débarrassent des deux tiers de cette pollution (seuls 36 % de la surface forestière sont touchés). Les États-Unis, de même, sont favorisés par les vents qui « exportent » leurs pluies acides vers les plaines canadiennes, l'Atlantique ou les montagnes Rocheuses peu peuplées.

Les perspectives d'amélioration restent donc incertaines. Si l'oxyde de soufre est en baisse avec la disparition du charbon et la diminution de la consommation des produits pétroliers dans l'industrie, l'oxyde d'azote, en revanche, est en constante augmentation à cause du trafic automobile. Autre inquiétude, enfin, les pays pauvres produisent des gaz nocifs de plus en plus abondants.

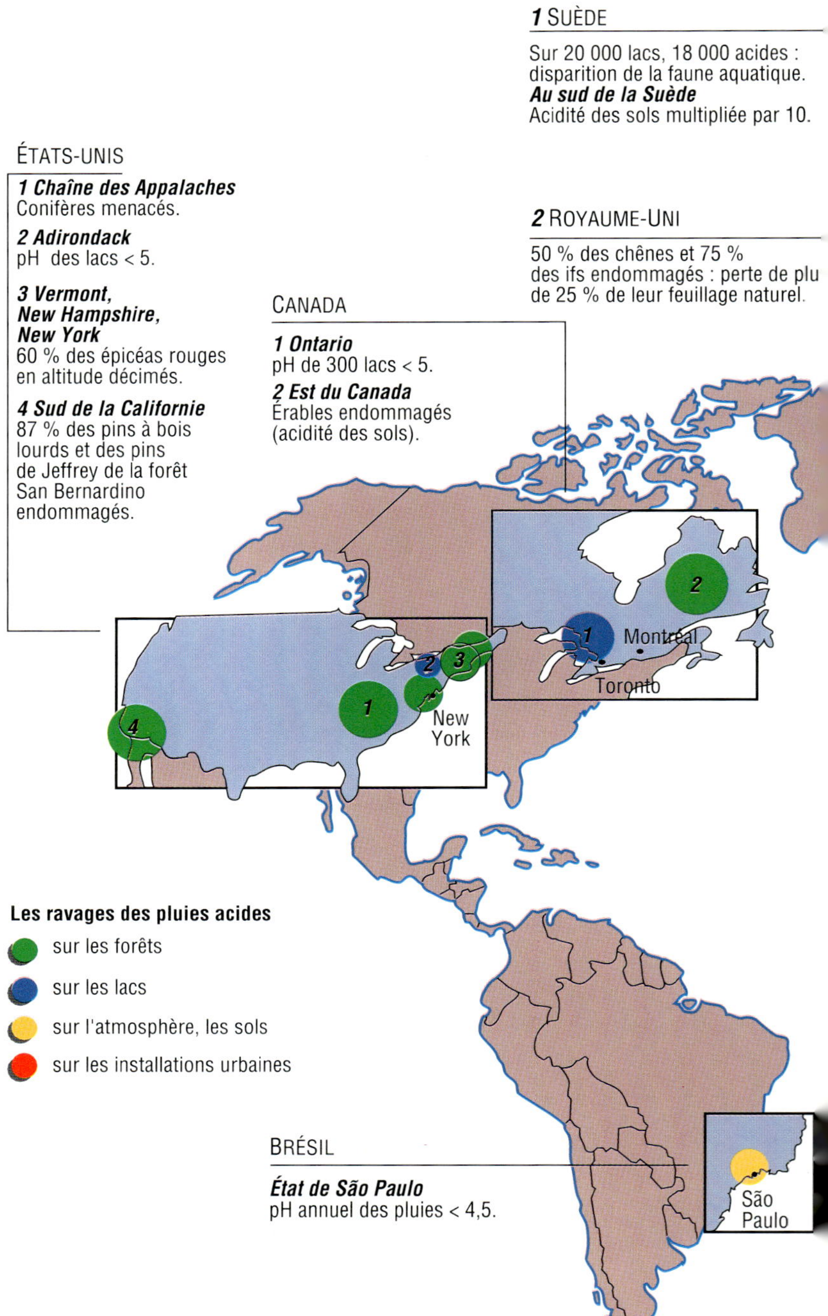

Acides : l'agression multiple

Dès la Conférence mondiale sur l'environnement organisée par l'ONU, à Stockholm en 1972, les dégâts des pluies acides ont été jugés inquiétants. Ces phénomènes qui peuvent prendre la forme de neige ou de brouillard acides menacent plus particulièrement le nord-est des États-Unis, le sud-est du Canada, la Scandinavie, où 56 % des forêts sont endommagées, et l'Allemagne. Ces pluies ont le même type d'acidité que le citron. Les Japonais, à la suite d'irritations dues aux pollutions atmosphériques, craignent qu'elles ne soient la cause de maladies. En tout état de cause, ces agressions acides n'épargnent ni la nature ni les monuments, ce qui est préoccupant, dans ce dernier cas, pour la conservation du patrimoine culturel mondial.

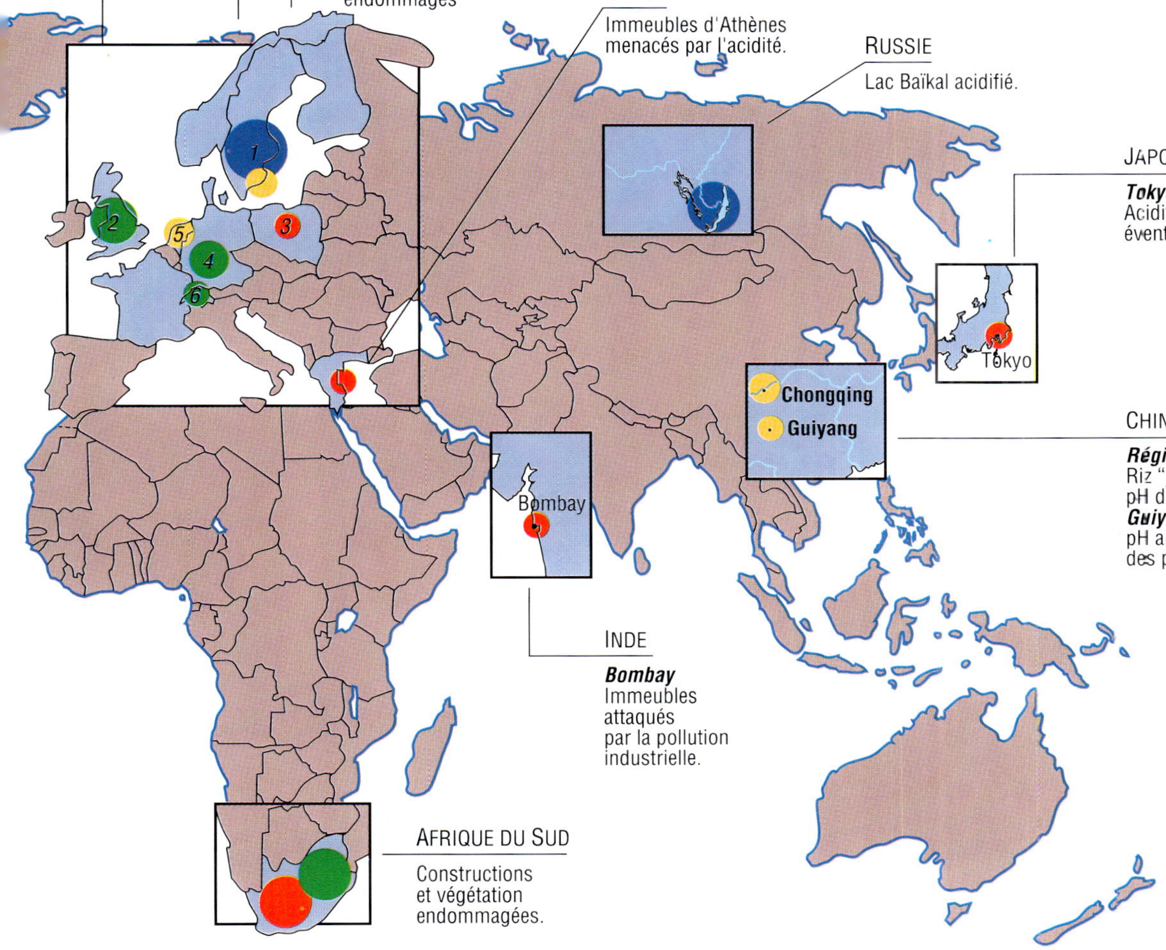

SO_2 : le palmarès des cités

Le dioxyde de soufre (SO_2) est considéré comme l'un des principaux responsables des pluies acides. Foyers industriels ou domestiques, moteurs à essence ou Diesel en sont la source. Grâce aux efforts en matière de dépollution, les émissions de ce gaz ont pu être réduites dans les pays riches, tandis qu'elles s'accroissaient dans les pays pauvres. L'accumulation du SO_2 est aussi fonction du site des villes concernées. Pour l'heure, les villes de l'hémisphère Nord demeurent en tête pour ce type de nuisance.

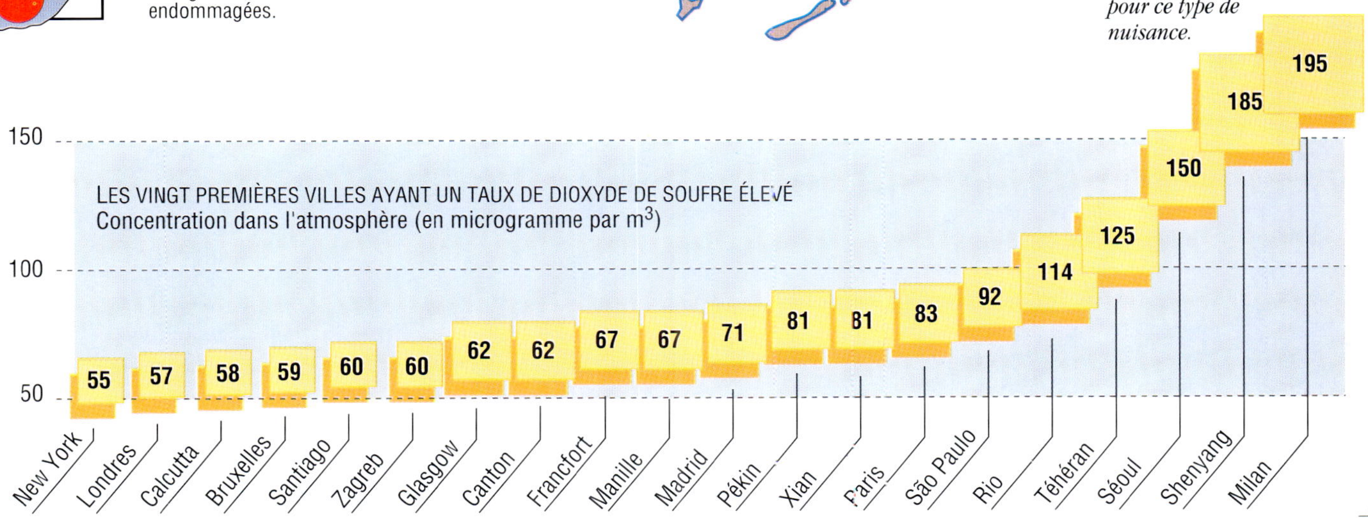

Le sel de la terre

Les sols se forment à partir de la lente altération des roches par l'eau, qui donne au sol les argiles, les sables, le sodium, le calcium, le phosphore et d'autres éléments nutritifs pour les plantes. Nourri en profondeur par la dégradation des roches et les matières organiques, le sol s'érode en surface. Les sels minéraux, cristallisant par évaporation, se concentrent alors dans les couches superficielles.

Selon une étude du PNUE, **40 millions d'hectares** de terres irriguées seraient touchées par un excès de sel et, parmi elles, 12 à 15 millions auraient été définitivement salinisées au cours des seules trente dernières années. L'irrigation est la principale cause de la salinisation. Comme elle augmente considérablement les rendements agricoles, son extension n'a pas cessé, non sans dommages. En effet, lorsque l'**irrigation** est **mal pratiquée,** il en résulte paradoxalement une baisse des rendements et, à terme, une stérilisation des sols. Le phénomène est encore plus marqué dans les **régions aux saisons sèches prolongées** où l'évaporation de l'eau des sols et l'évapotranspiration des plantes sont particulièrement prononcées.

Si l'irrigation est trop faible, les sels concentrés en surface ne peuvent être lavés. Si elle est trop forte et sur des terres mal asséchées, elle provoque une **remontée de la nappe phréatique** et l'**affleurement en surface des sels** de concentration. De larges plaques blanches apparaissent alors sur le sol. La surirrigation, doublée d'un mauvais drainage, est encore plus nocive : la remontée de la nappe souterraine d'eau en période d'irrigation favorise de nouvelles concentrations sur un sol déjà imprégné de sel.

Il existe deux degrés de salinisation des sols. Partielle, la salinisation donne des sols de type ***solontchak,*** c'est-à-dire des sols affectés en surface, mais qui gardent en profondeur des éléments utilisables par les plantes, comme le calcium. Totale, elle dégrade les sols de manière irréparable. Le sol de type ***solonetz*** est privé de tout élément nutritif par le lessivage ; il est envahi par le sodium dont la concentration empêche les échanges vitaux pour les plantes. Dans ces conditions, l'eau d'irrigation lessive le sol, asphyxie les plantes et favorise la propagation des maladies.

La salinisation résulte parfois des grands aménagements humains. En Égypte, la mise en service du **barrage d'Assouan,** en 1964, **a** ainsi **privé le Fayoum de 15 % de ses sols agricoles** et **le delta du Nil de 10 % de terres fertiles.** Le barrage édifié pour mettre le pays à l'abri des inondations comme de la pénurie d'eau a permis d'augmenter les récoltes, mais a eu des effets désastreux sur la salinisation des sols. En amont, il retient les limons du Nil et empêche les crues qui fertilisaient auparavant la vallée de leur dépôt, nécessitant une forte consommation d'engrais ; en aval, le delta recule régulièrement, faute de sédiments, sous l'agression des vagues méditerranéennes.

L'un des autres cas les plus spectaculaires de la salinisation est celui des terres du **Kazakhstan** et des républiques voisines sur lesquelles la monoculture du coton a entraîné la construction d'un énorme réseau d'irrigation. Le détournement des affluents de la mer d'Aral, l'Amou-Daria et le Syr-Daria, a fait progressivement disparaître cette mer, dont le taux de salinité a triplé. Ainsi, 20 des 24 espèces locales de poissons ont été exterminées, et les pêcheurs sont condamnés à regarder passer les tempêtes qui déposent chaque année 43 millions de tonnes de sel aux alentours.

Pour empêcher la salinisation, quelques mesures se développent peu à peu : la multiplication de canaux pour améliorer le drainage, le creusement de puits afin d'abaisser le niveau des nappes souterraines, l'agriculture de ruissellement pour éviter que les eaux ne soient trop salées, les techniques de micro-irrigation, grâce auxquelles l'eau délivrée goutte à goutte réduit l'évaporation et donc les possibilités de concentration de sels dans le sol.

Colorado : dangers en aval

Un dur contentieux oppose les États-Unis et le Mexique au sujet du Colorado. Le fleuve, fortement exploité pour l'irrigation en Arizona et en Californie, arrive, en effet, si chargé de sel au Mexique qu'il est impropre aux cultures. De plus, le débit ralenti affecte l'écosystème, comme c'est souvent le cas lorsqu'il y a succession de barrages et de nombreux canaux de dérivation.

La régulation des eaux

Si la salinité augmente, les Sundarbans vont se transformer en déserts. Le barrage de Farraka, mis en service en 1975 et édifié pour désenvaser le port de Calcutta, en réduisant le débit du Gange, a provoqué la remontée de l'eau de mer dans le delta. La salinisation a détruit la flore et dégradé la qualité de l'eau. Le programme de digues proposé par la France pour prévenir les inondations est diversement apprécié. Il risque, selon certains, d'aggraver la salinisation et d'empêcher les crues fertilisatrices. Quoi qu'il en soit, le financement d'un tel projet par la communauté internationale est toujours en attente.

L'action des hommes

Cette carte des principales zones de salinisation dans le monde fait apparaître la part déterminante de l'action humaine. Quels que soient les lieux, irrigation abusive, barrages, retenues d'eau ou drainage excessif désorganisent l'écosystème.

Eau secours !

Longtemps, les ressources en eau ont été considérées comme inépuisables. Les prélèvements massifs et croissants de l'humanité ont mis fin à cette illusion. Avec l'utilisation de quantités d'eau atteignant quasiment **4 000 milliards de mètres cubes par an dans le monde entier,** soit le dixième du débit total des fleuves dans le monde, l'eau devient rare. Sa consommation dépasse parfois les capacités de régénération des nappes phréatiques.

73 % de l'eau douce est utilisée dans l'**agriculture, 21 %** dans l'**industrie, 6 %** enfin pour l'**eau potable.** L'irrigation met l'agriculture au premier rang des accusés. Dans les **pays pauvres,** l'**extension des cultures industrielles** a souvent brisé les méthodes traditionnelles de stockage de l'eau. L'agriculture n'étant plus communale, les réservoirs qui recueillaient l'eau de pluie pour la collectivité ne sont plus entretenus. L'adoption de cultures industrielles exige, de plus, un arrosage accru : la canne à sucre consomme dix fois plus d'eau que le blé. La situation est difficilement modifiable car l'irrigation, qui peut augmenter jusqu'à six fois le rendement des cultures, est vitale pour ces pays. Dans les **pays industrialisés,** les contraintes en eau de l'**agriculture intensive** se font également sentir. Dans l'ex-URSS, l'irrigation a fait baisser le niveau des fleuves. Aux États-Unis, l'extension des terres irriguées s'est accompagnée du pompage des réserves non renouvelables d'eau fossile : au Texas, un quart des nappes aquifères a déjà été extrait pour l'irrigation. La **nappe aquifère d'Ogallala, la plus vaste des États-Unis,** qui s'étend du sud du Dakota du Sud au nord-ouest du Texas, aura mis environ un demi-million d'années pour s'accumuler et, au rythme actuel d'exploitation, prendra seulement une **trentaine d'années** à partir d'aujourd'hui pour se **tarir.** Dans ce pays, comme dans la plupart des pays industrialisés, les méfaits de l'agriculture s'ajoutent aux gaspillages de l'industrie et à ceux des foyers dont les 647 000 piscines de Californie consomment chaque année 49 milliards de litres d'eau (l'équivalent de l'alimentation en eau de 300 000 personnes).

Les ressources en eau souterraines non renouvelables, au même titre que les gisements fossiles, sont épuisables. Partout, donc, **de nouveaux moyens d'économiser l'eau** ont été mis en place : le recyclage des eaux usées, des systèmes d'irrigation moins gourmands, la gestion des terrains et des bassins hydrographiques, des innovations techniques comme le marteau « fond de trou » qui permet de forer dans le granit à un coût relativement bas et de récupérer l'eau qui y circule. Enfin, la production d'eau non conventionnelle comme le dessalement de l'eau de mer et celui des eaux fortement minéralisées prend une place grandissante. La moitié de la production d'eau dessalée est située dans le Golfe, 12 % aux États-Unis, mais les coûts cantonnent cette forme d'approvisionnement dans un rôle d'appoint.

La **succession d'années de sécheresse** est venue renforcer l'usage abusif d'eau. Perturbatrice dans les pays riches, elle est dramatique dans les pays pauvres. En effet, dans les pays industrialisés, les quantités d'eau utilisées, qui dépassent déjà le cinquième ou le quart des ressources naturelles moyennes, sont encore plus importantes lors d'années sèches. Les précipitations sont insuffisantes, les pluies efficaces rarement aussi déficitaires. En France par exemple, 80 % des cours d'eau ont besoin de cinq années normales pour retrouver leur débit de base. L'économie d'eau domestique (entretien de l'habitat, arrosage réduit…) est obtenue par civisme ou par l'augmentation du prix de l'eau. **Dans les pays pauvres, ce n'est plus le civisme qui est en jeu, mais la survie même des habitants.** En Afrique, la sécheresse est venue renforcer un climat déjà aride. Certains projets, tel des prélèvements du fleuve Zaïre pour alimenter la rivière Chari et redonner de l'eau au lac Tchad, pourraient améliorer la situation. Mais il reste l'inéluctable question du financement.

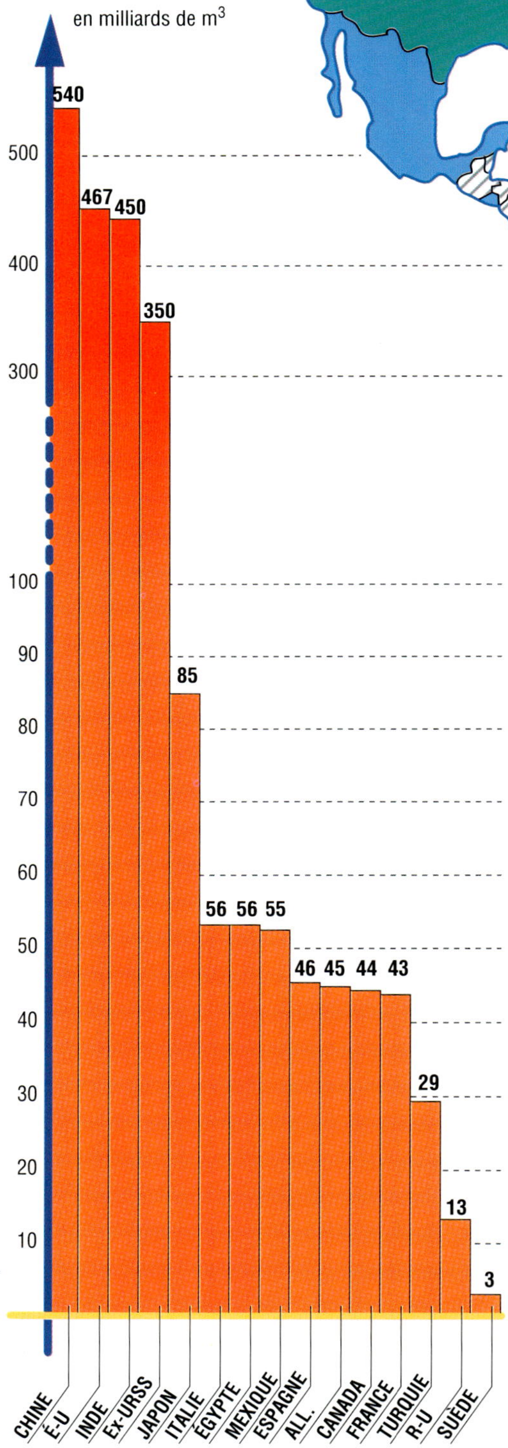

Quantité et utilisations

La consommation d'eau est fonction du nombre d'habitants et du développement. La Chine arrive en tête suivie des États-Unis et de l'Inde. Le type de consommation selon les pays est différent. Les États-Unis consacrent 45 % de leur eau à l'industrie, 32 % à l'agriculture et 23 % à l'usage domestique, tandis que l'Inde leur consacre respectivement 4 %, 94 % et 2 %. L'usage domestique est l'apanage des pays riches. Un Américain consomme 300 fois plus d'eau qu'un Ghanéen, et un Européen 70 fois plus.

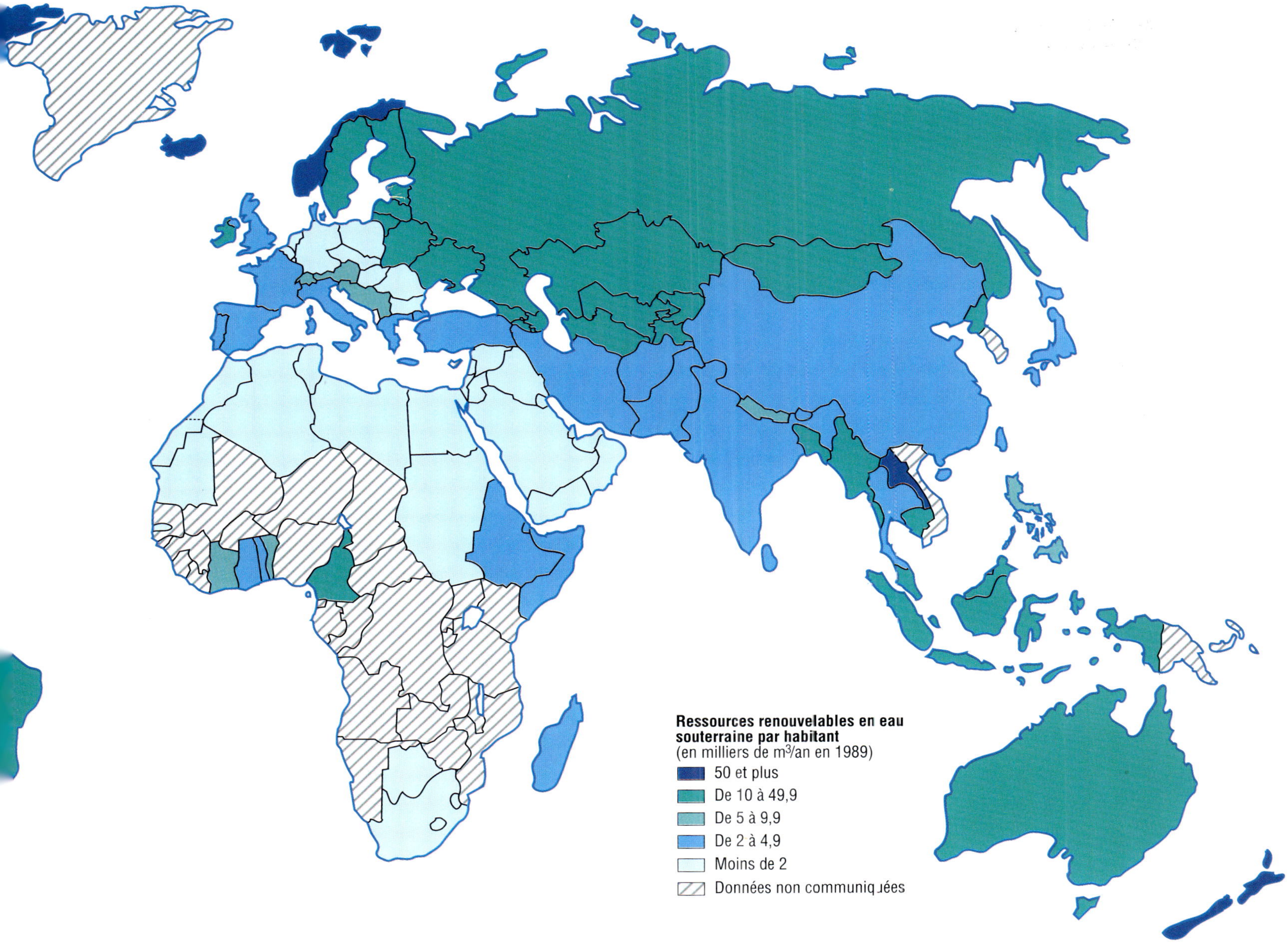

Une répartition inégale

La Terre, disposant de 1,4 milliard de km³ d'eau, semble regorger du précieux liquide. Une apparence trompeuse : l'eau salée des océans couvre 71 % de la surface terrestre et représente 98 % des réserves en eau de la planète. L'eau douce est donc comparativement en quantité infime, et de surcroît souvent difficile d'accès : les lacs et les fleuves ne fournissent que 1 % des réserves, les trois quarts se trouvant dans les glaciers, les calottes polaires du Groenland et de l'Antarctique, ainsi que dans les nappes souterraines. La géographie des ressources renouvelables en eau est donc contrastée : pays industrialisés à ressources en eau abondantes, pays industrialisés à ressources en eau modérées comme ceux d'Europe occidentale, centrale et méditerranéenne, PVD à ressources en eau abondantes comme dans la zone intertropicale, PVD arides… Les ressources en eau par habitant diminuent naturellement en fonction de la croissance démographique, tandis que le développement économique a une double action : il augmente la demande tout en modérant les pollutions inconsidérées et définitives des réserves d'eau, fréquentes dans le tiers monde.

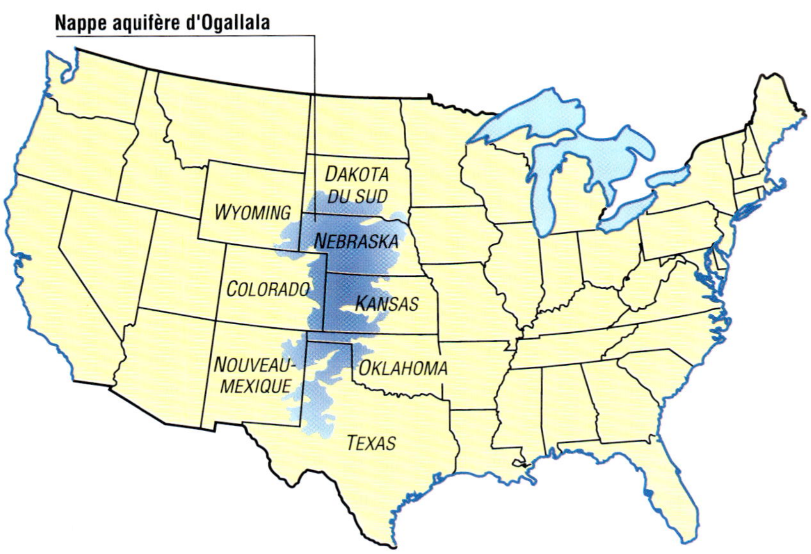

Ogallala

Au centre des États-Unis, une nappe aquifère est en danger de surexploitation malgré les mises en garde d'un certain nombre de spécialistes. Des apprentis sorciers prétendent pouvoir détourner les fleuves de la région pour pallier le manque d'eau à venir.

La planète assoiffée d'eau pure

L'eau pure est désormais une **préoccupation mondiale.** Dans les pays développés, il n'est plus seulement question de boire directement l'eau des fleuves, mais la qualité de l'eau du robinet est souvent remise en question. En effet, la **pollution des fleuves** et des **nappes phréatiques** où l'homme puise son eau potable est croissante. Cette eau, qui reçoit par ailleurs les **égouts,** est bien sûr purifiée, mais la **technologie la plus avancée ne peut éliminer tous les polluants.** Or les **rejets d'origine industrielle, agricole** et **domestique** détériorent de plus en plus les eaux. Le Rhin, fleuve le plus important d'Europe, et réservoir d'eau potable pour 20 millions de personnes, est aussi l'un des plus pollués du monde avec 10 000 tonnes de substances qui y sont rejetées annuellement de manière diffuse. Les **industries,** notamment **chimiques, sidérurgiques, métallurgiques** rejettent de très nombreuses **matières toxiques : métaux lourds, arsenic, cyanure…** Or le cadmium a une toxicité rénale, le mercure a prouvé ses effets nocifs à Minamata, le plomb (celui de l'essence, des peintures, des pesticides ou encore des vieilles canalisations) engendre le saturnisme. La pollution habituelle des eaux de surface est régulièrement renforcée par des accidents tels l'incendie de Sandoz à Bâle, qui toucha le Rhin, ou celui de l'usine chimique Protex, en 1988, qui affecta la Loire et priva d'eau la ville de Tours pendant plusieurs jours. Certaines pratiques **agricoles,** elles aussi, polluent l'eau. Les **engrais** et les **pesticides** ainsi que les **lisiers des porcs,** la chargent en nitrate. Or les **nitrates,** inoffensifs en eux-mêmes, provoquent la méthémoglobinémie, une forme d'asphyxie à laquelle sont surtout exposés les nourrissons. Le nitrate, comme les **phosphates** rejetés par les lessives, provoque un phénomène d'**eutrophisation,** c'est-à-dire une prolifération d'algues et de plantes aquatiques qui généralement obturent les distributeurs d'eau et donnent un mauvais goût à cette dernière.

Les eaux de surface comme les eaux souterraines étant atteintes, il faut diminuer les rejets toxiques et **améliorer l'épuration** pour que l'eau reste potable. La **France,** avec seulement un tiers de sa pollution domestique épurée, est en la matière bien **en retard,** comparée au Royaume-Uni, à la Suède, à l'Allemagne ou aux États-Unis. Par ailleurs, l'épuration **n'est pas toujours efficace :** beaucoup de stations sont vieilles et le coût du retraitement risque d'être de plus en plus élevé avec la nécessité d'une déphosphatation, d'une dénitrification… Enfin, elle ne doit pas être nocive. En effet, pour éliminer les bactéries, on a recours à des agents chimiques tels l'ozone pour les stations les plus modernes ou le chlore, utilisé depuis 1893, mais qui, mêlé aux acides produits par l'humus, se transforme dans l'eau en dérivés réputés **cancérigènes.**

Dans les **pays pauvres,** l'insalubrité de l'eau se double du **problème de l'accès à l'eau : seul un quart de la planète, en effet, bénéficie de l'eau courante. Si près de 1,5 milliard de personnes n'ont pas l'eau potable aujourd'hui, 1,8 milliard d'hommes manquent toujours d'installations sanitaires, dont 330 millions dans les pays de l'OCDE.** D'abord, la **corvée d'eau** prend encore beaucoup de temps aux femmes dans certains pays, et plus l'eau est loin, plus la consommation **d'eau sale** est probable. Ensuite, une grande partie de la population vit dans des bidonvilles ou dans des constructions rudimentaires où les **installations sanitaires sont quasi inexistantes.** Dans les pays en voie de développement, l'alimentation en eau des **mégalopoles** d'Afrique, d'Asie ou d'Amérique latine est un vrai défi. A Mexico, le pompage des nappes souterraines a été si intensif qu'il a fini par provoquer un affaissement de terrain : certains quartiers se sont enfoncés de plusieurs dizaines de centimètres. Pour desservir en eau potable les populations urbaines des pays du tiers monde vers l'an 2000, il faudrait des financements actuellement insoutenables pour ces pays. Dans ces conditions, il n'y a rien d'étonnant à ce que les maladies liées à l'eau soient en tête des causes de la mortalité dans le tiers monde.

Des maladies spécifiques

La bilharziose affecte 300 millions de personnes, et plus de 500 millions y sont exposées. Ce sont les œufs de vers minuscules portés par des petits mollusques d'eau douce qui la véhiculent. La maladie, dans sa manifestation urinaire, se signale par des urines sanglantes, puis une atteinte rénale ; elle provoque parfois même un cancer de la vessie. Dans sa forme intestinale, elle entraîne une augmentation de la rate et du foie, des diarrhées et des hémorragies qui peuvent être mortelles. Pour s'en prémunir, il faut éviter de se baigner. La filariose touche 150 millions de personnes. Parmi elles, 18 millions sont affectées par l'onchocercose ou « cécité des rivières », qui est la seconde cause de perte de la vue dans le monde, et 90 millions par les filarioses lymphatiques, qui provoquent un gonflement spectaculaire des membres. 1 milliard d'hommes sont exposés à cette maladie. Bilharziose comme filariose ont de graves conséquences économiques. Paradoxalement, les travaux d'irrigation, symbole de progrès, en multiplient les risques.

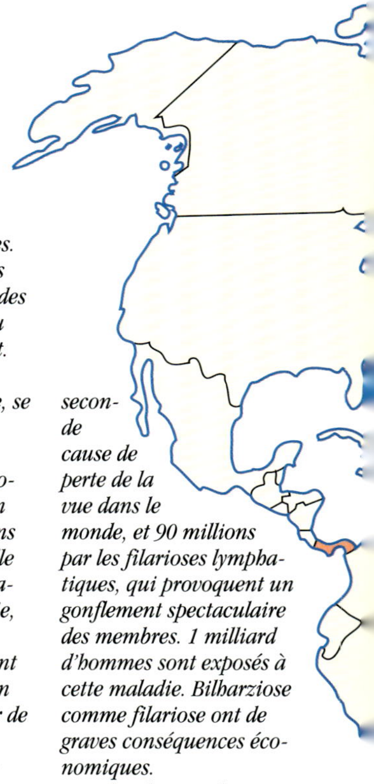

L'accès à l'eau

Seul un homme sur quatre a accès à l'eau potable dans le monde. Une fois encore, ce sont les conditions économiques et politiques du pays, plutôt que naturelles, qui prévalent dans la plupart des cas.

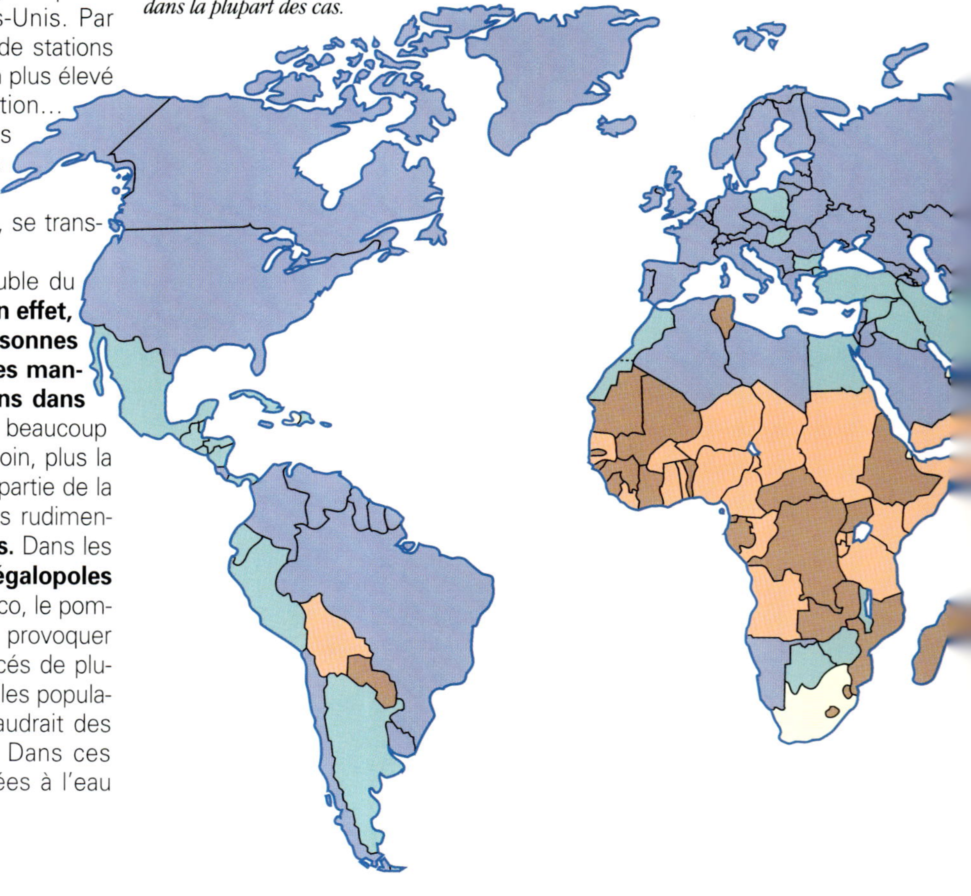

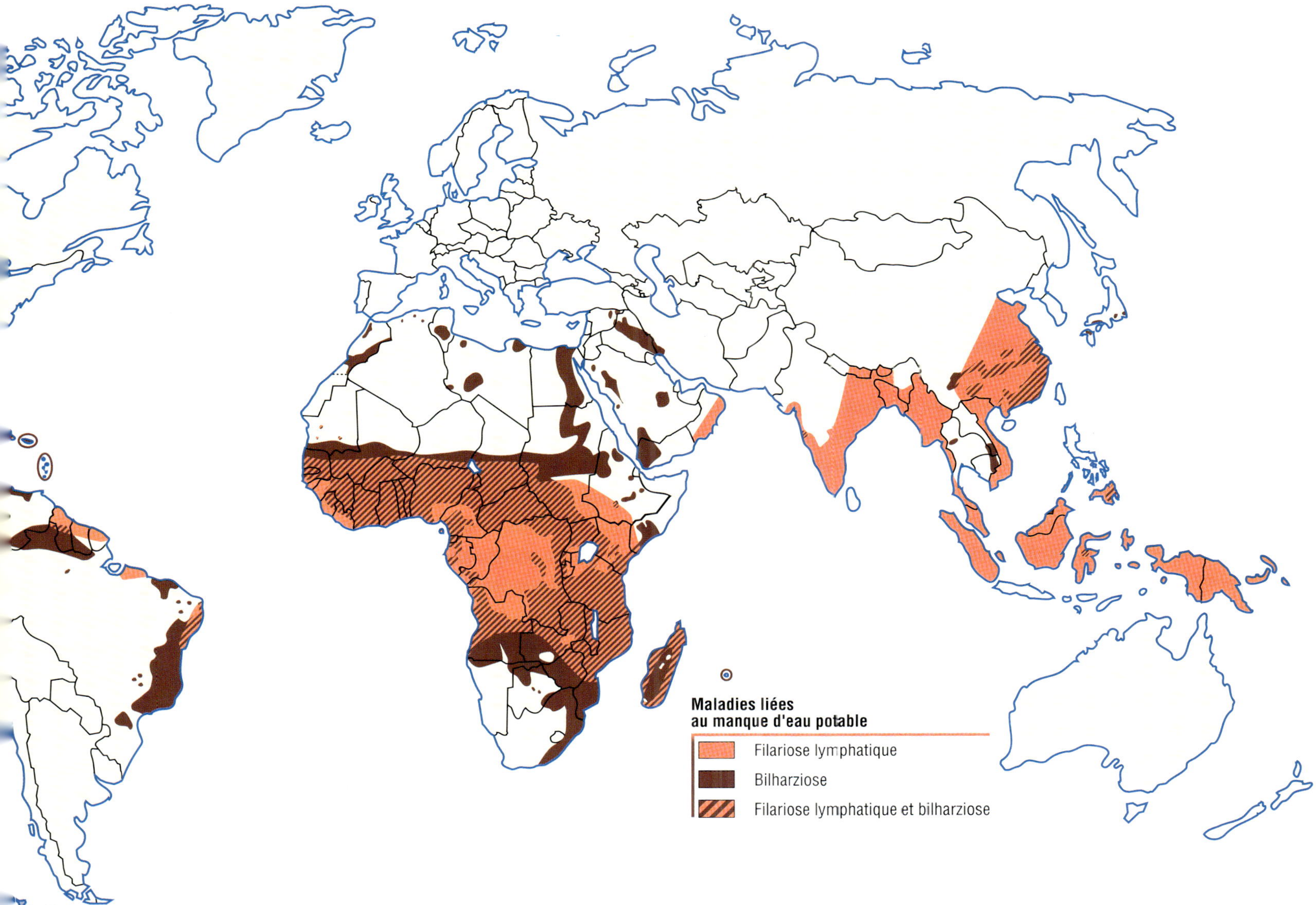

La qualité de l'eau

Dans les pays pauvres, plus de 80 % des maladies (choléra, hépatite, paludisme) et plus du tiers des décès découlent de l'ingestion d'eau contaminée. 25 millions d'enfants meurent chaque année pour avoir bu de l'eau sale. Parmi ces principales maladies : la diarrhée est responsable, selon l'OMS, de 4,2 millions de décès. La bilharziose touche 300 millions de personnes, la draconculose, qui affecte 3 millions de personnes et en expose 140 millions, serait éradiquée par la seule ingestion d'eau potable. Les eaux stagnantes dues aux marécages et aux systèmes d'irrigation déficients permettent la prolifération d'insectes porteurs de nombreuses maladies.

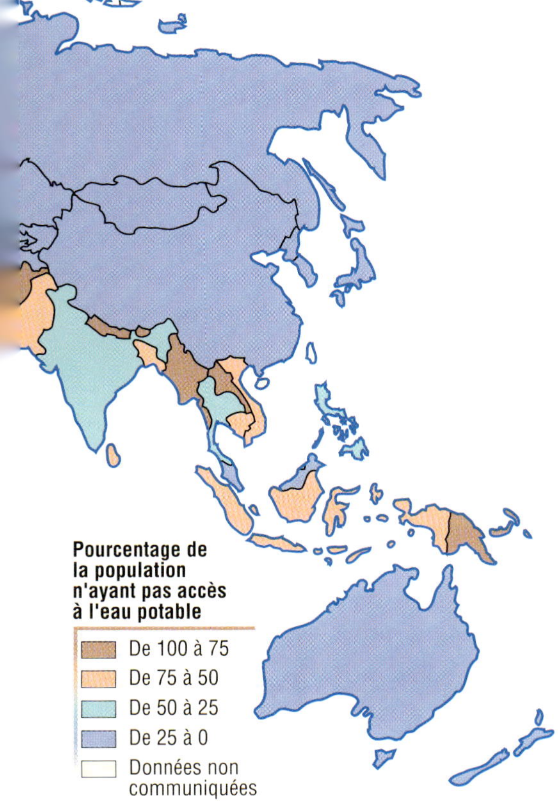

Importance des différents facteurs qualifiant l'eau dans certaines maladies

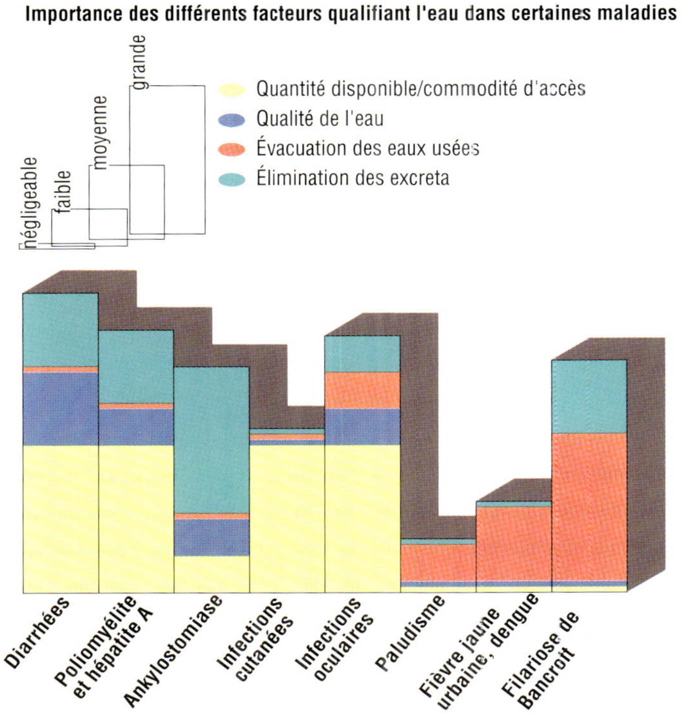

La planète asphyxiée

L'industrialisation et l'augmentation de la population ont considérablement dégradé la qualité de l'air. Les besoins croissants en énergie ont fait de la combustion la première source de pollution atmosphérique causée par l'homme. Les principaux polluants sont le dioxyde de soufre **(SO_2),** les oxydes d'azote **(NOx),** le monoxyde de carbone **(CO),** l'ozone de basse altitude **(O_3),** le plomb **(Pb)** et les **particules.** Des **smogs** photochimiques, produits par des réactions complexes entre divers polluants, accentuées par le rayonnement solaire, flottent au-dessus des villes. En **1952,** à **Londres,** les brouillards des smogs ont fait **4 000 morts.** L'**ozone,** principal composant du smog se révèle donc être un gaz vital en altitude et un véritable **poison** lorsqu'il s'accumule en basse atmosphère : en Californie du Sud, il serait impliqué dans les troubles de 12 millions de résidents au moins 17 jours par an, et dans 20 % des pertes annuelles de cultures comme le coton ou le raisin.

Dans les années 1980, des engagements ont été pris avec succès dans les principaux pays de l'**OCDE :** les **polluants atmosphériques** ont pu être **réduits** grâce à l'assainissement des émissions, aux réductions de la consommation énergétique suite aux chocs pétroliers et à la moindre utilisation du charbon. Des efforts ont été faits, notamment en ce qui concerne les **transports,** qui sont parmi **les premiers responsables de la pollution atmosphérique,** et à l'origine de 70 % des dégagements d'oxyde d'azote et de 90 % de ceux de plomb dans les villes. Les réglementations sur la teneur maximale de l'essence en plomb, ou son interdiction, ont permis une sensible amélioration, non sans contreparties. L'essence sans plomb, en effet, contient des dérivés du benzène qui ne sont détruits que par les pots catalytiques neufs. Des émanations nocives sont donc à prévoir. De même, certaines baisses des émissions sont annulées par le remplacement de vieux polluants du type SO_2, par de plus récents : NOx, particules dues à l'utilisation croissante de véhicules à moteur diesel, combustion de produits contenant du chlore, effluents de l'industrie chimique moderne.

D'immenses zones n'ont pas bénéficié de la récente amélioration de la qualité de l'air : l'Europe de l'Est et les pays en voie de développement. En **Europe de l'Est,** c'est l'importance de l'industrie lourde et surtout l'absence de réglementations qui font que dans les grandes villes du « triangle noir » (Silésie, Bohême, Ruhr), les **taux de dioxyde de soufre** restent **très élevés.** En Pologne, à Chorzow par exemple, la pollution par les poussières est près de dix fois supérieure au seuil toléré dans les pays riches. Dans les **pays en voie de développement,** c'est sous le double effet d'une **relocalisation des industries anciennes** les plus polluantes et les plus grosses consommatrices en énergie (aciéries, raffineries) et du **peu de moyens d'assainissement** des **industries plus modernes** que la situation se détériore.

Quelle que soit l'évolution de l'émission des polluants atmosphériques, **dans le monde entier** les **taux** actuels de polluants **dépassent fréquemment les plafonds** fixés par l'OMS. L'état de certaines villes est alarmant. A **Mexico,** cuvette de 75 kilomètres de diamètre, située à 2 240 mètres d'altitude et donc à l'oxygène déjà raréfié, se pressent 20 millions d'habitants, 3 millions de voitures et 13 000 usines. Rien d'étonnant à ce que la pollution cause **10 000 décès par an** selon le ministère de la Santé mexicain. L'application d'un plan d'urgence antipollution oblige périodiquement les enfants à rester à la maison ; la circulation est alors réduite et l'activité industrielle diminue de 50 à 75 %. A **Athènes,** cuvette où s'entassent 4 millions d'habitants, 1 million de voitures et 4 000 usines, sévit un brouillard toxique, le **« néfos ».** A **Los Angeles,** les **« jours rouges »,** il est recommandé aux enfants et aux asthmatiques de ne pas sortir, et tous les transports en commun vont être électrifiés. A **Benxi,** en Chine, en dépit de la quasi-absence de voitures, les millions d'individus qui se chauffent au bois et au charbon et les usines géantes dégagent d'impressionnantes **fumées soufrées.**

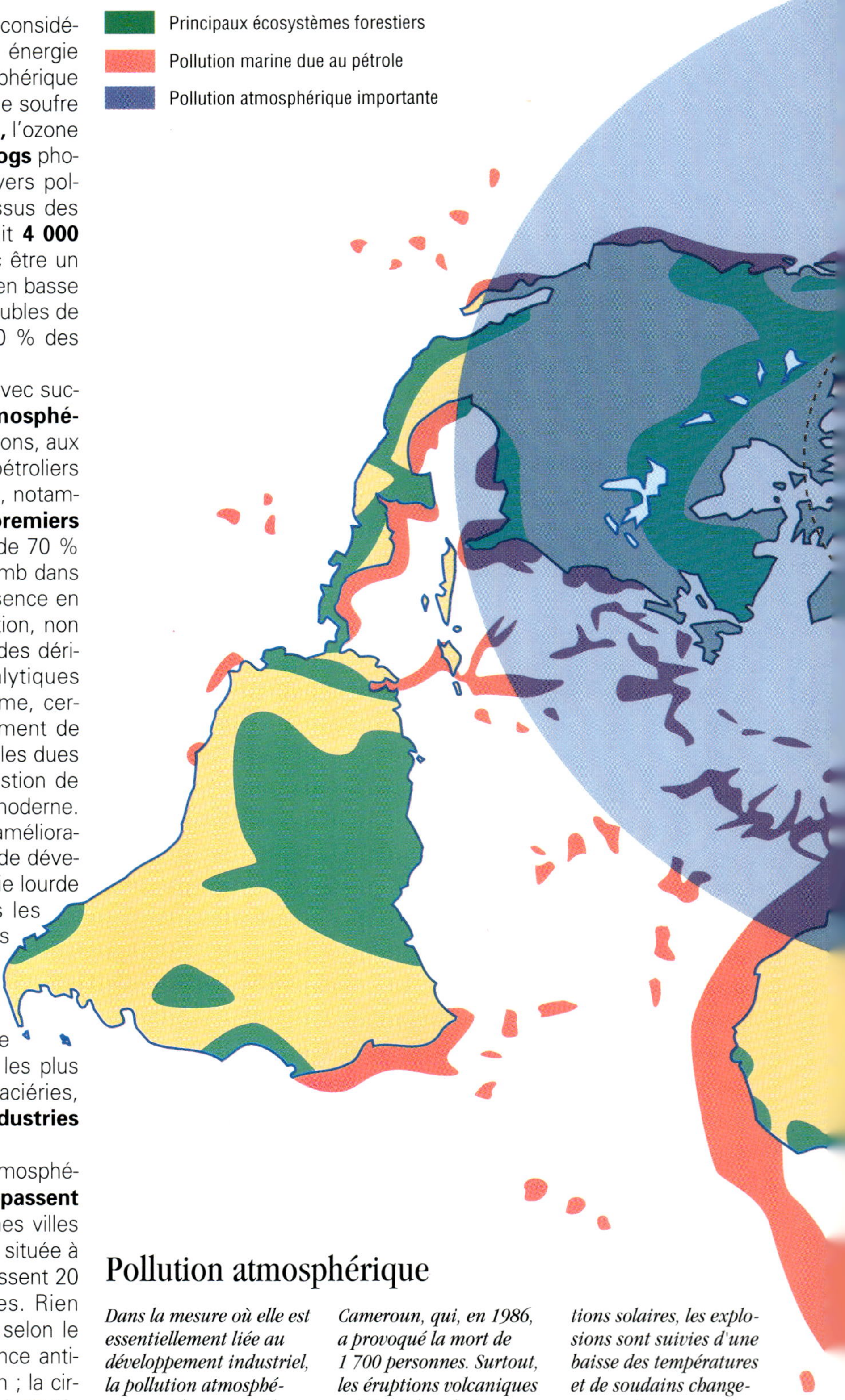

Pollution atmosphérique

Dans la mesure où elle est essentiellement liée au développement industriel, la pollution atmosphérique est beaucoup plus présente dans l'hémisphère Nord. La pollution atmosphérique d'origine naturelle n'est cependant pas négligeable. Certains lacs dégagent des nuages de gaz toxiques mortels, tel le lac Nyos au Cameroun, qui, en 1986, a provoqué la mort de 1 700 personnes. Surtout, les éruptions volcaniques rejettent dans l'atmosphère des quantités considérables de cendres et de gaz. L'éruption du mont-Saint-Helens en 1980 a été équivalente à 27 000 bombes d'Hiroshima. Les cendres formant écran aux radiations solaires, les explosions sont suivies d'une baisse des températures et de soudains changements climatiques. La pollution atmosphérique, enfin, interactive avec celle de l'océan, intervient aussi dans deux domaines essentiels : le réchauffement de la Terre et la destruction de la couche d'ozone.

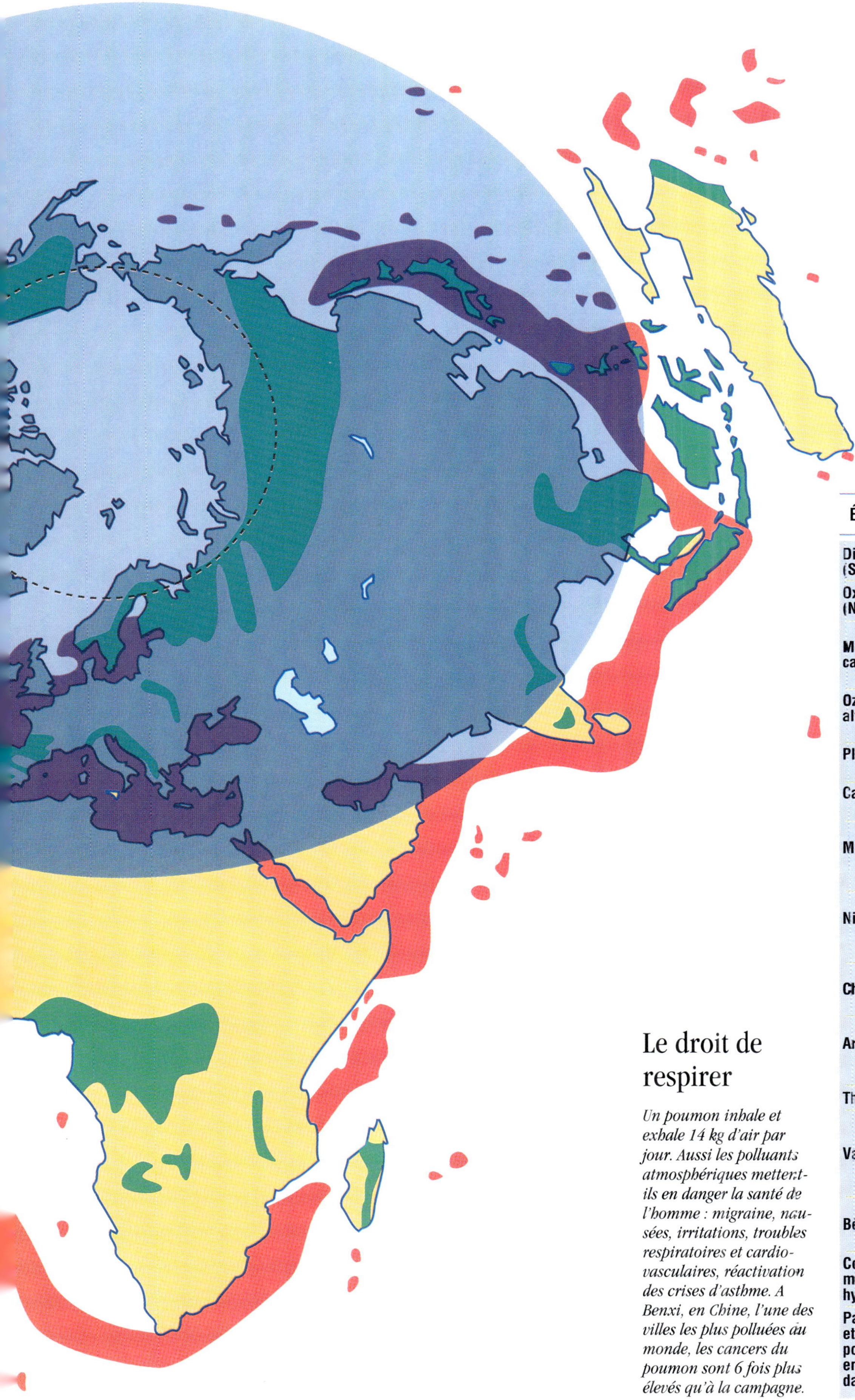

Le droit de respirer

Un poumon inhale et exhale 14 kg d'air par jour. Aussi les polluants atmosphériques mettent-ils en danger la santé de l'homme : migraine, nausées, irritations, troubles respiratoires et cardio-vasculaires, réactivation des crises d'asthme. A Benxi, en Chine, l'une des villes les plus polluées au monde, les cancers du poumon sont 6 fois plus élevés qu'à la campagne.

Émissions de gaz	Toxicité sur l'homme
Dioxyde de soufre (SO_2)	Asthme
Oxydes d'azote (NO_x)	Troubles respiratoires
Monoxyde de carbone (CO)	Intoxication aiguë pouvant entraîner la mort Maux de tête, vertiges, Troubles de la vision
Ozone de basse altitude (O_3)	Irritation des yeux Toux Asthme
Plomb (Pb)	Troubles du système nerveux Affection du foie, des reins
Cadmium (Cd)	Affections respiratoires Troubles rénaux
Mercure (Hg)	Troubles du système nerveux (mémoire, fonctions sensorielles et de coordination) Troubles rénaux
Nickel (Ni)	Maladies respiratoires Asthme Malformations congénitales Cancers (nez, poumons)
Chrome (Cr)	Cancers (poumons, gastro-intestinal) Dermatites
Arsenic (As)	Cancer (poumons) Troubles dermatologiques (dermatite…) Anémie
Thallium (Tl)	Bioaccumulation
Vanadium (V)	Irritation des voies respiratoires Asthme Troubles nerveux Modification de la formule sanguine
Béryllium (Be)	Dermatite Ulcères Inflammation des muqueuses
Composés volatils : méthane, benzène, hydrocarbures	Cancers (voies respiratoires, digestives) Mutation
Particules noires et blanches : poussières en suspension dans l'air	Dégradation des voies respiratoires Effet stimulant sur l'action des polluants et l'apparition de cancers

La mer-dépotoir

La **mer-vivier** est devenue progressivement un **lieu privilégié de rejets** de **produits nocifs.** Qu'il s'agisse de **polluants industriels ou agricoles,** de l'immersion des **déchets radioactifs,** ou tout simplement du **déversement des eaux usées,** les mers sont devenues la poubelle préférée du monde. La pollution qui la caractérise est soit **directement** apportée par l'homme qui y dépose ses déchets, soit **indirectement** par les fleuves qui finissent toujours par y déverser les produits toxiques qu'ils véhiculent, ou, tout simplement, par l'air, qui constitue selon certains experts une source essentielle de pollution des océans, les pluies déversant autant de nitrates que les fleuves.

Les **océans** sont des **réservoirs de gaz carbonique,** mais ils n'absorbent pas ce gaz aussi vite que les industries le rejettent. De plus, à long terme, l'océan restitue le gaz carbonique à l'atmosphère au cours d'échanges directs. L'océan, qui joue le rôle de **régulateur thermique,** risque de réagir en cas d'une croissance des gaz à effet de serre, et c'est pourquoi le réchauffement entraîne une montée des eaux.

L'**industrie** rejette des **polluants chimiques.** Parmi les plus répandus et les plus nocifs, figurent les PCB (polychlorobiphényles, composés très stables utilisés dans de nombreux fluides, résines, encres, peintures et adhésifs) et le célèbre DDT. Ces produits **très peu dégradables** sont toxiques pour le milieu marin : le DDT, qui inhibe la reproduction de certains oiseaux, est lié à la diminution des pélicans bruns sur l'île d'Anacapa aux États-Unis ; les PCB qui s'accumulent dans le foie, la graisse et le lait des mammifères ont aggravé l'épidémie virale qui a frappé les phoques dans la mer du Nord. Ces composés, comme d'autres tels que les dioxines, agressent les organismes marins déjà menacés. Beaucoup d'entre eux, en effet, restent prisonniers des casiers, des fils en nylon ou autres matériels laissés par les pêcheurs, tandis que de nombreuses espèces d'oiseaux de mer croyant consommer des œufs de poisson et du plancton mangent du plastique et en meurent.

L'autre facteur essentiel de la pollution marine est le **pétrole,** avec près de 5 millions de tonnes par an rejetées dans l'océan, provenant de **dégazages** sauvages habituels des bateaux, d'une série de **marées noires** lors de transports, inaugurée par le *Torrey Canyon* en 1967, ou, plus rarement, d'une fuite de plates-formes de forage offshore ou d'un terminal à la suite de bombardements, comme lors de la guerre entre l'Iran et l'Irak en 1983 ou de la crise du Golfe.

L'agriculture favorise l'**eutrophisation** (développement excessif de certaines algues suite à l'action de fertilisants contenus dans l'eau) et donne des marées vertes ou rouges qui gagnent peu à peu les côtes.

L'**immersion de déchets** dans l'ensemble des mers et océans du globe est réglementée par la Convention de Londres (1975). Elle interdit l'immersion de substances hautement dangereuses, autorise celle de substances moins dangereuses, après délivrance d'un permis spécial, et celle des autres substances, après délivrance d'un permis général. Un accord international (1983) a précisé la réglementation des déchets radioactifs. Les pays cependant ont rejeté pendant des dizaines d'années de tels déchets. Selon l'AIEA (Agence internationale de l'énergie atomique), la Grande-Bretagne est en tête des pollueurs des mers, suivie par les États-Unis.

L'océan, enfin, est souvent l'**égout** des grandes villes côtières et véhicule donc germes et **virus.** Or, dans les pays pauvres, la population prélève dans l'océan une grande partie de son **alimentation.** Selon l'OMS, dans ces pays, **trente millions d'hommes** sont **intoxiqués** chaque année par la consommation de poissons, de mollusques ou d'algues contaminés. La mortalité s'élèverait à 4 millions de personnes, surtout des enfants, et sévit dans les régions aux intenses concentrations humaines d'Afrique ou d'Asie. **Les deux tiers de la population mondiale vivant près des côtes, la purification des eaux rejetées et la préservation des océans sont une nécessité impérieuse.**

Mer du Nord, mer Baltique : mers-égouts

Jusqu'à la fin des années 1980, la mer du Nord a reçu 1,5 million de tonnes d'azote, 100 000 tonnes de phosphore, 11 000 tonnes de plomb, 335 tonnes de cadmium, 4 500 tonnes de cuivre et 75 tonnes de mercure par an. Il en a résulté une succession de prolifération d'algues spectaculaire. L'une des plus importantes, en mai 1988, a décimé les élevages de saumons. Quant à la pollution de la mer Baltique, elle est aggravée par des conditions naturelles : renouvellement des eaux très lent en raison de l'exiguïté des détroits, absence de marée, température moyenne relativement élevée…

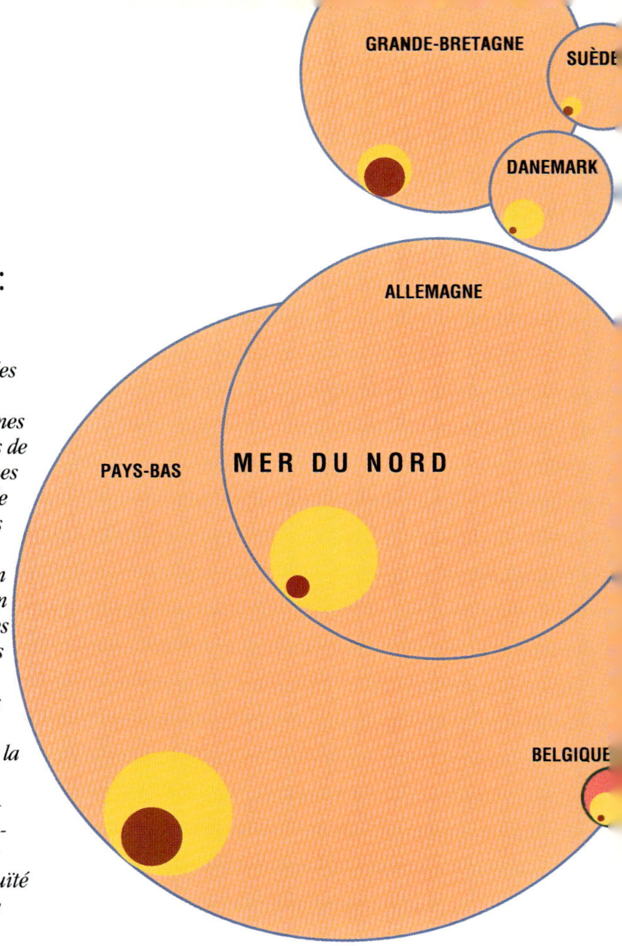

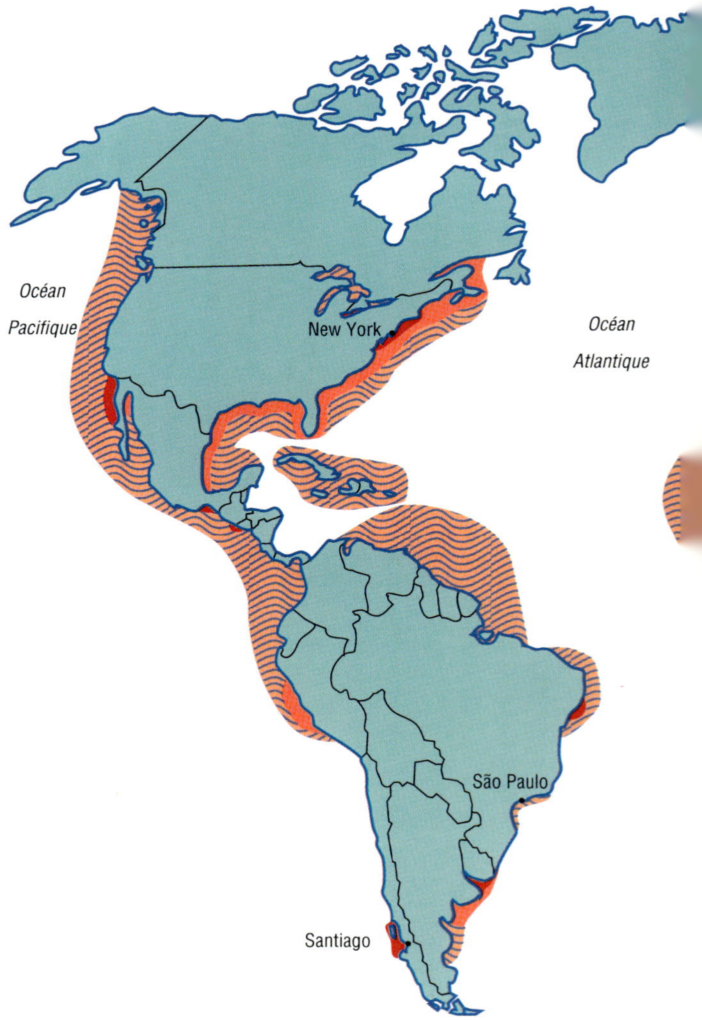

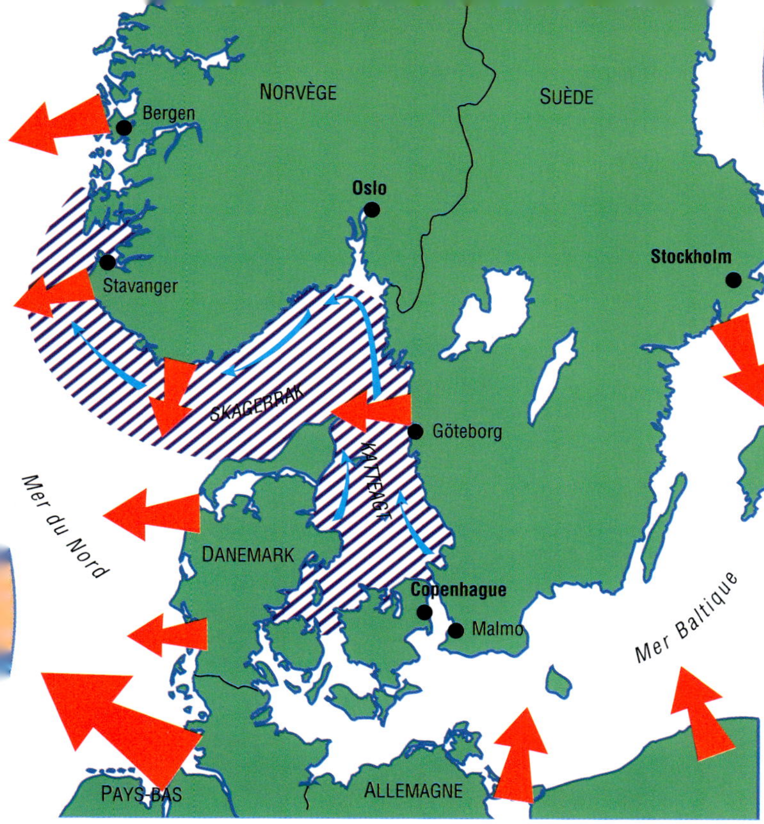

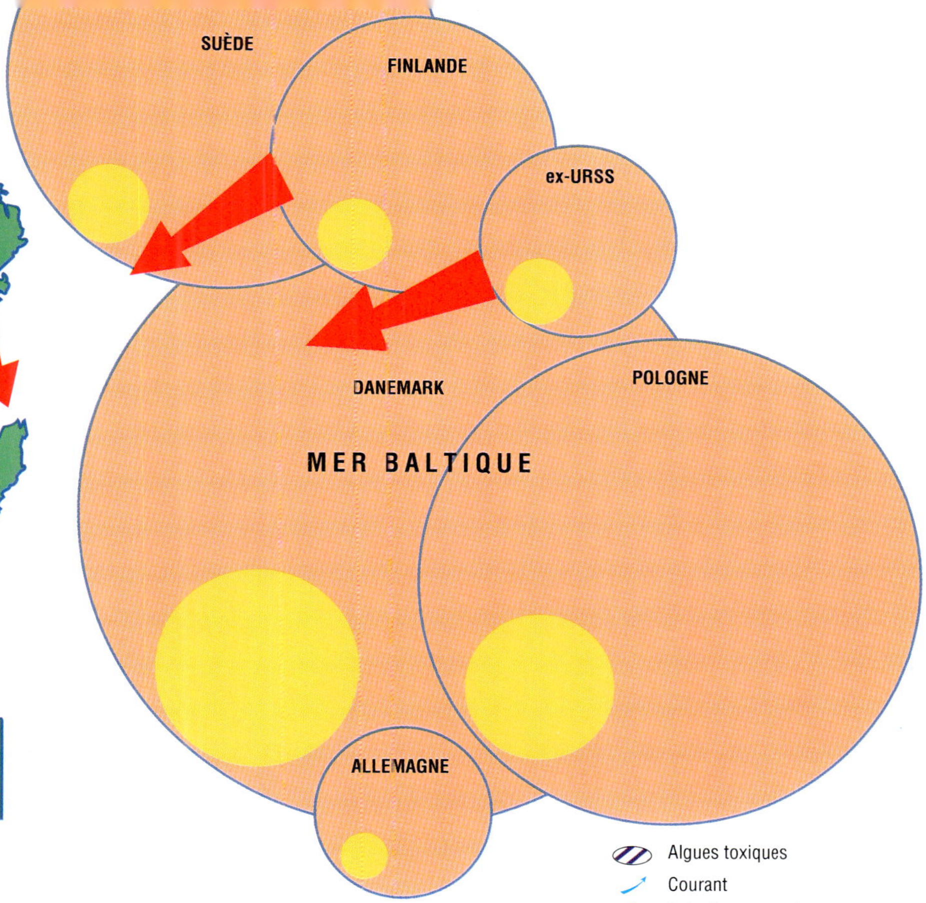

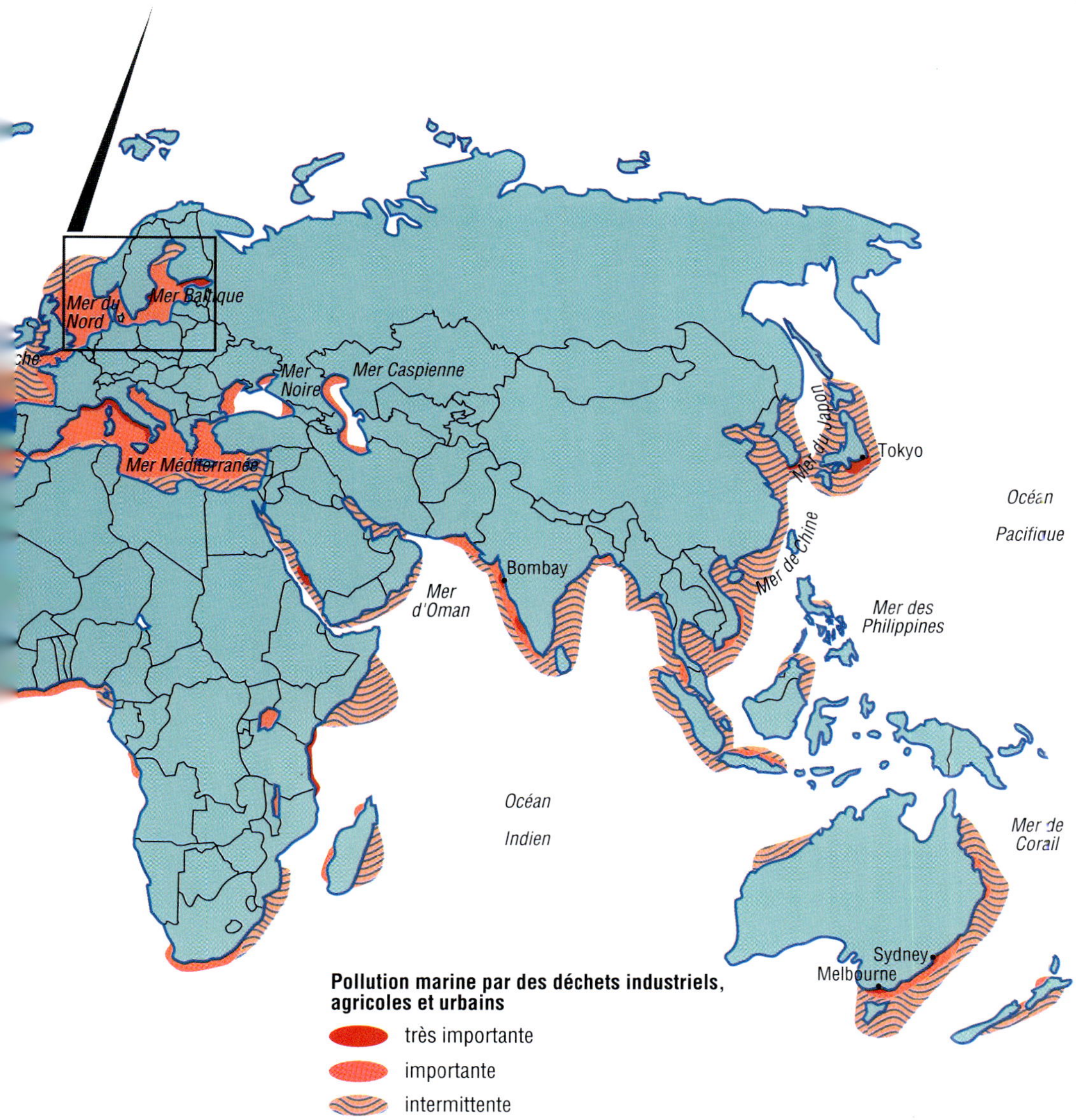

Un lieu privilégié

Parce qu'elles sont soumises à un droit international encore déficient et qu'elles sont difficilement contrôlables, les mers sont l'objet d'agressions constantes. Elles sont, de fait, considérées comme des dépotoirs. Rares sont les activités humaines polluantes dont les effets ne se font pas sentir, directement ou indirectement, en milieu marin. Ce sont, évidemment, les zones les plus proches des terres, les grandes voies maritimes et les lieux où le renouvellement des eaux est difficile qui posent les problèmes les plus graves. Les mers épicontinentales, les mers fermées, comme la mer du Nord, la Baltique, la Méditerranée, le golfe du Mexique, les Caraïbes, la mer Rouge sont, de ce fait, les plus atteintes.

Les catastrophes naturelles

Les **catastrophes naturelles** tuent vingt fois plus que les **désastres techniques.** Depuis le début du siècle, il est vrai, **séismes, volcans, intempéries ont provoqué la mort d'environ 13 millions de personnes.** La totalité des pertes prend en compte les **causes secondaires** qu'elles entraînent et qui représentent souvent près de 40 % des victimes. Ainsi, les **raz de marée** qui ravagent les côtes *(tsunami)* ou les **coulées de boue** *(lahars)* qui suivent les catastrophes volcaniques sont aussi destructeurs parfois que l'éruption proprement dite. De même, dans un pays comme le Bangladesh, les **cyclones** et les **inondations** ont pour corollaires **famines** et **épidémies.** Un raz de marée a tué 40 000 personnes le 3 novembre 1970, un cyclone 138 000 les 29 et 30 avril 1991. Ces cataclysmes récurrents sont amplifiés par les caractéristiques du pays : surpopulation, revenu par habitant extrêmement faible, atteintes au milieu naturel. Autant de causes qui entretiennent le **cycle infernal pauvreté-effets des catastrophes naturelles.**

Selon Haroun Tazieff, depuis 1981 – année de la mise au point, en Grèce, de la méthode de prévision V.A.N. –, les séismes sont devenus les risques naturels les plus prévisibles (83 % ont été prévus, en Grèce, de 1981 à 1992).

Le nombre de victimes des tremblements de terre est très élevé et leur liste s'allonge régulièrement. Le 27 juillet 1976, un séisme détruit la ville de Tangshan en Chine, tuant près d'un million de personnes. En 1985, le tremblement de terre de Mexico fait quelque 30 000 victimes. Le 7 décembre 1988, en Arménie, un séisme majeur détruit Spitak et Leninakan. Le 17 octobre 1989, un tremblement de terre à San Francisco provoque la mort de 72 personnes. Le 13 mars 1992 en Turquie, à Erzincan, 300 personnes sont tuées en quelques secondes et près de 1 000 au dernier bilan.

Quant aux **éruptions volcaniques,** deux d'entre elles ont été particulièrement mortelles. L'éruption de la Montagne Pelée en Martinique, en 1902, a anéanti la ville de Saint-Pierre avec ses 28 000 habitants. Celle de Nevado del Ruiz en Colombie, en 1985, est la plus meurtrière de la dernière décennie avec 26 000 personnes ensevelies.

L'homme n'est évidemment pas responsable des séismes, des éruptions volcaniques ou de certaines inondations. En revanche, le bilan plus ou moins lourd des catastrophes dépend beaucoup de son action. La planification de l'utilisation des sols peut éviter des pertes, tout comme le type de construction, l'éducation des populations ou l'organisation de secours efficaces. Le Japon, la Californie, l'Alaska, entre autres, exigent dans les textes le respect des constructions antisismiques. Une attitude qui explique partiellement, par exemple, les différences de pertes entre deux manifestations géologiques de force comparable : San Francisco le 17 octobre 1989, quelques dizaines de morts ; Leninakan en 1988, des dizaines de milliers. A Mexico aussi, en 1985, les déficiences de l'habitat théoriquement prévu pour résister ont amplifié le phénomène.

L'homme peut également être responsable des inondations, « ondes de tempête », cyclones et sécheresse si l'on en croit l'hypothèse selon laquelle ses activités participent au réchauffement planétaire et, par là-même, à la multiplication d'événements climatiques extrêmes. Les plus importantes catastrophes climatiques proviennent généralement des inondations. Mais de violentes précipitations suffisent à provoquer de dangereux glissements de terrain.

Les populations et les biens exposés sont de plus en plus nombreux, et cette tendance devrait se poursuivre car les **risques de dégâts en cas de catastrophe naturelle augmentent avec la croissance démographique et urbaine.**

La faille de San Andreas

1906, San Francisco. Un tremblement de terre fait 700 morts. 1989, 77 morts et 7 milliards de dollars de dégâts. Toute la partie ouest de la Californie glisse vers le nord-ouest à une vitesse moyenne de 5 cm par an. La faille de San Andreas menace 35 millions d'habitants. Face au risque sismique, les pays industrialisés ne sont guère plus clairvoyants que ceux du tiers monde. Les hommes reconstruisent inlassablement sur les zones à hauts risques.

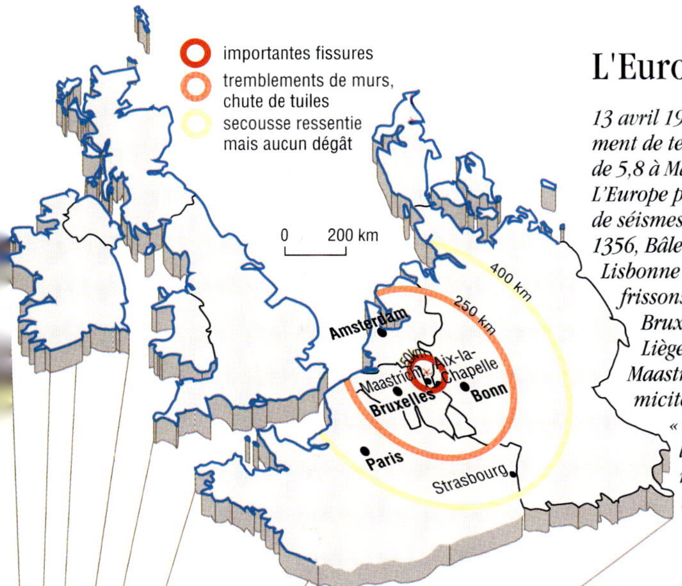

L'Europe des séismes

13 avril 1992 : tremblement de terre de magnitude de 5,8 à Maastricht. L'Europe peut être le siège de séismes violents – 1356, Bâle ; 1755, Lisbonne – ou de simples frissons – 1938, Bruxelles ; 1983, Liège ; 1992, Maastricht. Cette sismicité provient de la « montée » de l'Afrique vers le nord, une pression cause déjà de la surrection de la chaîne alpine. Des régions peu sismiques comme la Suisse, la France, l'Allemagne, peuvent connaître des séismes aussi violents que la Chine ou le Japon. La différence entre ces régions tient donc surtout à la fréquence des secousses. Selon Haroun Tazieff, « plus se prolonge une période calme, plus le réveil risque d'être violent ».

Le Pinatubo

Volcan sans surveillance, car sa dernière éruption remontait à plus de 600 ans, le Pinatubo a explosé dans la nuit du 14 au 15 juin 1991. Le jour même, un violent cyclone a secoué l'archipel et des coulées de boue ont atteint 120 kilomètres/heure. L'éruption a fait 875 morts, détruit toute vie dans un rayon de 15 km et provoqué le déplacement de 200 000 personnes. Elle a été exceptionnelle par l'altitude à laquelle ses cendres ont été projetées : 31 000 mètres. 18 millions de tonnes de dioxyde de soufre ont été rejetées.

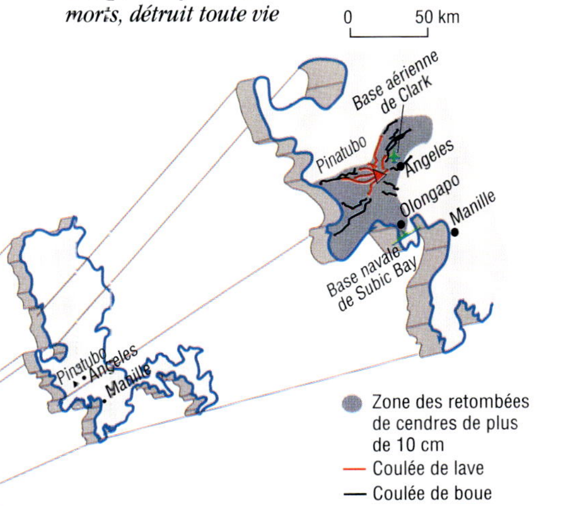

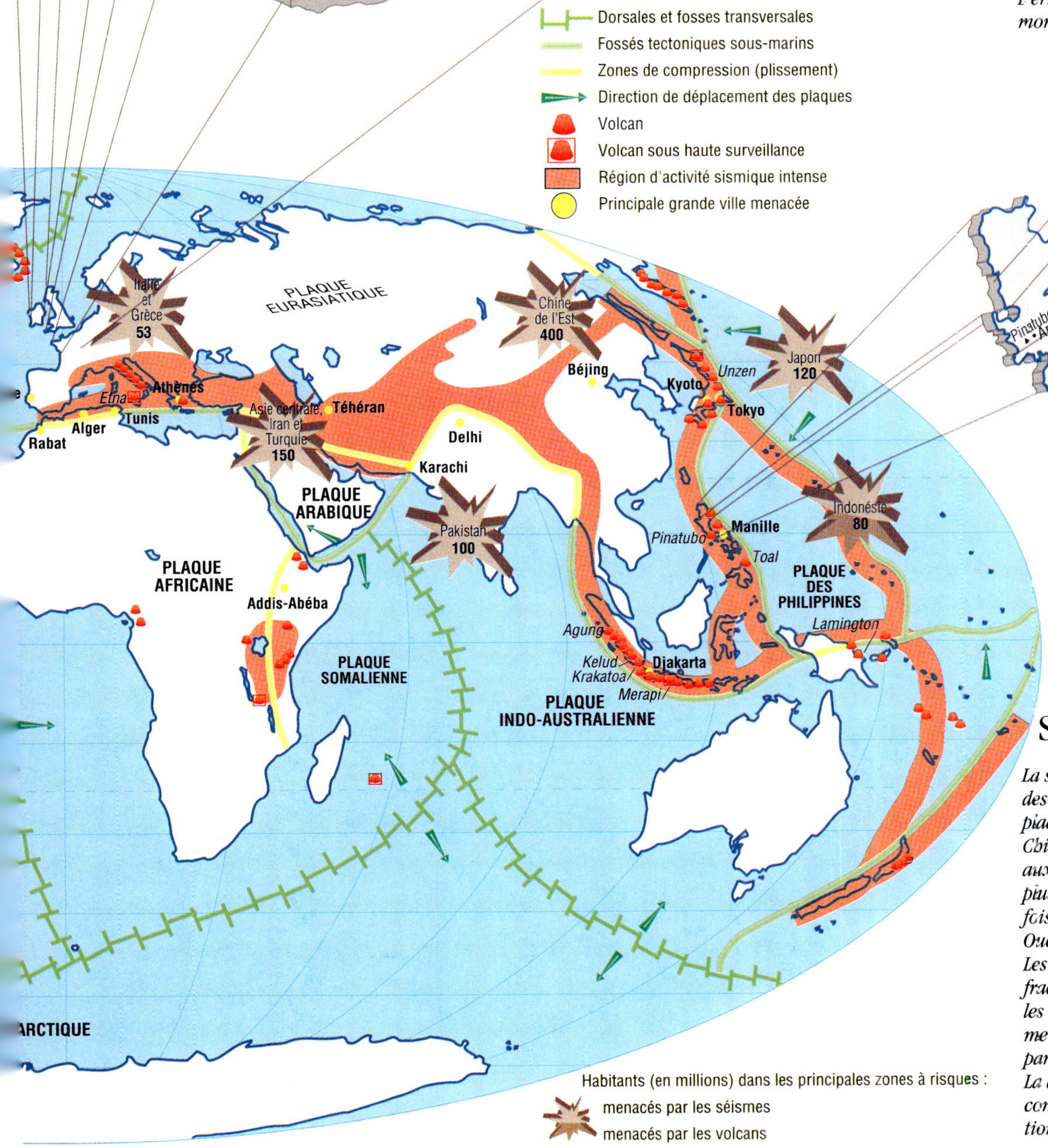

Séismes et volcans

La sismicité est fonction des mouvements des plaques tectoniques. La Chine, pays le plus soumis aux secousses, chevauche plusieurs plaques à la fois : celles du Pacifique-Ouest et celle de l'Inde. Les volcans jalonnent des fractures importantes. Sur les 10 000 recensés, 1 415 menacent. L'Indonésie est particulièrement sensible. La dernière décennie a connu de grandes éruptions : mont Saint Helens (Etats-Unis) en 1980 : 66 morts ; El Chichon (Mexique) en 1982 : 3 638 morts ; Nevado del Ruiz (Colombie) en 1985 : 26 000 morts ; l'Unzen (Japon) en 1991 : 41 morts et le Pinatubo la même année. Au Nicaragua, l'éruption du Cerro Negro et ses projections massives a fait 3 morts et 25 000 sinistrés. Le Taal menace aux Philippines, le Sabancaya au Pérou...

La catastrophe climatique du Niño

L'Amérique du Sud est régulièrement bouleversée par un **événement climatique étonnant : *el Niño*.** Ce **courant marin, chaud, irrégulier et imprévisible,** apparaît aux alentours de Noël, d'où son nom d'« enfant Jésus ».

L'**explication du phénomène** se fonde sur les **mouvements des vastes masses d'eau du Pacifique.** Une **perturbation** de la circulation **atmosphérique** amène les alizés du Pacifique soufflant d'est en ouest à créer, de part et d'autre de la zone équatoriale, deux longs courants marins véhiculant d'importants volumes d'eau chaude. Or, comme cette accumulation ne peut se faire indéfiniment, **une partie de l'eau reflue de l'Asie vers les côtes américaines.** Ce contre-courant équatorial se glisse en fait entre les deux courants équatoriaux et, favorisé par les vents, remonte jusqu'aux côtes de l'Amérique centrale et du Mexique, avant de gagner le nord. Généralement, donc, les côtes de l'Amérique du Sud ne sont pas touchées par la circulation des eaux chaudes du contre-courant équatorial.

En revanche, ces côtes bénéficient d'un phénomène d'*upwelling,* ou **remontée d'eau profonde.** Le jeu des vents chasse les eaux de surface et fait place à des eaux qui se trouvaient plus en profondeur (environ 200 mètres). Ainsi, surgissent des **masses d'eau particulièrement riches en substances nutritives,** car elles ont accumulé une partie des débris organiques tombés de la surface sans être consommés par manque de lumière. L'*upwelling,* en apportant sur la côte une **pêche miraculeuse** de sardines et d'anchois attirés par les eaux riches et relativement froides, fait du Pérou et du Chili les plus grands producteurs de poissons du monde.

De janvier à mars, cependant, il arrive que le **trajet des alizés soit modifié,** bouleversant circulation des eaux chaudes du courant équatorial et *upwelling.* Les eaux chaudes s'étalent alors un peu plus vers le sud, tandis que l'*upwelling* et la manne de poissons qu'il apporte disparaissent. Sur la vaste surface d'eau chaude, se forme alors une **dépression atmosphérique chargée d'air très humide et provoquant des pluies torrentielles.** C'est ce dérèglement qui fait ***el Niño.*** Seule compensation, les crevettes se multiplient dans les eaux chaudes, où se sont déversés les détritus provenant des crues des rivières .

Le *Niño* de 1982-1983 a été **le plus dévastateur depuis la découverte de l'Amérique.** L'**eau chaude** équatoriale a atteint les côtes de l'**Équateur** et du **Pérou** avec une épaisseur allant jusqu'à 150 mètres. La sardine ou l'anchois qui s'épanouissent dans des eaux entre 18 et 22 °C ont disparu lorsque la température de l'eau est montée à 25 °C. Les **espèces marines** fuyant vers le **large,** les bateaux peu équipés pour s'éloigner des côtes sont restés au port. Privées alors de **matières premières,** les usines de **conserverie** et de farine de poisson ont licencié massivement. **Le *Niño* a bouleversé toute l'activité économique de l'Équateur et du Pérou,** qui repose en grande partie sur la pêche et l'engrais tiré des oiseaux à guano. A Chimbote, par exemple, l'un des grands ports péruviens, 50 % de la population vit de la pêche. En Équateur, les **pluies torrentielles** ont dévasté les **cultures,** provoqué des glissements de **terrains** qui ont détruit des **habitations,** décimé le **bétail** affamé ou atteint du piétin, maladie causée par une immersion prolongée dans les champs inondés. La moitié de la population vivant dans des bidonvilles a vu ses conditions de vie devenir encore plus difficiles : les **épidémies,** comme la typhoïde, ont connu un regain.

Ce bouleversement a eu des **conséquences** quasiment **culturelles** puisqu'il a modifié jusqu'aux habitudes culinaires : le plat national à base de poisson cru mariné dans du citron a dû être abandonné. Enfin, avec l'arrivée d'un si puissant *Niño,* c'est la fin d'un espoir pour la masse des paysans misérables qui viennent s'entasser dans les ports en quête de travail. C'est leur dernière chance, mais résignés et croyants à la légende du Dieu de l'Océan, ils attendent et espèrent que celui-ci ne se mettra pas en colère.

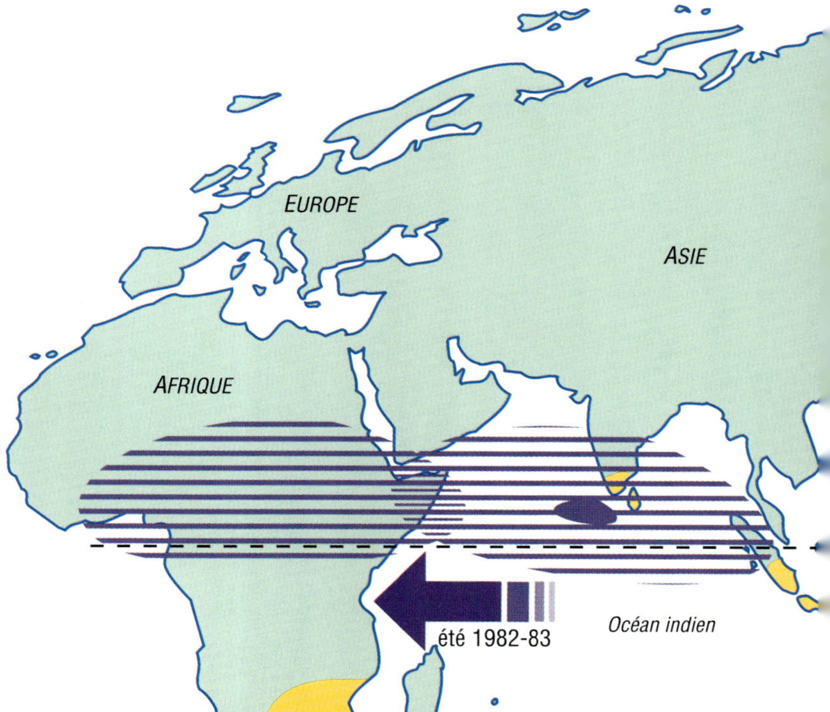

Grandiose accident climatique

Le Niño *a eu des manifestations particulièrement puissantes en 1925, 1930, 1941, 1951, 1957, 1958 et 1977, mais 1982 reste l'année la plus exceptionnelle. Le* Niño *a alors affecté non seulement les populations d'Équateur et du nord du Pérou, mais aussi celles de nombreux pays beaucoup plus éloignés. Le* Niño *s'accompagnant d'un déplacement de l'anticyclone du Pacifique Sud (affaibli à l'est, renforcé à l'ouest) déclenche une multiplication d'événements climatiques extrêmes à d'énormes distances. Il a ainsi eu une influence directe sur les tempêtes qui ont affecté le nord du golfe du Mexique, notamment les États du Texas et de la Louisiane, et sur les violents cyclones qui ont éclaté dans les îles du Pacifique.* A contrario, *il a provoqué une terrible sécheresse en Australie, en Indonésie, en Amérique du Sud et en Afrique du Sud-Est.*

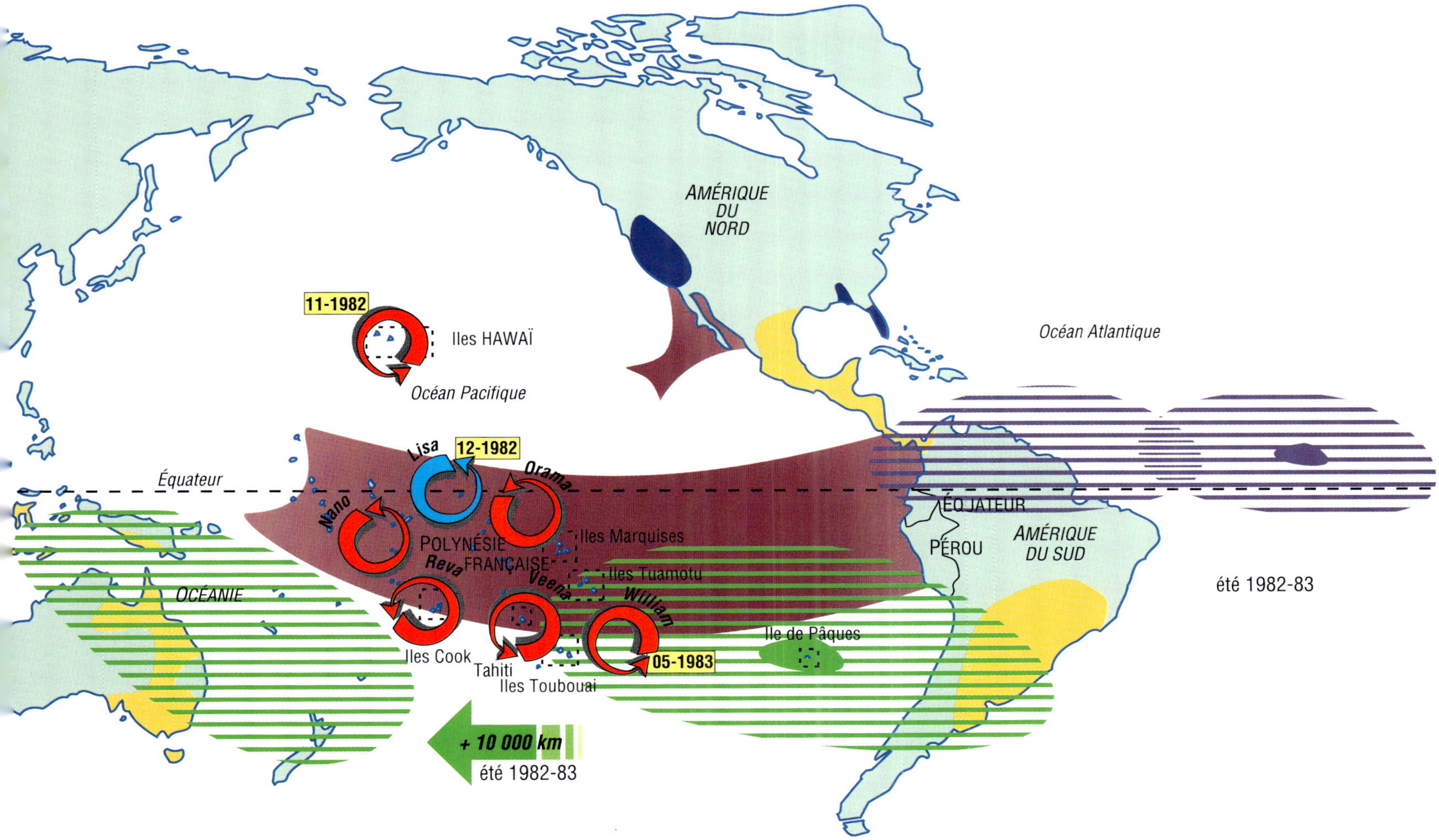

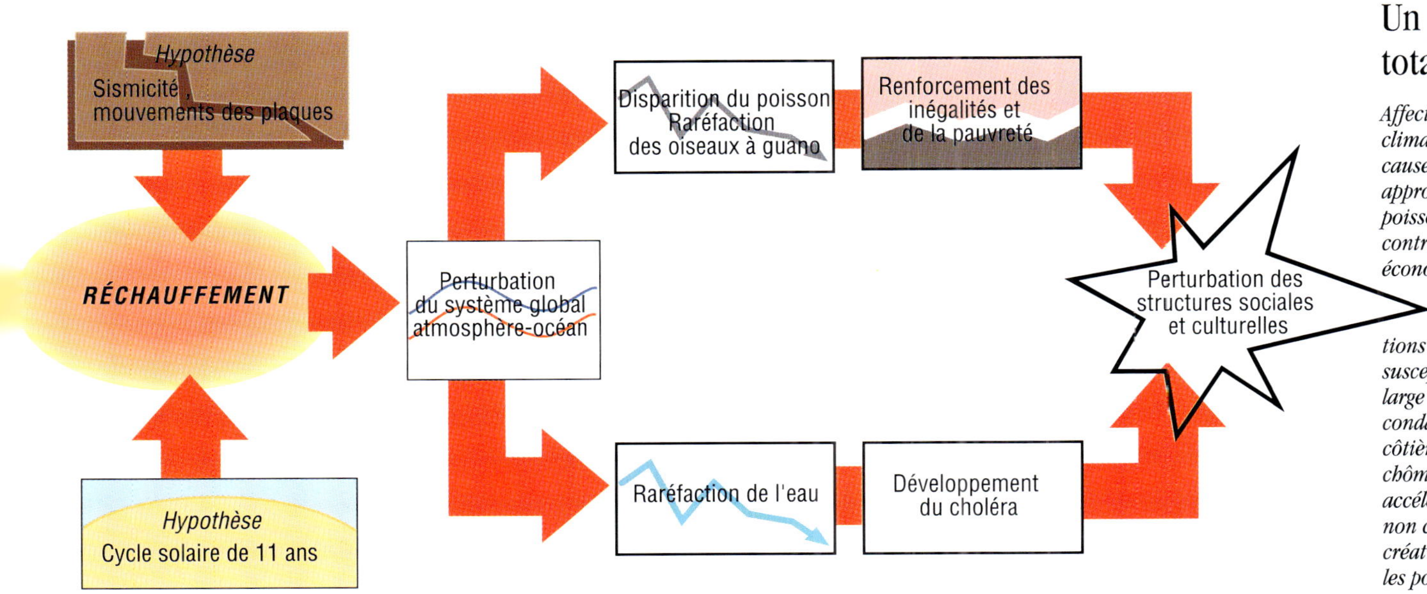

Un phénomène total

Affectant d'abord le climat, le Niño *remet en cause la structure des approvisionnements en poissons. Il affecte par contrecoup les activités économiques et industrielles. Il accentue les contradictions entre armateurs susceptibles d'aller au large et petits patrons condamnés à la pêche côtière. Il produit chômage et disette. Il accélère un exode rural non compensé par des créations d'emplois dans les ports paralysés.*

Agriculture et environnement

Après avoir modifié le paysage au fil des siècles, l'agriculture a bouleversé l'environnement. Le **passage de l'agriculture extensive à l'agriculture intensive** a nécessité le recours à des techniques de plus en plus élaborées. Tout en ayant l'avantage d'augmenter la productivité et d'amoindrir la pénibilité des tâches, elles comportent quelques inconvénients. La modernisation dans les pays développés, l'industrialisation de certaines cultures dans les pays en voie de développement nécessitent une **mécanisation** systématique, la **sélection génétique des espèces, l'approvisionnement rationnel et régulier en eau,** le recours massif aux **engrais** et aux **pesticides.** Productivité et récoltes augmentent d'autant : en France, les rendements sont passés d'une moyenne de 20 quintaux de blé à l'hectare, en 1950, à 60 aujourd'hui. Mais, parallèlement, **le sol,** dont l'équilibre des éléments nutritifs est modifié, **se dégrade.** L'engrais et les pesticides empoisonnent les terres, laissant des traces d'arsenic, de cadmium et de plomb. Les défenses naturelles des plantes diminuent, la résistance aux pesticides augmente, entraînant un nouveau besoin de produits chimiques et, par là-même, une détérioration renouvelée des sols. Ces méfaits s'ajoutent à l'endettement des paysans pour financer cette modernisation et la dégradation de la qualité de la production. **Au Nord,** l'agriculture occupe une part très faible de la population active. Le gel des terres se généralise, et peu à peu émerge **un monde sans paysans. Au Sud,** l'agriculture reste souvent l'activité principale (les deux tiers de la population indienne vivent de l'agriculture). Et là, en revanche, près d'un milliard de ruraux sont des **paysans sans terres.** Une situation qui s'explique différemment selon les régions : rareté des terres disponibles en Asie où 80 % des terres arables sont déjà cultivées, propriété foncière très inégalement répartie entre *latifundia* et micro-propriétés en Amérique latine ou encore confiscation de terres peu redistribuées depuis la décolonisation au Maghreb. Cependant, la « révolution verte » n'a concerné que les terres les plus faciles à exploiter et d'importantes réserves de terres pourraient encore être aménagées.

La **« révolution verte »** consiste en l'adoption à vaste échelle de variétés à hauts rendements combinée avec l'irrigation et l'emploi de pesticides et d'engrais. Relativement **réussie en Asie,** elle a connu des **succès** plus **localisés en Amérique latine** et **a échoué en Afrique.** En Inde, par exemple, l'invention du riz IR 36, riz miracle qui couvre 40 % des rizières asiatiques, a participé à l'élimination des famines. L'Inde a augmenté sa production par habitant en dépit de la croissance exceptionnelle de sa population. En Afrique, en revanche, seuls le Soudan et les pays du Maghreb ont connu un début de révolution verte, mais l'irrigation qui n'a pu être maîtrisée et l'instabilité politique quant aux choix agricoles ont entravé le processus.

La « révolution verte » tentée dans les pays en voie de développement dans les années 1960 a bien des détracteurs. **Trois reproches** lui sont essentiellement faits : l'**enrichissement des paysans riches,** et l'**appauvrissement des pauvres** (seuls les fermiers déjà relativement aisés ont pu tenter l'expérience) ; la mise de ces pays **sous dépendance des pays riches** et plus précisément des grandes firmes agronomiques qui vendent les engrais, les pesticides, les semences, le bétail, les machines agricoles ; enfin, l'**érosion du capital génétique** due à la sélection végétale. L'intensification des cultures dans ces pays a, de plus, apporté les mêmes nuisances que dans les pays développés : monoculture et utilisation excessive de produits chimiques érodent les sols. Selon les spécialistes, la Terre perd 0,7 % de son capital sol par an. L'agriculture qui doit relever le défi de la croissance de la population semble donc devoir s'appuyer sur la **gestion écologique des sols** et la **biotechnologie.** Cette science permet en effet de trouver des semences améliorées, mais renforce à court terme la domination sur la production agricole mondiale des pays développés, seuls capables de financer la recherche.

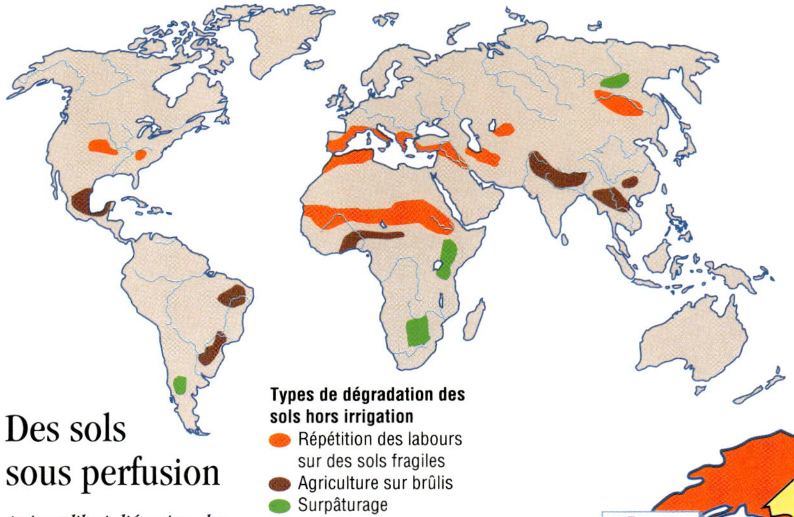

Des sols sous perfusion

Aujourd'hui, l'érosion des sols est beaucoup plus rapide que leur reconstitution. Selon les spécialistes, la Terre perd chaque année 0,7 % de son capital sol. Les érosions se cumulent, l'érosion hydrique est le premier facteur de disparition des sols de la planète, mais aussi chimique ou éolienne. L'avenir voudrait que l'on se passe des sols pour produire en serre des légumes sans un gramme de terre.

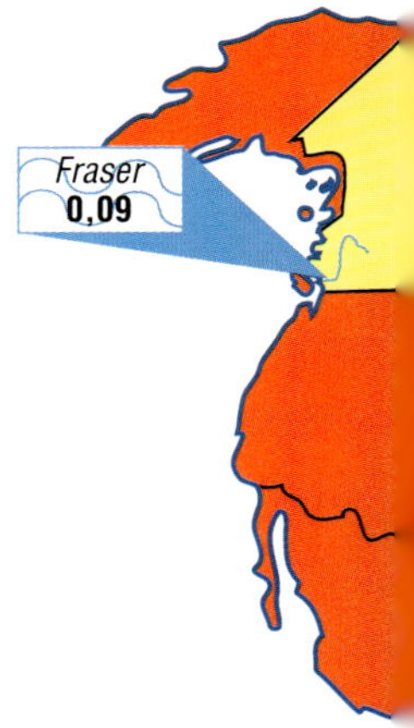

L'Europe des pesticides

L'atrazine est l'un des produits chimiques de l'agriculture les plus dangereux. Substances peu mobiles, pesticides et herbicides peuvent demeurer dans les sols pendant des années, risquant de se répandre dans l'environnement et de contaminer un jour terres arables et nappes phréatiques. Le retour à une agriculture plus organique est cependant très concurrencé par les industries chimiques.

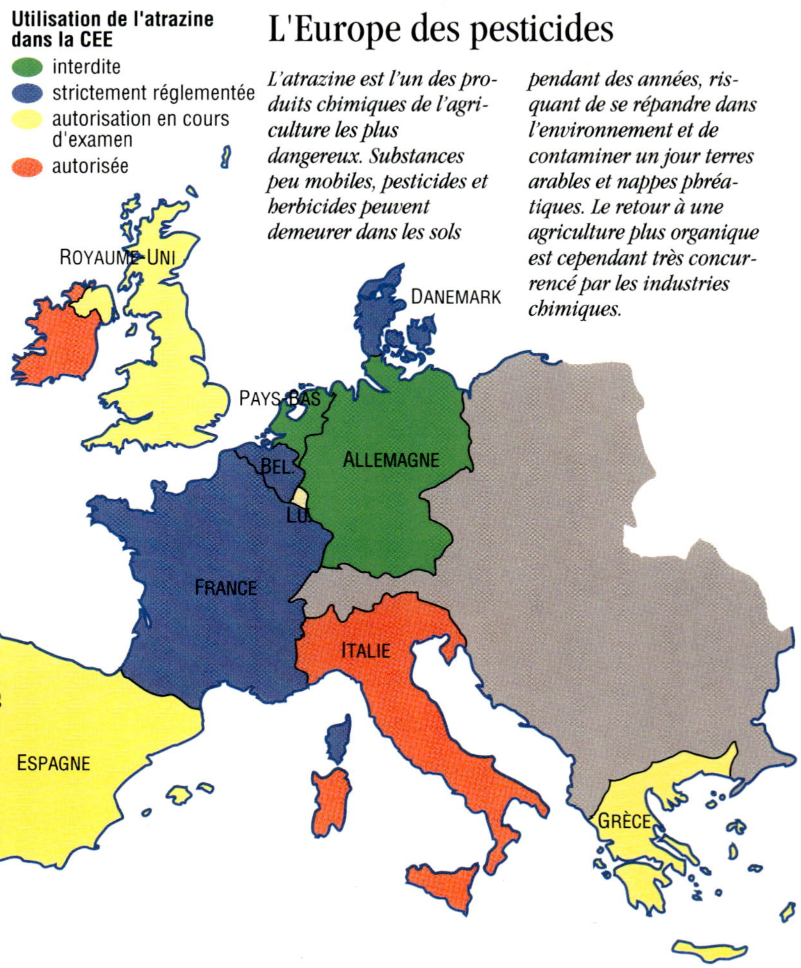

Nitrate : les méfaits

L'agriculture intensive a fait exploser les rendements. Le record du monde a été enregistré au Nebraska (États-Unis) avec 141,8 quintaux de blé à l'hectare... Sans les engrais, ces performances auraient été impossibles. Bon nombre d'engrais et les lisiers (déjections animales) malheureusement se transforment en nitrates. Le ruissellement de l'eau les entraîne vers les fleuves ou les nappes souterraines. A l'inverse, certaines plantes, cultivées intensivement, fixent le nitrate sans le digérer, à tel point que leur consommation en devient dangereuse.

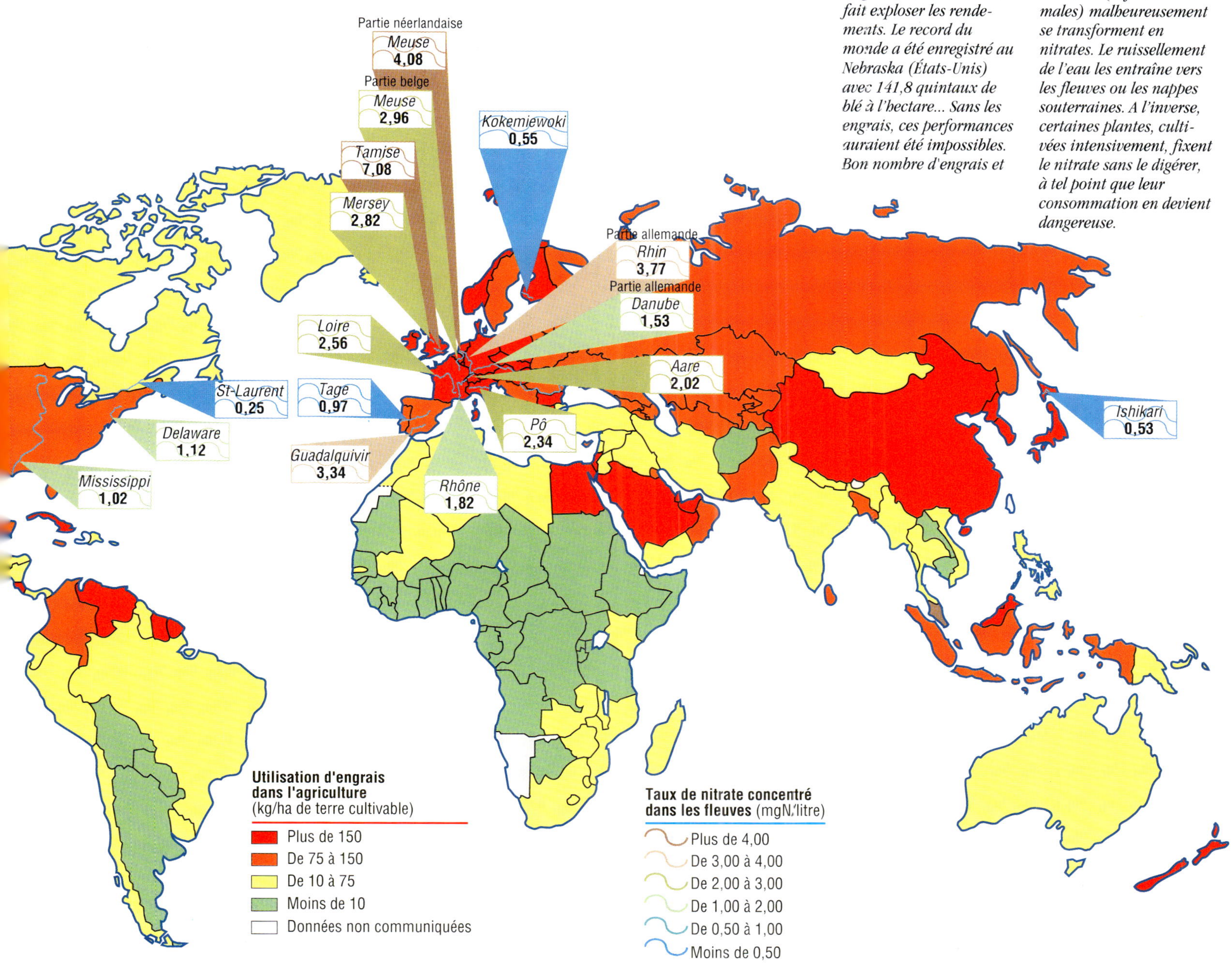

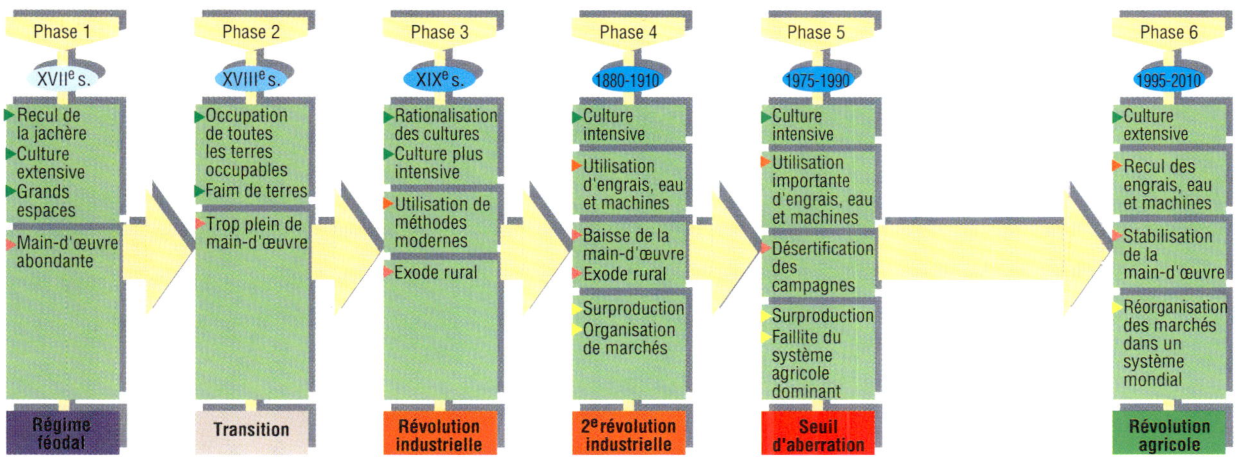

Le retour de la jachère ?

L'agriculture intensive a prélevé dans les sols, sans leur rendre, l'azote, le potassium et le phosphore qui faisaient leur fertilité. Les engrais ont dans un premier temps compensé ces pertes, puis leur épandage massif a rendu les terres incultes. Reste l'alternative entre revenir à une agriculture biologique et donc quasiment extensive ou utiliser au maximum les terres sans dommages supplémentaires.

L'industrie sale

Dès son apparition, l'**industrie,** au sens moderne du terme, a produit des nuisances et, parmi elles, des **déchets**. Ce que les livres de géographie appelaient **« paysages industriels »** incluait les appareils de production, les usines, l'habitat ouvrier, mais aussi les cheminées et leurs fumées, et dans les régions minières par exemple, les terrils, horizon « naturel » des régions charbonnières.

Le développement de l'industrie, et singulièrement des **industries chimiques**, ou de celles utilisant des procédés chimiques dans leur processus de fabrication, a augmenté le besoin de rejeter des déchets de plus en plus nombreux et nocifs.

Longtemps, en l'absence d'une **réglementation** contraignante, ce sont les cours d'eau, l'atmosphère et le paysage qui ont fait les frais de ce qui était souvent accepté comme le **corollaire** obligatoire de l'**industrialisation**. Les pouvoirs publics locaux, les syndicats acceptaient bon gré, mal gré ce qui semblait une fatalité au profit du maintien des **« bassins d'emplois »**.

Les rejets sont cependant de plus en plus massifs. Les grandes **catastrophes industrielles,** qui ont marqué les vingt dernières années, ont fait prendre conscience qu'il existe des **« catastrophes rampantes »** dues aux rejets quotidiens plus ou moins discrets, mais dont les effets à moyen ou long terme sont désastreux.

Sous différentes pressions, certains industriels se sont pliés à la nécessité de changements, souvent onéreux, pour éviter les rejets sauvages. D'autres ont préféré transférer les activités polluantes dans des pays moins réglementés et prêts à accueillir, malgré les dangers que comportait leur installation, des activités créatrices d'emplois.

L'**évacuation** des déchets industriels est devenue une **activité économique** à part entière d'autant plus lucrative que, plus les déchets sont dangereux, plus la rémunération de l'évacuation est élevée. Certains continuent à faire fi des réglementations, en camouflant les déchets sous de fausses appellations. La **vigilance** renforcée des pouvoirs publics, des autorités locales et des associations parvient toutefois à déjouer ces dangereux subterfuges.

L'évacuation des déchets industriels prend trois formes principales plus ou moins satisfaisantes. **Un premier type d'entreprises récupèrent, trient et recyclent, ou détruisent** produits chimiques, papiers et cartons, verre... Cette activité participe au « grand nettoyage » nécessaire à la planète pour des raisons de **propreté** et d'**économie**. Plusieurs grands pays industrialisés se sont dotés d'équipements extrêmement complexes pour développer ces activités. **Un second type d'entreprises récupèrent et stockent,** dans des conditions de sécurité et de légalité diverses, des déchets industriels plus ou moins dangereux. Les **normes** mises en place et les **contrôles** accrus devraient pouvoir éviter des « découvertes » aussi surprenantes que celles qui ont défrayé la chronique ces dernières années, l'une des plus célèbres étant, à la fin des années 1970, celle de **Love Canal.** Cette petite ville des États-Unis avait été édifiée sur une ancienne décharge de produits chimiques. Les intoxications et la fréquence des malformations chez les nouveau-nés donnèrent l'alerte. Plus de 200 familles furent évacuées. **Le troisième type d'entreprises se livrent au simple commerce des déchets,** même s'il s'agit d'installations mises sur pied pour l'élimination ou le recyclage dans les pays industrialisés. Le plus souvent, les déchets sont recueillis par des pays en voie de développement aux législations plus « conciliantes », qui pratiquent même le **délestage en mer.** Ce troisième type d'activité, qui échappe en partie au contrôle des États, est le plus dangereux : aucune frontière, aucune mer ne pouvant contenir la pollution et le danger en un seul endroit, les **« effets retour »** risquent d'être dramatiques.

Enfin, les **moyens de transport**, qu'ils soient routiers, ferroviaires ou maritimes, sont à l'origine de catastrophes plus ou moins maîtrisées.

Procédés d'élimination des déchets industriels (% cumulé)

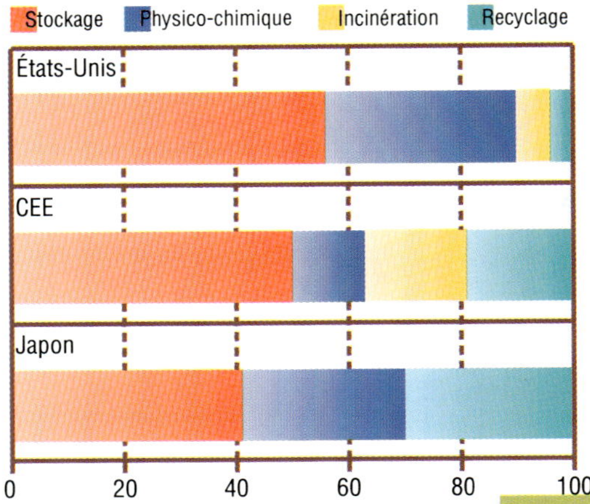

Évolution des traitements

Le stockage, qui n'est pas une solution en soi, demeure la pratique la plus importante dans les pays industrialisés. Seuls les pays de la CEE et le Japon commencent à pratiquer un véritable recyclage. Les procédés d'incinération ou d'élimination physico-chimique, sauf contrôle extrêmement strict, ne peuvent pas être considérés, dans la plupart des cas, comme des techniques propres.

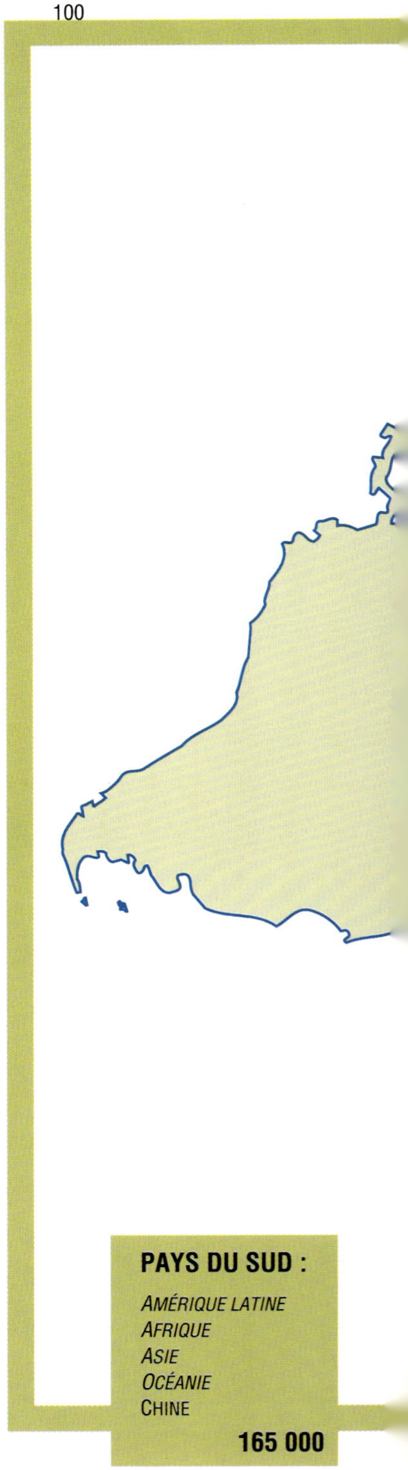

Déchets : typologie et répartition

Les déchets industriels se divisent en trois catégories : déchets inertes (bâtiments, déchets miniers...), déchets banals (assimilables de par leur caractéristique aux ordures ménagères) et déchets spéciaux englobant les déchets dangereux ou toxiques.

Sur le plan national, l'opinion publique manifeste de plus en plus en faveur de leur contrôle, même si la production peut en conséquence coûter plus cher.

Sur le plan international, les échanges dette/nature (accords SWAP) peuvent être une incitation à une meilleure gestion des déchets industriels dans les pays en voie de développement. Quoi qu'il en soit, et dans l'immédiat, le clivage Nord-Sud qui apparaît ici, ne veut pas dire pour autant, qu'à terme, les États produisant quantitativement les déchets industriels les plus nombreux seront les plus pollueurs.

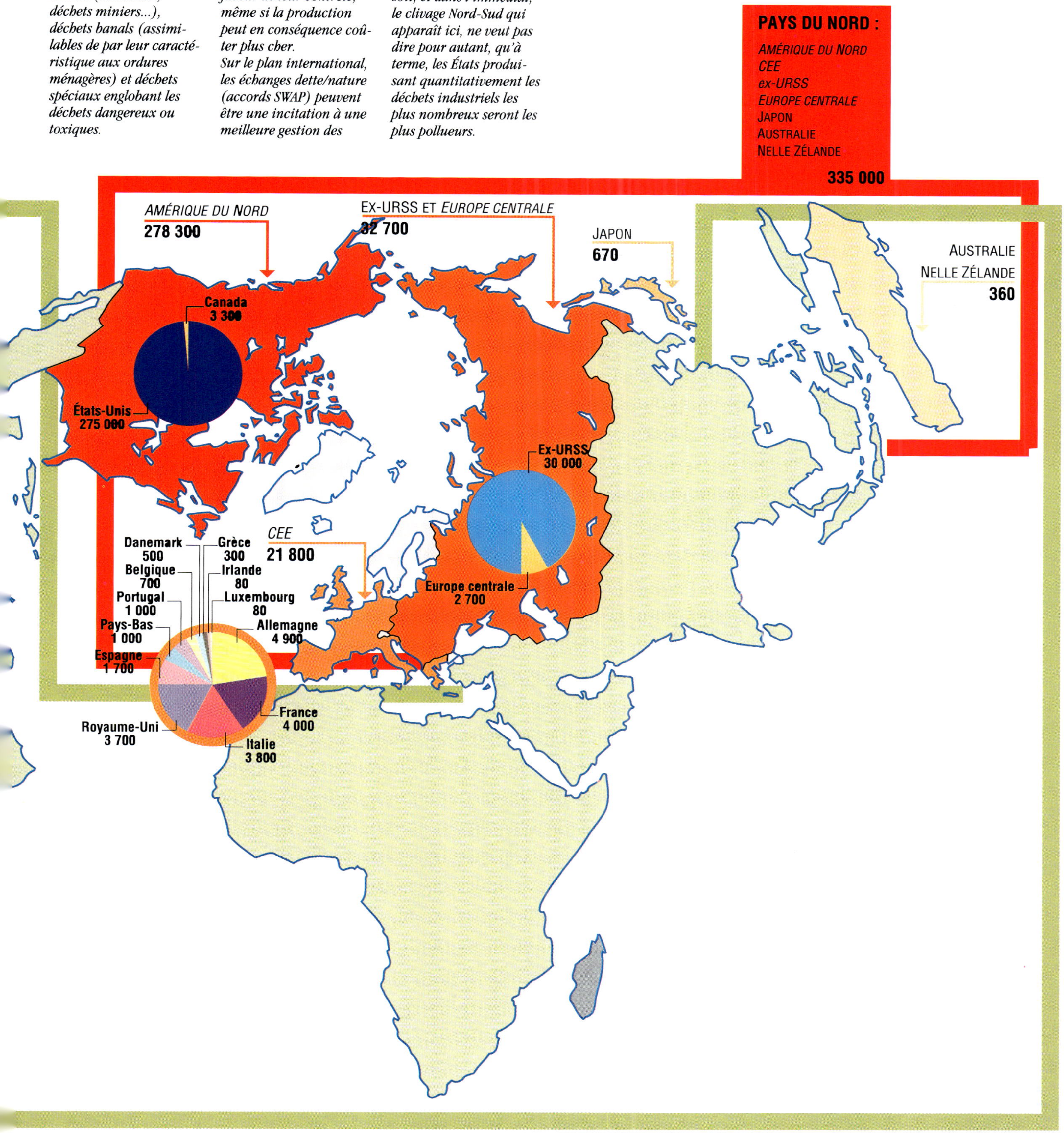

Quantité de déchets toxiques produits par les industries par région ou par pays (milliers de tonnes par an)

Énergie : rareté et besoins

Depuis la **révolution industrielle,** l'humanité consomme de plus en plus d'**énergie.** Seuls les deux **chocs pétroliers** de 1973 et 1979 ont stabilisé une consommation en hausse depuis la croissance économique du lendemain de la Seconde Guerre mondiale. La fin de l'ère du pétrole à bon marché a provoqué la prise de conscience de la **nécessité d'une réduction de la consommation,** tandis que la **durée limitée des réserves d'énergies fossiles** en général alarmait l'opinion. Au rythme actuel d'exploitation, en effet, les **réserves** prouvées récupérables de **pétrole** représentent environ **40 ans** de consommation, celles de **gaz, 70 ans** et celles de **charbon** enfin, près de **250 ans.**

La réduction des combustibles a alors pris bien des formes. Dans les foyers, l'**habitat** a été amélioré avec les nouveaux matériaux isolants. Dans les **transports,** les recherches ont permis de fabriquer des moteurs plus performants ou des carburants de substitution tels le méthanol, l'éthanol, le gaz naturel, l'électricité ou l'hydrogène. Dans l'**industrie** et notamment dans le secteur des matériaux de base, forts consommateurs d'énergie (sidérurgie, cimenterie...), les entreprises se sont dotées d'équipements appropriés. Les **gouvernements,** enfin, ont adopté des **mesures réglementaires** avec, par exemple, l'instauration de normes fiscales. Tous ces efforts ont permis de réduire le pillage du capital énergétique de la planète, mais force est de constater que ces bonnes résolutions sont fragiles. Dès 1985, la baisse du prix des hydrocarbures a tout de suite entraîné une reprise de la consommation.

Les solutions doivent être trouvées dans le souci d'une **meilleure efficacité** et le **recours aux ressources renouvelables.** Parmi elles : le **nucléaire,** qui comporte des risques de **catastrophes,** et les énergies douces qui, elles, cumulent absence de pollution et relative sécurité, mais aussi difficulté de mise en œuvre.

Ainsi, l'énergie **hydroélectrique** est peu polluante, peu coûteuse et peu dangereuse. Cependant, elle nécessite des **barrages** bouleversant l'**écosystème** des rivières, des lacs de retenue inondant parfois des terres fertiles, sans compter les risques de rupture d'ouvrage pouvant noyer les populations situées en aval. De plus, cette énergie est souvent insuffisamment abondante, sauf dans des pays comme le Zaïre, le Mozambique, le Canada, la Norvège ou le Venezuela.

L'énergie **solaire,** forte potentiellement, est aussi la plus difficile à capter. Son **coût** est très élevé, car les dépenses en investissements (miroirs, moteurs) comme les frais de fonctionnement sont considérables. Des centrales solaires, néanmoins, sont en construction. Dans le désert californien près de Barstow, Solar Two est une centrale prévue pour produire 10 mégawatts d'électricité dès 1996, de quoi alimenter 10 000 à 20 000 maisons individuelles. De nouveaux progrès techniques devraient permettre d'augmenter les rendements.

L'énergie **éolienne** peut être un appoint énergétique, mais elle comporte certaines nuisances. Elle est notamment **bruyante** dès que le moulin fournit une énergie importante. Enfin, si elle se révèle un recours utile en Amérique du Nord, elle ne peut être pratiquée partout.

Les **océans,** comme le **vent,** recèlent une grande quantité d'énergie, mais d'utilisation malaisée. L'usine marémotrice de la Rance, en Bretagne, inaugurée en 1966 et seule de ce type au monde, récupère l'énergie des marées, mais avec une faible rentabilité.

L'énergie **géothermique** produit déjà des milliers de mégawatts dans le monde, mais reste **marginale.** Elle est réservée à des sites susceptibles d'engendrer assez de vapeur pour faire tourner des turbines. C'est le cas, en grande partie, de la ville de Reykjavik en Islande.

La **biomasse** (bois, résidus agricoles, algues, plancton...), enfin, est une source d'énergie alternative. Déjà cette énergie sert au Brésil pour la fabrication d'alcool par fermentation, son utilisation peut être accrue par gazéification ou conversion enzymatique.

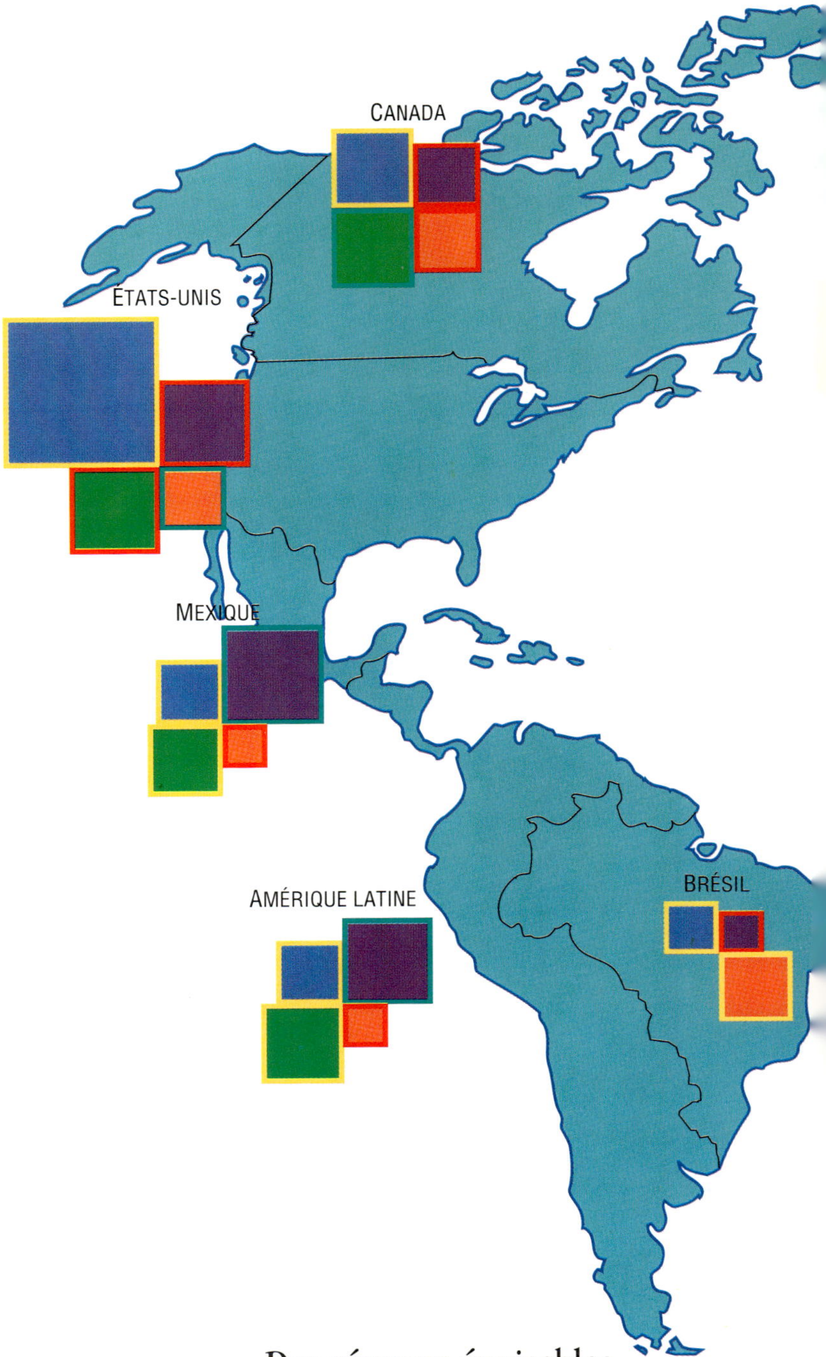

Des réserves épuisables

La répartition géographique des ressources énergétiques est très inégale. L'état des réserves prouvées récupérables souligne l'urgence du recours aux énergies renouvelables. La découverte de nouveaux gisements n'est pas évidente et risque d'être coûteuse. Face à cette situation, le rôle des États n'est pas négligeable. Ceux-ci subventionnent souvent considérablement l'énergie : la Chine, l'ex-URSS ont fixé longtemps les prix du charbon à la moitié du prix à la production. L'Allemagne, elle aussi, continue à subventionner largement son charbon. Une politique cohérente et rationnelle de l'énergie doit prendre en compte l'épuisement des réserves, la sécurité des approvisionnements, le rendement énergétique, la protection de l'environnement et, enfin, les impacts sociaux et régionaux.

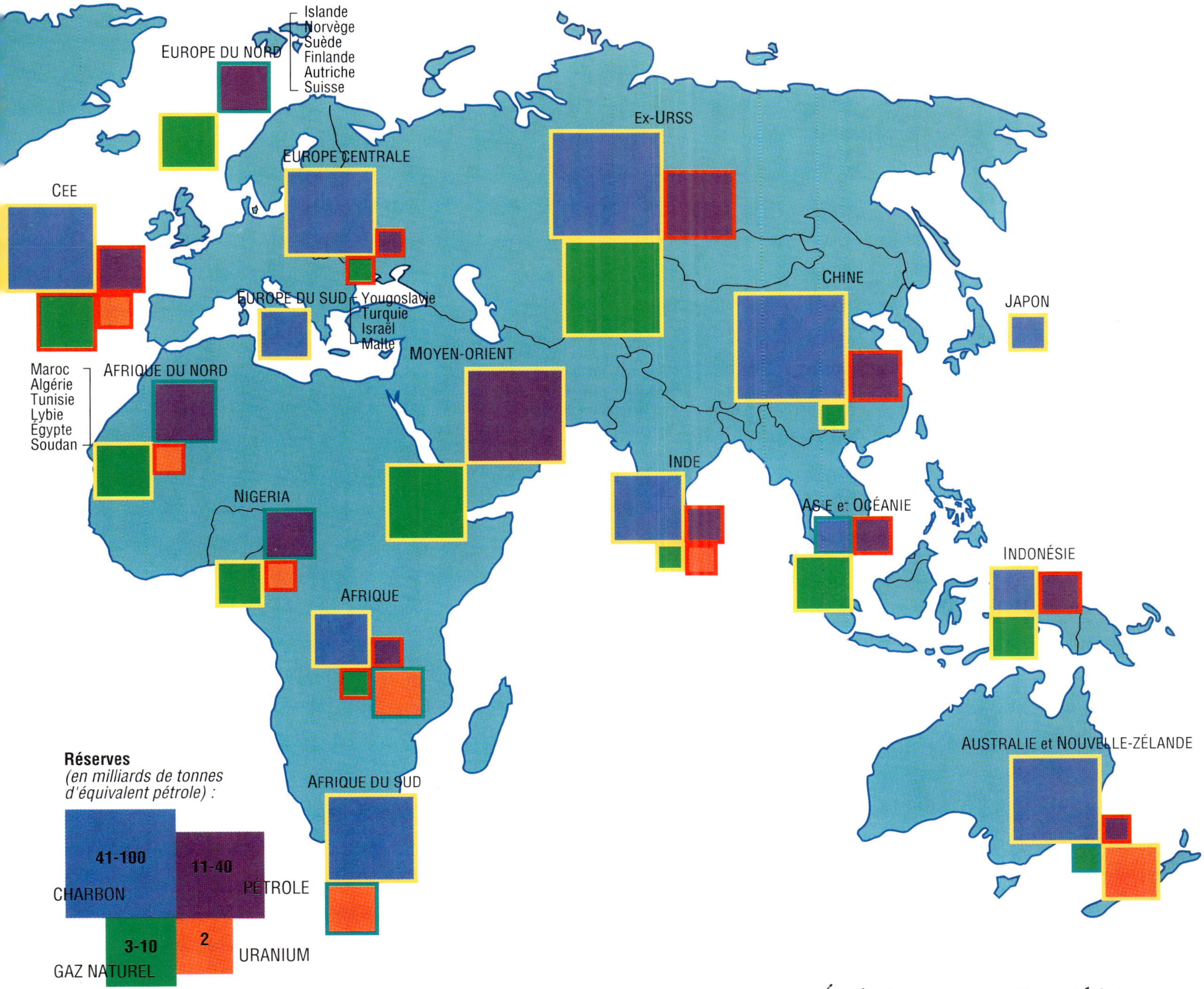

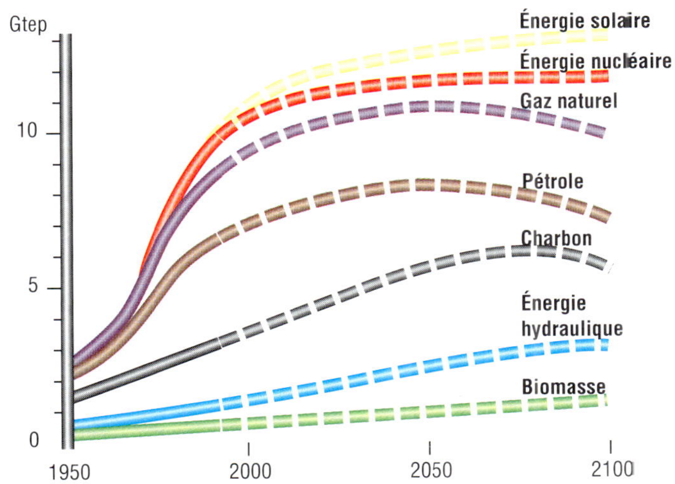

Évolution prospective et hiatus des approvisionnements

L'accroissement prospectif des approvisionnements dans le monde fait apparaître une place relative des différentes sources d'énergie au fil des ans. Le manque croissant de pétrole, la limitation de l'utilisation du charbon pour cause de pollution devraient laisser la place au gaz naturel, au nucléaire ainsi qu'aux énergies renouvelables (hydraulique, biomasse et énergie solaire). Il est à craindre, cependant, que l'évolution de la consommation ne permette pas la substitution des énergies douces ou renouvelables aux énergies polluantes, dangereuses, ou non renouvelables. C'est donc autant à un nouveau type de développement plus économe qu'il faudrait songer qu'au simple remplacement de certaines énergies par d'autres.

Énergie : pollutions et dépendances

L'explosion énergétique provoque de nombreux **déséquilibres. En premier lieu, elle met la planète en danger.**

La menace est globale puisque le réchauffement de la Terre résulte d'un renforcement de l'**effet de serre,** auquel participent activement les **émissions de gaz carbonique** provenant, en particulier, du **charbon,** du **gaz** et du **pétrole** qui contribuent à l'effet de serre dans une proportion évaluée **entre 45 et 70 % du phénomène pour sa part d'origine humaine. Il faut donc arbitrer l'utilisation habituelle des énergies en fonction de leur dégagement plus ou moins fort de CO_2.** Cette nécessité de réduire les émissions de gaz carbonique semble donner une nouvelle chance à l'énergie **nucléaire.** Cependant, le nucléaire reste une **énergie coûteuse,** lorsqu'on prend en compte les frais de **stockage,** de **retraitement** des déchets ou la **transformation** des anciennes centrales. De plus, les réacteurs **surgénérateur**s à neutrons rapides qui réussissent à extraire 60 fois plus d'énergie d'une masse donnée d'uranium qu'un réacteur classique sont extrêmement **coûteux** et comportent le risque d'une catastrophe de grande ampleur. A Creys-Malville, **Superphénix,** le plus gros réacteur surgénérateur du monde, a été arrêté en juillet 1990 à la suite d'un incident technique sur son circuit de refroidissement, et sa remise en service ou sa conversion en incinérateur de déchets est désormais différée.

La menace est également particulière en fonction de chaque source d'énergie. Ainsi, la civilisation du **charbon** a eu son cortège de victimes : des milliers de morts par accidents, de nombreux malades avec les ravages de la silicose, des myriades de villes noires... Les couches superficielles faciles d'accès s'épuisant désormais, la situation ne devrait pas s'améliorer. Enfin et surtout, la combustion du charbon est la source d'énergie produisant le plus de **CO_2.**

Le **pétrole,** lui, pollue de manière impressionnante lors des **accidents** de transports. Si l'ampleur des destructions par les **marées noires** est plus spectaculaire que véritablement destructrice, des déversements réitérés détruiraient définitivement l'écosystème marin. L'océan, en effet, ne digère la nappe de pétrole qu'aux dépens de sa **faune** et de sa **flore.** En 1978, l'*Amoco-Cadiz* a tué 260 000 tonnes de poissons, 35 000 oiseaux, 6 400 tonnes d'huîtres, et il a fallu attendre 1991 pour que le dossier juridique soit clos et que la compagnie américaine s'engage à verser un milliard de francs d'indemnités. Cependant, le pétrole est surtout à l'origine d'une pollution **chimique** due à la combustion normale des produits pétroliers. Les **centrales électriques** au fuel sont plus polluantes que les centrales au charbon. Le pétrole a diverses variétés : plus la teneur en **soufre** est élevée, plus il est polluant. Il faut donc augmenter la désulfuration et diminuer ainsi la toxicité des produits pétroliers.

En second lieu, beaucoup de tensions mondiales trouvent leur origine dans la maîtrise des énergies non renouvelables. L'énergie est à l'origine d'un réseau de **dépendances :** celle des économies des pays industrialisés envers le Proche-Orient, qui pourrait être en situation de quasi-monopole en 2040 avec ses réserves de pétrole, n'est pas étrangère à la guerre du Golfe. **Une réorientation vers d'autres énergies risque de dessiner de nouvelles dépendances.** Pour l'Europe, par exemple, le gaz attractif écologiquement ne l'est pas économiquement. Les grosses régions productrices de gaz naturel sont la Sibérie, le Moyen-Orient, le nord de l'Afrique, les régions peu explorées d'Asie du Sud-Est encore peu stables économiquement... Les tensions sont donc sans fin, et cela d'autant qu'une fois l'explosion énergétique mieux maîtrisée dans les pays industrialisés, celle du tiers monde risque de prendre le relais. **Croissance démographique, évolution des modes de vie individuels, développement économique, urbanisation appellent une reconversion énergétique du tiers monde.**

Toujours plus

La consommation d'énergie par habitant fait apparaître un déséquilibre considérable au profit des pays industrialisés. L'évolution théorique des besoins en matière d'énergie devrait établir, non pas l'équilibre, mais de nouvelles proportions entre le Nord et le Sud. Économies relatives des pays riches, consommation accrue des pays pauvres se combinent quoi qu'il en soit pour maintenir la pollution à un niveau important. Les changements dans les sources d'énergie, passage notamment du pétrole au nucléaire, risquent tout au plus de tisser de nouveaux liens de dépendance. Quant à la pollution, évidente lorsqu'il s'agit de l'émission de CO_2, elle pourrait être beaucoup plus dramatique en cas d'accident nucléaire. De plus, la combinaison augmentation d'énergie par habitant dans les PVD – croissance démographique accentuera encore la pression sur les besoins et les ressources.

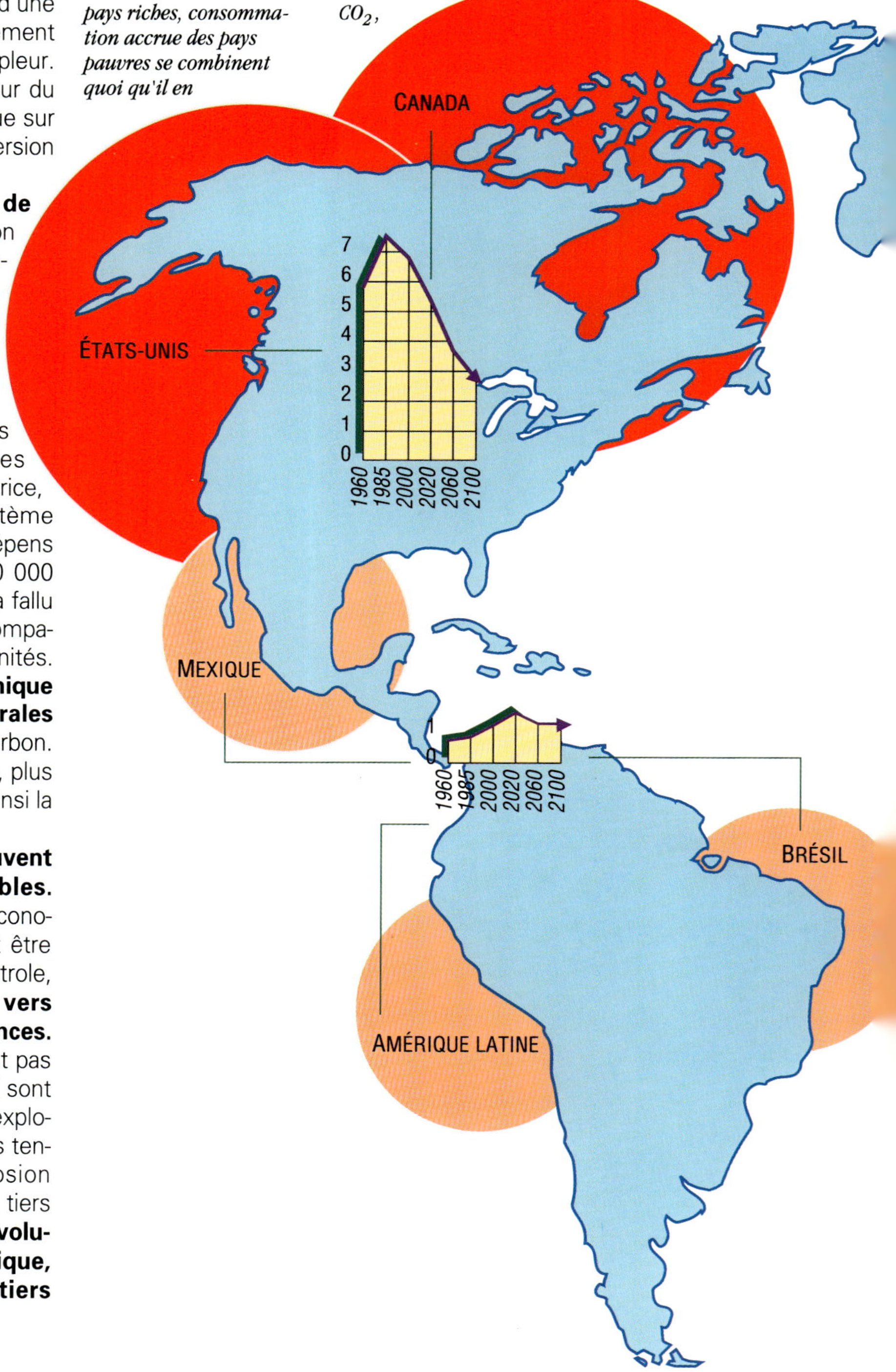

Le rattrapage du Sud

Le Sud a besoin pour son développement d'un accès facilité aux sources d'énergie. Aujourd'hui, la consommation d'un ménage chinois est trente-six fois inférieure à celle d'un ménage américain. Pour rétablir l'équilibre, l'effort à faire est donc considérable. Cependant, il ne faudrait pas que les États du Sud soient tentés par un recours aux énergies les moins chères qui sont aussi les plus polluantes.

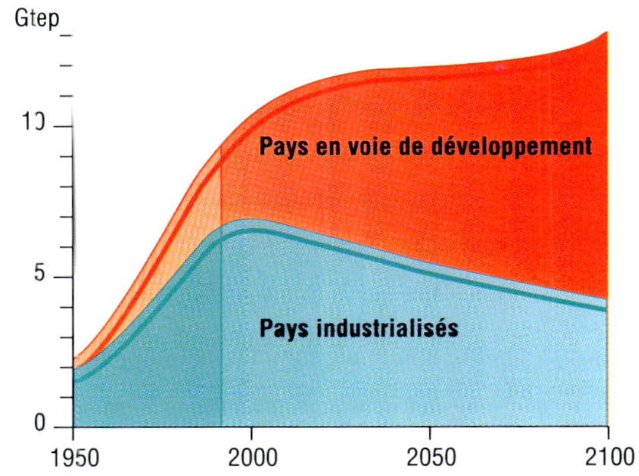

Consommation mondiale d'énergie primaire à long terme

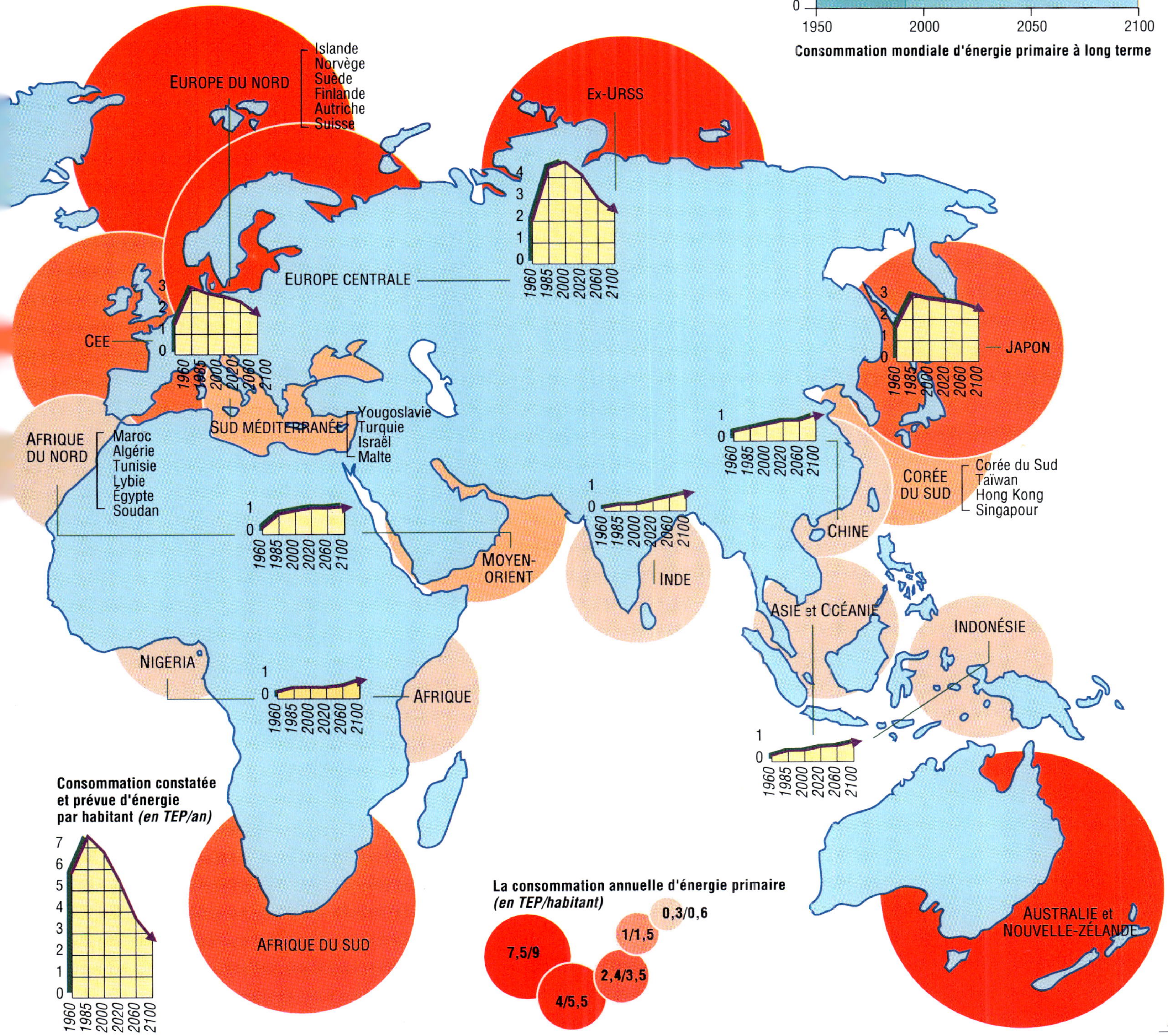

Nucléaire : vigilance

Le **nucléaire** comporte **deux menaces fondamentales** : les **risques d'accidents dans les centrales** elle-mêmes et ceux liés à la **gestion des déchets.** Le premier risque est une réalité depuis les accidents de Three Mile Island aux États-Unis le 28 mars 1979 et de Tchernobyl en Ukraine le 26 avril 1986.

L'accident de **Three Mile Island** est d'autant plus édifiant qu'il touche une centrale équipée de réacteurs semblables à ceux majoritairement utilisés en Occident : les **REP, « réacteur à eau sous pression ».** Aujourd'hui, en effet, près des deux tiers de la puissance électronucléaire mondiale provient de ces REP, en anglais, **PWR *« Pressurized Water Reactor ».*** Il a, de plus, frappé l'opinion publique pour avoir fait planer la peur du **« syndrome chinois » :** le corium en fusion s'enfonce très profondément dans le sol et traverse la planète (soit approximativement la Chine à partir des États-Unis). L'accident en lui-même n'a entraîné qu'une pollution minime, grâce à la protection de la grande enceinte en béton recouvrant l'ensemble du réacteur : la **fuite radioactive** a été **très faible.** Cependant, même si seules deux pannes mineures ont réellement eu lieu, il s'en est fallu de peu que Three Mile Island ne se transforme en **catastrophe majeure.** Les experts s'accordent à dire qu'à Three Mile Island, deux accidents très graves auraient pu se combiner : le **« passage du coeur en fusion à travers le fond de la cuve »** et l'**« explosion d'hydrogène ».** Deux d'entre eux, J. P. Pharabod et J. P. Schapira, déclarent « s'il n'y a pas eu fusion totale ni syndrome chinois c'est essentiellement grâce au chef de quart de TMI 1 venu deux heures après l'accident et qui a compris que la vanne de décharge à pressuriseur ne s'était pas refermée. A quoi tient l'Histoire… »

A **Tchernobyl,** en revanche, la **catastrophe** écologique est bien réelle. Centrale de type **RBMK** (initiales en russe de **« réacteur à grande puissance à tube de force »**), Tchernobyl a été l'objet d'une **accumulation d'erreurs (inconscience des opérateurs, ignorance des dangers du rayonnement, totale imprévision des responsables) renforcée par l'existence d'un pouvoir arbitraire et autoritaire** qui a abouti à de véritables absurdités tels le martyre des pompiers ukrainiens ou le maintien de l'interdiction de sortir de Pripiat, ville située à 8 km sous le vent du réacteur.

Les accidents de Three Mile Island et de Tchernobyl ont entraîné un **coup d'arrêt des programmes** nucléaires aux **États-Unis** et en **Europe.** Ils soulignent la **spécificité de l'accident nucléaire :** des **proportions** sans commune mesure avec les autres accidents et des **effets différés** (populations affectées sur plusieurs générations).

L'autre face du risque nucléaire, c'est l'**impossible gestion des déchets.** Le premier type de déchets, c'est l'eau. Indispensable réfrigérant des réacteurs nucléaires, l'eau chaude rejetée par les centrales doit être contrôlée. La faune et la flore sont en effet sensibles aux fluctuations de la température. Le second, ce sont les déchets radioactifs. L'insuffisance des **sites de stockage** actuels est évidente. Les **scandales** se multiplient : décharges nucléaire de Morsleben dans l'ex-RDA contenant des déchets radioactifs sans protection, décharge également non-étanche à proximité de la centrale de Sosnovy-Bor dans la CEI. En France même, la découverte de décharges du CEA (Commissariat à l'énergie atomique) à Itteville et à Saint Aubin démontrent la difficulté qu'il y a à gérer ses déchets. Quel que soit le pays, des quantités importantes ont longtemps été immergées dans les mers ou les océans, pratique désormais interdite. L'élimination des déchets industriels toxiques est de plus en plus considérée comme une **question internationale** du fait du commerce qu'elle alimente et des possibilités de recyclage. Ils font en effet l'objet d'un échange international soit pour être retraités dans des **usines spécialisées,** soit pour être stockés et enfouis. Le **trafic** est **difficile à contrôler.** Des transports illicites ont été découverts entre la Belgique et l'Allemagne ou en direction des pays en voie de développement.

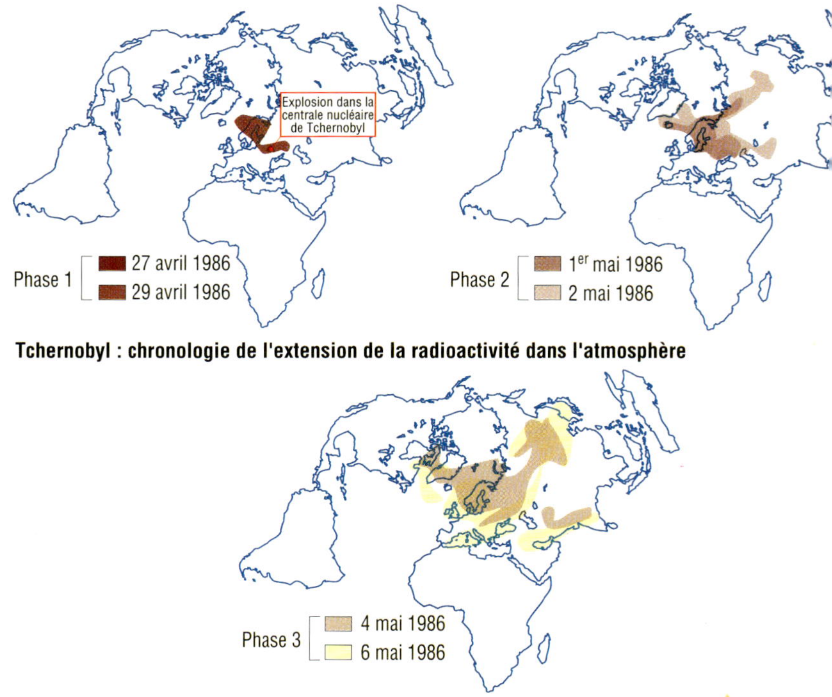

Tchernobyl : chronologie de l'extension de la radioactivité dans l'atmosphère

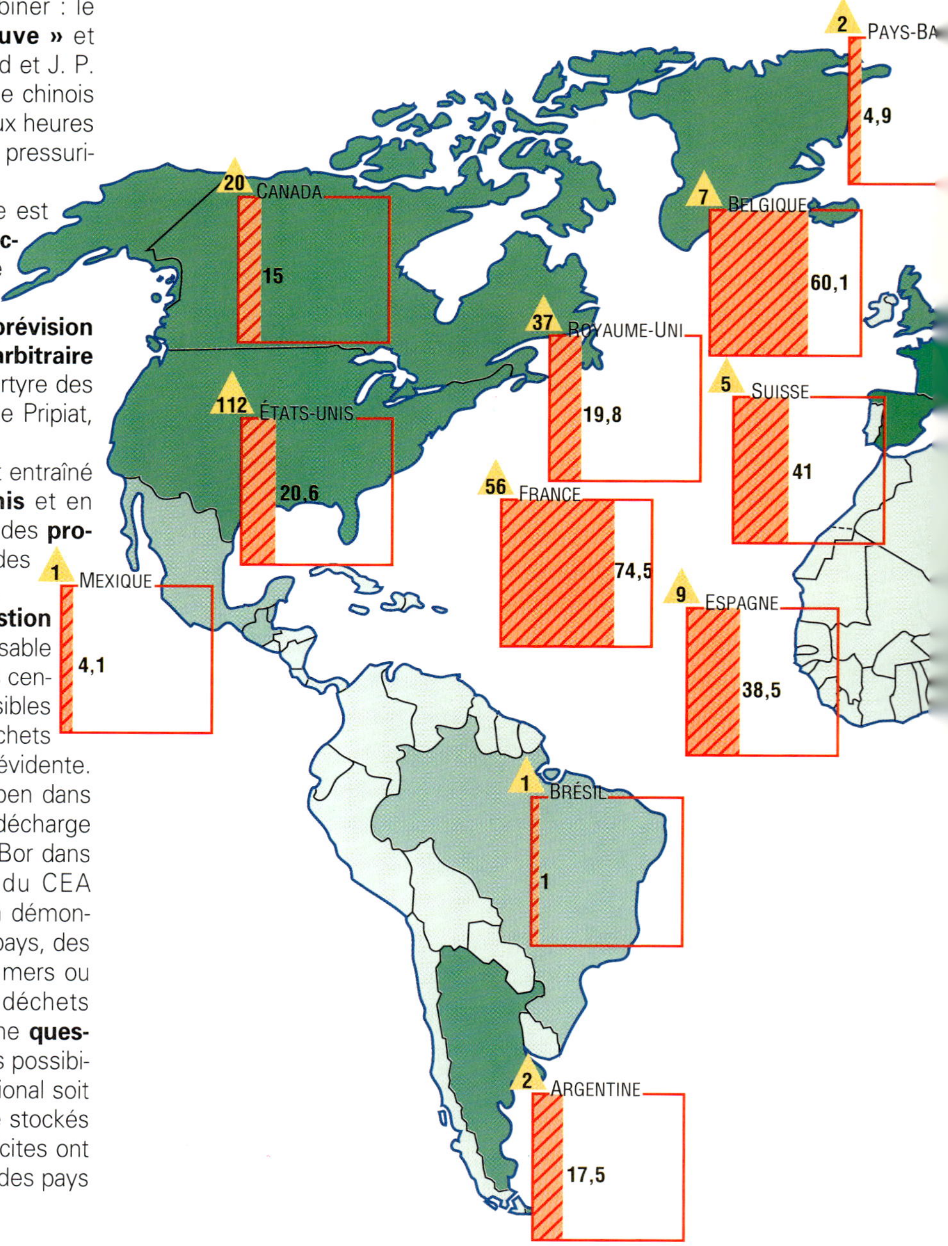

Tchernobyl

Comme le montre le déplacement du nuage radioactif, l'accident nucléaire ne concerne pas que le pays d'origine. Au total, la pollution a été ici plus de dix fois supérieure à celle que créa la bombe d'Hiroshima. Avec, officiellement, 31 morts, 135 000 évacués, le bilan est lourd. S'y ajoutent selon l'ISPN (Institut de protection et de sûreté nucléaire) les maladies bénignes (hypothyroïdie et nodules thyroïdien) ou malignes (leucémies et cancers) qui apparaîssent. La pathologie la plus répandue jusqu'alors restant un état de stress post-traumatique responsable de douleurs, d'insomnies, ou de retards scolaires. L'environnement a lui aussi beaucoup souffert : 400 hectares de forêts ont été grillés autour de la centrale, 3000 km² de no man's land instauré dans un rayon de 30 km, 2 millions d'hectares contaminés. Les arbres au tronc difforme, les animaux anormaux témoignent du « caractère mutagène des radiations même à très faible dose ». Six ans plus tard, cependant, ils sont environ 1 millier de personnes à s'être réinstallés dans les zones dangereuses, les gens continuent à se nourrir et à se chauffer avec des produits contaminés. Beaucoup d'enfants connaissent des déficiences cérébrales. Enfin, le devenir du sarcophage abritant le réacteur n°4 qui compte 1500 m² de fissures et contient un magma chaud et radioactif ne laisse pas d'être inquiétant.

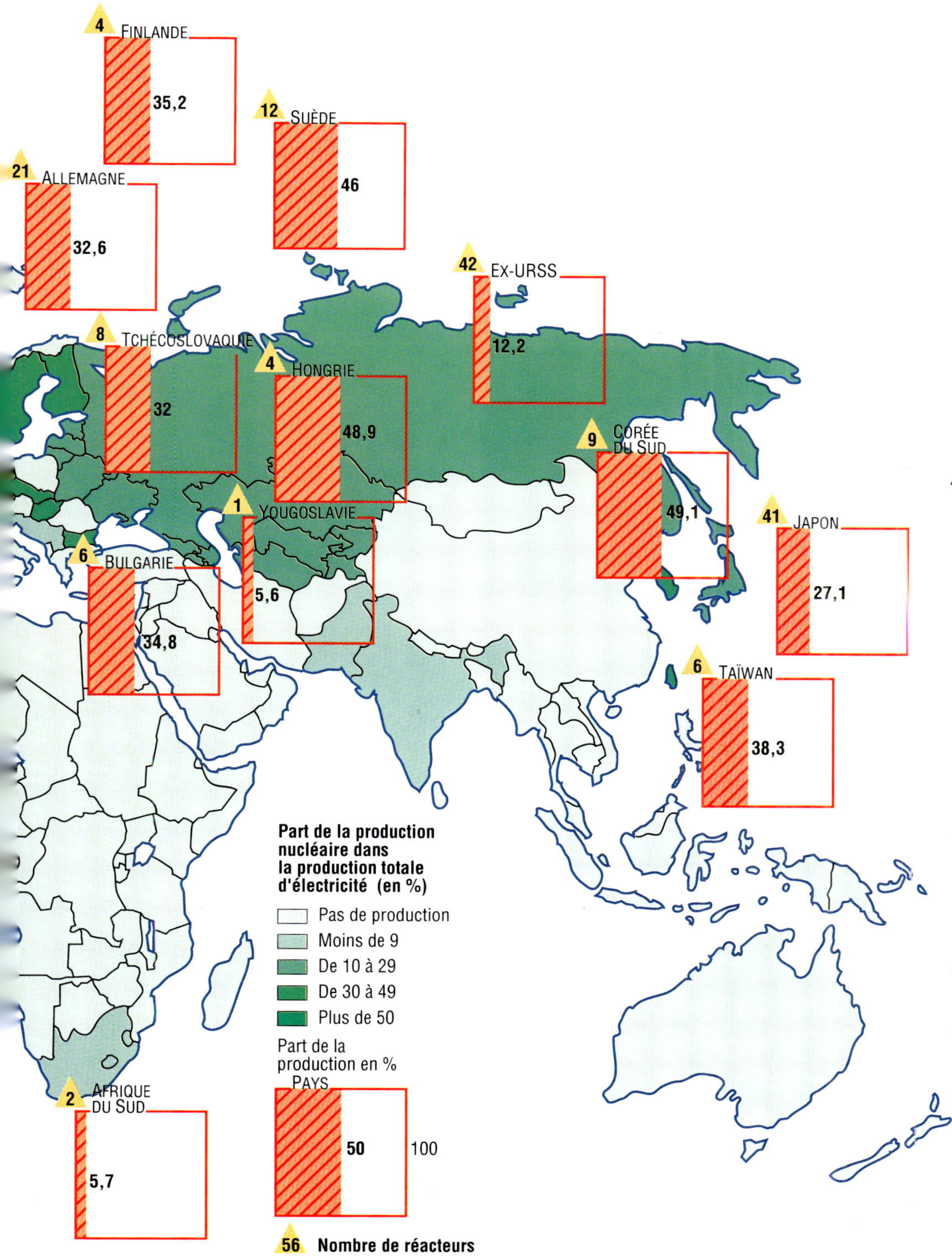

Les accidents du nucléaire

	Pays	Source	Décès	Contaminés graves
		Sources industrielles et médicales		
1960	URSS	Césium 137	1	
1962	Mexique	Cobalt 60 « égaré »	4	1
1963	Chine	Cobalt 60 « égaré »	2	4
1972	Chine	Cobalt 60	3	
1972	Bulgarie	Césium 137	1	
1975	Italie *Brescia*	Cobalt 60 (LT)	1	
1978	Algérie	Iridium 192 « égaré »	1	4
1981	É-U	Iridium 192	1	
1982	Norvège *Kjeller*	Cobalt 60 (LT)	1	
1984	Maroc	Iridium 192 « égaré »	8	
1984	Mexique *Juarez*	Cobalt 60 rompu par des ferrailleurs		8
1987	Brésil *Goiania*	Césium 137 découpé à la scie (200 pers. évacuées)	4	6
1989	Salvador	Cobalt 60 (LT)	1	
1990	Israël	Cobalt 60 (LT)	1	
1990	Espagne	Déréglement d'un acc. linéaire à usage médical	11	16
1991	Biélorus.	Cobalt 60 (LT)	1	
1991	France *Forbach*	Accélérateur linéaire (LT)		2
		Réacteurs		
1961	URSS	Sous-marin	8	
1968	URSS	Sous-marin	4	
1985	URSS	Sous-marin	10	
1954	Pacifique *Bikini*	Essai nucléaire	1	23
1957	URSS *Kyshtym*	Instal. nucléaire militaire		Évacuation pop.
1986	URSS *Tchernobyl*	Réacteur RBMK	31	Évacuation pop.
		Criticité		
45-58	É-U *Los Alamos*		3	
1958	Yougos. *Vinca*		1	5 transplant. médullaires
1961	É-U *Idaho Falls*		3	
1964	É-U *Rhode Islands*		1	
1965	Belgique *Mol*			1 amputé
1983	Argentine *Buenos Aires*		1	

Note : (LT) = sur le lieu du travail

Une source d'énergie décisive

L'énergie nucléaire est-elle nécessaire et son risque acceptable ? Elle a pris une place grandissante comme source d'énergie, mais le développement des programmes nucléaires depuis Tchernobyl stagne dans les pays industrialisés. La France est la plus importante puissance nucléaire par habitant avec 56 réacteurs et près de 80 % de la production d'électricité. Il est révélateur qu'elle ait commencé à produire ses premiers kilowattheures nucléaires en 1956 (Marcoule) et que ce ne soit qu'en 1991 qu'un texte ait été adopté sur la gestion des déchets radioactifs, avec un programme de recherche pour l'élimination de ces produits à haute activité et à vie longue. Actuellement, 6 milliards de tonnes de résidu de traitement de minerai d'uranium sont accumulées à travers le monde. Autre signe édifiant : la construction de la première centrale allemande a coûté 54 millions de marks, son démantèlement s'élèverait à 310 millions de marks.

Les catastrophes industrielles

Dès sa naissance, l'industrie a consacré un nouveau danger sans cesse renforcé : le **risque technique.** Aujourd'hui, **nucléaire, chimie** et **transport/stockage de matières dangereuses** sont les activités industrielles les plus susceptibles de causer d'**importants dommages** sur les hommes, les biens et l'environnement. Mais les nouvelles technologies (biotechnologie, génie génétique) n'en sont pas exemptes. Pour ces activités dangereuses, nombre de mesures de protection sont prises, mais aucune d'entre elles ne peut garantir l'impossibilité absolue d'un accident. **Nulle installation n'est à l'abri** d'une erreur humaine, d'une défaillance mécanique, d'une vulnérabilité de multiples systèmes interdépendants ou interconnectés ou encore d'une perte de contrôle à long terme comme dans le cas de manipulations génétiques.

Minamata, Seveso, Bhopal, l'Amoco-Cadiz, Tchernobyl, autant d'accidents qui ont fait prendre conscience à l'opinion et à certains responsables du problème du risque et les rendent plus exigeants en matière de sécurité industrielle. La **responsabilité humaine** dans ces catastrophes, en effet, est souvent particulièrement révoltante. De ce point de vue, le mode d'urbanisation est l'une des premières choses à remettre sérieusement en cause. Le **tissu urbain** où s'imbriquent habitation et industrie, ou celui où les installations industrielles sont concentrées à proximité des centres villes favorisent les accidents.

Dans les **pays en voie de développement,** les **risques** sont **multipliés :** les mesures de sécurité sont moins strictes et moins respectées, l'information des populations riveraines sur l'implantation d'industries à risque quasi inexistante, le passage de la civilisation traditionnelle à la civilisation industrielle pas encore réalisé. Enfin, les autorités locales sont parfois corrompues ou incompétentes. L'accident de **Guadalajara,** au Mexique, en avril 1992, a rassemblé à peu près tous les éléments propices à une catastrophe. Dans cette ville, la deuxième du pays, située à l'ouest du Mexique, une négligence a été à l'origine d'une fuite massive d'essence dans le réseau d'égouts. Les mesures d'évacuation de la population n'ont pas été prises et la protection du monopole pétrolier détenu par la PEMEX, société nationale des pétroles, empêche l'enquête qui devrait mettre en évidence la vétusté des équipements, tandis que la radio est censurée. Le bilan officiel de 250 morts s'élèverait en fait à près de 1 000.

Des **lacunes insensées** apparaissent. **A Tchernobyl,** contrairement à la plupart des installations dans le monde, les ingénieurs avaient cru bon de se passer des enceintes de confinement destinées à empêcher la dispersion de produits radioactifs. **A Seveso,** l'usine était en infraction avec la législation italienne sur les industries insalubres.

Peu à peu, la prise de conscience de la possibilité d'un risque technique a conduit les industriels à mettre en place des plans d'intervention en cas de défaut de fonctionnement. Les catastrophes ont montré, en effet, que les intervenants des usines concernées restent souvent démunis face à l'accident, ce qui augmente les dégâts. L'environnement devenant une vraie préoccupation pour les entreprises, Seveso a donné son nom à une directive européenne de prévention des accidents industriels (24 juin 1982), qui n'a cependant été adoptée que six ans après l'accident.

Il faut noter que le **bilan** réel des catastrophes industrielles est **différé :** plusieurs décennies pour les cancers mortels provoqués par des accidents nucléaires ou pour les effets génétiques dus au nucléaire ou à la chimie. A Bâle, le rejet d'une trentaine de tonnes de produits toxiques dans le Rhin, en 1986, n'est pas encore vraiment estimé compte tenu des diverses interactions sur le milieu naturel.

La lutte contre le risque technique est primordiale. Déjà, Patrick Lagadec dans *La Civilisation du risque* met en garde sur la responsabilité qu'il y a pour nos sociétés à « se dérober face aux catastrophes industrielles », car alors « une nouvelle peur déferlera sur notre culture, paralysant tout développement scientifique et technique ».

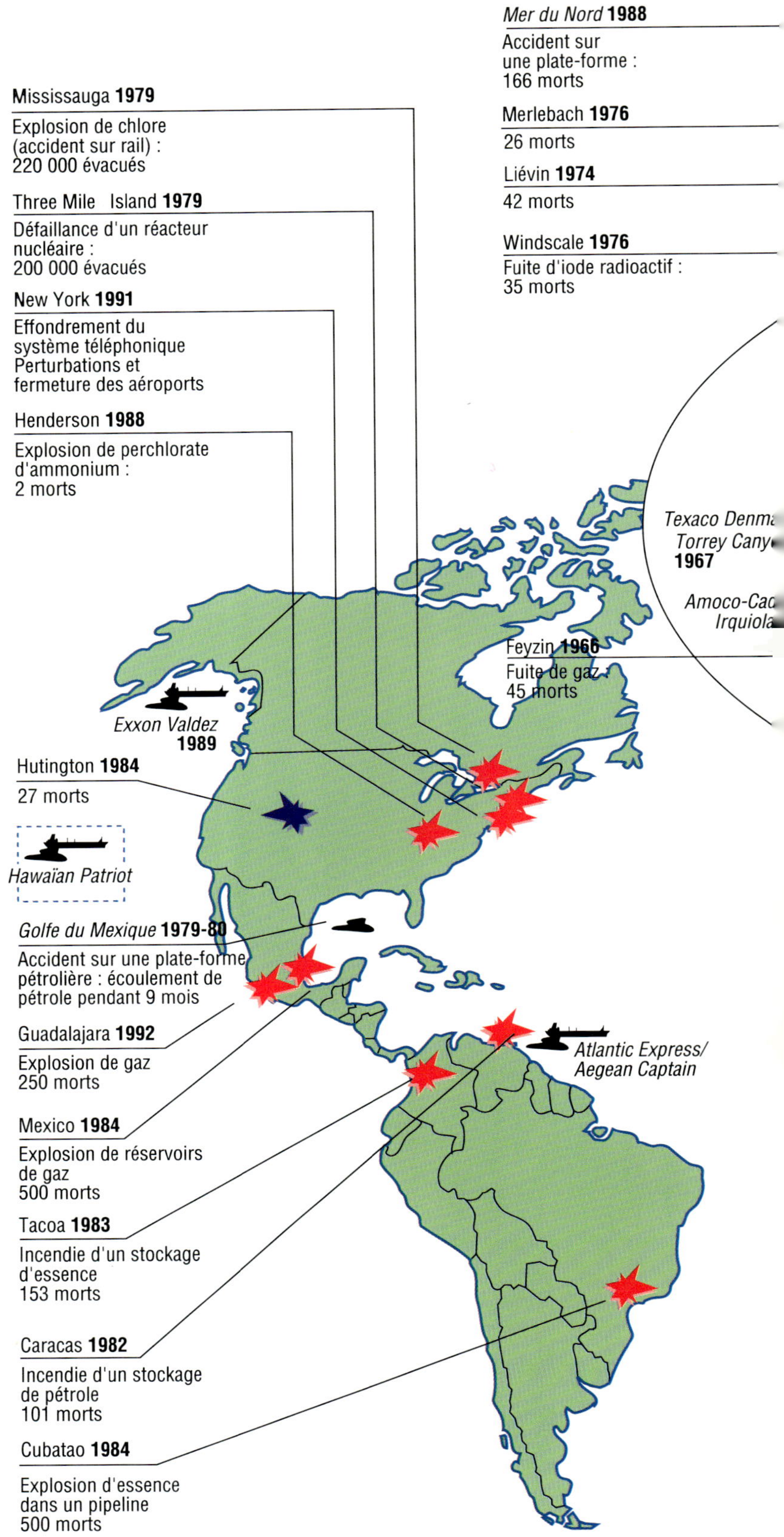

Les principales catastrophes écologiques

« Marée noire » provoquée par un pétrolier

Accident d'origine industrielle

Accident survenu dans une mine

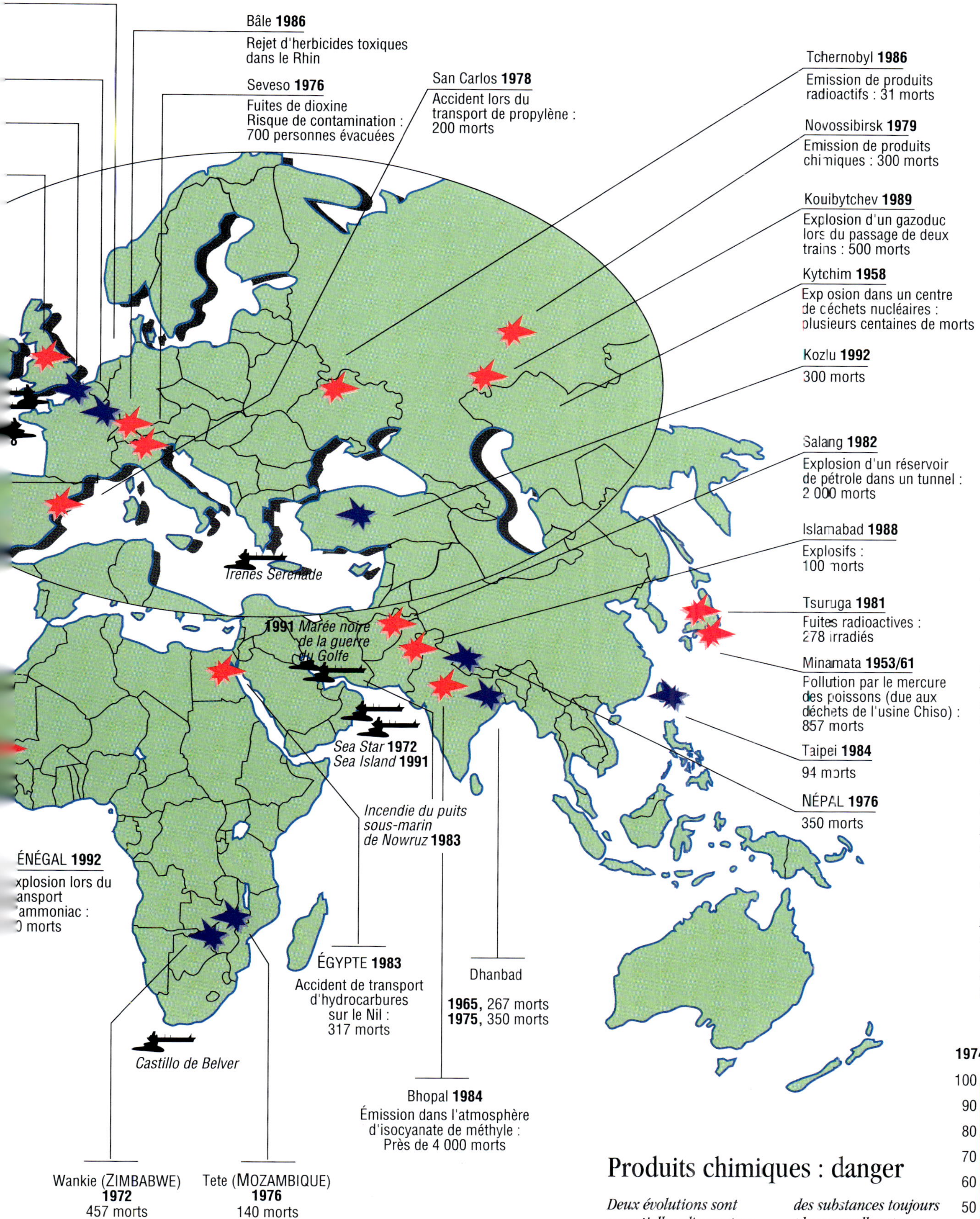

Une menace tous azimuts

*L'accident technique se traduit également pour les entreprises en termes d'impact médiatique. Ainsi, si les dommages des mines qui paient toujours un lourd tribut ne sont plus sensationnels pour la presse, les accidents nucléaires ou les marées noires, telles l'*Amoco-Cadiz *ou l'*Exxon Valdez*, qui ont fait des dommages au moins autant économiques qu'écologiques, ont eu un grand retentissement. De même, quelques grandes affaires sont particulièrement célèbres. A Minamata, l'empoisonnement de la mer de Shiranui a tué 857 personnes et contaminé 20 000 autres qui ont mangé du poisson et des coquillages pollués par les eaux usées d'une usine de produits chimiques et de fertilisants, la Chiso. Les particules de mercure absorbées par l'homme via les poissons et le plancton ont entraîné de multiples malformations. A Seveso, la libération d'un nuage de dioxine n'a pas fait de morts mais a traumatisé l'opinion. En comparaison, Bhopal, en dépit de ses 4 000 morts (par contamination ou pour une partie par les accidents de la route causés par les fuyards), semble avoir été moins médiatisé.*

Produits chimiques : danger

Deux évolutions sont essentielles : l'ouverture des frontières et la spécialisation internationale qui augmentent considérablement la circulation des déchets dangereux et donc les risques liés au transport. La chimie qui utilise des substances toujours plus nouvelles et nombreuses semble également de plus en plus dangereuse. La concurrence ne permet pas toujours de dégager des marges pour la recherche sur la sécurité.

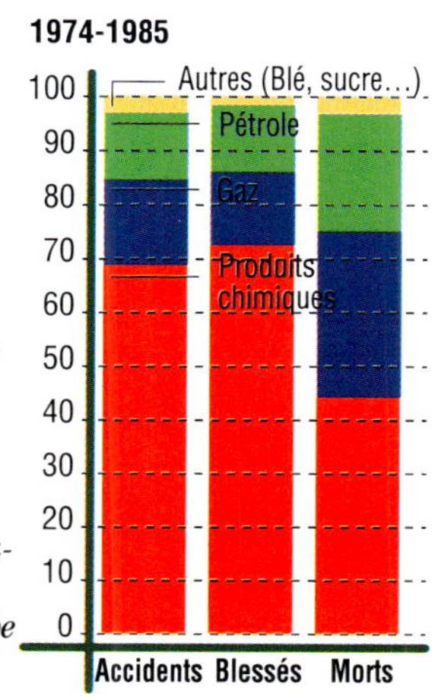

Le cancer urbain

Du début de la révolution industrielle jusqu'aux années 1970, le développement urbain et l'exode rural ont été considérés comme l'une des marques du **développement économique.** La **croissance urbaine** permettait la concentration des moyens de production, de la main-d'œuvre et des services. **L'exode rural** était le résultat d'une **rationalisation** croissante **de l'agriculture** : à des modes d'exploitation traditionnels succédaient des entreprises agricoles. La croissance urbaine était surtout la caractéristique des pays riches et industrialisés. En 1950, sur les dix plus grandes villes dans le monde, trois seulement appartenaient au tiers monde (Shanghai, Buenos Aires et Calcutta). Aujourd'hui, le bouleversement est total : sur les 34 plus grandes villes, 22 se trouvent dans le tiers monde. Il s'agit d'un véritable renversement de la signification de l'urbanisation. Si, avec les nouveaux pays industrialisés d'Asie, le mythe de la ville, symbole du développement, a pu se perpétuer, avec l'hypertrophie urbaine au Sud, il cesse.

La métamorphose en **énormes agglomérations** de Kinshasa, Lagos, Abidjan, Casablanca, Mexico ou Manille se produit dans un contexte de **sous-développement** qui attaque l'environnement et les hommes. Fuyant la **misère des campagnes,** les populations se lancent à **l'assaut des villes** en un flux **incontrôlable.** Le nouveau venu peut construire sa maison en une nuit (selon l'expression turque *gecekondu*), et les solidarités familiales, ethniques et religieuses lui permettent de survivre. Mais au Sud, à la différence du Nord, où d'ailleurs tout est loin d'être parfait, l'accueil des nouveaux arrivants n'est ni organisé ni financé. Lima, par exemple, dont la population croît de 250 000 personnes par an, dispose de 60 francs par an et par arrivant pour s'équiper. Logements, services sociaux et éducatifs sont souvent inexistants. En conséquence, la moitié des populations qui viennent s'entasser en ces lieux vivent dans des **conditions** d'hygiène **inacceptables :** ramassage des ordures ineffectué, habitants répartis au milieu des égouts et des décharges, exposés aux maladies véhiculées par les moustiques et les rats.

La pauvreté urbaine destructrice n'est **pas une spécificité du Sud.** En 1991, en France, il existe encore des bidonvilles qui ne disposent pas des équipements de base en matière d'hygiène. Néanmoins dans les pays industrialisés, les **aides sociales** pallient relativement les agressions de la pauvreté. L'urbanisation suppose la capacité de créer des **infrastructures,** mais aussi des **emplois.** Là encore, en raison de l'intervention de l'État, un taux de chômage de 40 %, voire 60 %, n'a pas le même impact dans certains quartiers de villes d'Écosse qu'à Djakarta. Dans tous les cas néanmoins, il favorise une **délinquance** de plus en plus inquiétante. Quand les aides disparaissent, les dégâts sont les mêmes au Nord et au Sud. En témoigne, dans certains quartiers de New York, tel le South Bronx, le taux de **mortalité infantile,** supérieur à celui du Bangladesh. De même, les mouvements de **« jacquerie urbaine »,** qui ont fait 50 morts à Los Angeles en mai 1992 et ont donné lieu à des pillages, rappellent ceux de Rio de Janeiro en 1991.

En revanche, le **Sud** connaît les **nuisances** de l'urbanisation au **Nord :** trafic, bruit, pollution atmosphérique, combinats pollueurs des eaux littorales, immenses banlieues contraignant à des trajets épuisants. Les villes du tiers monde n'ont pas les moyens de financer d'efficaces transports en commun, et les embouteillages se multiplient. A Mexico, la plus grande ville du monde, puisqu'elle a dépassé la mégalopole Tokyo-Yokohama, le programme *Hoy no circula* (pas de voitures aujourd'hui) interdit aux conducteurs d'utiliser leur voiture un jour par semaine. A Bangkok, l'air est tellement pollué que les agents de la circulation sont relevés fréquemment aux carrefours d'affluence.

La concentration urbaine non maîtrisée est devenue l'une des manifestations les plus dramatiques de la difficulté des États à gérer l'espace et le peuplement.

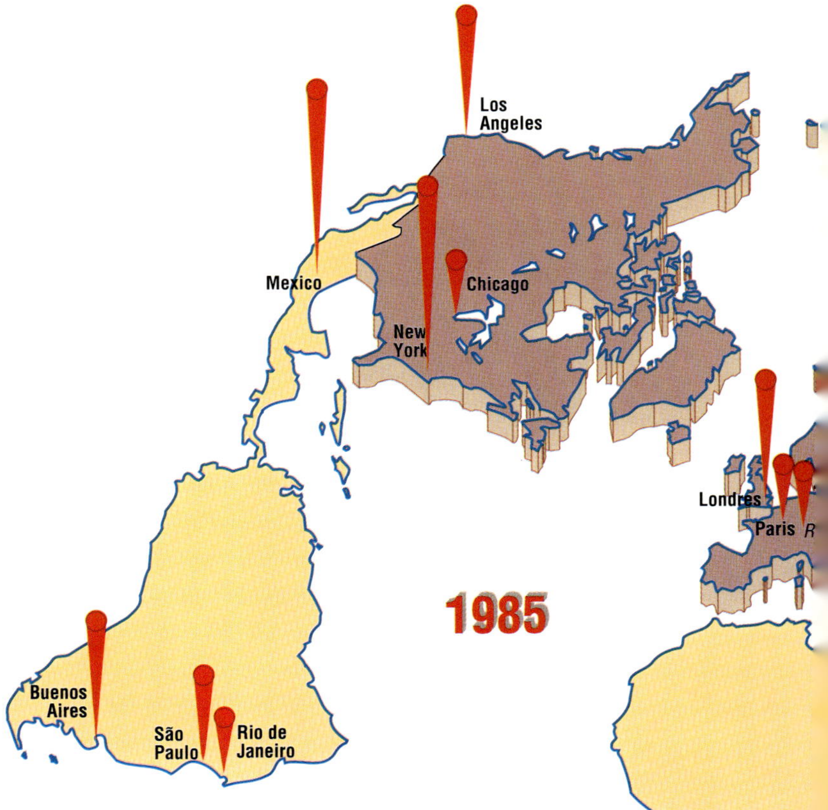

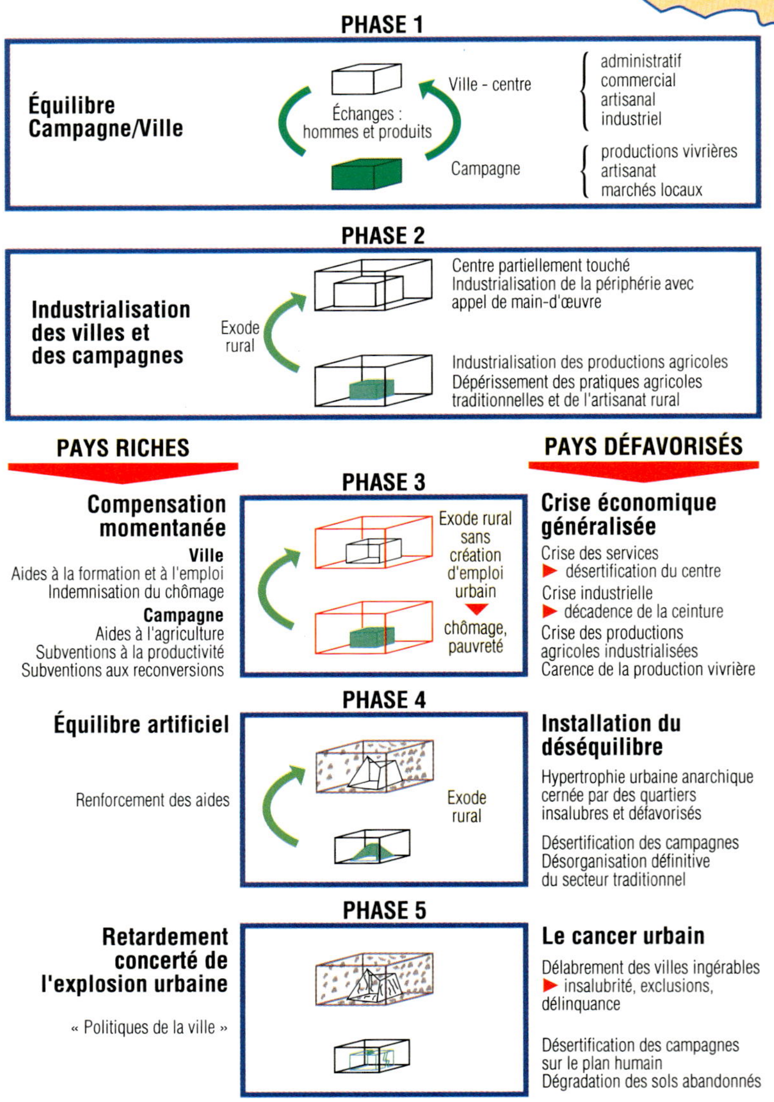

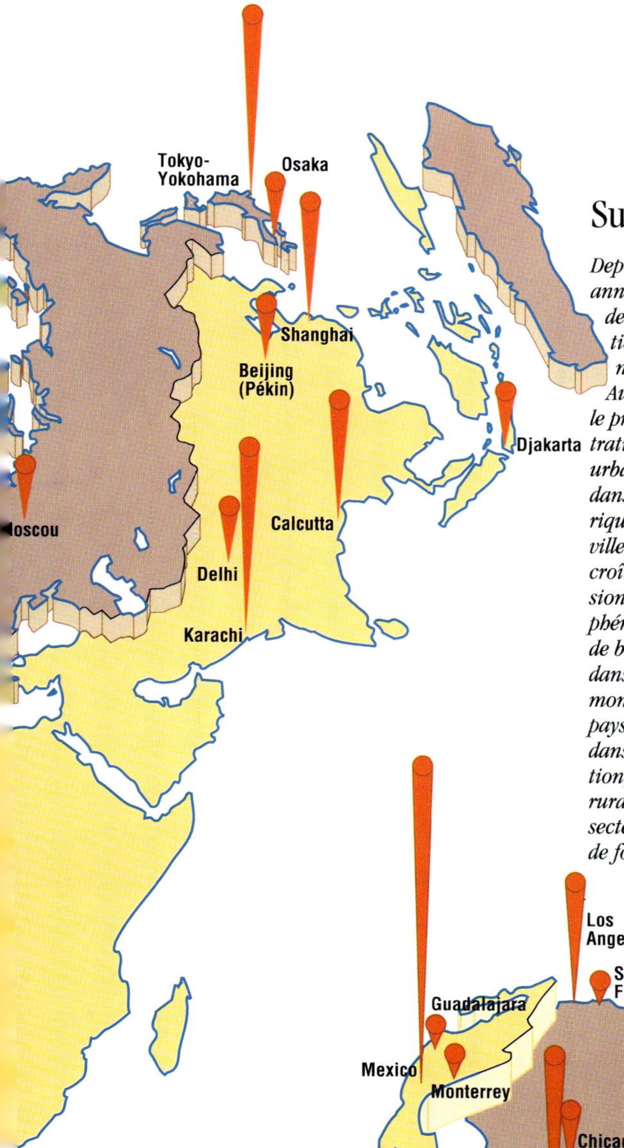

Sud : l'explosion des villes

Depuis le début des années 1970, l'émergence des grandes villes dans le tiers monde est un phénomène qui s'accélère. Au Nord, comme au Sud, le processus « surconcentration dans les pôles urbanisés- dépopulation dans les espaces périphériques » est général. Les villes du Sud sont de surcroît soumises à la pression démographique. Ce phénomène est à l'origine de bien des déséquilibres : dans les pays du tiers monde, comme dans les pays industrialisés mais dans une moindre proportion, la réduction des ruraux vient renforcer un secteur urbain incapable de fournir les emplois, les équipements de toute nature et les logements sociaux nécessaires. D'un point de vue strictement économique, dans le tiers monde, ce mouvement assèche le reste du pays : à Bangkok, 10 % de la population fournit 80 % du PIB de la Thaïlande ; à Mexico, un millième du territoire abrite 30 % de l'industrie du pays, 50 % des services et 70 % des dépôts bancaires. Dans les pays industrialisés, le monde sans paysans, selon un expert de la DATAR, c'est la « désertification de vastes zones rurales, le développement des friches, la prolifération des résidences secondaires, la perte des identités et des richesses de notre diversité ». Socialement, enfin, les déséquilibres exacerbent les tensions sociales en faisant se côtoyer l'extrême richesse et l'extrême pauvreté. Le taux urbain mondial est désormais de 42 %. Et le phénomène est appelé à se poursuivre : 70 % de la population de l'Amérique latine est déjà urbaine, 50 % de celle du monde arabe et d'Afrique connaît une croissance impressionnante puisque de 15 % en 1975, sa population urbaine devrait atteindre 42 % en l'an 2000.

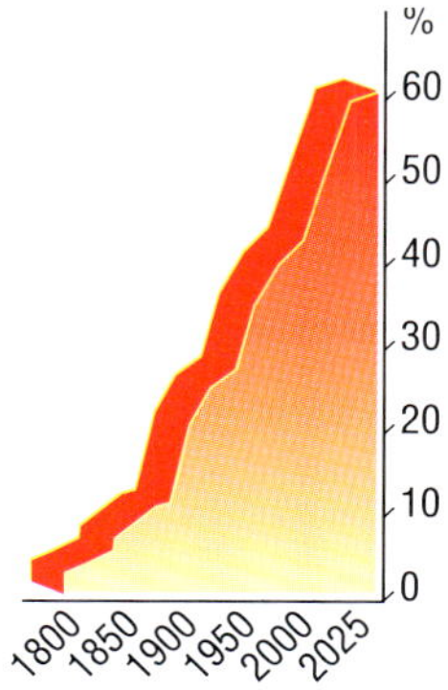

L'évolution du taux d'urbanisation dans le monde, 1800-2025

Le processus de concentration humaine, incontrôlé et dangereux, connaît une escalade vertigineuse.

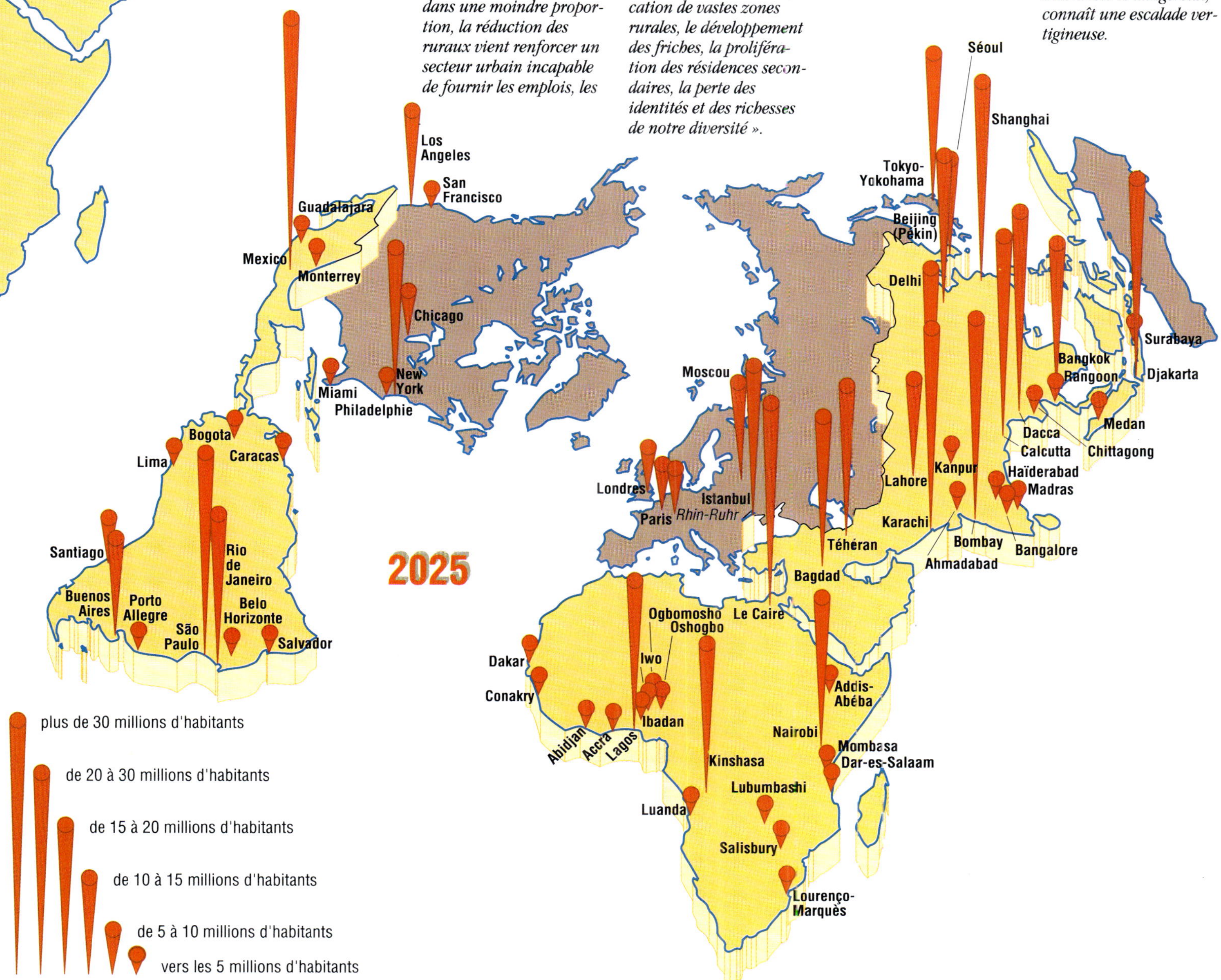

Transports : des choix contestés

La **constante augmentation du trafic** est **inquiétante** et cette croissance **nuit** à la **fiabilité du transport,** élément pourtant essentiel de la compétitivité. Les retards affectent les voyageurs – en 1990, près d'un avion sur cinq avait plus de 15 minutes de retard – et les marchandises (gestion des stocks). Les **zones de congestion** sont **de plus en plus étendues** aux abords et à l'intérieur des grandes agglomérations ainsi qu'à l'approche des aéroports.

Selon une enquête de l'Inrets (Institut national de recherche et d'étude sur les transports et la sécurité), 20 % des Français disent être gênés par le **bruit** de la circulation automobile, chiffre qui augmente en zone urbaine. Du côté des constructeurs, des progrès ont été faits pour réduire les émissions sonores (moins 5 décibels en 16 ans en France). Même effort pour limiter la **pollution atmosphérique,** avec le développement encore timide de la voiture électrique, de l'essence sans plomb, des pots catalytiques. L'utilisateur lui aussi pourrait contribuer à l'assainissement ; le simple fait de ne pas attendre que le moteur ait acquis sa température d'équilibre pour rouler se traduit par un surplus de pollution.

Les **nuisances** et les **dégradations provoquées par les infrastructures** entraînent des réactions de rejet d'une partie de l'opinion publique. Le choix d'ouvrir des voies de communication est lourd de conséquences. En ce qui concerne le TGV, par exemple : qu'il passe dans une région et c'est le « saccage » des milieux naturels ou agricoles, mais qu'il ne s'y arrête pas et c'est l'« abandon », car une région exclue des transports modernes est souvent mise en marge de la vie économique. La logique écologique, qui consisterait à **utiliser en priorité les couloirs déjà existants** pour préserver l'environnement, est rarement respectée.

Les **remèdes** sont peut-être à rechercher dans le **transport combiné** (ou ferroutage), qui permettrait d'absorber une partie de l'augmentation des trafics attendus. **Coûteux,** il se développe néanmoins et représente environ 4 % du marché intra-européen. Il est **handicapé par des problèmes techniques :** retard des trains, engorgement des terminaux de transbordements, rivalités entre cheminots et routiers. Une évolution des mentalités qui permettrait d'accorder moins d'importance psychologique à la voiture individuelle serait également souhaitable. Il faudrait enfin **freiner l'explosion de la mobilité,** chaque fois que c'est possible. Comme on l'a vu lors de la guerre du Golfe, qui a considérablement ralenti le trafic, il y a aussi une dimension culturelle des transports.

La dégradation des transports interurbains est particulièrement grave. Pour les automobilistes athéniens, milanais, ceux de Mexico ou de Rome, le **système des plaques alternées** interdit la circulation un jour sur deux pour lutter contre la pollution. Très inégalitaire, il avantage ceux qui peuvent obtenir des dérogations ou possèdent deux voitures immatriculées l'une paire et l'autre impaire. A Tokyo, la saturation s'accompagne de la disparition d'espaces constructibles. Cette situation a conduit à envisager un projet de **« ligne aérienne souterraine »** reliant Tokyo et Osaka en 50 minutes. Beaucoup de villes ont adopté une politique de dissuasion d'utilisation de la voiture. Dans les pays scandinaves, les **carburants** et l'**accès aux centres des villes** sont sévèrement **taxés.** Des **péages urbains** existent en Norvège.

Reste le développement des transports collectifs, mais il exige une offre de bonne qualité, qui passe par une **extension des réseaux,** un **allégement des lignes** surchargées, un **renforcement de la sécurité** pour les voyageurs comme pour les conducteurs, une **plus grande propreté** et une **restriction de la pollution.** A **Santiago** du Chili, la politique ultra-libérale au début des années 1980 a permis à chacun d'ouvrir sa propre compagnie de bus et de mettre ainsi en circulation des milliers de vieux véhicules qui asphyxient la ville.

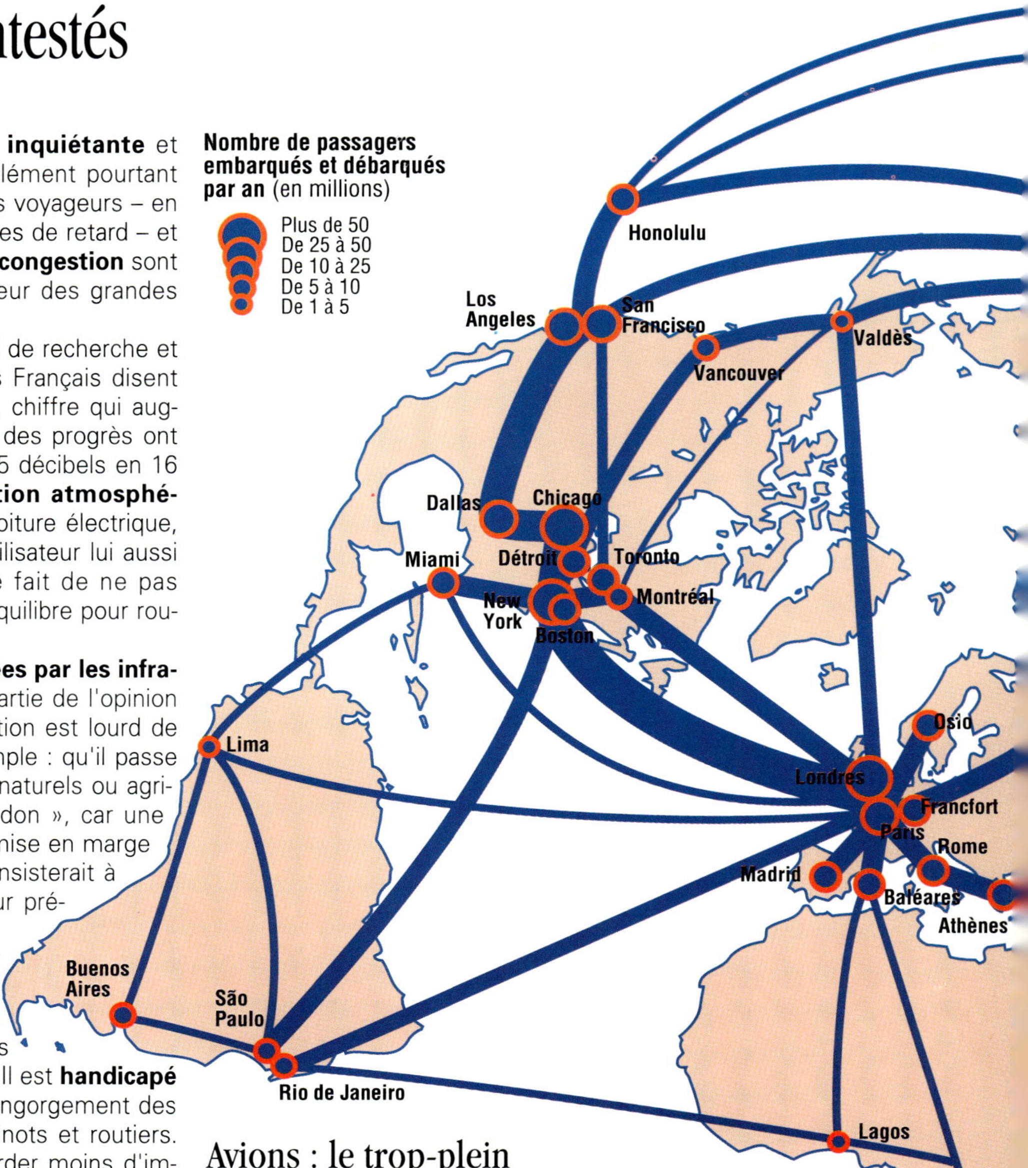

Avions : le trop-plein

Le trafic aérien ne cesse de croître, les aéroports de s'agrandir, une évolution qui exige parfois des déménagements comme à Munich. Pollution de l'air, bruit et déchets (une entreprise comme Aéroports de Paris élimine autant de déchets qu'une ville de 100 000 habitants) se multiplient. Or l'espace aérien n'est nullement extensible. Au-dessus des aéroports de Paris, par exemple, il forme un cylindre de 90 km de rayon et de 3 700 m de hauteur vers lequel convergent les appareils. Les aiguilleurs, débordés comme dans tous les grands aéroports du monde, les font tourner en rond sur cinq circuits d'attente différents.

Nombre de tués par million de véhicules

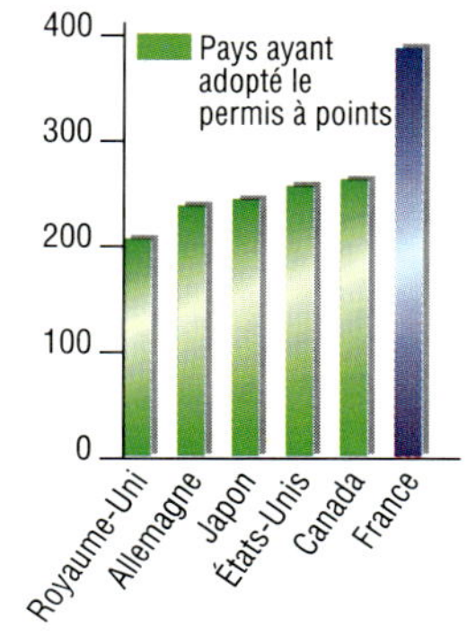

Routes à hauts risques

Automobilistes, motards et piétons payent un lourd tribut à la route. Le nombre d'accidents mortels a conduit de nombreux pays à prendre des mesures de plus en plus strictes comme le permis à points, que la France a adopté en 1992.

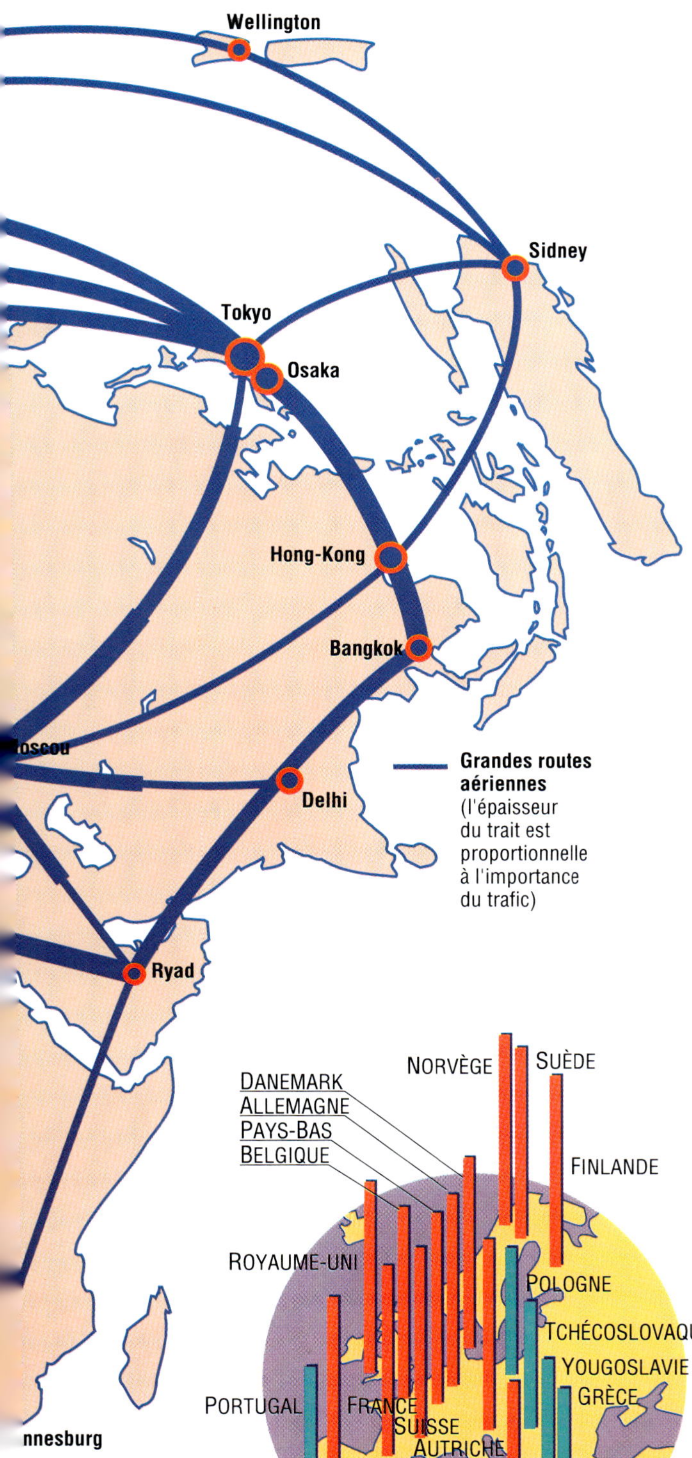

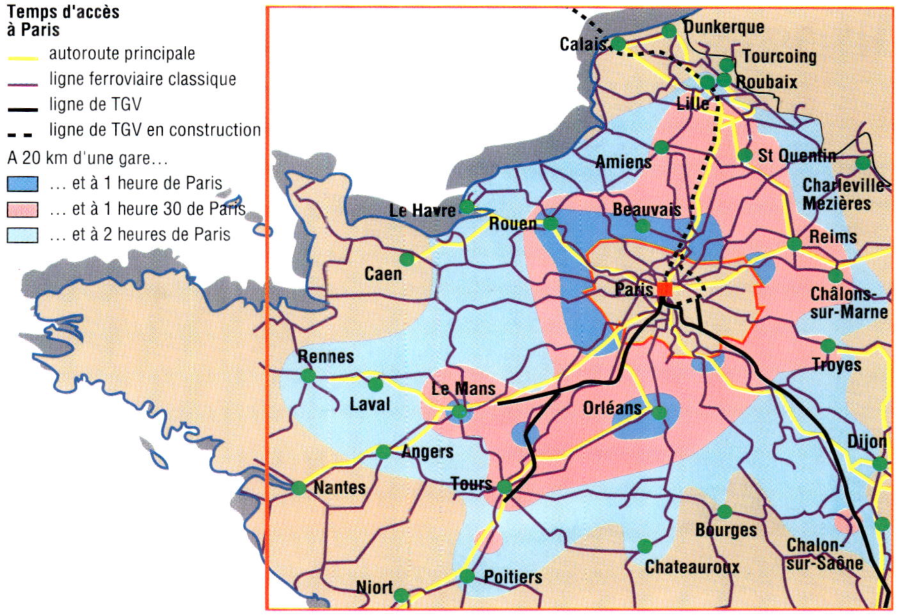

Paris-banlieues : le va-et-vient

Après la banlieue et la « grande banlieue » apparaît la « très grande banlieue ». 240 000 personnes viennent chaque jour travailler à Paris, pour 180 000 il y a dix ans. En sens inverse, 50 000 Parisiens ou « Franciliens » font le voyage vers la banlieue. L'infrastructure ferroviaire et routière facilite cette migration qui reste difficile et fatigante. A Paris, les embarras de la circulation coûtent chaque année entre 5 et 9 milliards de francs, et au rythme actuel, il est prévu que la capitale sera saturée dans 5 ans. Dans la région parisienne, le nombre et la durée des bouchons ont augmenté de 400 % en dix ans. Alors que le nombre d'emplois et d'habitants dans Paris intra-muros diminue, le flux de voitures augmente régulièrement ; chaque jour, 2,8 millions de véhicules parcourent les 1 400 km de la capitale.

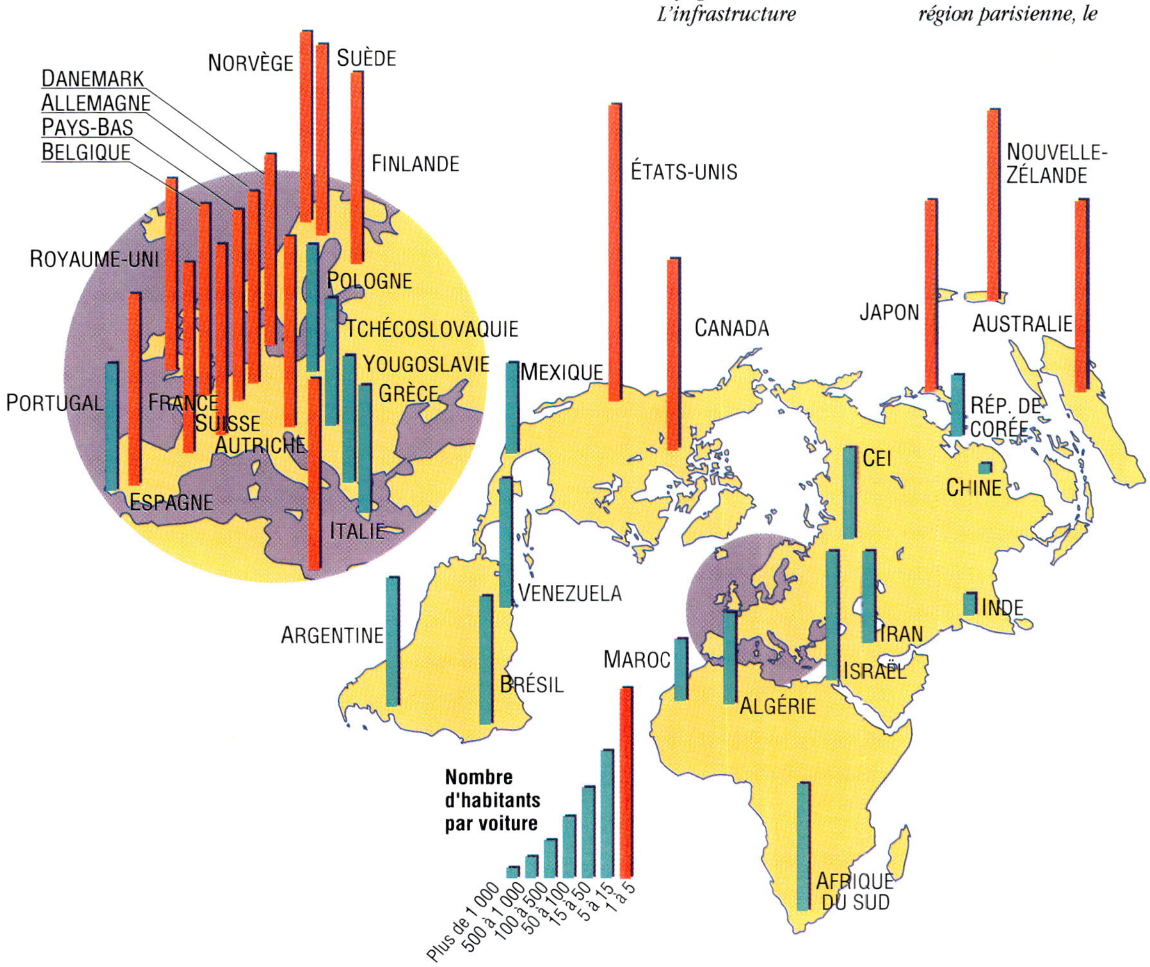

Automobiles : vers l'engorgement

On compte aujourd'hui dans le monde plus de 400 millions d'automobiles et environ 300 millions de camions et autobus. Chaque année, 48,5 millions d'automobiles sont produites – un chiffre édifiant au regard des 76 millions d'humains supplémentaires. Les 4/5e de ces véhicules sont en service dans les pays industrialisés. Aux États-Unis, il y a une voiture pour 1,2 habitant, en France, une pour 2 habitants, et au Burkina Faso, une pour 385 habitants. Qu'adviendrait-il si le parc automobile des pays en voie de développement égalait celui des pays développés ? Déjà, le rattrapage se fait à un rythme impressionnant, à l'Est.

Ménages : les vide-ordures

Chaque jour, **les ménages rejettent des tonnes de déchets.** Reliefs de leur consommation courante, il s'agit de nourriture ou de produits de la vie quotidienne, d'emballages divers, de textiles, d'objets usagés ou ayant perdu leur séduction ou leur utilité.

Ces « déchets », pour employer un terme générique, peuvent schématiquement se diviser en **trois catégories :** déchets **biodégradables** (essentiellement les restes de nourriture), déchets **recyclables** (cartons et papiers, matières plastiques, verre...), enfin déchets **dangereux** (piles « boutons », médicaments, détergents...).

L'évacuation de ces déchets, qui devrait s'effectuer différemment selon leur catégorie, se fait en réalité par deux moyens principaux : les **eaux usées** et les **égouts** lorsque cela est possible matériellement, et les « poubelles », **conteneurs** plus ou moins étanches et hygiéniques, évacuées par **ramassage en camion** plus ou moins perfectionné.

Les **lieux de stockage et d'élimination** varient beaucoup selon les pays et les régions. Nombreuses sont encore les **décharges** à ciel ouvert où les déchets sont brûlés, ce qui produit souvent des fumées nauséabondes et une pollution atmosphérique, sans oublier l'atteinte aux eaux souterraines. De plus en plus nombreux, les centres industriels de traitement des déchets ménagers sont équipés d'un **incinérateur** géant pur et simple, ou sont dotés de systèmes plus élaborés permettant le **tri** et la **récupération** des déchets selon leur type à des fins de **recyclage.** De plus en plus de villes mettent en place un « ramassage intelligent » supposant un tri préalable par la population de ses rejets domestiques (verre, papiers et cartons, produits divers). Mais cette pratique suppose un certain **civisme** de la part de la population, plus habituée à la répression ou au laxisme qu'à la participation directe et active à sa propre protection. En dépit des efforts déployés par la plupart des communautés locales dans les pays industrialisés, l'évacuation sauvage – des appareils électroménagers hors d'état de fonctionnement, des carcasses de voitures, des vieux pneus, etc. – demeure une pratique très courante.

Il va sans dire que la quantité et la nature des rejets ménagers varient énormément selon les pays, les régions et, dans les grandes métropoles, selon les quartiers. A partir de ce critère, il est possible d'établir une **hiérarchie quantitative et qualitative** des différentes sociétés, pauvres et riches. Habitudes et moyens de consommation sont les deux grands facteurs qui permettent d'analyser les rejets domestiques, objets aujourd'hui de véritables études. Paradoxalement, les **pays** qui produisent **le plus de déchets** deviennent, peu à peu, de plus en **plus propres**, tandis que les **plus démunis** sont les **plus « sales »**.

Les **décharges** à ciel ouvert des grandes métropoles du tiers monde attirent des populations qui se chargent de faire le tri qui n'a pas été réalisé auparavant. Les chiffoniers du Caire sont réputés pour leur efficacité à recycler les poubelles, mais ils sont victimes de **maladies** véhiculées par les rats, les mouches et les moustiques, de blessures dues aux ferrailles rouillées ou aux matériaux souillés, et de l'inhalation de fumées toxiques. Entre la propreté de plus en plus grande qui s'établit dans les États industrialisés et les problèmes créés par la croissance urbaine et périurbaine sauvage des pays du tiers monde, il existe à peu près **tous les degrés de maîtrise** de l'évacuation des déchets ménagers. Les pays les plus avancés dans ce domaine vont aujourd'hui jusqu'à penser les emballages et la composition des produits en fonction de leur récupération ultérieure. L'utopie du **zéro-déchet** se profile.

Le respect de l'environnement est un avantage pour les États qui ont les moyens d'être à la fois propres et rationnels. L'**industrie verte,** bien gérée, devrait connaître de beaux jours.

Déjections et maladies

La pollution fécale des sols par les animaux ou les hommes est source de nombreuses maladies bactériennes et parasitaires, essentiellement dans les régions chaudes et humides. Certaines comme l'ascaridiose, qui touche 650 millions d'habitants, se contractent oralement (nourriture souillée de terre, par exemple). D'autres, telle l'ankylostomiase, qui affecte 600 millions d'individus et en tue des dizaines de milliers chaque année pénètre l'organisme humain par voie transcutanée directe et s'attrape donc le plus souvent en marchant nu-pieds sur des sols souillés.

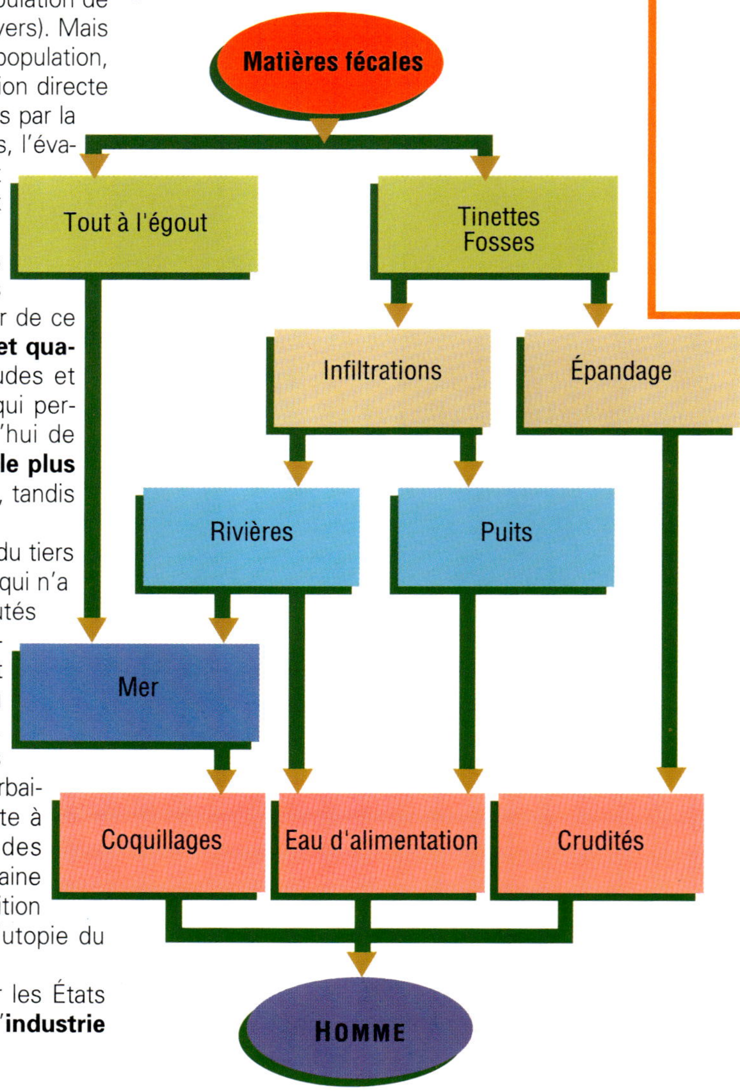

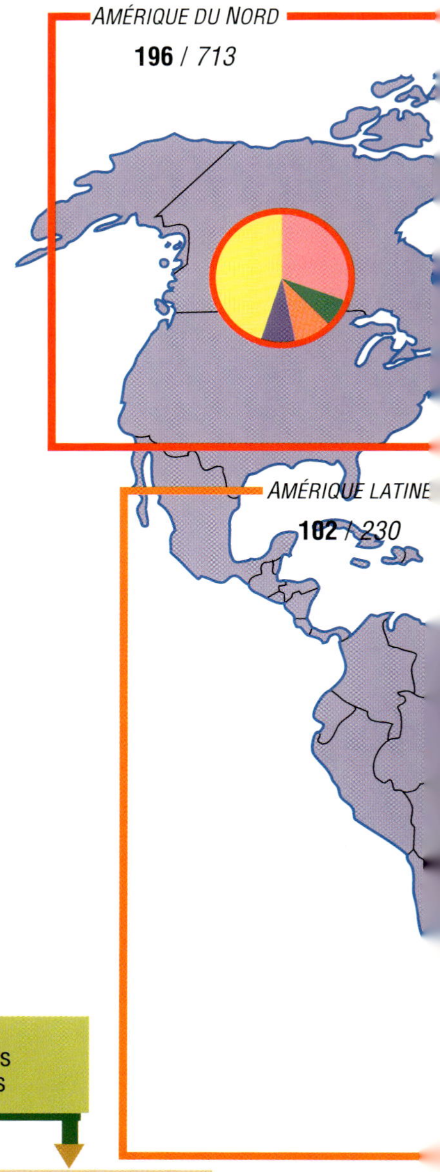

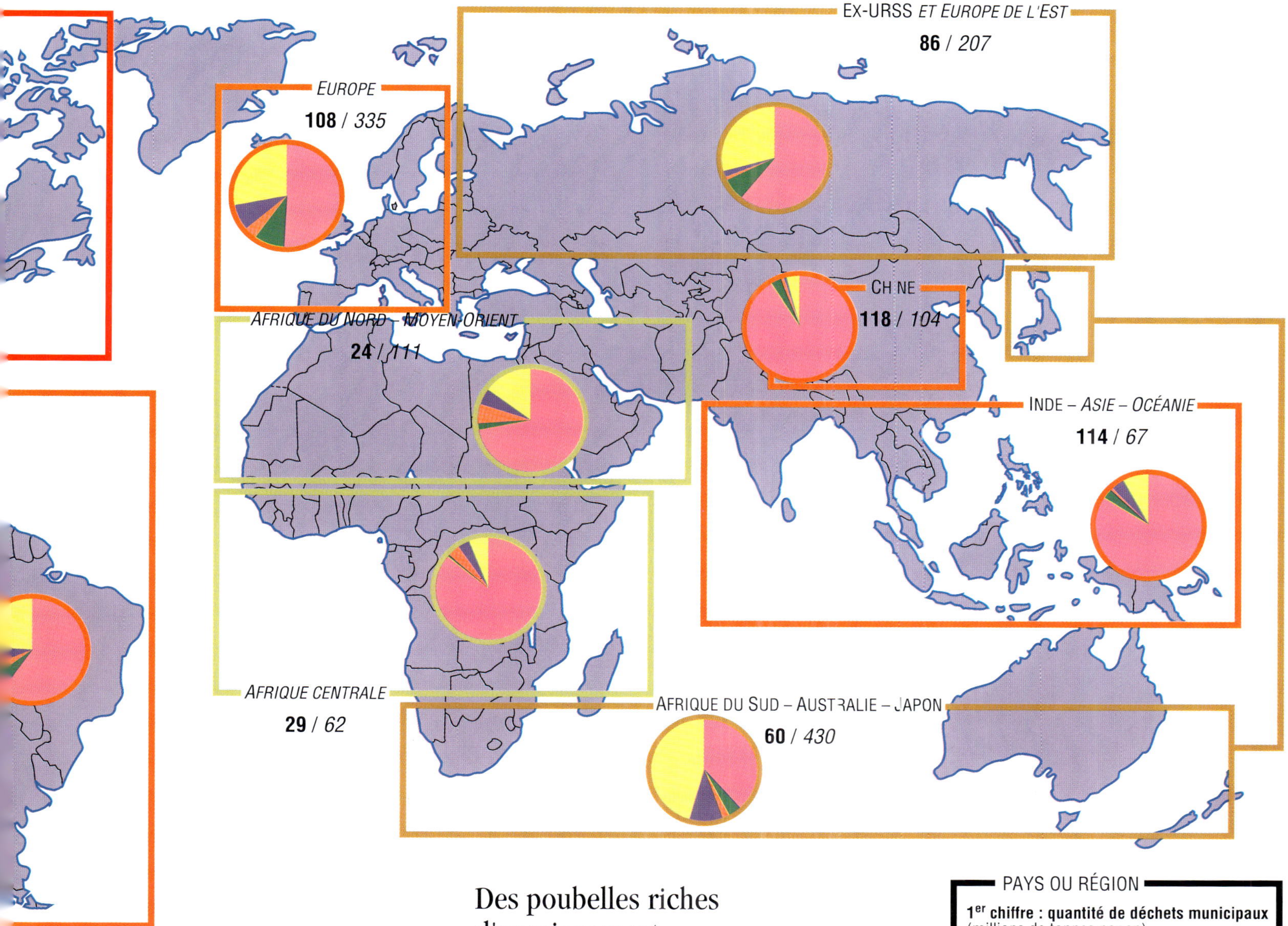

Des poubelles riches d'enseignement

La production mondiale de déchets municipaux est estimée à 900 millions de tonnes. Elle se répartit de façon presque égale entre les pays du Sud et ceux du Nord (45 % contre 55 %). L'homogénéisation des modes de vie à travers le monde conduit à l'homogénéisation relative du contenu des poubelles. Cependant, les spécificités culturelles demeurent. Si la quantité de rejets ménagers indique la plus ou moins grande richesse des pays, les éléments qui les composent peuvent être analysés de manière sociologique et révéler des modes de vie et des comportements fort différents. Les populations manifestent à la fois un civisme croissant (tri des ordures) et une attitude de rejet face à l'accueil des déchets des autres, appelée le NIMBY (Not In My Backyard).

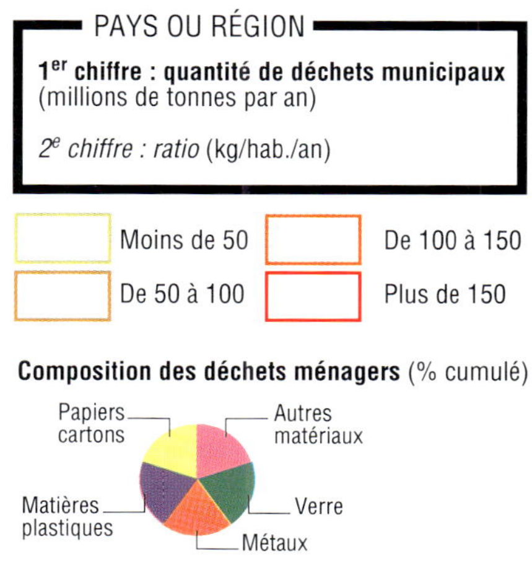

Riches : la qualité de la vie

La qualité de vie se définit en termes à la fois économiques, sociaux et médicaux. La dégradation de la qualité de la vie due à la détérioration croissante de l'environnement est un risque majeur. Les **individus** ont un équilibre qui dépend **de leur seuil de sensibilité biologique et psychologique individuel,** et **de l'importance des agressions extérieures.**

L'**urbanisation** est en grande partie responsable de l'accumulation de nuisances : **bruits, rythme de vie, délinquance...** Ainsi, **cent trente des huit cent millions de personnes** vivant dans les pays **de l'OCDE sont exposées à des niveaux sonores inacceptables** (plus de 65 décibels). Et, sur 70 % des Français qui se considèrent victimes du bruit, 43 % sont gênés par des bruits domestiques, un chiffre qui atteint 58 % pour les Parisiens et 64 % pour les locataires de HLM. En l'occurrence, il ne s'agit pas seulement de « confort », mais d'agression dont les effets sur la santé sont parfaitement mesurables.

De même, **les rythmes de vie s'accélèrent,** tandis que l'hygiène de vie se détériore (*fast food*, sédentarité au bureau, manque d'activité sportive, réveil plus matinal en raison de l'allongement des transports...), **autant d'éléments qui perturbent la chronobiologie de l'organisme,** c'est-à-dire cette horloge biologique interne qui régule naturellement le corps : heures de sommeil, variation de la température corporelle, sécrétion d'hormones. Certaines études montrent que le **surmenage** fait entrer les hommes dans un cycle d'activités dont ils peuvent à peine s'échapper. La **recherche de sensations,** le goût du risque, phénomène qui s'observe à travers le développement d'activités de loisirs médiatisées (deltaplane, parapente, saut en élastique, trekking, varappe, raft, surf, ULM...) et les exploits de Catherine Destivelle, de Nicolas Hulot, de Gérard d'Aboville, de Florence Arthaud ou de leurs homologues à l'étranger, seraient caractéristiques d'une certaine catégorie de la population des pays industrialisés. Ces loisirs s'adressent à des gens actifs, stressés et sous pression pendant leur travail, qui ne supportent pas en fait le relâchement de ce rythme pendant le week-end et qui ont besoin pour ne pas se démotiver de stimulations toujours plus fortes. Ces loisirs, qui peuvent sembler plus écologiques puisqu'ils se pratiquent dans la nature, révèlent, d'une certaine manière, un **conditionnement** et une recherche d'excitation qui pourrait un jour se résoudre de manière moins naturelle, et que certains pallient déjà par des excitants qui vont de l'engouement pour les vitamines aux beaucoup moins inoffensifs « paradis artificiels ». Quant à la **délinquance,** elle s'inscrit dans un processus de désadaptation globale qui touche aussi bien ses acteurs que ses victimes. Ceux qui l'exercent souffrent souvent d'un manque d'éducation familiale et scolaire. Quant à ses victimes, nombre d'entre elles, qui auraient pu mener une existence normale dans un environnement serein, deviennent phobiques et n'osent plus sortir de chez elles.

De plus en plus, le groupe semble moins bien assurer subsistance et protection, l'individu a alors tendance à se fragiliser. On se dirige, en conséquence, vers un monde de moins en moins serein. L'éclatement de la famille, la multiplication des divorces, des situations de célibat, l'abandon des vieux, l'émergence de nouveaux pauvres, la croissance du chômage, les transplantations, la compétition systématique (course au diplôme) sont autant de **chocs qui favorisent l'insécurité et l'instabilité.**

Or **le stress est agent causal de maladies au même titre que les bactéries.** Il se traduit par des manifestations psychosomatiques, des crises cardiaques, des dépressions, des ulcères et plus généralement affecte la santé. Les stress aigus, en général, diminuent l'immunité et rendent plus sensibles à certaines affections les personnes fatiguées. Une étude à montré chez des patients atteints de cancers ou de Sida, que plus leur stress était important, moins leur immuno-déficience est contrôlée.

Alcool, tabac : un phénomène mondial

L'une des manières de « s'adapter » au stress est la prise de toxiques tel que l'alcool ou le tabac. L'alcool, par exemple, a un effet euphorisant et anxiolytique immédiat. Il est souvent préféré à d'autres calmants. Il y a ce que l'on appelle un effet « médicament » de l'alcool et du tabac, médicaments un peu particuliers puisqu'ils provoquent à terme de très graves maladies, voire la mort. Mais, à l'exception des pays où la consommation de ce type de produits est prohibée (alcool en terre d'Islam), la société accepte plus volontiers ces drogues devenues presque anodines parce que communes. Dans les pays du Sud suivant certaines pratiques culturelles, on a recours à des plantes telles le qat en Arabie et en Afrique orientale, mais ces plantes mâchées à longueur de journées ont souvent pour fonction de couper la faim, autant que celle de détendre ou de dynamiser.

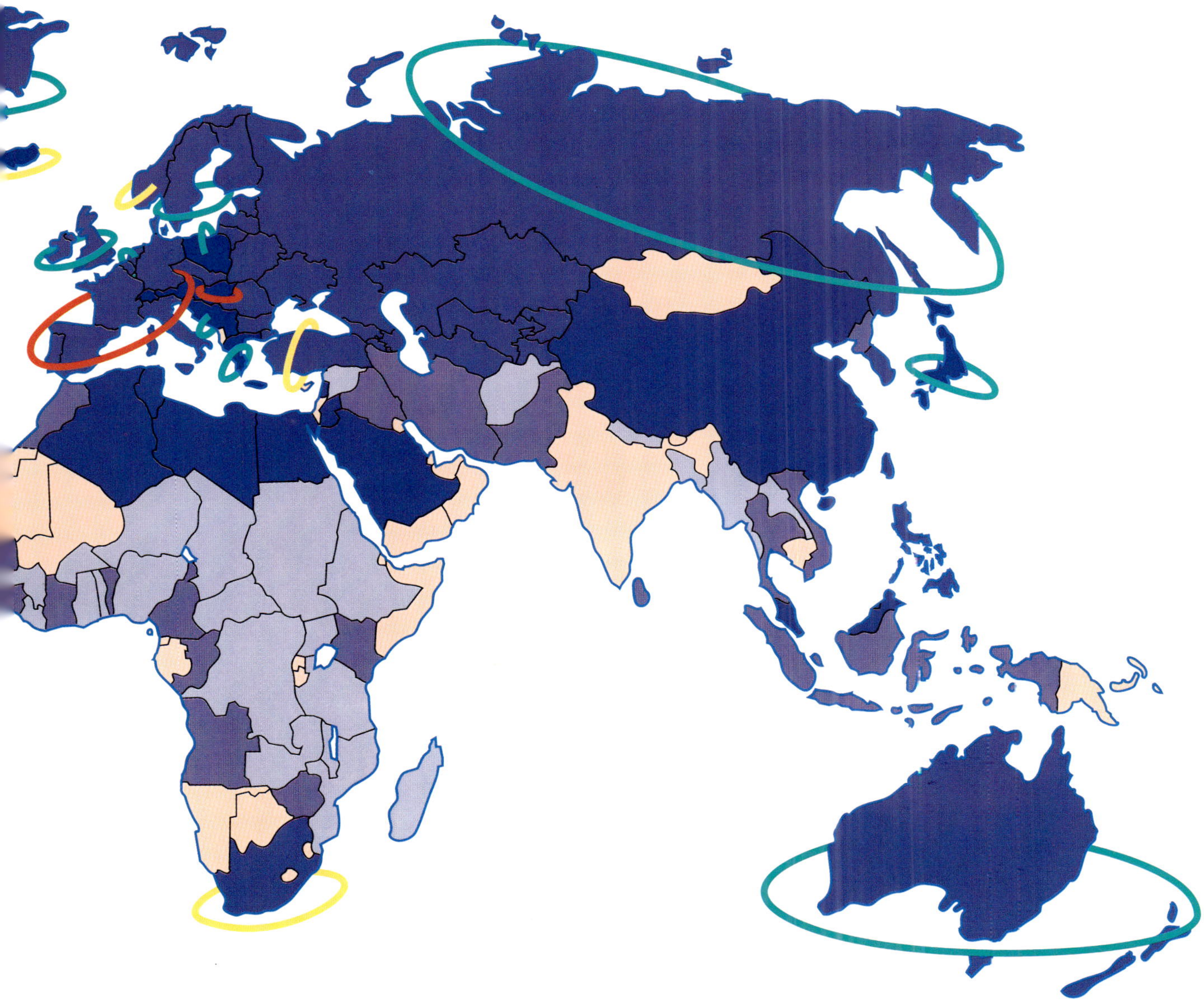

La consommation par an et par habitant :

ALCOOL
(en litres)

- - 5
- 5-10
- + 10

TABAC
(en cigarettes)

- - 500
- 500-1 500
- 1 500-3 000
- + 3 000

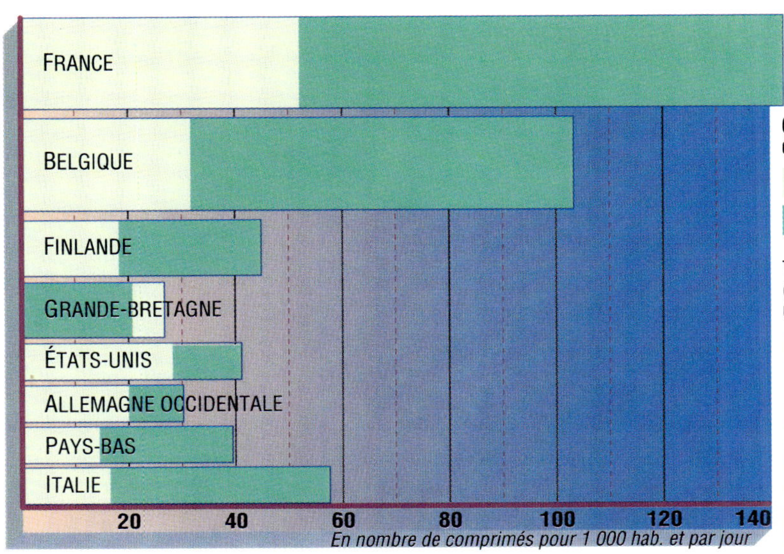

Consommation de tranquillisants en 1989

- Antidépresseurs
- Tranquillisants

Taux de consommation régulière (quotidienne pendant au moins un an), en % de la population

- 4-5
- 3-4
- 0-2

La société des anxiolytiques

L'utilisation des anxiolytiques manifeste d'abord un besoin ponctuel de se calmer, puis leur prise devient chronique en raison de la dépendance. Certains pays ont une consommation de tranquillisants assez faible, non parce qu'ils possèdent des sociétés peu stressantes, mais parce qu'ils leur préfèrent les antidépresseurs sédatifs ou qu'ils ont d'autres pratiques pour s'équilibrer, comme la relaxation ou la drogue (opium).

L'« effet retour »

Sans tomber dans les clichés qui transforment la planète en un simple village, sans non plus considérer que toute action humaine, par une sorte de réaction mécanique, produit automatiquement des **« effets retour »,** l'idée que la plupart des grandes atteintes, directes ou indirectes, à l'environnement ou à la nature ont des conséquences pour tous est une **idée essentielle.** Elle permet de prendre en compte, comme dans les domaines économique ou politique, les **imbrications,** les résonances des **activités humaines.** Il faut donc substituer à la logique du « chacun pour soi », celle du **« chacun pour tous ».**

Aujourd'hui, l'**exportation** des problèmes dans le domaine de l'écologie ne peut plus être tenue pour une **« solution »,** au moins **technique** sinon **morale,** à la **pollution et à ses effets.**

Rares sont ceux qui, comme Laurent Summers, économiste et vice-président de la Banque mondiale, désavoué il est vrai immédiatement par ses commanditaires, préconisaient d'exporter les industries polluantes dans des pays d'Afrique où l'air était scandaleusement propre et l'espérance de vie déjà si limitée que cela n'avait guère d'importance !...

Pour autant, on l'a vu, un certain nombre d'**industriels,** avec la complicité plus ou moins active d'**autorités locales** en mal de devises, n'hésitent pas à **exporter les risques et les dégâts** ou des **moyens techniques** aujourd'hui **prohibés** chez eux pour cause de nuisance (réfrigérateurs au CFC en Inde et en Chine, par exemple). Ils préfèrent ignorer qu'aux dangers qu'ils font courir, la plupart du temps en toute impunité, aux populations locales, s'ajoutent ceux qui peuvent être **réexportés.**

Nombre de toxiques ont été interdits dans tout ou partie des États industrialisés, même si ces interdictions ne portent pas toujours sur les mêmes produits et ce, souvent pour des raisons d'intérêts économiques. Mais il n'est pas rare que des États continuent à commercialiser sous **licence** à l'étranger des produits interdits de production ou de consommation sur leur territoire. Il s'agit souvent de **médicaments** ou de **pesticides.** C'est alors que peut se produire parfois l'**« effet retour ».**

Ces effets sont **multiples.** Ils constituent un **enjeu international** et mettent en cause d'importants **intérêts économiques.** Certains prétendent d'ailleurs que sans **« effet retour »,** il n'y aurait pas de mobilisation écologique : l'explosion démographique du tiers monde, par exemple, ne serait prise en compte par les pays développés que si elle était cause de migrations ou d'effets susceptibles de les toucher directement.

Les « effets retour », cependant, affectent aussi la plupart des gens dans leur quotidien. Ainsi l'**alimentation** est un bon objet d'effet retour. Elle est déjà très menacée par l'utilisation de produits chimiques qui a augmenté dans des proportions telles qu'en Grande-Bretagne, par exemple, le consommateur en absorbe 5 à 7 kilos par an et en France au moins 4 kilos par an. Tous ces **additifs** des industries agroalimentaires (arômes, colorants...) ajoutés à l'**irradiation,** aux correcteurs de goût ont des effets sur l'organisme, et si chacun de ces éléments n'est pas nocif en lui-même, on ignore encore les réels effets de leur interaction. Or l'alimentation peut avoir un impact considérable sur la santé, notamment sur l'incidence des **cancers.** A ces nuisances donc, s'ajoutent les menaces de l'effet retour : **contamination** des crustacés par des eaux usées ou salades au DDT. L'effet retour s'exerce aussi dans les loisirs, lorsque par exemple les nageurs évoluent dans les **marées vertes** provoquées par les rejets de nitrates qui ont servi d'engrais aux légumes dont ces mêmes nageurs se nourrissent.

Il faut empêcher que le coût de la protection de l'environnement soit exporté dans certains pays ou transféré sur les générations futures du monde entier.

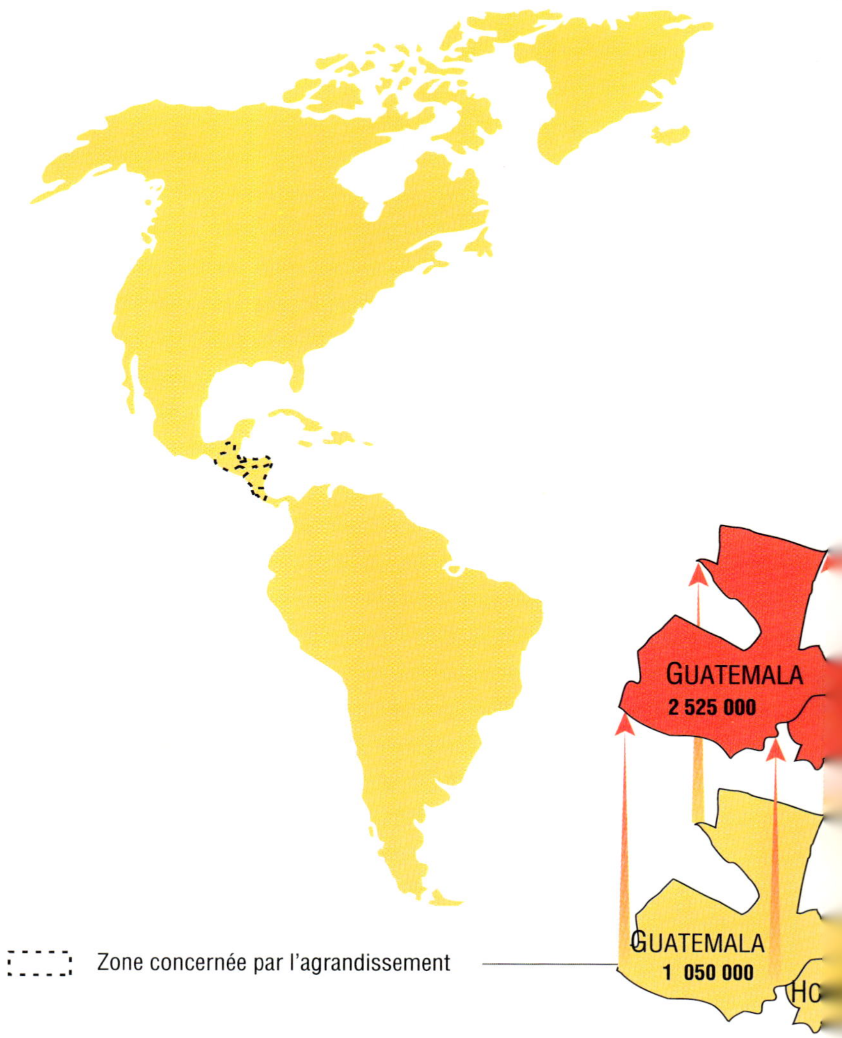

Amérique centrale : forêts ou bovins

Les ventes mondiales de hamburgers sont passées de 3 millions en 1965 à 110 millions en 1990. La demande croissante de viande a incité les pays d'Amérique centrale à intensifier l'élevage de bovins. Beaucoup ont alors brûlé leurs forêts pour les transformer en pâturage aggravant ainsi les effets néfastes de la déforestation sur la planète.

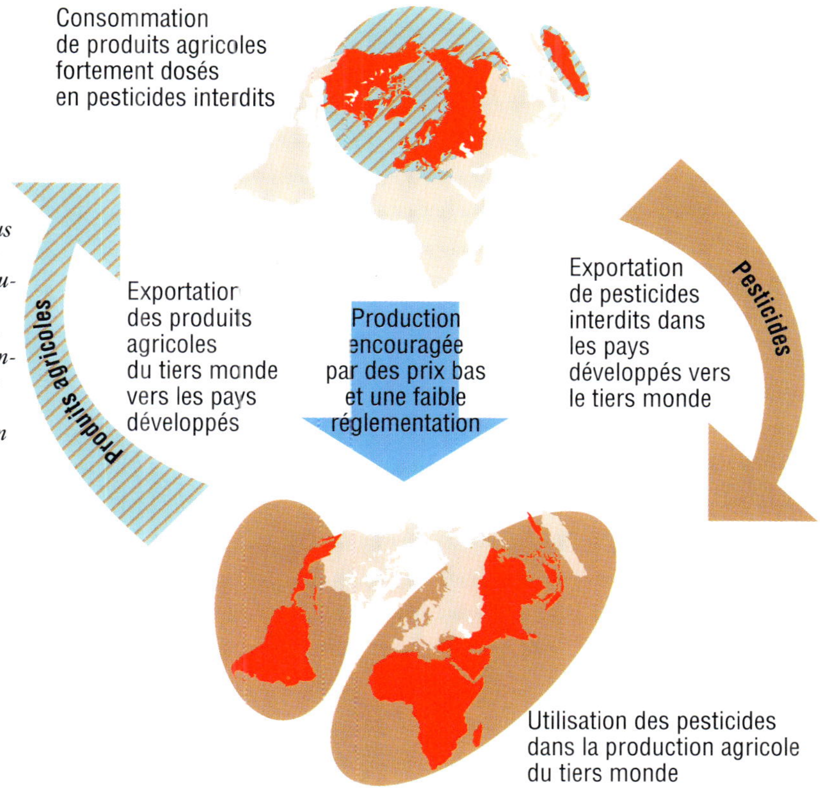

DDT : limites de l'interdiction

Le DDT (Dichloro-Diphényl Trichloréthane), puissant insecticide, est interdit depuis 1970 dans les pays occidentaux, mais on continue de le fabriquer dans des pays du tiers monde. Or, outre les insectes qu'il tue, le DDT s'attaque aussi aux oiseaux et aux hommes qu'il rend stériles ou empoisonne. L'absurdité du processus de l' « effet retour » est patente lorsqu'on retrouve le DDT en quantité dans les salades importées par les pays occidentaux. Reste une énigme à résoudre : comment poursuivre l'éradication du paludisme sans DDT ?

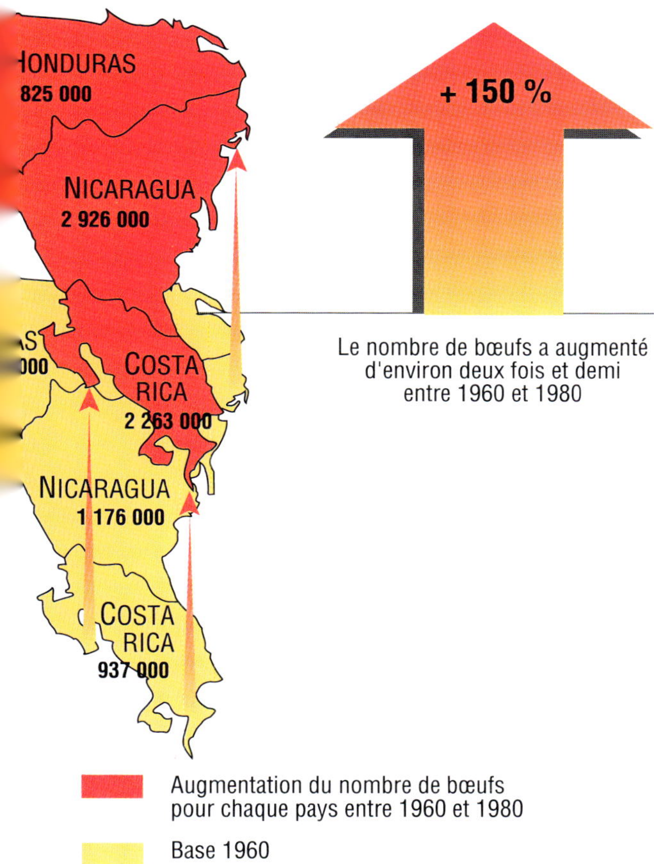

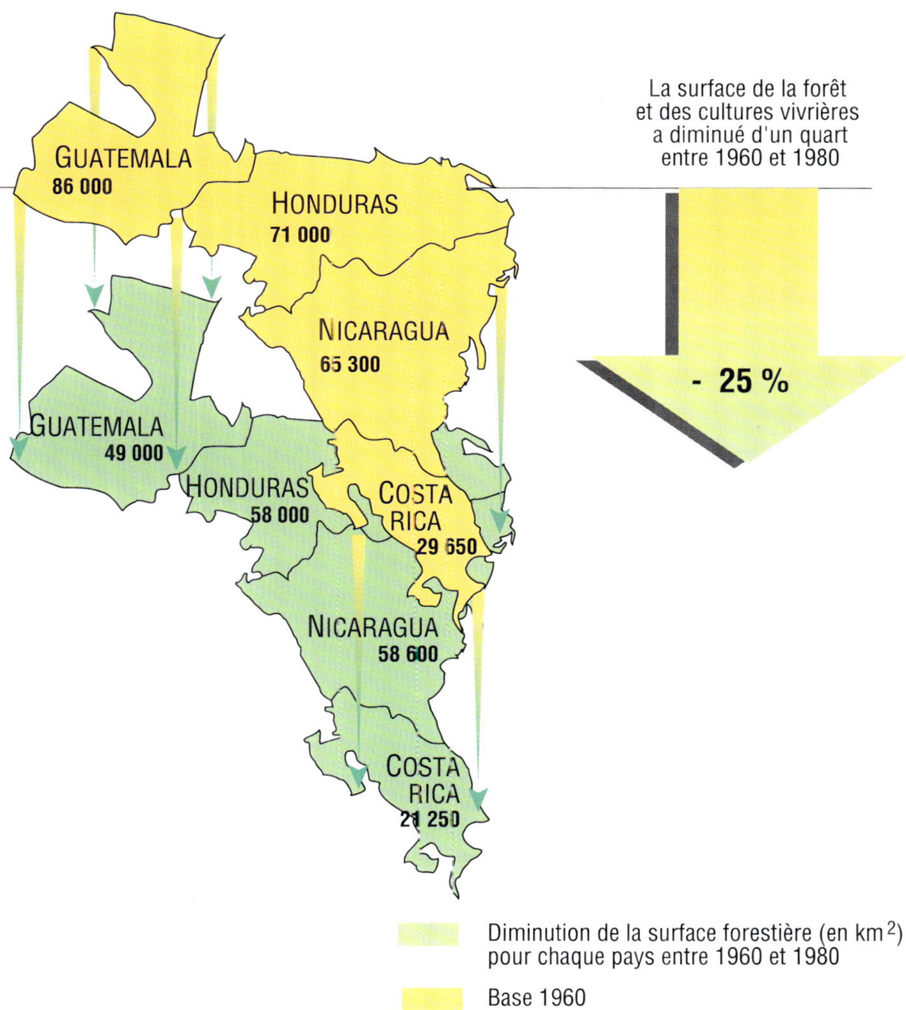

Les maladies du travail

Les **maladies professionnelles** sont au cœur des relations entre environnement et santé. Il existe des maladies qui sans être spécifiques d'une activité professionnelle sont largement dues à son exercice. Les **gestes** effectués, l'**organisation du temps** (stress, horaires décalés...), la présence de **contaminants** (allergènes chimiques ou naturels, substances cancérigènes, etc.) sont autant de facteurs potentiels de nocivité. L'OMS (Organisation Mondiale de la Santé) désigne, d'ailleurs, par maladies en relation avec le travail « l'ensemble des maladies ayant le travail et ses conditions comme cause contributive, ou pour lesquelles une exposition professionnelle peut accélérer le développement, ou en intensifier les symptômes », ou encore « les maladies dont le pronostic peut être favorablement influencé par une intervention de la médecine du travail ou une amélioration des conditions de travail ». Ces maladies **ont toujours existé,** qu'elles soient liées à l'agriculture, comme la brucellose, ou à l'industrie, telle la silicose. Dans les **pays en voie de développement,** ce type de maladies est toujours important, les **conditions de travail** n'y sont **pas ou peu réglementées,** qu'il s'agisse du travail des **enfants,** des **femmes** ou même de celui des hommes, et dépassent souvent les limites pour la santé en pénibilité ou en durée. Dans le tiers monde, nombre de travailleurs s'apparentent à des **esclaves** : Tamouls d'origine indienne employés dans les plantations de thé du Sri Lanka, chercheurs d'or au Brésil, coupeurs de canne à sucre en Haïti. Les enfants ne sont pas épargnés : certains perdent leur acuité visuelle en tissant des tapis, d'autres s'asphyxient dans les mines, d'autres encore contractent le SIDA dans une prostitution forcée, autre version des maladies du travail. Dans les pays industrialisés, le **travail clandestin** est source des mêmes vices, mais le travail légal a bénéficié des améliorations liées à l'intérêt croissant porté à l'environnement ainsi que des avancées sociales des décennies écoulées. L'**ergonomie** a fait des progrès considérables : casques protecteurs pour limiter les effets du bruit (120 dB pour un marteau pneumatique contre 110 pour un avion à quelques mètres), diminution de la pénibilité du travail... Mais la **mécanisation** multiplie inévitablement les gestes répétitifs et on ne peut, par exemple, supprimer les vibrations des marteaux-piqueurs, qui affectent articulations, système respiratoire et nerveux. Les **matériaux modernes,** comme l'amiante, parfaitement adapté à la construction, se sont révélés être à l'origine de redoutables cancers. La prise de conscience de cette maladie du travail a été tardive du fait du grand temps de latence entre l'exposition et le déclenchement du cancer. Aux États-Unis, entre 160 000 et 200 000 personnes seraient touchées. Initialement tumeur rare, le mésothéliome – cancer primitif de la plèvre – est en nette augmentation dans tous les pays occidentaux (400 à 600 personnes par an en France). Les plus touchés sont les plus exposés (donc les employés des mines), mais l'amiante utilisée jusqu'à la fin des années 1970, dans la construction d'immeubles, de bateaux ou de centrales thermiques peut donner une tumeur à qui l'inhale régulièrement.

L'estimation du nombre annuel de l'ensemble des **cancers d'origine professionnelle** est entachée d'incertitude, mais aux États-Unis elle approcherait 4 % en moyenne de la totalité des décès imputables aux cancers, ce qui, transposé à la France, représente 6 000 décès par an. Les principales substances cancérigènes seraient l'arsenic, le chrome et le nickel qui touchent les voies respiratoires, le benzène qui cause des leucémies et les huiles de coupe qui touchent les poumons. Les **radiations** ionisantes sont également très destructrices et affectent les employés du nucléaire, des centres de soin médicaux (radiologues, manipulatrices) ou ceux des mines d'uranium. On constate qu'une meilleure ventilation et une amélioration des installations sanitaires diminuent les taux de cancer du poumon dont l'incidence est, par exemple, 4,8 fois plus élevée chez les travailleurs canadiens et américains employés dans les mines d'uranium que dans la moyenne de la population.

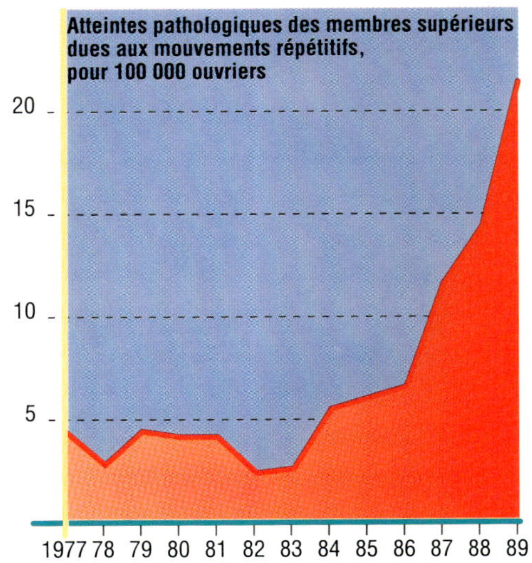

Nouvelles techniques, nouvelles maladies

Les atteintes traumatiques cumulatives professionnelles représentent 50 % des maladies du travail aux États-Unis. Elles sont liées à l'exercice de tâches telles que l'emballage, le broyage, le polissage, le découpage, l'assemblage, l'entrée de données sur clavier, le travail sur les tableaux, etc.

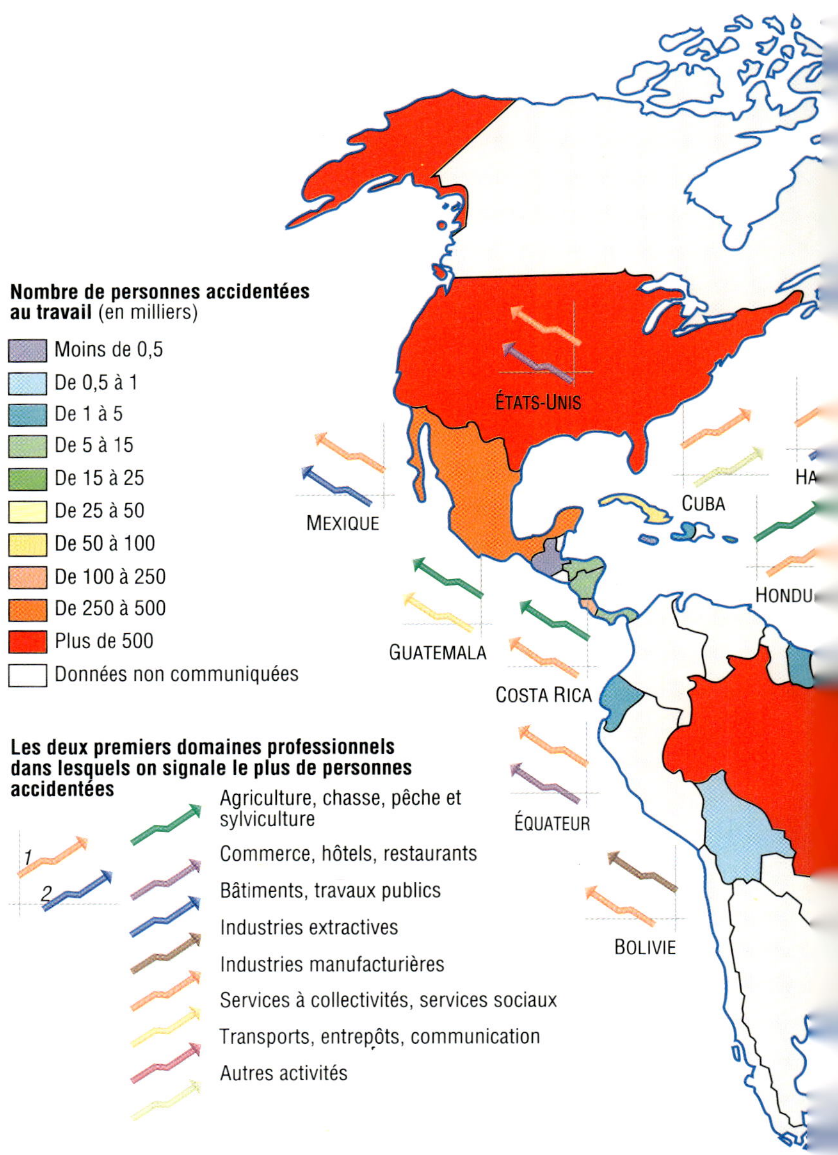

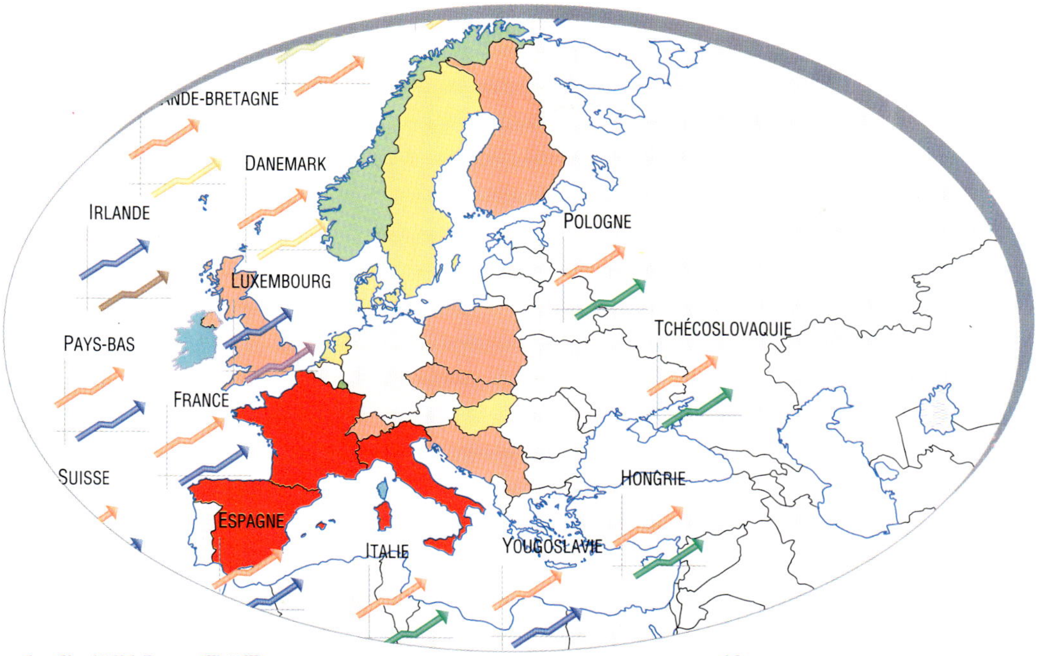

Les accidents du travail

Les chiffres des accidents du travail doivent être lus avec grande précaution, le recensement dans nombre de pays sous-développés étant en effet plus qu'approximatif. Les maladies du travail sont dues à l'environnement habituel de la profession ou à des accidents ponctuels provoqués par des erreurs humaines ou par la manipulation de produits encore peu contrôlés par l'homme. Le dégel écologique à l'Est a, entre autres, révélé que la mystérieuse épidémie de charbon, qui avait causé de nombreux décès à Sverdlovsk (Oural) en 1979, avait été provoquée par des recherches en matière d'armements bactériologiques.

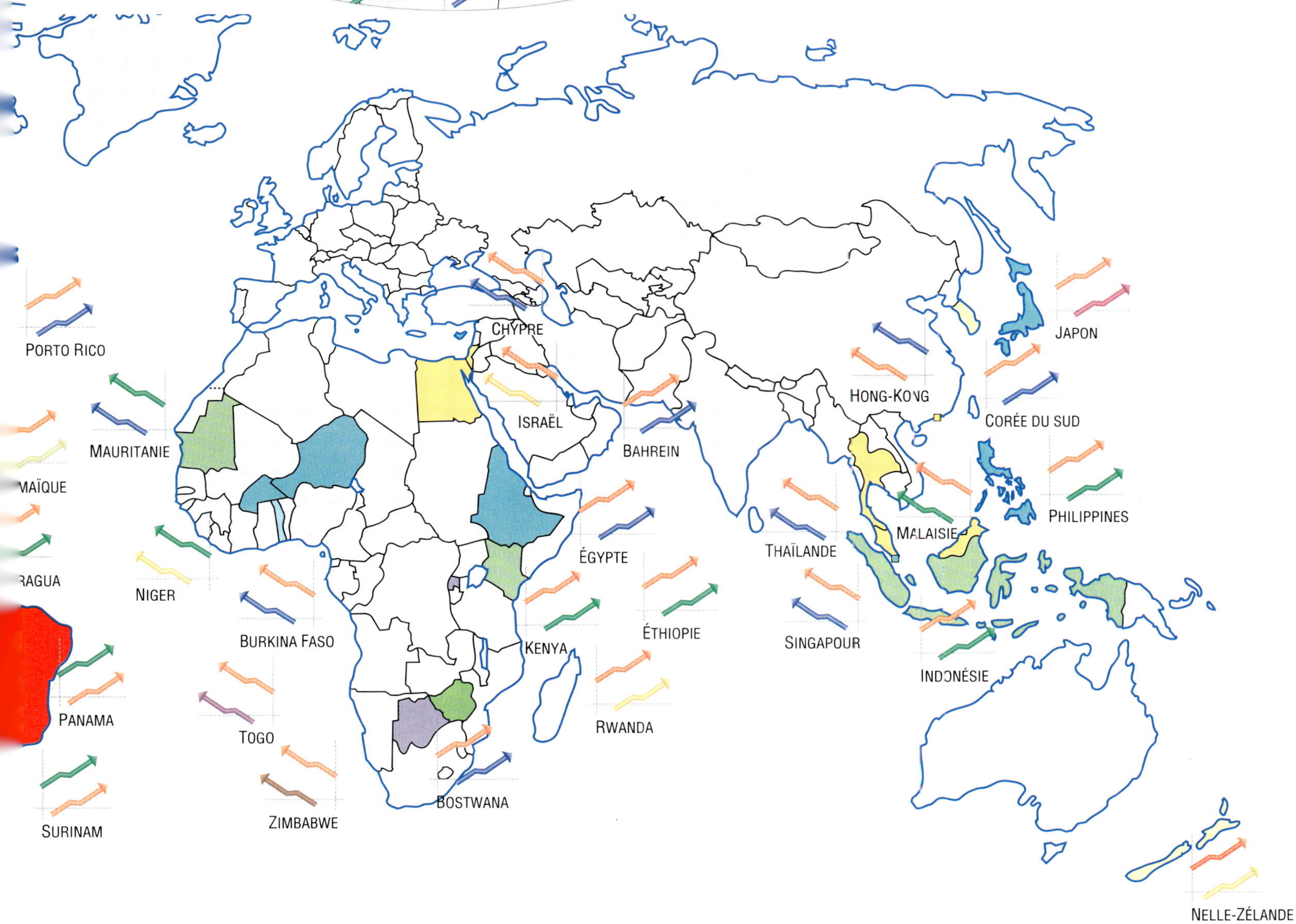

Loisirs menaçants, loisirs menacés

Les loisirs, devenus une **activité de masse,** sont aujourd'hui l'objet d'une véritable **industrie.** Les déplacements de millions d'hommes et de femmes à la recherche de soleil, de dépaysement, d'activités sportives et théoriquement de calme, ont nécessité la création d'**infrastructures** nombreuses qui n'ont pas toujours été respectueuses de l'environnement. Par exemple, les **opérations immobilières,** dont ont été victimes la quasi-totalité des côtes européennes de l'Atlantique à la Méditerranée, en sont un témoignage aussi éloquent qu'affligeant. Il en est de même pour certaines régions de montagnes, victimes elles aussi d'une **urbanisation** trop forte. La prolifération des « murs de béton », des marinas et des faux ports de plaisance attirent des foules. Celles-ci détruisent irrémédiablement les **zones biologiques** fragiles qu'elles envahissent.

Certains **pays** ou certaines régions ont fondé une partie déterminante de leur **économie** sur les loisirs et l'activité touristique, à tel point que les choix effectués dépendent bien plus de la **rentabilité des investissements** que de la protection de ce qui faisait *a priori* leur attrait originel : beauté des paysages, sites exceptionnels, monuments au riche passé.

Les « tour operators » mettent aujourd'hui à la portée de toutes les bourses et de toutes les aspirations des voyages plus ou moins à la carte. A part une infime minorité sortant des sentiers battus, la masse des touristes et des vacanciers expriment les mêmes désirs. Aussi les organismes touristiques se sont-ils lancés à l'assaut des **lieux les plus convoités** pour des raisons esthétiques, culturelles, ou de mode. Les **sports** les plus pratiqués ne sont pas les moins polluants. Le ski nautique, comme le jet-ski ou le parachute ascensionnel, exigent des bateaux à moteur pollueurs et dangereux pour les hommes comme pour les animaux. Beaucoup de lamantins, espèce en voie d'extinction, ont trouvé la mort au large de la Floride à la suite de collisions avec des bateaux de touristes. Les fusils à harpon des plongeurs fournissent souvent en poissons des touristes déjà nourris à leur hôtel.

Les **monuments** les plus prestigieux accueillent des foules de visiteurs toujours plus nombreuses, ce dont on devrait se réjouir, si ce n'était pas aussi une des causes de leur dégradation. Les **parcs nationaux** attirent les amoureux de la nature mais les campagnes, les forêts et même les déserts sont souvent sillonnés sans contrôle ni règles de 4X4 et de motos tous terrains, responsables de nuisances multiples. Une ville comme Paris connaît un tel afflux de visiteurs qu'il lui est de plus en plus difficile d'accueillir les centaines de cars en son centre. Ne trouvant plus où se garer, les cars encombrent les abords des lieux les plus prestigieux et mettent certains **sites en danger** par leur poids et les vibrations qu'ils produisent.

Le **« tourisme »** demeure l'apanage des **populations des pays riches,** et rares sont ceux qui, dans les pays pauvres, se déplacent pour des raisons autres qu'économiques. Pourtant, ce **phénomène minoritaire** à l'échelle de la population mondiale peut être, pourtant, à la source de nuisances considérables.

Il semble difficile, une fois de plus, de tout réglementer, et l'appel à la responsabilité semble devoir être le meilleur garant d'un avenir plus serein dans ce domaine. En attendant, les **grandes migrations** des périodes de vacances, en particulier estivales, provoquent chaque année leur lot de **morts** sur les routes et autoroutes et **engorgent** villes et villages désertés le reste du temps.

A l'inverse, **les loisirs apparaissent de plus en plus menacés.** Les **paysages** deviennent artificiels. Les endroits les plus sauvages sont atteints. Même les **montagnes** que leur hauteur devrait mettre à l'abri sont contaminées. Dans les Alpes, qui abritent 3 500 espèces sauvages et dont un tiers de la flore est endémique, les forêts sont attaquées par les **pluies acides.**

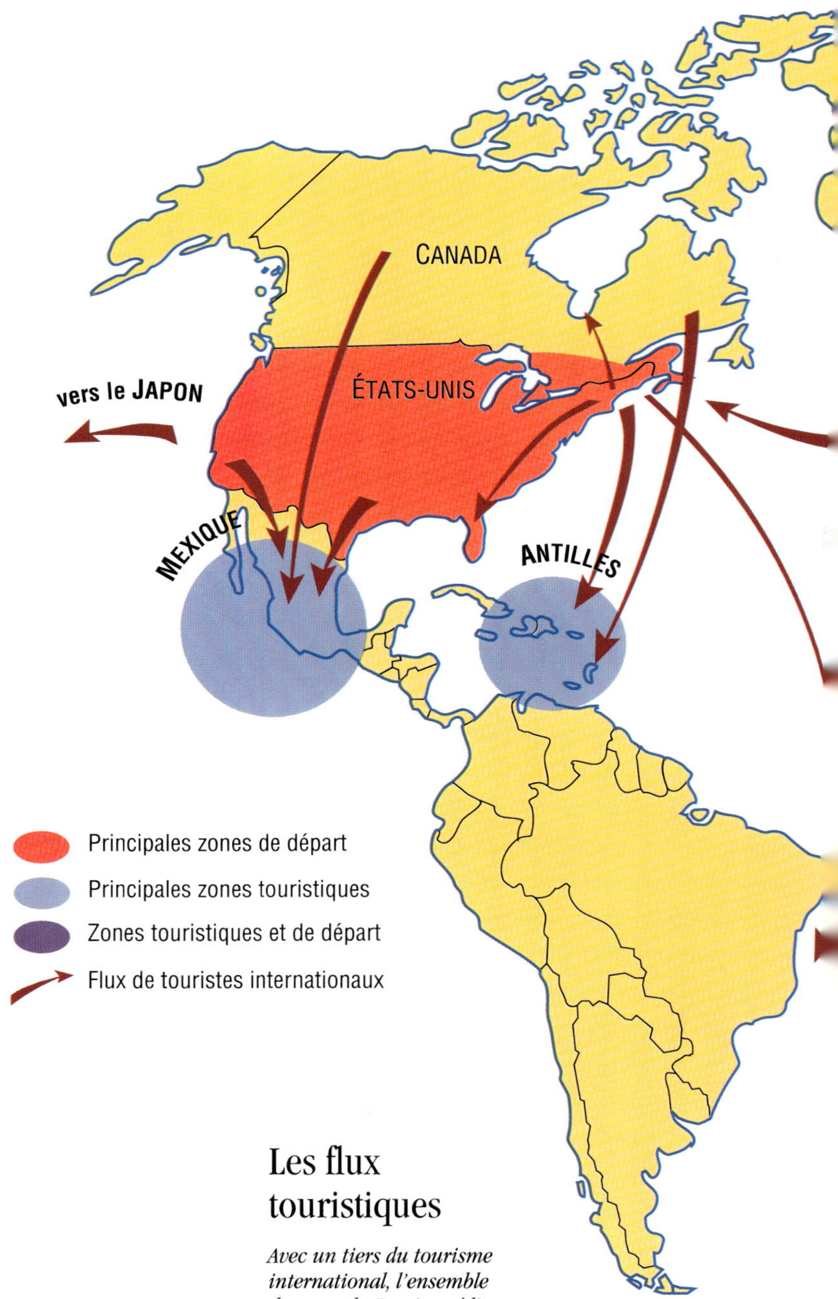

Les flux touristiques

Avec un tiers du tourisme international, l'ensemble des pays du Bassin méditerranéen constitue la première région touristique mondiale. Partout des sites naturels sont soumis à la pression croissante en besoins d'infrastructures touristiques et de transports. Si des prélèvements effectués en 1988 sur 150 plages d'Espagne, de Grèce, de France et d'Italie ont montré que 25 % d'entre elles avaient une teneur en agents pathogènes supérieure aux normes, les plages de Rio, victimes, elles, de marées rouges, sont fréquemment fermées.

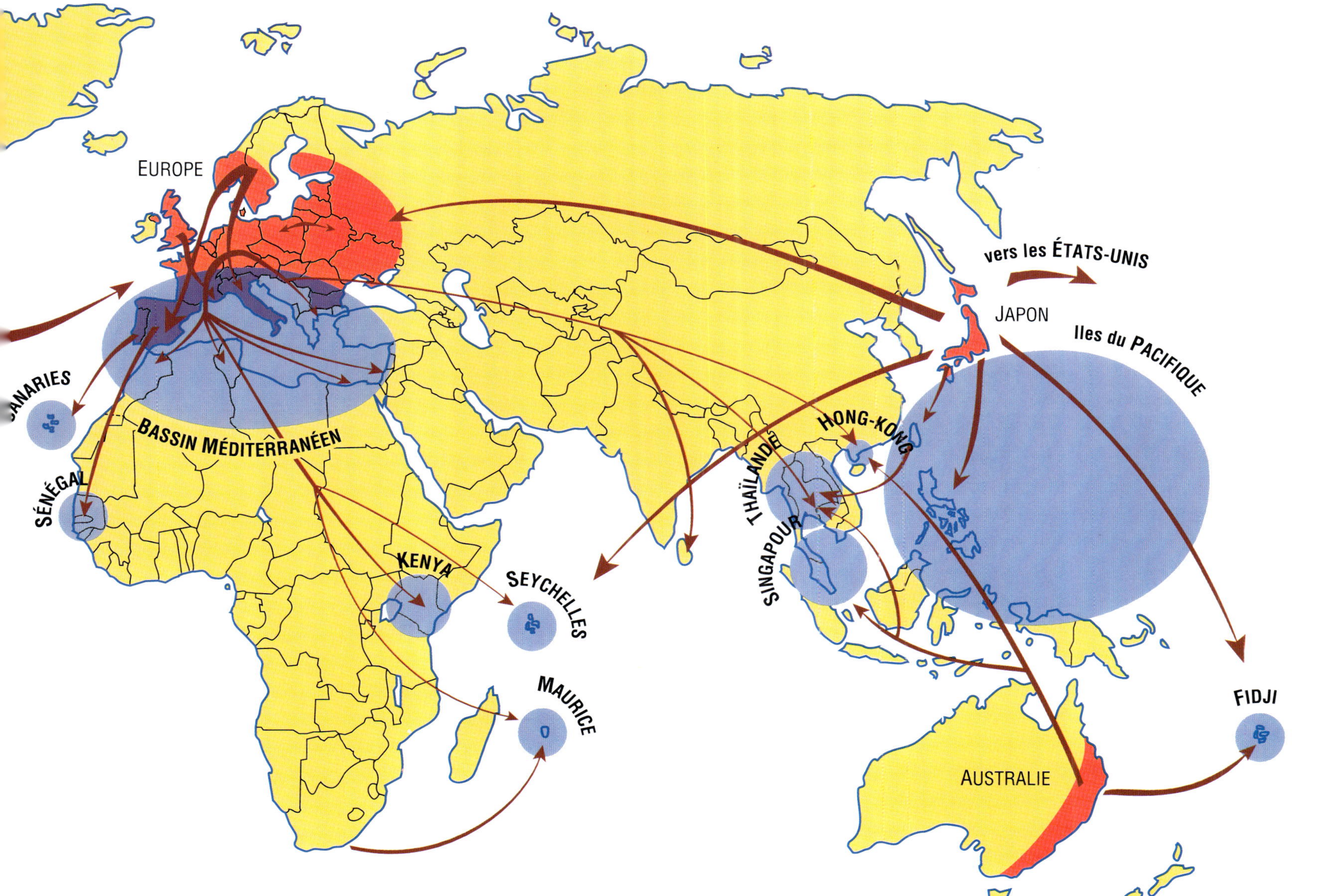

Méditerranée : bilan inquiétant

La Méditerranée est une mer fermée, et donc particulièrement vulnérable à la pollution. Alors que la population côtière de la Méditerranée devrait plus que doubler d'ici à 2025, atteignant 150 à 170 millions de personnes, le nombre de touristes fera plus que doubler avec 260 millions de personnes. Les installations de traitement des eaux sont débordées par l'afflux de touristes. La Méditerranée enregistre également un accroissement considérable du trafic maritime. Enfin, des pollutions spécifiques sévissent telle la marée verte qui touche les côtes de Venise à l'Adriatique. En conséquence, dès 1975, un plan d'action pour la Méditerranée a été adopté.

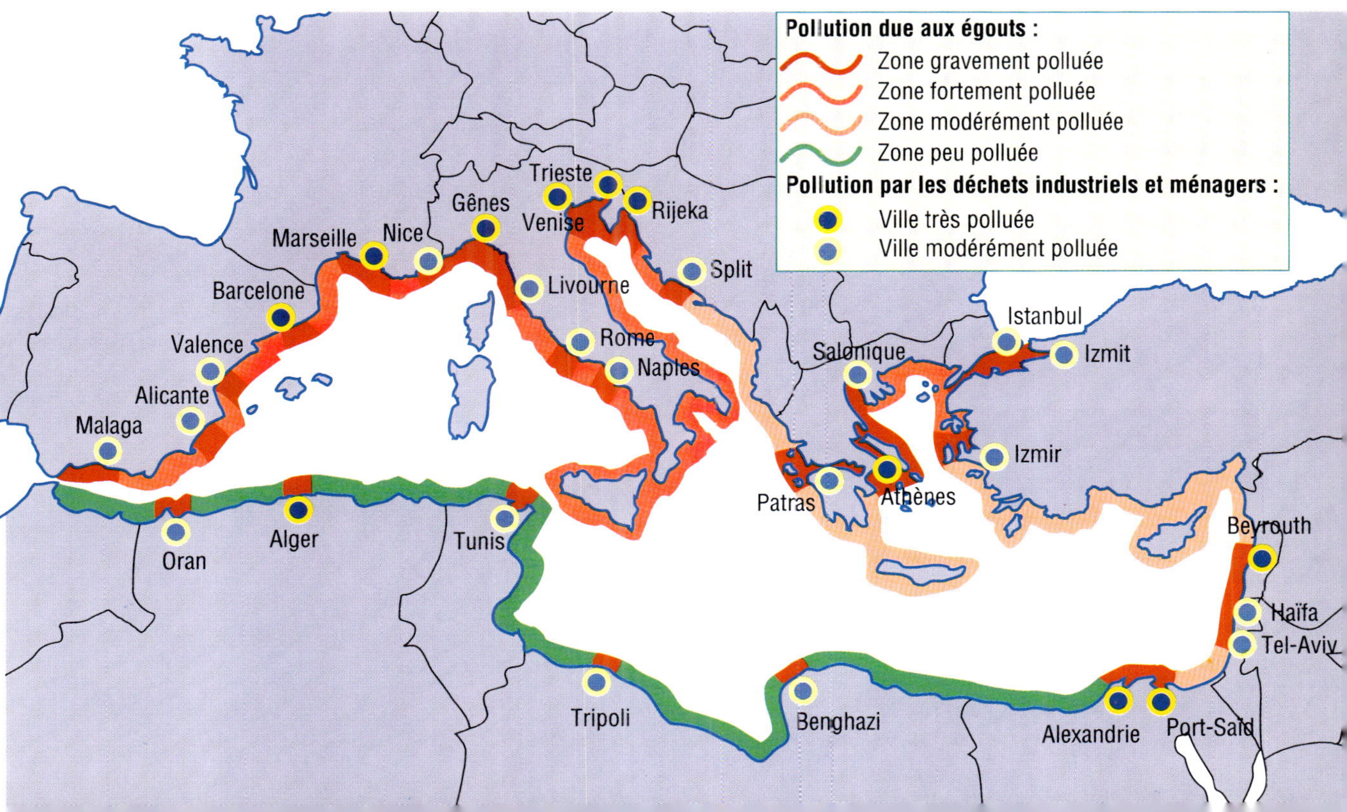

Disparition végétale

Les **agressions** envers les espèces végétales **se multiplient : pluies acides, déforestation, mise en culture des terres, pratique de la terre brûlée** facteur d'**érosion** et de **désertification, épidémies** dévastatrices... Ainsi, selon la FAO (Food and Agriculture Organization), 40 000 espèces de plantes dans le monde sont menacées d'extinction. En France, sur les 4 762 espèces de la flore sauvage, 40 ont disparu depuis 1900 et 363 sont en danger ; les épidémies bouleversant le paysage : les ormes par exemple sont décimés. Globalement, 75 % des espèces endémiques, c'est-à-dire propres à la région, seraient menacées.

L'homme n'utilise en réalité qu'un nombre infime des espèces végétales : sur quelque 100 000 espèces de plantes comestibles, par exemple, seules 150 sont cultivées, et la grande majorité de l'humanité ne se nourrit que d'une douzaine d'entre elles. Cependant, l'homme est appelé à exploiter beaucoup plus toutes les possibilités des plantes (en recherche médicale, par exemple), et celles-ci sont donc l'objet de nombreux enjeux.

Fruits, légumes, fleurs proviennent, cependant, d'**espèces sauvages transformées** en cultures vivrières à la suite d'une sélection opérée par les cultivateurs et les agronomes. Un processus qui tend à appauvrir souvent le potentiel génétique de la plante et à accroître sa vulnérabilité. Dès lors, les espèces sauvages constituent une **réserve précieuse** pour l'agriculture et l'horticulture, un modèle pour améliorer la résistance et la productivité des variétés cultivées.

La richesse végétale d'un pays est source de **revenus** multiples : bois précieux, huiles, fruits, latex. L'exploitation immodérée du santal de l'archipel Juan Fernandez, dans le Pacifique, a abouti à la disparition d'une plante très appréciée de diverses industries (ébénisterie, parfumerie, pharmacie). Sa préservation aurait pu être un apport économique important pour les nombreuses îles où elle poussait.

Des signes d'espoir émergent cependant avec l'**agro-foresterie,** une manière de préserver la diversité végétale. Surtout répandue en Asie du Sud-Est, l'agro-foresterie associe la culture de diverses plantes. Dans les jardins-forêts d'Indonésie, de Malaisie, des Philippines ou de Thaïlande, le riz côtoie la canelle, les arbres à bois le café, les plantes médicinales les résineux. Cette pratique pourrait être développée plus fortement dans certaines régions de l'Afrique ou de l'Amérique latine.

Autre signe d'espoir, la **recherche agronomique** qui permet de limiter la disparition des espèces végétales. Du palmier néo-calédonien *Pritchardiopsis jeanneneyi* consommé par les bagnards, il ne restait qu'un seul plant adulte, à partir duquel une cinquantaine d'individus sont actuellement en culture. La disparition des arbres, quoi qu'il en soit, ne signifie pas celle des espèces. Les **graines** peuvent germer après des années et redonner vie à une espèce dont il n'existe plus aucun plant sur pied. L'exemple le plus célèbre est celui de l'arbre « dodo », *Calvaria major*, dont les graines ne pouvaient germer qu'après avoir été ingérées par un oiseau, le dodo. Au XVIIIe siècle, l'extermination du dodo par la chasse entraîna la disparition de l'arbre, jusqu'à ce que le Dr Stanley Temple, un botaniste américain, ait l'idée, en 1973, de faire avaler de force à des dindes des graines dont certaines germèrent : un processus était réactivé après 200 ans d'interruption.

Dernière innovation, qui permet d'enrayer la disparition : les **conservatoires de gènes.** Ils sont précieux pour l'industrie pharmaceutique, qu'ils fourniront lorsqu'elle aura besoin d'exploiter les propriétés d'une plante disparue. A la différence des jardins botaniques qui préservent la variété des espèces, ces banques de gènes protègent la **diversité génétique des espèces.** Elles recensent, étudient et localisent, puis conservent par tous les moyens les plantes rares et d'un grand intérêt botanique et horticole.

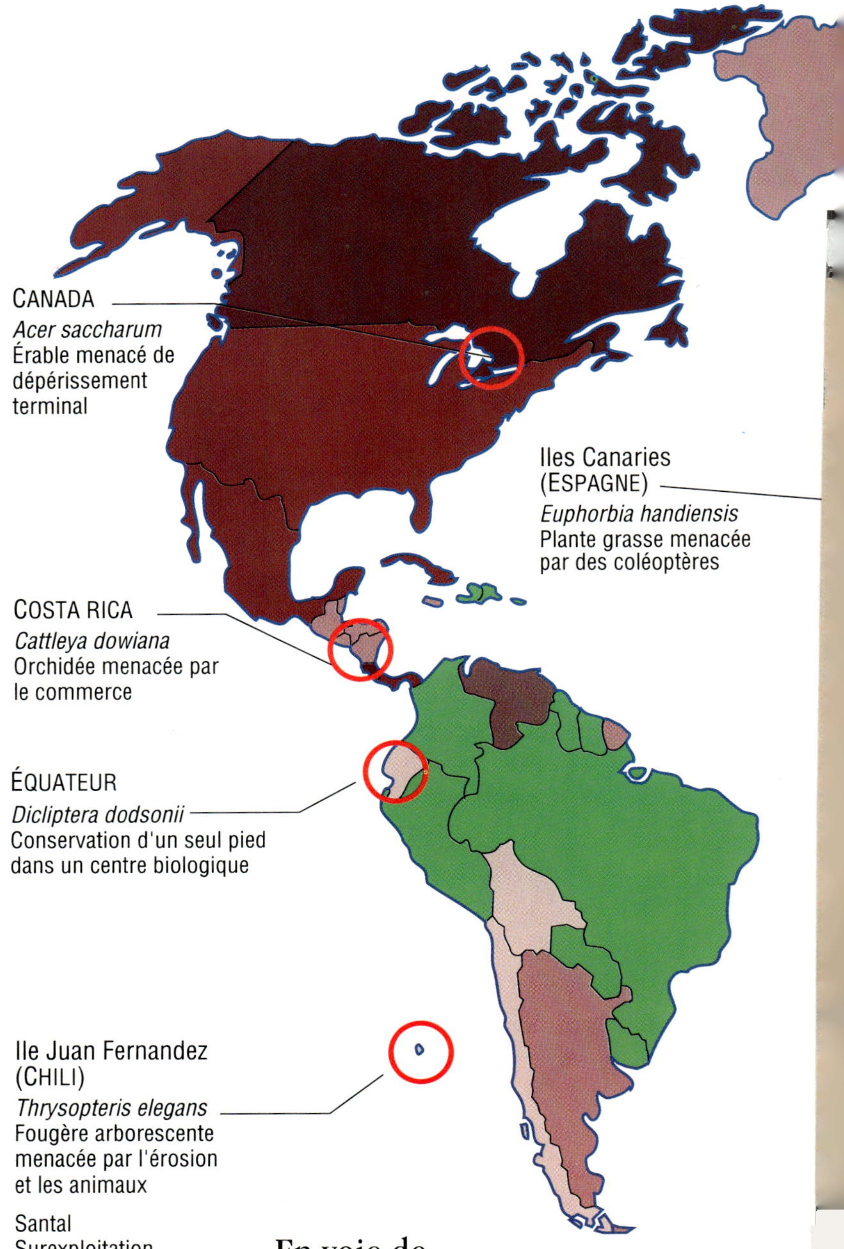

En voie de disparition

Il existe 450 000 espèces végétales sur la planète dont 250 000 sont répertoriées et à peine 8 000 ont fait l'objet d'études. La rapidité de l'extinction des espèces actuelles reste cependant inquiétante. Certains pays particulièrement touchés par la disparition végétale ne communiquent pas leurs chiffres.

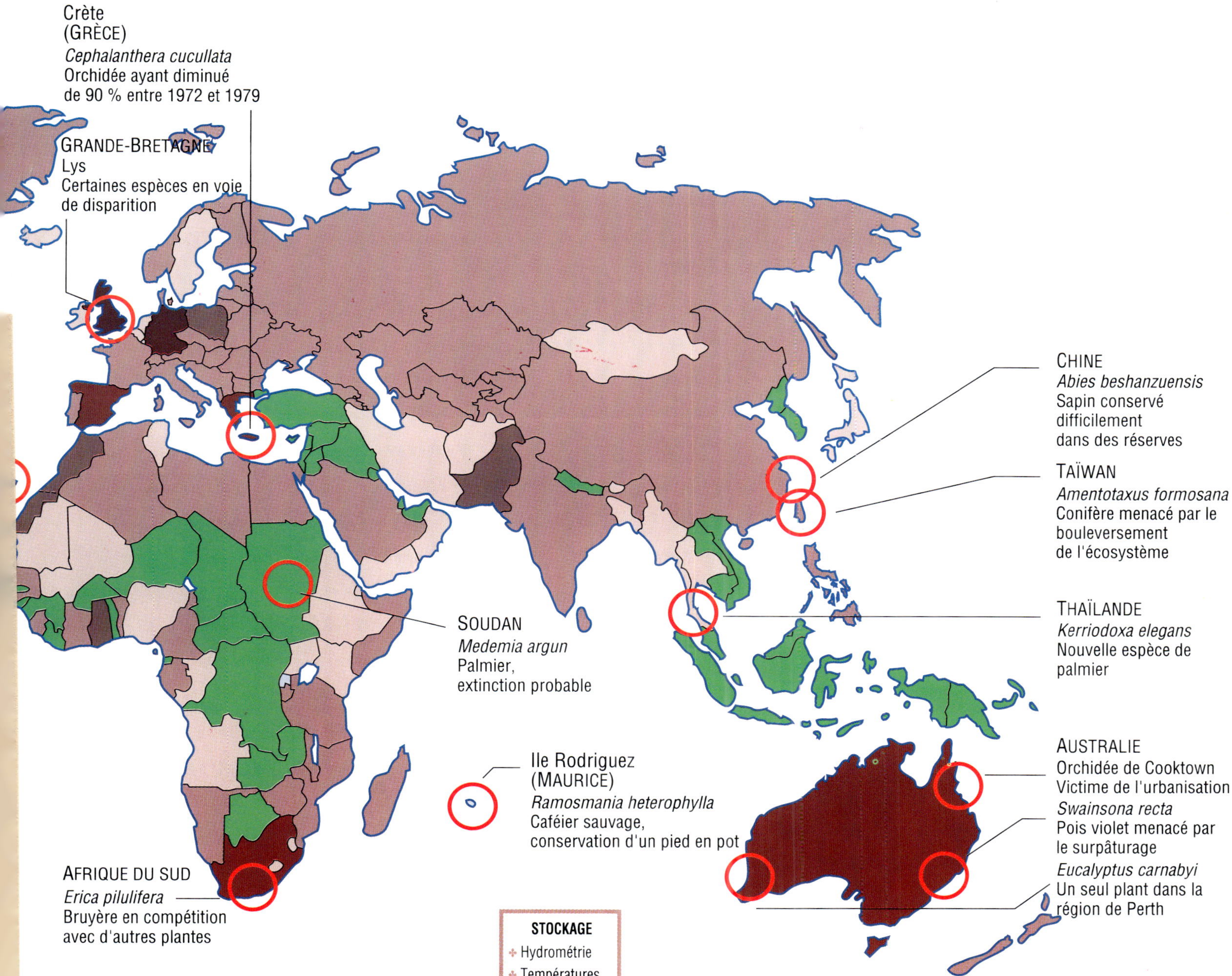

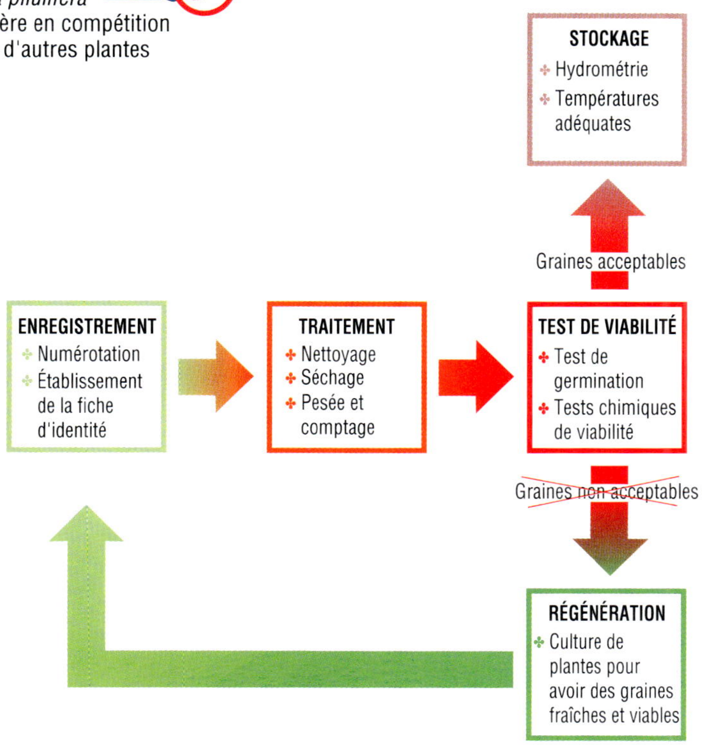

Banque de gènes

Les banques de gènes permettent la sauvegarde de la diversité végétale. Leur nombre est aujourd'hui supérieur à 100. Ces banques stockent près de deux millions de variétés végétales. La survie de ces plantes exige parfois des modifications de l'écosystème, une pratique controversée, certains estimant que la conservation des écosystèmes dans leur état naturel ne supporte aucune dérogation.

La faune menacée sur Terre

L'**histoire** de la Terre est ponctuée d'**extinctions massives d'espèces,** l'une des plus célèbres étant celle du **dinosaure,** qui disparut il y a 65 millions d'années, comme des milliers d'espèces d'alors. Si l'évolution a provoqué de nombreuses disparitions animales, **l'homme a accéléré ce processus** en intervenant directement (chasse, commerce d'animaux, insecticide...) ou indirectement : la **pollution** atteint les milieux, l'**assèchement** des zones humides s'étend, la **mise en culture** des terres et l'installation de **clôtures** entravent les déplacements des troupeaux de grands mammifères migrateurs, tandis que l'**industrialisation** et l'**urbanisation** réduisent leurs espaces. Certains écosystèmes sont particulièrement touchés par l'extinction, c'est le cas des **îles,** milieux déjà restreints où la moindre détérioration amplifie le phénomène, ou encore les **déserts** aux conditions climatiques extrêmes. Aussi, en moins de deux mille ans, des centaines d'espèces animales ont-elles disparu, dont un tiers au cours des cinquante dernières années. Actuellement, 350 sont très menacées.

Le **recensement global** des espèces est **difficile.** En effet, beaucoup, que l'on croit éteintes à jamais, sont à nouveau signalées quelques années ou décennies plus tard. Lorsque l'évolution de l'environnement est hostile à un animal, celui-ci a tendance à se retirer dans des **zones refuges** éloignées de l'homme, et l'on peut le croire disparu. Ainsi, un petit marsupial australien, *Burramys parva*, que l'on pensait éteint depuis la fin du XIXe siècle, a-t-il été retrouvé vivant en 1966. Généralement, quand l'homme extermine une espèce, elle est **remplacée** non par une nouvelle espèce, mais par une déjà existante. La sélection naturelle veut que s'imposent celles qui sont les mieux adaptées au milieu, ou les moins sensibles aux changements que l'homme fait subir à ces milieux. Cependant, il arrive parfois qu'une **espèce nouvelle** apparaisse. A Madagascar, par exemple, a été découvert en 1986 un nouveau lémurien, l'*Hapalemur doré.*

La **surexploitation** des animaux par les hommes est souvent cause d'extinction : si les prélèvements des Indiens préservaient la survie des bisons en Amérique du Nord, ceux effectués par les Européens à partir de 1860 ont été décisifs pour leur extermination. La faune semblait être un réservoir inépuisable, les hommes s'y approvisionnaient largement (viande, huile...) et le gaspillage des espèces était fréquent (bébés phoques dépecés sur le terrain puis abandonnés...).

La destruction des **habitats** et l'introduction de **prédateurs** sont les principaux facteurs responsables de la disparition de la faune. Beaucoup d'oiseaux migrateurs (huppes, cigognes) qui ont besoin d'étendues vierges et de points d'eau pure sont gênés dans leurs migrations. Le développement des **lignes électriques** aériennes est cause de la mortalité de 60 % des cigognes, tandis qu'en Afrique, c'est la **chasse incontrôlée** qui les menace.

De nombreux **moyens** ont été **mis en œuvre** pour lutter contre la disparition animale. On a essayé sans succès de **faire revivre** certaines espèces. En revanche, les tentatives pour **réinventer** l'auroch, disparu en 1627, ont permis, après de longues recherches et à l'issue de certains croisements de retrouver une espèce très semblable. Les réserves, la **réintroduction** d'espèces dans des régions propices, comme celle du lynx en Suisse, sont un moyen de sauvegarde. Les zoos le sont également, mais la **reproduction en captivité** ou en semi-captivité n'est pas toujours efficace, même si elle a permis, par exemple, de sauver l'oryx d'Arabie qui avait quasiment disparu.

La **protection** de la faune est nécessaire, mais elle **ne va pas toujours sans préjudice humain.** Celle des tigres de l'Asie du Sud-Est cause de graves problèmes aux villages implantés à proximité des réserves : les tigres affamés attaquent et tuent fréquemment.

Sur tous les continents

Ce sont les grands mammifères (éléphant, orang-outang, gorille, jaguar, loup) et les oiseaux qui sont les plus touchés par l'extinction. Parmi les espèces les plus menacées aujourd'hui : le gorille, l'antilope Addax et le bouquetin d'Abyssinie. Aucun continent n'est épargné, de l'Afrique, berceau de l'humanité, à l'Australie où un tiers des espèces de kangourous qui existaient en 1900 a disparu.

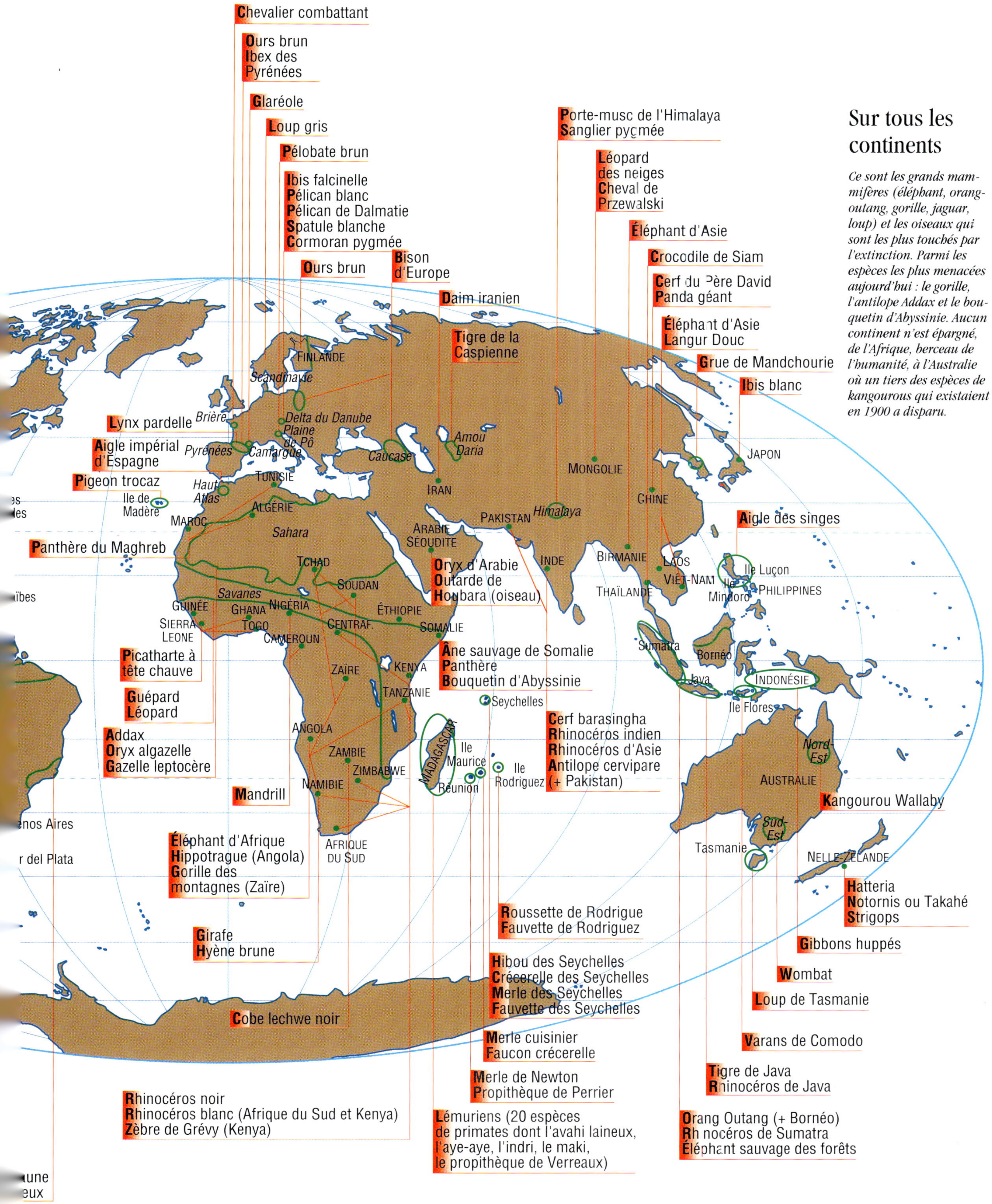

La faune menacée des océans

L'**immensité des océans** a longtemps laissé penser que la mer avait des **réserves intarissables.** Comparés au milieu terrestre, les milieux marins semblent relativement moins atteints par l'extinction. Cependant une **espèce,** comme la vache marine de Stellar (une gigantesque vache noire originaire du Pacifique Nord) a complètement disparu et beaucoup d'autres sont **menacées**. Les poissons de mer subsistent difficilement, les crustacés appréciés par l'homme souffrent de la surexploitation et de la **pollution** qui perturbe toujours plus les **éco-systèmes marins côtiers** et qui gagne les **grandes profondeurs.**

Certains combats pour la survie des grands mammifères marins ont été particulièrement médiatisés. L'attention a été attirée assez tôt sur le sort réservé aux **phoques** et les dispositifs de protection mis en place semblent avoir écarté la menace de disparition de l'espèce. Cependant, l'effectif des phoques du Groenland, pourchassés et privés des morues qui constituaient leur alimentation de base, a fortement diminué depuis le milieu du XXe siècle. Quant au phoque moine des Antilles, il a été éliminé pour sa fourrure et sa viande lorsqu'il venait à terre se reproduire. La chasse des douze espèces de grandes **baleines** a été limitée, elle, par un moratoire entré en vigueur en 1986. Mais sa reconduction, lors de la 44e Conférence baleinière en 1992, n'a pas été sans mal. Les pays baleiniers – Islande, Japon et Norvège – protestent contre ce qu'ils estiment être un détournement du rôle de la Commission, qui est d'assurer la conservation des stocks. Leurs adversaires s'insurgent contre la « cruauté » de la mise à mort. La CBI (Commission baleinière internationale) autorise les pays baleiniers à pêcher un petit nombre de pièces à des fins scientifiques. Or celles-ci sont vendues au prix de 250 000 francs l'unité pour faire des bâtons de rouge à lèvres ou pour alimenter les restaurants de luxe japonais. La demande en chair de baleine est telle que la chasse s'exerce à tous les niveaux (du pêcheur indigène aux baleiniers géants de 220 mètres de long).

Par ailleurs, les **dauphins** auraient pris le relais des baleines dans les filets des pêcheurs. Mais les dauphins sont déjà les victimes indirectes de la pêche au thon : comme les marsouins, ils nagent souvent avec les thons, car ils se nourrissent des mêmes proies que ces derniers. Cette habitude a des conséquences néfastes pour les dauphins, car ils sont capturés et noyés en même temps que les thons. Les marins-pêcheurs, sachant ces animaux protégés, rejettent leurs cadavres à l'eau.

Partout, **la pêche intensive a été meurtrière.** Des populations entières de poissons se sont tant raréfiées qu'elles ne peuvent déjà plus se maintenir naturellement. Des espèces « rares » sont de plus en plus difficiles à trouver, comme le **homard** dans l'Atlantique, la **langouste** en Californie et en Méditerranée, ou le **crabe royal** abondant dans les fonds au large de l'Alaska, du Japon et du Chili, qui a dû être protégé en Alaska. Plus inquiétant encore, **les espèces les plus communes se raréfient :** en 1964, la population de **harengs** était de 2,2 millions de tonnes, en 1976, elle ne représentait plus que 50 000 tonnes. La CEE a alors été contrainte d'interdire totalement sa pêche pendant quatre ans pour qu'ils ne disparaissent pas. Au terme de cette période, la population de harengs était remontée à 1,5 million de tonnes. La population de **morues** a connu la même évolution : en 1980, elle était de 880 000 tonnes ; en 1990, elle ne représentait plus que 370 000 tonnes. L'**aiglefin,** les **lieux** ou les **anchois,** victimes de la surexploitation et du Niño, ont aussi diminué. Le poids moyen des thons pêchés dans l'Atlantique tropical est passé de 21 à 11 kilos. Or la capture d'**alevins immatures** affecte le renouvellement de l'espèce.

L'**aquaculture** pourrait être une solution. Quelques pays l'ont développée, comme le Japon avec les algues, ou l'Inde, devenue premier producteur de crevettes du monde. Mais cette activité demeure encore marginale.

Menaces multiformes

Les animaux marins sont menacés par la chasse ou par de nombreuses pollutions « habituelles » – eaux usées, dégazages, etc. – ou exceptionnelles, comme les marées noires.

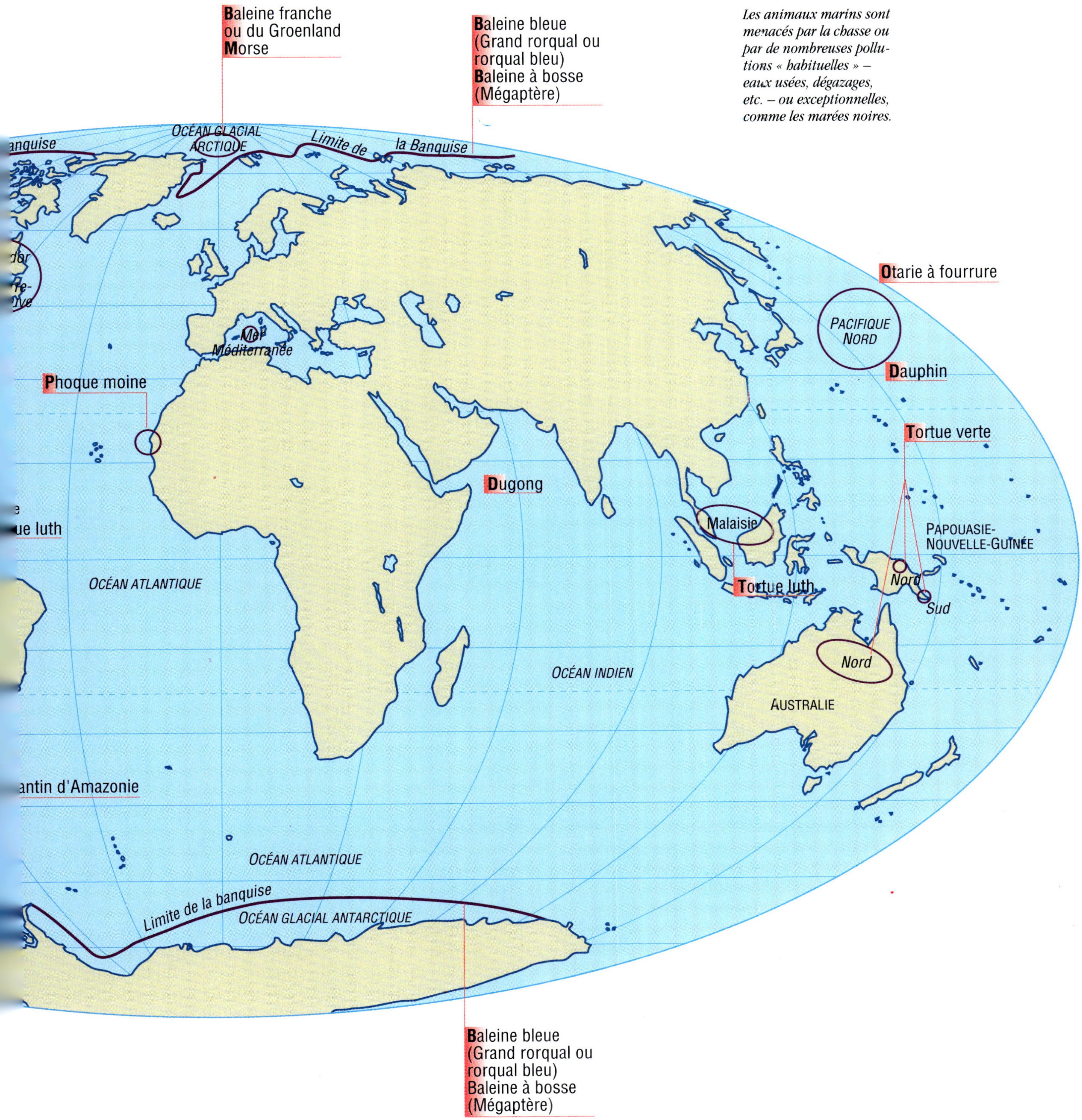

L'homme prédateur

La société moderne a transformé certaines activités initialement vitales, comme la **chasse** et la **pêche,** en activités de **loisirs.** De la tradition de nos ancêtres, il ne reste souvent qu'une **activité sportive**, ce qui pose de manière plus accrue la question morale du bien-fondé de ces mises à mort.

Le **débat** sur la chasse et la pêche est donc d'abord un débat **culturel.** Les deux activités font partie de traditions et rythment la vie de certaines régions. Chasse et pêche sont désormais très **réglementées,** et les vrais chasseurs ou pêcheurs, qui n'ont pas intérêt à voir leurs prises se raréfier, se présentent plutôt comme les témoins de la dégradation de l'environnement.

Les **chasseurs** constatent avec regret que le **gibier naturel** a une forte **tendance à disparaître** à cause de trois raisons essentielles : la **mécanisation** accrue du travail agricole, le **traitement chimique des terres** cultivables et le **remembrement.** Ce dernier s'accompagne, en effet, de la disparition des haies qui désorganise la faune en détruisant les maillages anciens (par exemple, plus d'arbres, donc plus de pigeons). Le gibier est, de plus, victime de la **circulation automobile** : écrasement par les voitures et constructions d'autoroutes qui contrarient la migration d'animaux sauvages comme les sangliers.

En outre, les **sociétés de chasse** font valoir leur rôle dans la sauvegarde des espèces plutôt que dans leur destruction parce qu'elles financent le repeuplement en animaux sauvages.

Les **pêcheurs,** de même, déplorent la modification du **cours des rivières** (profondeur du lit bouleversée par l'exploitation des graviers, barrages qui empêchent la migration des saumons, etc.) et accusent une **pollution** qu'on ne peut contester. Les pluies torrentielles de l'orage du 27 juin 1992 ont véritablement asphyxié les eaux de la Seine et provoqué la perte de 250 tonnes de poissons.

L'**autre débat** sur la chasse et la pêche est un débat **économique.** Le gibier est prisé pour sa viande, ses matières grasses ou sa fourrure. De même, les eaux poissonneuses attirent de nombreux bateaux et pêcheurs. Aussi, **l'exploitation, commerciale cette fois, n'a-t-elle pas tardé à menacer les espèces.** L'extension des zones de pêche et l'accès à la haute mer ont favorisé l'épuisement de certaines régions maritimes qui, une fois dévastées, ont été abandonnées par les pêcheurs pour d'autres lieux. Les pêcheurs jettent leurs filets de plus en plus profondément et risquent de dépeupler complètement les fonds. De sévères réglementations ont dû être fixées afin de maintenir des niveaux de populations animales suffisants.

L'**industrialisation de la pêche,** cependant, souvent appuyée par des subventions des gouvernements, semble particulièrement responsable d'une néfaste **surexploitation.** Elle s'est accompagnée de l'apparition des **navires-usines** (pêche, emballage, mise en conserve, congélation) qui ont des rendements sans commune mesure avec la pêche traditionnelle. Pour capturer 1 000 tonnes de poissons, il faut 766 pêcheurs au Mexique, 43 en France, 18 en Norvège. Des nouvelles techniques de pêche se sont développées. Les chaluts géants sont très efficaces pour la capture, mais destructeurs pour la faune benthique indispensable à l'écosystème marin. Les filets à maille fine, les harpons, les sennes tournantes, qui permettent d'encercler les bancs et les échosondeurs, qui les localisent ne laissent plus aucune chance au poisson.

Environ **60 millions de personnes** vivent directement d'une activité liée à la pêche artisanale qui a de plus en plus de mal à s'imposer face à la pêche industrielle. Ce d'autant plus que les gouvernements pauvres vendent leurs droits de pêche aux flottes industrielles des pays riches.

En général, la pêche à outrance qui se pratique parfois dans les eaux territoriales d'autrui et le non respect des quotas fixés pour les prises menacent la survie des espèces.

Le rôle des chasseurs

La chasse, qui menace nombre d'animaux lorsqu'elle est pratiquée de manière inconsidérée, peut aussi se révéler un moyen efficace pour leur sauvegarde. L'exemple du chevreuil en France est édifiant. Sa préservation est due, en grande partie, à l'action des chasseurs qui, après en avoir interdit la chasse, ont établi des plans avec des quotas de bêtes susceptibles d'être abattues. Des mesures de régulation incluant la pose de bague ont permis la réapparition des chevreuils.

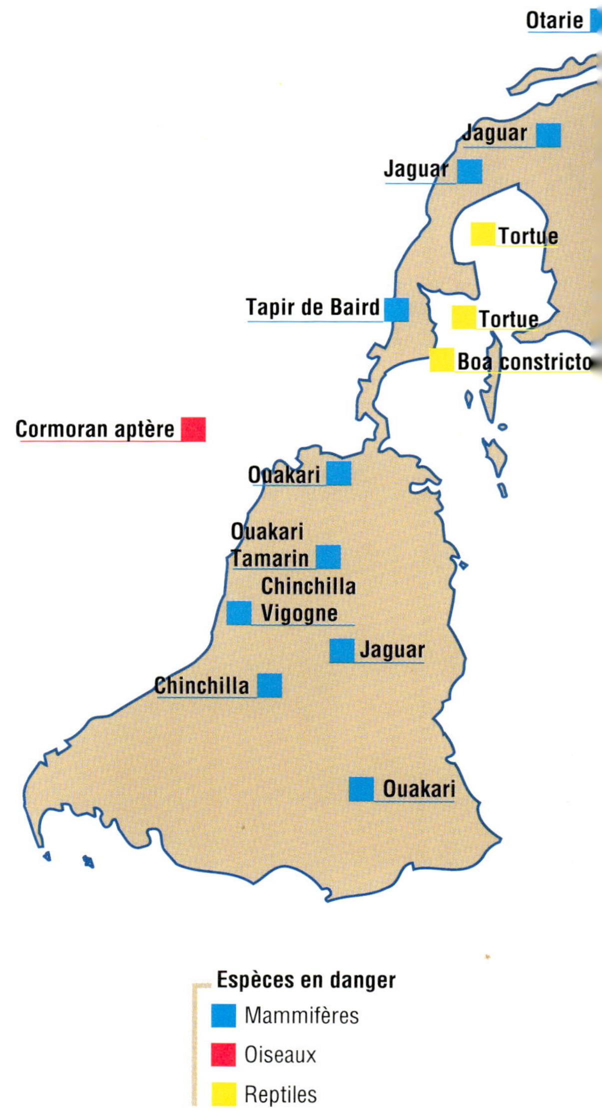

Captures de poissons marins : les tendances
(Index 1970 = 100)

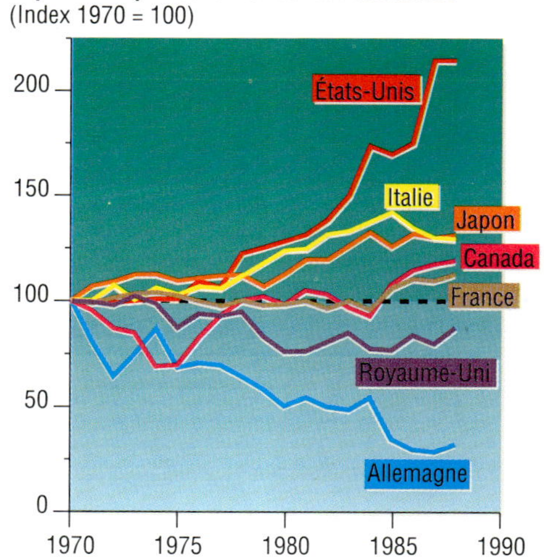

Pêche : tendance à la hausse

La FAO (Food and agricultural Organization) estime que le niveau acceptable de pêche dans le monde est égal à un prélèvement de 100 millions de tonnes par an. Or, depuis près d'une décennie, les captures annuelles ont toujours dépassé cette norme.

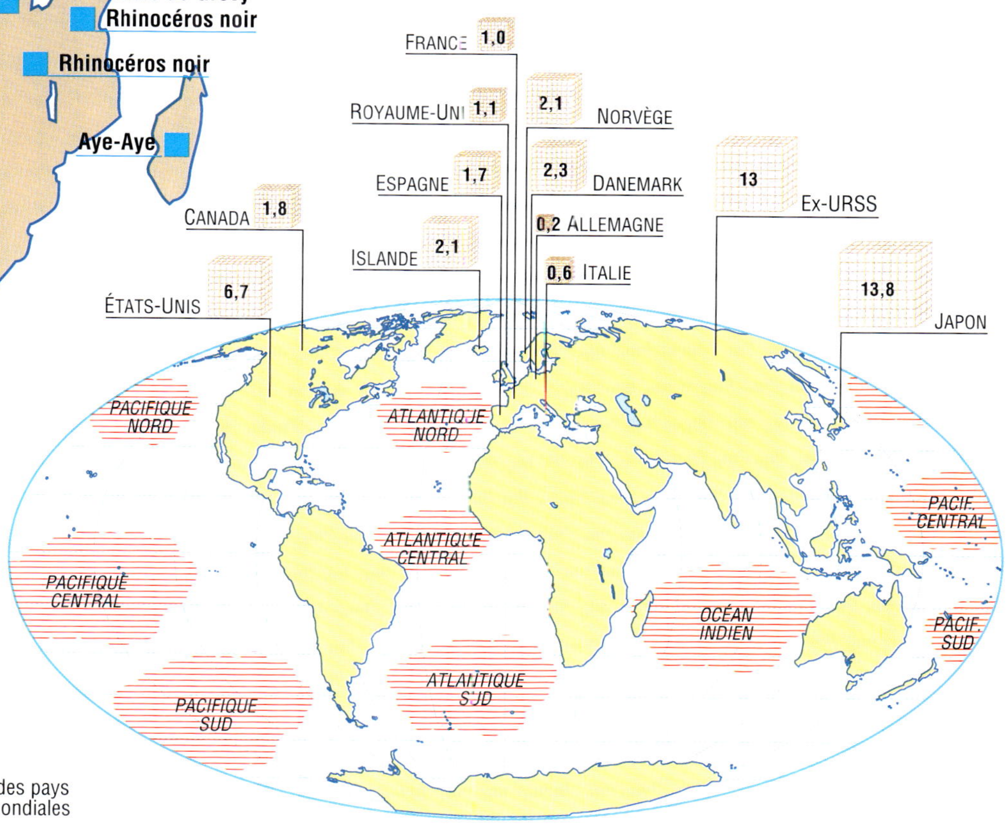

La pêche et les États industriels

Malgré les prises très importantes de certains États d'Amérique du Sud comme le Chili ou le Pérou, de la Chine, ou d'un nouveau pays industrialisé comme la Corée, la pêche demeure une activité dominée par les États industrialisés, actifs dans les différentes zones maritimes du globe. Il est significatif que le Japon et l'ex-URSS réalisent plus du quart de l'ensemble des prises mondiales.

Zone de pêche

1,7 Pourcentage des prises des pays par rapport aux prises mondiales

Le commerce des espèces

Après la destruction de leur habitat, le **commerce des animaux est la deuxième cause d'extinction des espèces sauvages.** Ainsi, 40 % des espèces vertébrées vivant à l'état sauvage sont menacées par la chasse commerciale. Nombre d'espèces rares sont la cible de braconniers. Le *World Wildlife Fund (WWF)* estime à **5 milliards de dollars** la valeur minimale annuelle du **commerce mondial** des espèces sauvages et de leur produit. **Un tiers de ce commerce serait illégal.** Celui de l'ivoire, par exemple, est évalué à 200 millions de dollars par an.

La **Convention de Washington** a été conclue en **1973,** et depuis son entrée en vigueur en 1975, elle a réglementé le commerce de 110 espèces. La principale mesure est la Convention sur le Commerce international des Espèces sauvages menacées d'Extinction (CITES). 112 pays représentant 90 % de la surface des continents ont adhéré à la **CITES**. En annexe I, une liste énumère les espèces végétales et animales considérées actuellement comme menacées d'extinction et ne pouvant faire l'objet d'échanges commerciaux qu'à des fins scientifiques. En annexe II, une autre liste recense plus de 45 000 espèces susceptibles d'être menacées d'extinction et dont le commerce est autorisé, mais strictement surveillé. Les listes sont réactualisées tous les deux ans. En dépit de ces nouveaux contrôles, le marché des espèces vivantes semble en expansion.

L'application de la Convention revient à chaque pays signataire. Ces pays réunis **à Kyoto, en mars 1992,** ont ajouté **45 nouvelles espèces** aux listes de la CITES, tandis que seules 17 espèces étaient supprimées. Parmi les espèces les plus surveillées se trouvent l'ours brun d'Europe, l'ours noir d'Amérique, le nandou (équivalent sud-américain de l'autruche, recherché pour sa peau), plusieurs sortes de perroquets, des cactus, du bois de rose brésilien et de l'acajou d'Amérique centrale, premiers bois tropicaux à être sous le contrôle de la CITES.

La CITES, malgré son action, est souvent décriée. On lui a longtemps reproché de ne pas vouloir intervenir dans certaines activités pourtant hautement commerciales comme la pêche industrielle ou le bois tropical. Autre reproche à son encontre, elle serait un instrument pour des pays industrialisés qui « s'intéressent plus à **faire du tiers monde un musée d'histoire naturelle** qu'à l'aider à nourrir sa population », selon les mots mêmes du directeur du Programme des Nations unies pour l'environnement. La difficulté consiste à **concilier ceux qui mettent en avant la défense de la nature** avec **ceux qui sont partisans d'une gestion rationnelle des espèces sauvages.**

La capture d'espèces sauvages a surtout pour objet la fabrication de produits de luxe : manteaux de fourrure, accessoires en peau de reptile. Aussi, pour empêcher ce trafic, nombre d'associations ont appelé au boycott de ces produits. Par ailleurs, certains particuliers ont été saisis par la mode qui consiste à posséder un animal sauvage.

Certaines plantes ou certains animaux sont vendus vivants (perroquets, papillons, cactus rares arrachés aux terres désertiques des États-Unis ou du Mexique, plantes géantes...). Selon le bureau « Traffic France », on observe que **pour un animal vendu, vingt meurent pendant la capture et le transport.**

Le commerce incontrôlé des espèces sauvages peut avoir des conséquences écologiques très néfastes. En effet, leur capture peut nécessiter des pratiques extrêmement destructrices pour l'environnement. Les chasseurs n'hésitent pas à provoquer des incendies de forêts pour attraper les perroquets ou cerner les éléphants. La disparition d'une espèce perturbe l'ensemble de la chaîne alimentaire naturelle. Au Bangladesh, en Inde, en Indonésie, le **développement du paludisme**, par exemple, a été **imputé à la capture massive de crapauds buffles,** prédateurs naturels des insectes véhiculant la maladie. Cette disparition implique alors le recours croissant au DDT, non seulement nocif pour l'environnement, mais aussi nécessairement importé.

Éléphants et rhinocéros

En octobre 1989, les pays signataires de la CITES ont décidé d'interdire le commerce de l'ivoire pour sauver les éléphants d'Afrique ; tandis que dans les pays acheteurs, le boycott de l'ivoire était recommandé, ou des ersatz tel l'ivoire végétal (la tagua existant en Équateur) encouragés. Le sort de l'éléphant fut l'un des plus controversés lors de la conférence de Kyoto en mars 1992. Certains pays auraient souhaité une reprise du commerce des chairs et peaux d'éléphants. Il reste 600 000 éléphants en Afrique, 40 000 à 60 000 sont massacrés chaque année. Si les braconniers les laissaient vivre plus vieux, chaque défense pèserait 15 kilos au lieu de 5, ce qui permettrait déjà de sauver bien des éléphants. Le sort des rhinocéros noirs est encore plus dramatique. Il n'en reste plus que 3 000 dans le monde, la dernière tentative de sauvetage a consisté à les « décorner » systématiquement, ce qui leur enlève toute valeur marchande. Les cornes recherchées pour leurs vertus « aphrodisiaques » et médicales (effets antipyrétique et anti-hémorragique) coûtent environ 10 000 francs pièce.

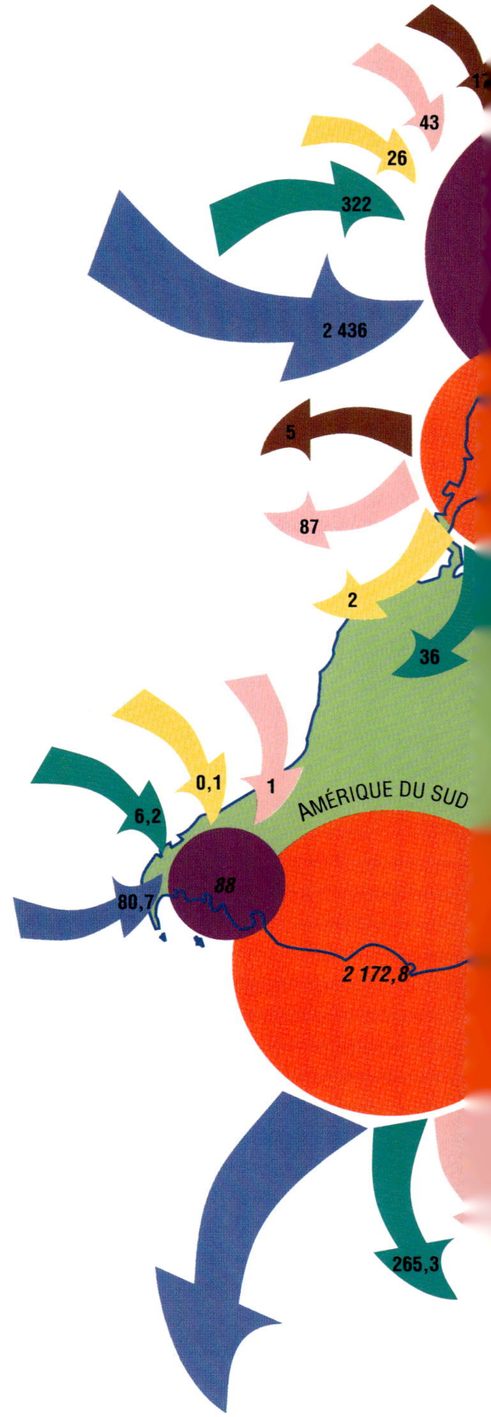

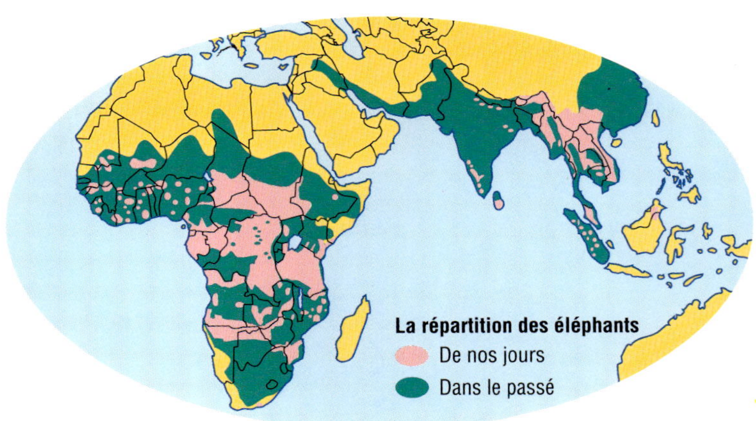

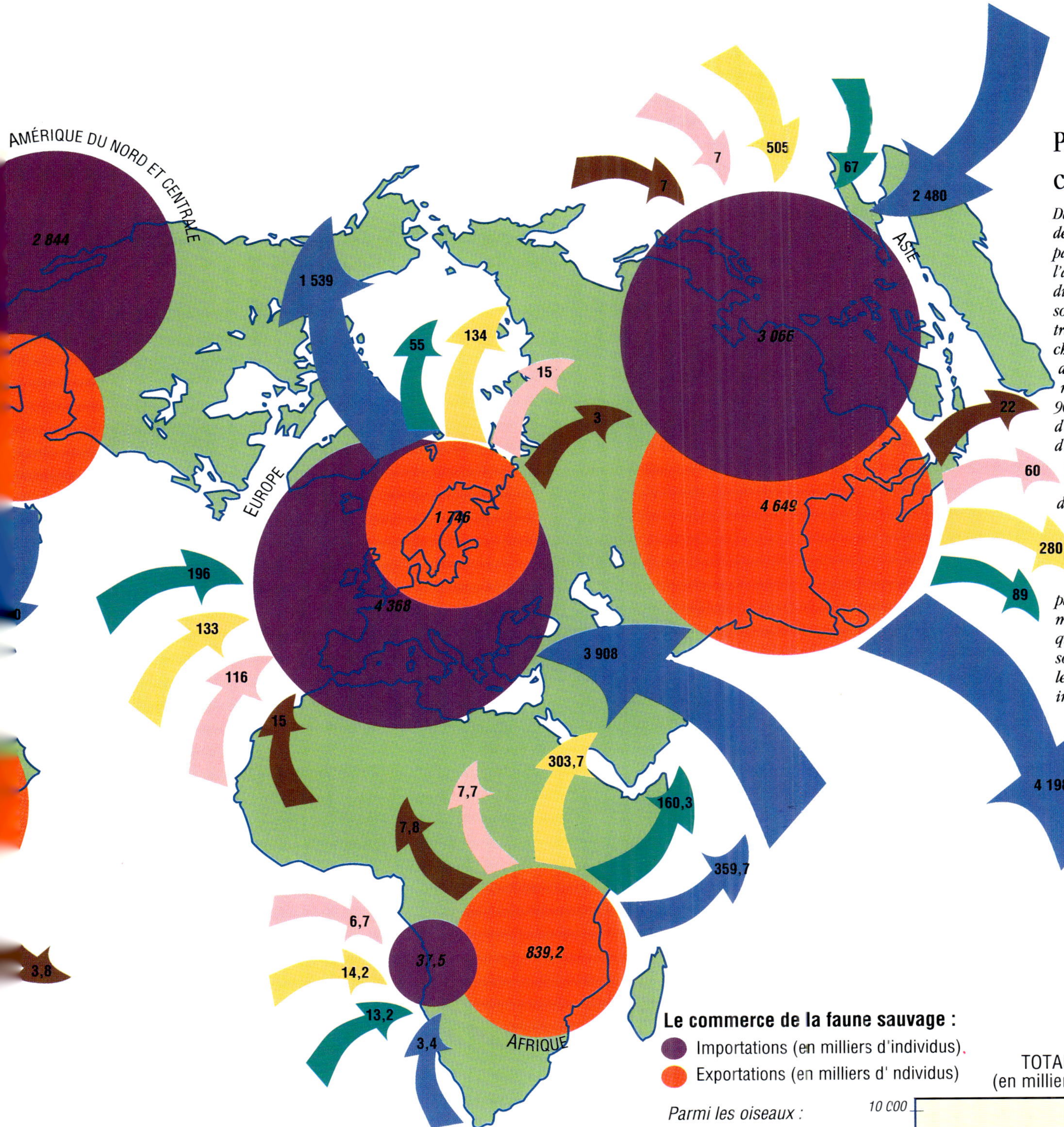

Producteurs et consommateurs

Dans le commerce illégal des espèces, les pays pauvres jouent le rôle de l'approvisionnement, tandis que les pays riches sont les acheteurs. Les transactions concernent chaque année 1 million d'orchidées, 40 000 primates, les défenses de 90 000 éléphants d'Afrique, 4 millions d'oiseaux et 15 millions de peaux de serpents, 15 millions de peaux d'animaux à fourrure, 300 millions de poissons tropicaux. Les braconniers n'hésitent pas à violer les parcs nationaux. Le commerce d' espèces sauvages qui peuvent être une source de revenus pour les pays devrait être une incitation non à la surexploitation, mais plutôt à la protection des habitats de ces espèces.

Le commerce de la faune sauvage :

- Importations (en milliers d'individus).
- Exportations (en milliers d' ndividus)

Parmi les oiseaux :
- Perroquets vivants

Parmi les reptiles :
- Peaux de reptiles

Parmi les mammifères :
- Primates vivants
- Peaux de chat
- Ivoire brut (en kg)

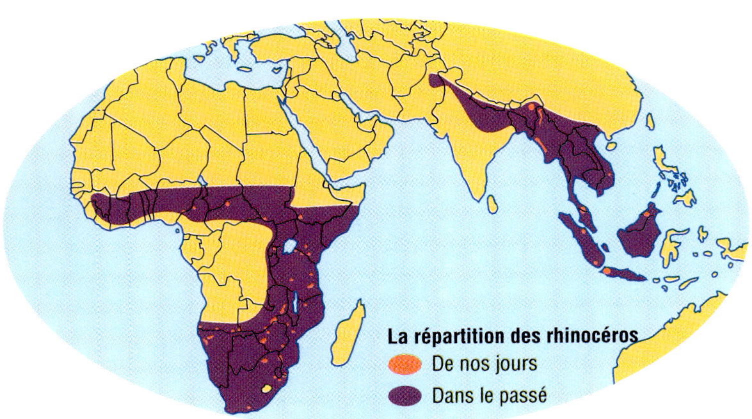

TOTAL MONDE
(en milliers d'individus)

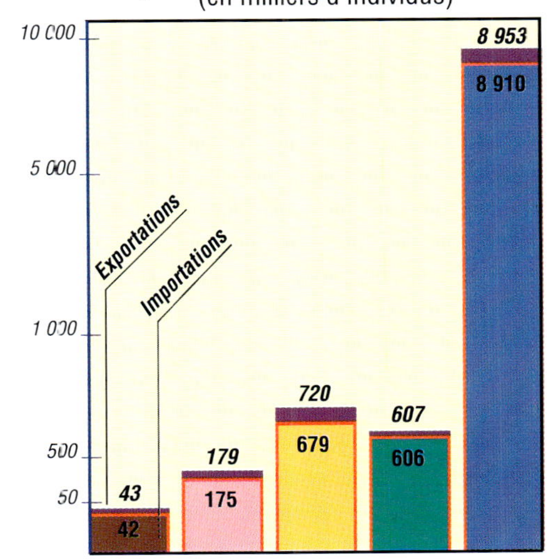

Génétique : les apprentis sorciers

Le **génie génétique a permis des avancées considérables** dans les secteurs agro-alimentaire, pharmaceutique et médical. Ainsi, la recherche agronomique permet-elle de cultiver des espèces moins sensibles aux influences climatiques et plus résistantes aux maladies, d'améliorer leur qualité nutritive, de changer leur forme ou leurs organes.

Les innovations génétiques provoquent souvent une érosion du patrimoine génétique. Au cours des dernières décennies, en effet, pour cause de moindre rentabilité économique, on est passé, d'une trentaine de races bovines en France, il y a 50 ans seulement, à trois ou quatre espèces. La même évolution s'observe pour les végétaux puisque nombre de légumes qui existaient ont disparu. Des 500 variétés qui faisaient la nourriture quotidienne (potimarrons, topinambours, etc.), il y a 150 ans, il n'en reste que quelques dizaines aujourd'hui. Une uniformisation néfaste sur le plan de la gastronomie comme sur celui du patrimoine animal et végétal.

Désormais, **les organismes du futur occupent une place grandissante : animaux plus productifs, levures améliorées, bactéries, virus transformés génétiquement** envahissent le quotidien. Cela concerne tous les aliments de base (vin, pain, fruit, viande, poisson). Cependant, outre les inconvénients qu'il peut y avoir à s'alimenter de manière artificielle, **la libération dans l'environnement d'organismes ayant subi des manipulations génétiques présente des dangers** dont on ne peut pas toujours déterminer la nature et l'importance sur la santé humaine et animale. Aussi, la France, en 1992, a-t-elle adopté deux directives, déjà ratifiées par les instances communautaires en 1990, et décidé, qu'après les vaccins et les médicaments, c'était au tour des plantes d'être homologuées. Ces réglementations touchent la sécurité des établissements produisant des organismes génétiques modifiés et la dissémination de ces organismes dans l'environnement. **Une plante transgénique,** en effet, **pourrait se comporter comme une mauvaise herbe résistante** et se répandre abusivement.

L'**homme** est lui aussi au **premier rang des êtres concernés par les progrès dans le domaine de la génétique.** Les **empreintes génétiques** permettent désormais de savoir avec certitude l'identité du père biologique d'un enfant. La **FIV** (fécondation *in vitro*), quant à elle, représente un progrès considérable. Elle permet le naissance de 50 000 enfants par an. Certaines utilisations de cette technique donnent cependant lieu à un débat. Il en est ainsi par exemple de la **« fécondation assistée in vitro »,** qui permet la fécondation lorsque le sperme est déficient, ou du **diagnostic préimplantatoire.** Ce dernier, accepté au Royaume-Uni, où il est utilisé pour le diagnostic de sexe, dans les maladies génétiques qui se transmettent par l'homme ou la femme exclusivement, est refusé par le Comité national d'éthique en France. La méthode consiste à prélever sur un embryon conçu *in vitro* une ou deux cellules afin de réaliser un caryotype et de ne réimplanter l'œuf que si le sexe déterminé n'est pas porteur du mal. C'est le cas, par exemple, pour l'hémophilie, maladie héréditaire dont la transmission récessive est liée au chromosome X : seuls les garçons en sont atteints, les filles étant conductrices. Rien n'empêche alors de conserver par congélation un embryon dans la perspective d'une réimplantation postérieure lorsqu'une méthode de diagnostic génétique de la maladie sera connue. Cependant la congélation d'embryons pose des problèmes éthiques liés aux manipulations du vivant. Certains craignent l'avènement du meilleur des mondes d'Aldous Huxley.

Les choix en génétique sont lourds de conséquences, le risque étant un **dérapage** pur et simple **vers l'eugénisme de sinistre mémoire.** Le pouvoir de la génétique a trop souvent été un prétexte pour redonner à la race une nouvelle légitimité.

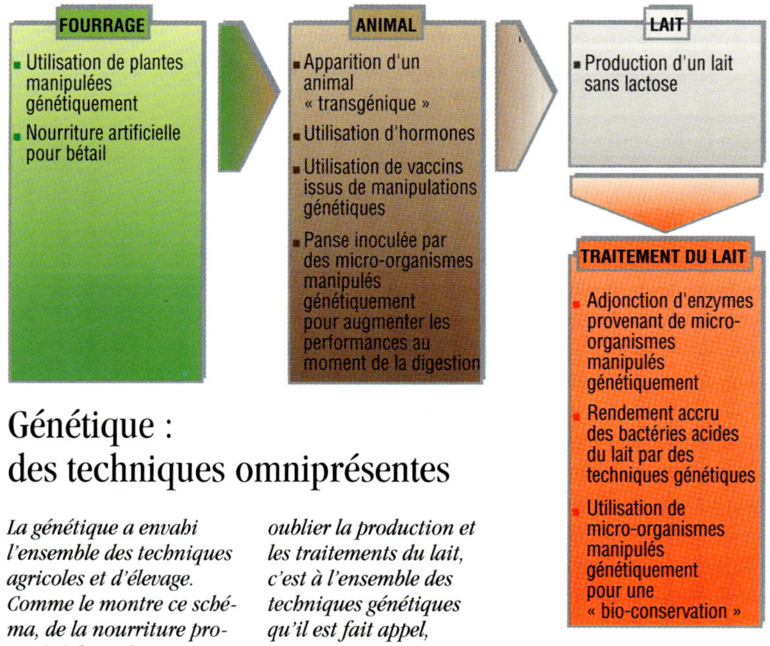

Génétique : des techniques omniprésentes

La génétique a envahi l'ensemble des techniques agricoles et d'élevage. Comme le montre ce schéma, de la nourriture proposée à la vache, aux sélections de races et à leur amélioration, sans oublier la production et les traitements du lait, c'est à l'ensemble des techniques génétiques qu'il est fait appel, et rien, a priori, *n'est laissé au hasard.*

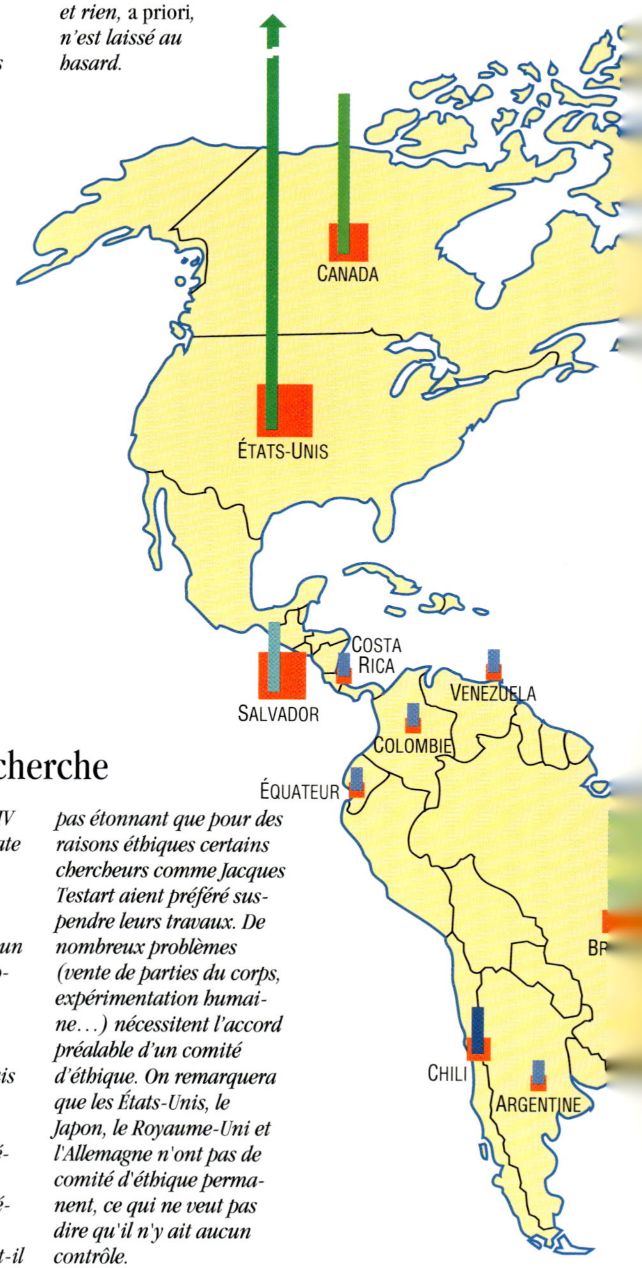

Éthique et Recherche

Alors que la première FIV (fécondation in vitro*) date de 1978 en Grande-Bretagne et de 1981 en France, ce n'est qu'en 1983 qu'a été constitué un comité consultatif national d'éthique, CCNE. La FIV, les tests génétiques accroissent la maîtrise humaine du monde, mais l'élargissement de leur champ d'application et leur banalisation inquiètent. A quand le tri des embryons ou le test génétique comme critère d'embauche ? Aussi n'est-il pas étonnant que pour des raisons éthiques certains chercheurs comme Jacques Testart aient préféré suspendre leurs travaux. De nombreux problèmes (vente de parties du corps, expérimentation humaine…) nécessitent l'accord préalable d'un comité d'éthique. On remarquera que les États-Unis, le Japon, le Royaume-Uni et l'Allemagne n'ont pas de comité d'éthique permanent, ce qui ne veut pas dire qu'il n'y ait aucun contrôle.*

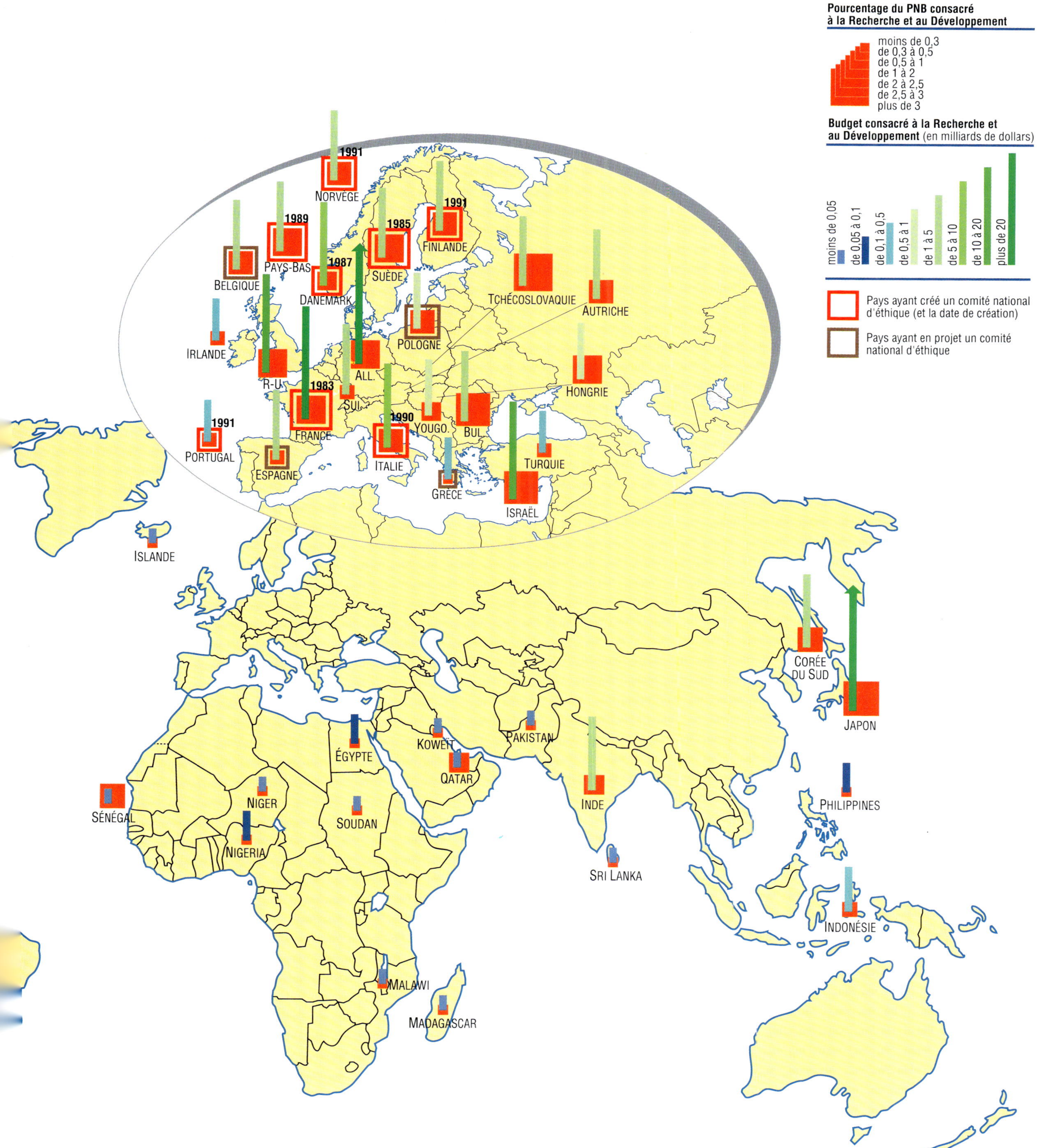
Pourcentage du PNB consacré à la Recherche et au Développement
moins de 0,3
de 0,3 à 0,5
de 0,5 à 1
de 1 à 2
de 2 à 2,5
de 2,5 à 3
plus de 3
Budget consacré à la Recherche et au Développement (en milliards de dollars)
moins de 0,05
de 0,05 à 0,1
de 0,1 à 0,5
de 0,5 à 1
de 1 à 5
de 5 à 10
de 10 à 20
plus de 20
Pays ayant créé un comité national d'éthique (et la date de création)
Pays ayant en projet un comité national d'éthique
NORVÈGE 1991
FINLANDE 1991
PAYS-BAS 1989
SUÈDE 1985
DANEMARK 1987
BELGIQUE
TCHÉCOSLOVAQUIE
AUTRICHE
POLOGNE
IRLANDE
R-U.
ALL.
HONGRIE
FRANCE 1983
SUI.
YOUGO.
BUL.
ITALIE 1990
PORTUGAL 1991
ESPAGNE
GRÈCE
TURQUIE
ISRAËL
ISLANDE
CORÉE DU SUD
JAPON
ÉGYPTE
KOWEÏT
PAKISTAN
QATAR
INDE
PHILIPPINES
SÉNÉGAL
NIGER
SOUDAN
NIGERIA
SRI LANKA
INDONÉSIE
MALAWI
MADAGASCAR

Les invasions d'espèces

Il peut sembler paradoxal que **l'homme se soit acharné à éliminer des espèces des années durant, pour la défense desquelles il déploie désormais une énergie considérable.** Le loup, par exemple, qui existait par centaines de milliers au début du siècle a été tellement chassé qu'il n'en subsiste que quelques milliers. En Amérique du Nord, de plus, son croisement avec des coyottes a conduit à la quasi-disparition des loups rouges de souche pure. Les ours, qui peuplaient les forêts d'Europe, deviennent rares, et dans les Pyrénées, on n'en compte plus qu'une quinzaine.

A contrario, l'homme n'arrive pas toujours à freiner telle ou telle prolifération d'espèces dont il est souvent responsable. Végétaux et animaux évoluent, en effet, dans un écosystème soumis à une succession de contraintes et d'équilibres. La destruction d'un seul des éléments du système provoque des déséquilibres néfastes. **Il n'y a** donc **pas d'espèces nuisibles en soi,** mais des espèces rendues nuisibles par les modifications de l'écosystème.

Les bouleversements de certains milieux naturels ont commencé dès les premiers échanges entre civilisations qui ont introduit volontairement ou pas bien des espèces (mangoustes, chèvres, porcs et ânes, rats, etc.). Ces **nouveaux arrivants amenés par l'homme se sont souvent révélés des prédateurs et des compétiteurs dangereux pour les espèces locales qui ont pâti de leur action directe** (celle des mangoustes pour les serpents, par exemple) ou **indirecte** (la destruction des arbustes par les chèvres introduites aux Galapagos a privé d'abri les iguanes, décimés du coup par les buses). De même, les récoltes souffrent de ces invasions. C'est le cas des rats qui peuvent causer d'énormes pertes.

Si **nombre d'animaux et de plantes se sont si bien adaptés** qu'on oublie qu'ils sont à l'origine étrangers à la région d'accueil, **il arrive, en revanche, que l'introduction de nouvelles espèces se révèle dramatique :** chats sauvages nuisibles pour les marsupiaux en Australie, visons qui menacent les dernières loutres au Royaume-Uni, etc.

L'exemple le plus célèbre de **prolifération d'espèces** importées est celui du **lapin :** une vingtaine d'individus introduits en 1874 en Australie ont donné naissance à une population qui atteignait environ 5 milliards de descendants dans les années 1940. Les lapins sont alors devenus une espèce dévastatrice, jusqu'à ce qu'on leur inocule volontairement la myxomatose. Un traitement qui s'est révélé néfaste à terme puisqu'il a menacé l'espèce jusqu'en Europe.

Autre exemple d'**invasion malencontreuse, l'algue tropicale marine *Caulerpa taxifolia*** est une algue verte des faibles profondeurs qui a probablement été introduite accidentellement en milieu naturel aux abords de Monaco en 1984. Elle a véritablement proliféré jusqu'à recouvrir peu à peu roches, sable et vase. En 1990, elle a été observée sur toute la face est du Cap Martin (à 3 km de Monaco) et sur sa face ouest, jusqu'à Toulon. Dans les sites où elle s'est établie, son recouvrement atteint 100 % sur de larges surfaces entre 5 et 25 mètres. Le développement de la *Caulerpa taxifolia* en Méditerranée présente des caractéristiques qui n'ont jamais été observées dans les mers chaudes où elle croît habituellement. Il est classique qu'un végétal connaisse un développement différent en dehors de son lieu d'origine. Ainsi, la jacinthe d'eau de croissance limitée au Brésil a envahi des fleuves entiers des cinquante pays des autres continents où elle s'est répandue.

La ***taxifolia*** inquiète certains parce que sa prolifération en Méditerranée n'est pas freinée par les algues ou herbivores qui existent dans la région mère. Leur préoccupation vient également des toxines ingérées et accumulées par les **poissons** qui peuvent les rendre **impropres à la consommation.** D'autres études en revanche tendent à prouver que la *taxifolia* pourrait avoir un effet bénéfique : elle favoriserait la régénération des fonds marins.

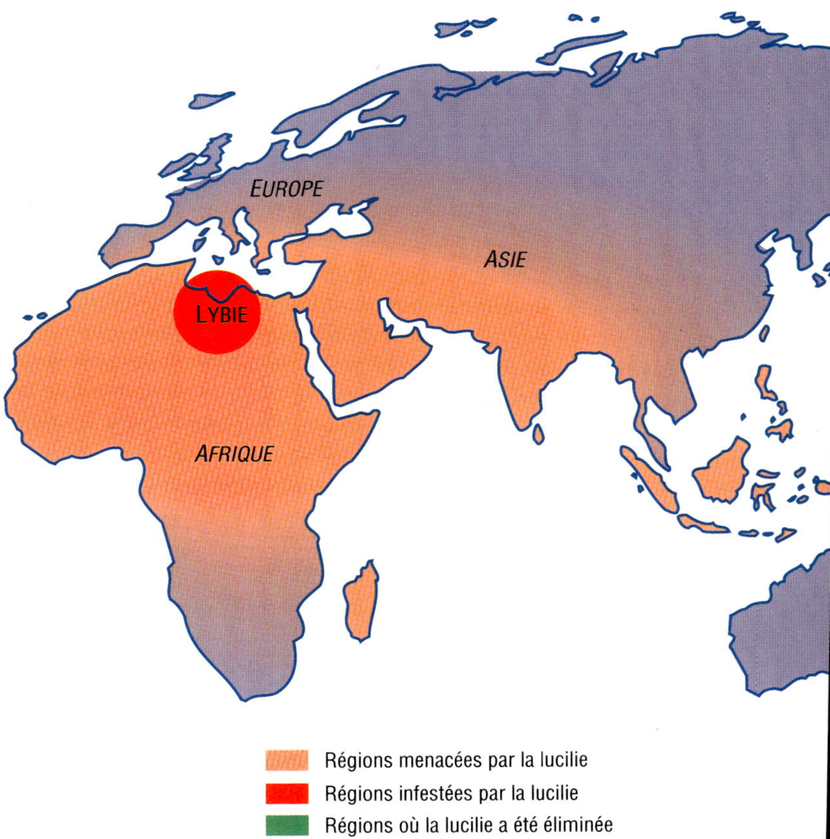

Les tisserins

Les tisserins représentent l'une des familles d'oiseaux les plus nombreuses d'Afrique ; leurs hordes provoquent des dégâts terribles aux cultures de céréales. On estime que l'espèce cause du tort à près de 25 pays d'Afrique.

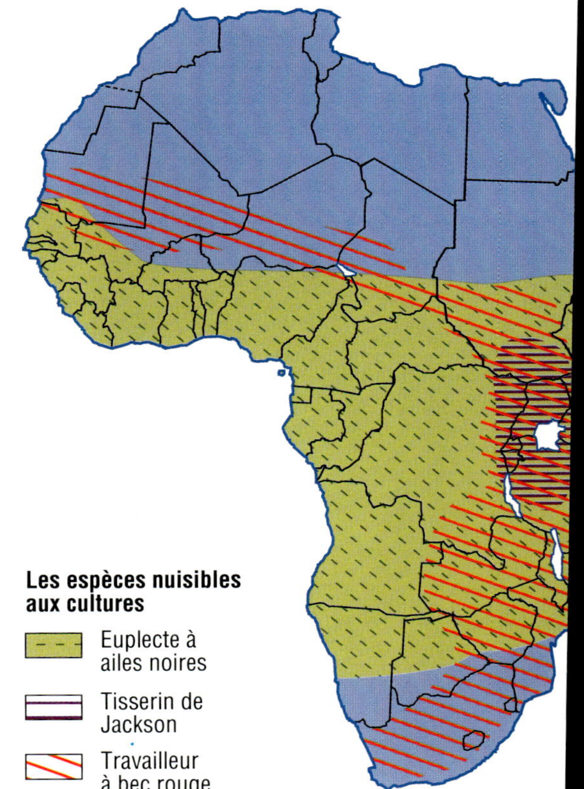

La mouche bouchère

4/5ᵉ des espèces actuelles sont des insectes et ce sont eux qui s'adaptent le mieux. Mais leur prolifération est souvent néfaste pour l'homme ou d'autres animaux. Ainsi, la lucilie bouchère, une mouche, est extrêmement nuisible pour le bétail. Après avoir atteint l'Amérique, le fléau a gagné l'Afrique du Nord en 1989. Des mesures très strictes ont été prises : lâchage aérien de mouches stériles, insecticides, contrôle du déplacement des troupeaux.

Le cycle de vie de la lucilie bouchère

Avant fécondation :

La lucilie bouchère se nourrit du nectar des fleurs

Après fécondation :

La lucilie bouchère s'incruste dans les plaies du bétail pour se nourrir

Ponte :

Jusqu'à 4 000 œufs de un millimètre de diamètre

Après la ponte (11 à 24 h après) :

Les larves sortent des œufs

Période de croissance des larves :

Les larves rentrent dans la chair de l'animal, dont elles se nourrissent.
Elles attirent d'autres lucilies qui pondent à leur tour

Un semaine plus tard :

Les larves tombent sur le sol, s'y enfoncent et se transforment en nymphes.

Une semaine plus tard (en été)
Huit semaines plus tard (en hiver) :

Les nymphes deviennent des mouches adultes

Deux jours après l'éclosion :

Les mouches adultes s'accouplent.

Par temps chaud, le cycle d'un œuf est de trois semaines

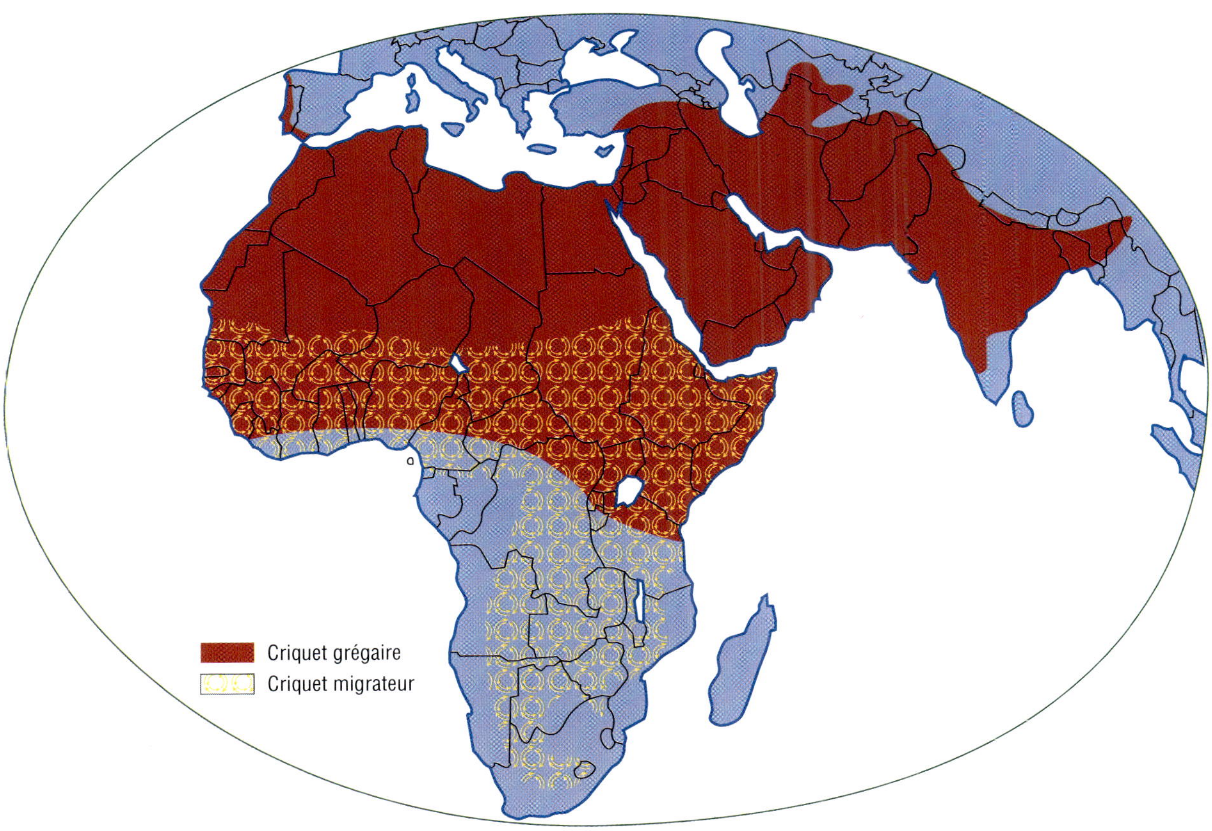

Les criquets

Les criquets, initialement inoffensifs, peuvent devenir dévastateurs quand leurs ressources se raréfient. Dans ce cas, en effet, ils se concentrent dans des espaces restreints qui ont conservé de la végétation. Le criquet migrateur, habituellement isolé, donne, une fois concentré en masse, une génération de larves dites grégaires. Ces larves deviennent de redoutables criquets qui s'abattent en nuées énormes sur les cultures. Leur action aggrave les famines.

La bombe démographique

Dès 1960, le club de Rome, à sa manière, donne l'alarme : **la croissance de la population devient « explosion démographique ».** Caractéristique des pays en développement, ce phénomène incontrôlé n'est plus, comme avant dans les pays industrialisés, synonyme de progrès. Depuis, la situation ne cesse de se dégrader. En 1992, les dernières projections du FNUAP (Fonds des Nations unies pour la population) ont été révisées à la hausse et certains chiffres paraissent vertigineux. En dépit d'un infléchissement du rythme d'augmentation de la population, passé de 2,1 % par an dans les années 1970 à 1,7 % au début des années 1990, la projection médiane montre que la population mondiale actuellement inférieure à 5,5 milliards d'hommes devrait dépasser **6 milliards avant l'an 2000,** et atteindre **10 milliards vers 2050** pour se stabiliser aux alentours de 12,5 milliards un siècle plus tard.

Cette évolution s'explique par deux processus simultanés. D'abord, **la mortalité a baissé** dans le tiers monde : égale ou supérieure à 40 ‰ jusque-là, elle est tombée à 11 ‰ en 1987 grâce à l'amélioration de l'hygiène et de la santé publique. Ensuite, la **forte fécondité se maintient :** dans les années 1980-1985, la natalité y a dépassé 36 ‰ partout, sauf en Asie orientale.

Le FNUAP en appelle à un nouvel effort pour ralentir la croissance de la population. Nombre de pays, comme l'Inde, l'un des premiers à avoir mis en place un planning familial, ont, en effet, échoué. Certains semblent avoir réussi, c'est le cas de la Thaïlande, des Philippines, de la Corée du Sud, des nouveaux pays industrialisés, des grands pays d'Amérique latine, ou encore de la Chine, dont les résultats sont mitigés malgré sa politique coercitive. Néanmoins, même si le taux de naissance chutait, la population mondiale continuerait à augmenter. **La croissance ne peut se ralentir d'un coup,** compte tenu du nombre de femmes en âge de procréer dans des pays particulièrement jeunes : en Afrique, 45 % des habitants ont moins de 15 ans.

La **croissance démographique** est inquiétante parce qu'elle **aggrave les pressions sur l'environnement.** L'intensification de l'agriculture entraîne une surexploitation et donc une dégradation des sols, le déboisement, l'épuisement des ressources en eau. Les difficultés qu'elle pose en termes d'emploi dans les campagnes provoquent l'exode rural et des problèmes d'urbanisation sauvage dans les métropoles. La destruction des structures traditionnelles accentue la difficile insertion professionnelle des jeunes qui vont constituer une force sociale de révolte avec laquelle il faudra compter. Les flux migratoires se multiplient souvent aux dépens de la qualité de vie des immigrants, y compris à l'intérieur du tiers monde. La Côte d'Ivoire, le Nigéria ou la Malaisie, par exemple, attirent leurs voisins. Cependant, 95 % de la croissance démographique prévue se situant dans le tiers monde, ce sont les **migrations incontrôlables** du Sud vers le Nord que redoutent certains dans les pays industrialisés.

Les seuls **remèdes** à la surpopulation semblent être la **régulation des naissances** et l'**éducation.** L'**éducation des femmes** notamment est l'un des facteurs les plus importants pour réduire le taux de natalité. La contraception a connu un très grand essor mais elle se heurte souvent aux pratiques culturelles et religieuses ; ce qui explique l'échec de nombreuses campagnes de planification. Au sujet de la politique de restriction des naissances, l'attitude de l'Église catholique, bien que moralement cohérente, apparaît exigeante pour les peuples en voie de développement.

Enfin, le **développement économique ne doit pas être obtenu au prix d'une dégradation semblable à celle produite par le Nord,** ce qui serait intolérable pour la planète. En effet, selon certains agronomes, la Terre peut nourrir 12 milliards d'hommes, mais cela n'est possible qu'avec un accès à l'éducation pour tous, et un vrai partage entre le Nord et le Sud.

Le déséquilibre géographique

L'accroissement de la population mondiale provient en quasi-totalité des pays en développement, mais de façon différenciée. La population de l'Amérique latine et de l'Asie (Chine exclue) devrait plus que doubler d'ici à 2050, celle de l'Afrique serait multipliée par 3,5. Le continent africain semble donc être le dernier à faire sa transition démographique. La planète risque d'être surpeuplée, mais il est vrai que la notion même de surpopulation est discutable : les Pays-Bas avec 385 habitants au km² ne sont pas plus surpeuplés que l'Inde qui n'a « que » 209 habitants au km².

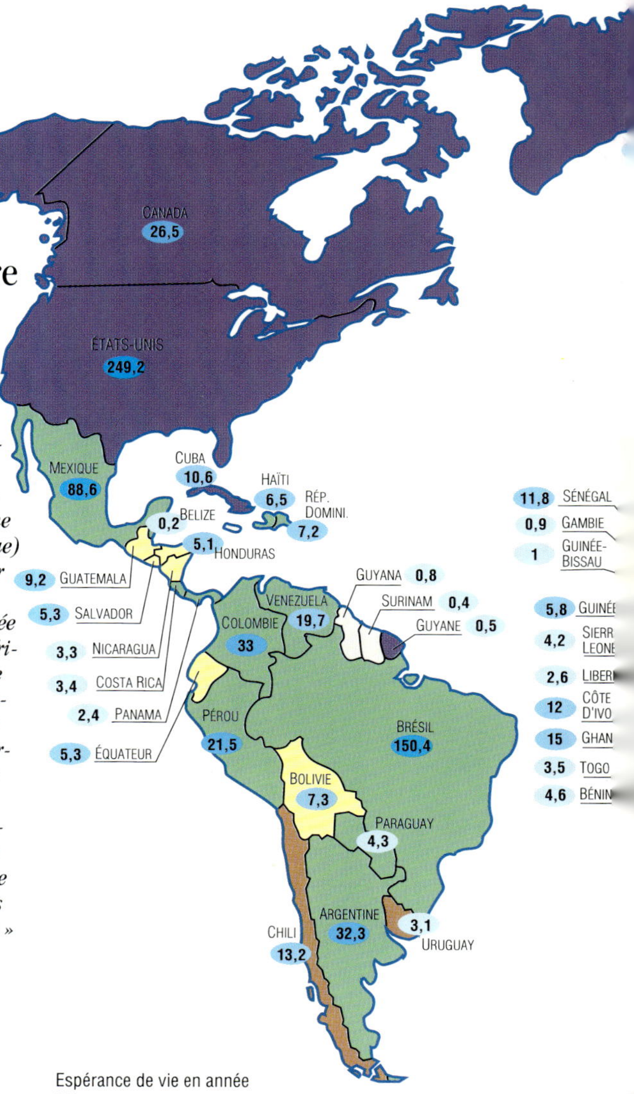

Une vie plus longue

Les cent dernières années ont vu l'augmentation considérable de l'espérance de vie qui contribue, elle aussi, à la pression démographique. Il existe toujours un fossé entre pays industrialisés et pays en voie de développement en ce qui concerne l'espérance de vie (78,5 ans au Japon, 47 ans au Bénin).

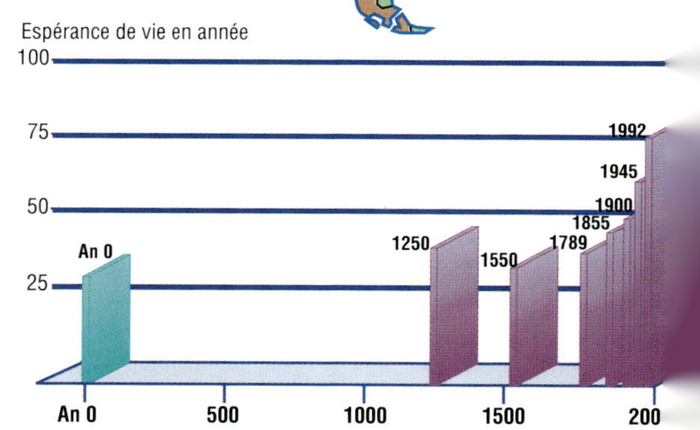

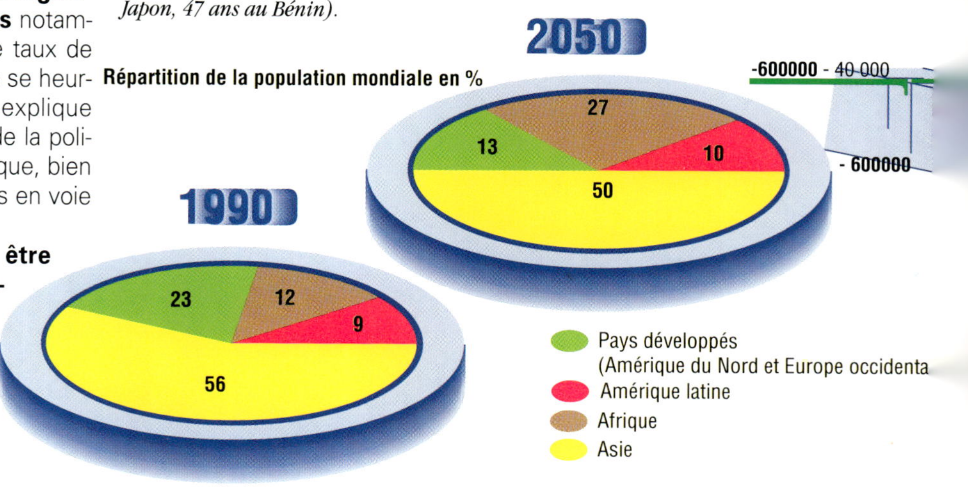

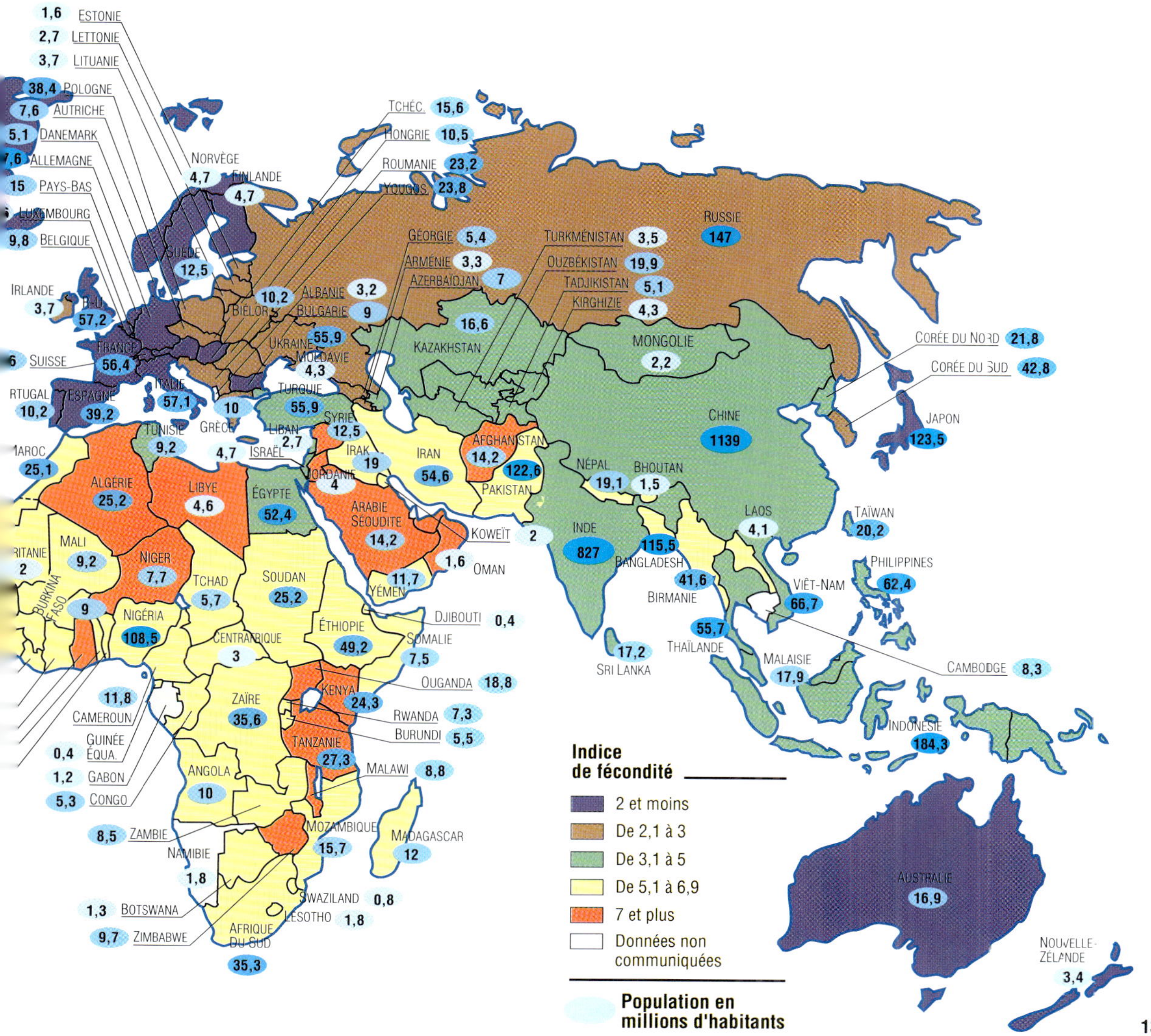

L'accélération

*L'évolution de la population sur la Terre de dix mille ans avant notre ère à aujourd'hui montre que les cinquante dernières années ont connu une prolifération humaine sans égale : la population mondiale a autant augmenté qu'au cours des 2,5 millions d'années qui nous séparent de l'*homo erectus. *Et ce n'est pas fini. L'estimation de la population mondiale en 2050 comporte une hypothèse « basse », avec 7,8 milliards d'habitants, et une « haute » atteignant 12,5 milliards. Cette évolution est essentiellement due aux PVD. Si la planète adoptait le comportement reproducteur des pays industrialisés, en effet, il s'ensuivrait une extinction de l'espèce humaine aux alentours de 2400. En 2025, au rythme actuel, l'Europe des douze sera moins peuplée que le Nigéria.*

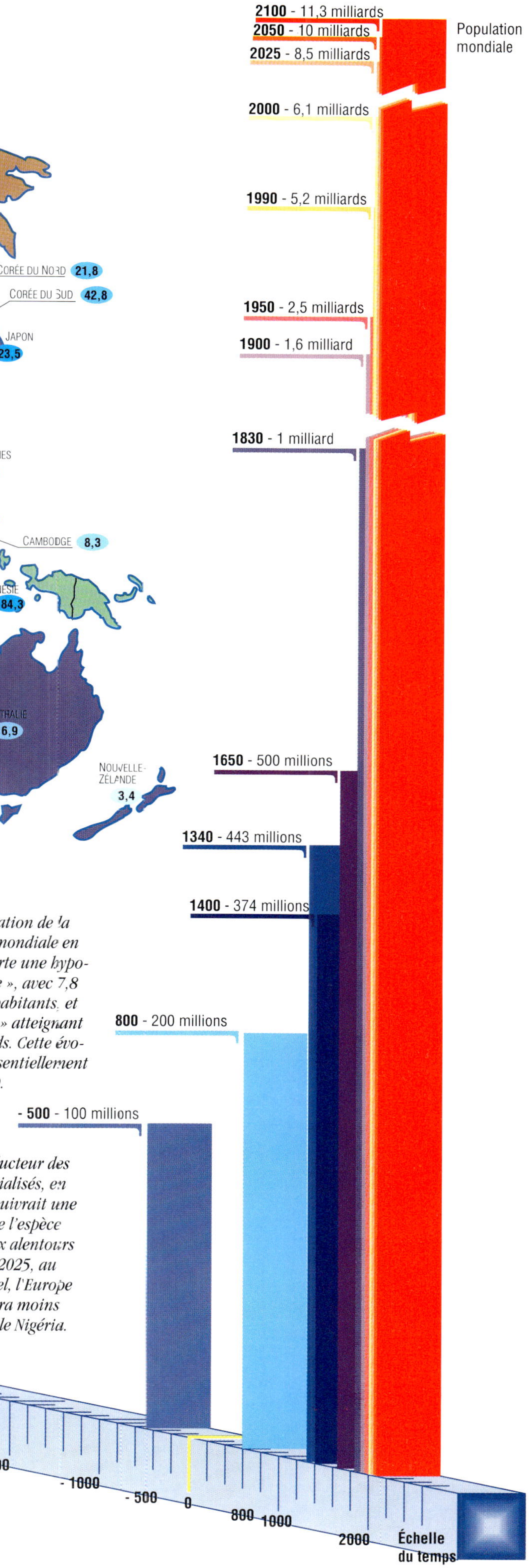

La mainmise sur le capital naturel

La décolonisation n'a pas fait cesser le pillage des ressources naturelles qu'exerçaient naguère les métropoles envers leurs colonies, loin de là. Détenteurs du savoir scientifique et technique, les Occidentaux ont poursuivi leur domination. C'est ainsi que ce qu'on a appelé la **« révolution verte »** est en grande partie **issue des recherches agronomiques des grands laboratoires occidentaux,** une dépendance envers les firmes multinationales qui s'est accompagnée de pertes significatives : la diminution du capital génétique, causée par la sélection végétale, a fait disparaître, par exemple, des plantes naturelles mieux adaptées au milieu local.

Les **pays riches** qui contrôlent les flux commerciaux **ont orienté les exportations** agricoles **des pays pauvres** en fonction de leurs besoins propres, provoquant ainsi le développement de quasi-monocultures. Puis, après en avoir bénéficié, certains, via leurs **multinationales, se désengagent** avec brutalité. Ainsi, la décision de *Coca-Cola* et de *Pepsi-Cola* de remplacer en partie le sucre de leurs boissons par du sirop de maïs sous la pression du lobby céréalier américain a des répercussions terribles sur des régions comme l'île de Negros aux Philippines ou le Nordeste brésilien consacrées à la monoculture de la canne à sucre.

Le second responsable du pillage du capital naturel est l'**endettement,** généré par l'importation de la technologie occidentale. Le service de la dette oblige les pays à produire toujours plus malgré la chute des cours et la perte de marchés. Cette nécessité **aggrave les pressions exercées sur l'environnement.** Dès les années 1970, la dette a permis un prélèvement en nature du capital naturel des pays en voie de développement ; les banques ont prêté à tous les pays bien fournis en ressources naturelles. Depuis, les pays développés ont pris conscience, au moins partiellement, du lien entre dette et dégâts écologiques.

Dernier enjeu important du pillage : les **organismes vivants**. Si les **biotechnologies** sont mises au point au Nord, les micro-organismes et les insectes, indispensables réservoirs de gènes sont essentiellement **au Sud.** Leur exploitation a provoqué des scandales, telle cette filiale de Merck qui produisait un médicament contre le glaucome à base d'extraits de buisson de la partie brésilienne de l'Amazonie et qui le revendait au prix fort au Brésil. Le souci d'établir un système de rémunération compensatoire des ressources génétiques au pays d'origine et de l'assortir d'une convention sur la protection de la diversité biologique a été de plus en plus présent. Dans un premier temps s'est imposé le concept des **ressources génétiques, patrimoine commun de l'humanité.** Puis, les pays ont affirmé avec plus de fermeté le principe de **souveraineté** sur leurs ressources génétiques, que les pays d'Amérique centrale et du Sud ont renouvelé lors de la plate-forme de Tlatelolco, en mars 1991. Par ailleurs, dès 1980, la Cour suprême des États-Unis a déclaré que sous certaines conditions les **organismes vivants** sont **brevetables.** En 1988, une souris modèle pour l'étude du cancer des glandes mammaires a été brevetée aux États-Unis, comme en France une souris dont les cellules modifiées permettent de produire en masse une protéine humaine. La voie de la privatisation des ressources génétiques est ouverte. Depuis, des **accords bilatéraux** ont été signés **entre pays et multinationales :** Glaxo au Ghana, Technology Group au Cameroun, Novo Industrie au Nigéria, Merck au Costa-Rica. Les firmes financent l'envoi de « chasseurs de gènes » et s'engagent à distribuer des royalties sur les ventes tirées de produits dérivés collectés de cette manière. En échange, elles possèdent l'exclusivité des droits de propriété industrielle et de la commercialisation des produits dérivés. Cependant, les **États-Unis,** poussés par le lobby des géants de la chimie, ont **refusé de signer la convention sur la biodiversité lors de la conférence de Rio en juin 1992 ;** ce texte propose de protéger 1,5 million d'espèces animales et végétales. Le transfert est loin d'être fini.

Exportations de riches, exportations de pauvres

La répartition des exportations dominantes en produits naturels, d'une part, et en produits manufacturés de l'autre, pour être schématique, n'en révèle pas moins une division internationale du travail dont les multinationales ont fait un instrument privilégié de leur domination. Peu d'États qui ne disposent pas d'une technologie avancée échappent à la logique Nord-Sud. Le déséquilibre interne, qui existe à ce jour dans l'ex-URSS, entre capacité d'exportation de ressources naturelles (en particulier gaz et pétrole) et production industrielle, illustre bien les difficultés qu'il y a à opérer une transition entre une économie de type industriel et une économie fondée sur l'exploitation des richesses naturelles.

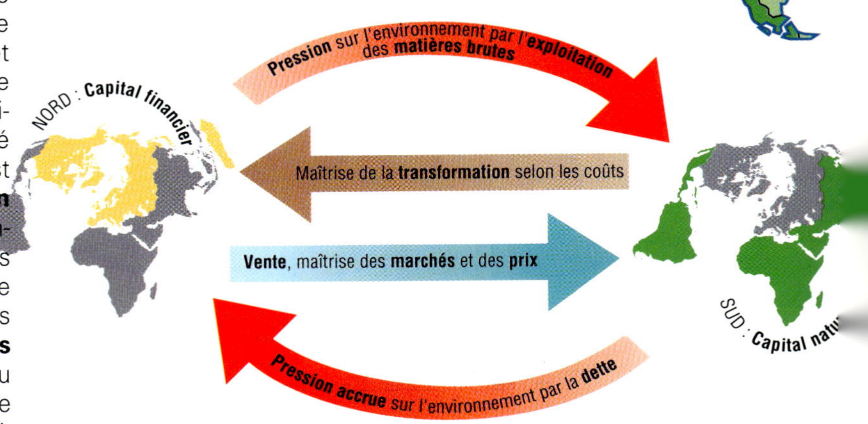

Le cycle multinational

La production et le commerce des produits alimentaires est un espace privilégié d'investissement pour les grandes sociétés, au risque de mettre l'environnement en danger. Elles se sont dirigées vers des zones favorables où charges et coûts sont moins élevés. Elles ont ainsi réalisé des profits considérables. Un véritable « agro-business » a progressivement établi son pouvoir, se substituant souvent aux États ou aux sociétés locales. Ces entreprises sont parvenues à dominer un secteur dont dépend l'alimentation de la planète. Une centaine de firmes, dont deux géants, Unilever et Nestlé, réalisent plus de la moitié de la production alimentaire mondiale. Elles jouent un rôle dans l'orientation du commerce international de produits agricoles en produisant plutôt des aliments de luxe (thé, café, cacao), destinés à l'exportation vers les pays riches, que des produits dont les plus démunis ont réellement besoin.

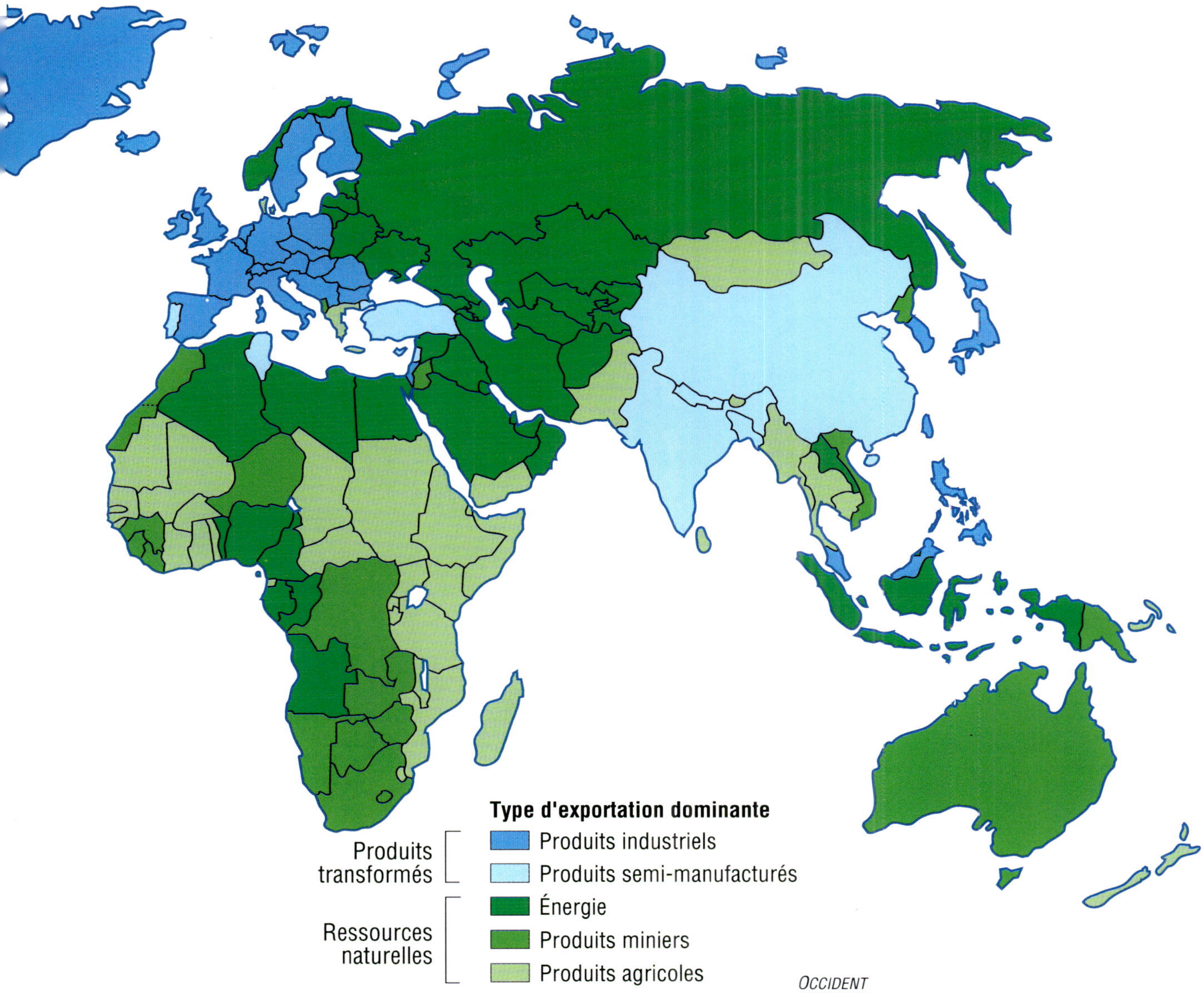

Brut ou transformé

Les pays riches se sont généralement approvisionnés en ressources naturelles dans les pays les plus pauvres tout en conservant le privilège de transformer ces ressources. Les pays pauvres ont exporté du café, mais pas du café lyophilisé... C'est encore largement le cas dans le domaine des hydrocarbures : ce ne sont pas les principaux producteurs de pétrole brut qui ont les plus grandes capacités de transformation et de raffinement.

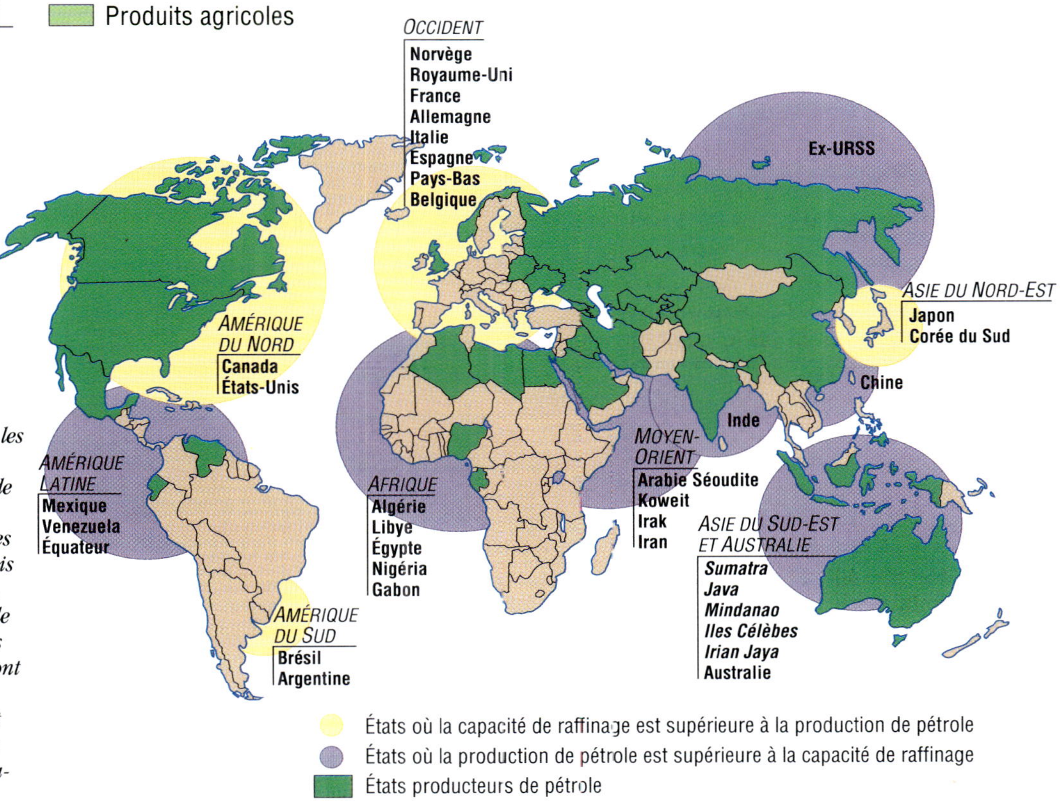

Alimentation : le déséquilibre

La menace des **famines** n'est jamais très éloignée : 1967, Biafra, 1973 et 1983, Sahel, 1983, Nordeste brésilien, 1984, Éthiopie, famines récurrentes et ignorées du Rwanda et de l'Ouganda, 1989, Soudan, 1992, Somalie. Les estimations statistiques des dégâts de la faim dans le monde comportent une marge d'erreur considérable. Comment déterminer précisément, en effet, la cause réelle des décès, faim ou maladie aggravée par la malnutrition ? Selon la Banque mondiale cependant, 1 milliard de personnes vivraient dans l'« insécurité alimentaire » et 730 millions seraient « sous-alimentées ». Selon le CMA (Conseil mondial de l'alimentation), plus de la moitié des malnutris vivent en Asie, plus d'un quart en Afrique. La faim apparaît toujours dans des zones fragiles écologiquement où la moindre perturbation met en question l'équilibre alimentaire, qu'il s'agisse de **modifications climatiques** (sécheresse, inondations), d'**invasions animales** (criquets) ou de **conflits humains** (problèmes ethniques, guerres). Cependant elle ne touche pas indifféremment les populations d'une même région. Les catégories sociales les plus défavorisées sont les plus visées. En **Inde,** par exemple, si la « révolution verte » a réussi à éradiquer les grandes famines comme celle de 1943, qui fit environ deux cent mille morts au Bengale, et si elle a permis une production globale désormais suffisante, les **disettes** font toujours des victimes dans certains États (Tripura, Andhra Pradesh et Orissa). Entre 250 et 300 millions d'Indiens, soit un tiers de la population, souffrent de la faim, et selon la Banque mondiale, dans beaucoup d'États plus de 40 % d'enfants survivent dans des conditions de malnutrition modérée ou grave. L'**inefficacité du système de distribution alimentaire** et les **rigidités sociales** (système de castes) expliquent ce décalage entre la production, suffisante pour couvrir les besoins alimentaires, et la situation réelle. Cette coexistence paradoxale de récoltes relativement abondantes et de malnutrition serait caractéristique de la **« transition nutritionnelle »** des pays en voie de développement, période où les famines graves disparaissent tandis que la malnutrition persiste.

La faim ne prend plus souvent la forme de famines dévastatrices, mais plutôt celle d'une **malnutrition endémique,** c'est-à-dire d'un déséquilibre constant de la ration alimentaire en qualité ou en quantité. Cette faim insidieuse fait des millions d'enfants malnutris, des milliers de morts chaque jour dans le tiers monde et des centaines de millions d'enfants considérés comme physiquement et moralement retardés par une carence alimentaire.

En 2040, selon certaines estimations, la planète abritera **7,8 milliards d'hommes affamés** et **1 milliard de sur-alimentés.** Les ventres gonflés par la maladie de Kwashiorkor feront face aux corps atteints de maladies cardio-vasculaires ou de diabètes.

Beaucoup accusent l'extension des **cultures commerciales** d'être **responsable de la faim,** parce qu'elle place le paysan devant l'alternative : manger ou vendre. L'agriculture de subsistance est en effet fréquemment négligée au profit de l'agriculture de rapport, car ces cultures sont en concurrence, labours et semis coïncidant. Les cultures industrielles de blé, de maïs, de soja se développent donc au détriment de la production traditionnelle de manioc, mil, sorgho ou haricot noir. Le développement d'exportations non agricoles peut nuire également à la production alimentaire du pays : le Venezuela autosuffisant a délaissé son agriculture pour le développement pétrolier.

La **malnutrition frappe aussi les pays industrialisés :** ceux en difficultés économiques comme les pays de l'Est (Roumanie, républiques musulmanes de l'Asie centrale), mais aussi des pays comme les États-Unis, où les inégalités sociales ravalent certains quartiers de grandes villes à la situation du tiers monde. 9 % de la population américaine, soit 20 millions d'individus, dont 60 % d'enfants, seraient malnutris.

La mort partagée

Le taux de mortalité infantile (rapport exprimé pour 1 000 naissances vivantes entre les décès lors de la première année et le nombre total de naissances) est un bon indicateur de la faim. Le cercle vicieux, explosion démographique et famine, s'instaure. Dans les régions défavorisées des pays en voie de développement, le risque pour un enfant de mourir avant 1 an est 10 à 12 fois supérieur à celui des pays industrialisés. Entre 1 et 3 ans, ce risque est 20 à 30 fois supérieur.

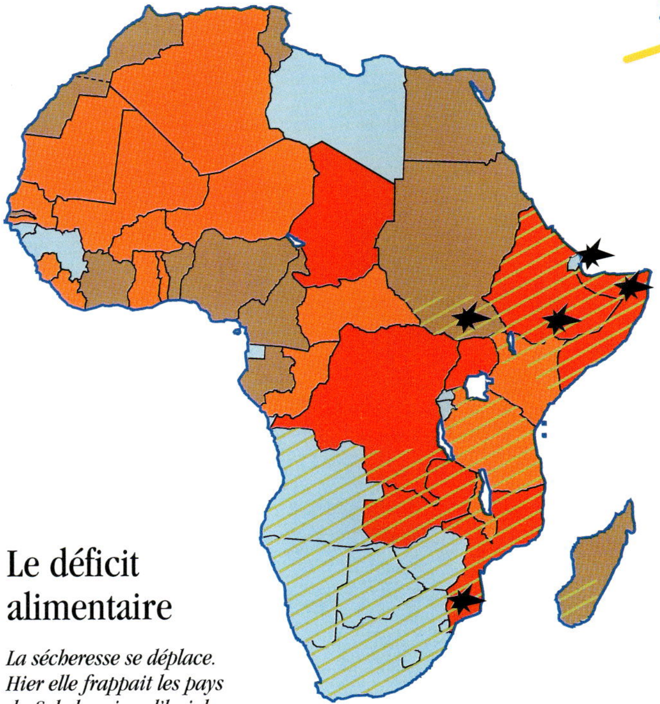

Le déficit alimentaire

La sécheresse se déplace. Hier elle frappait les pays du Sahel, aujourd'hui, les pays d'Afrique australe (Zimbabwe, Mozambique, Afrique du Sud) et ceux de la corne de l'Afrique (Éthiopie, Somalie), le Soudan et le Kenya. Pour le secrétaire de l'ONU Boutbros Gbali, « en 1992 la sécheresse prolongée qui affecte le sud du continent est la plus grave depuis le début du siècle ». 18 millions de personnes sont menacées de famine par l'action conjuguée de la sécheresse, des guerres civiles, de l'absence de politique agricole. Les remèdes seraient de développer les marchés locaux, de réduire le déficit alimentaire saisonnier (soudure entre les récoltes), de sensibiliser les mères. Une moyenne de 2 200 calories est jugée normale, les pays pauvres sont très en dessous de cette moyenne (le minimum vital est de 1 200 à 1 300 calories par jour), les pays riches sont à 3 500 calories (en fait, seulement 2 300 sont absorbées en raison des gaspillages).

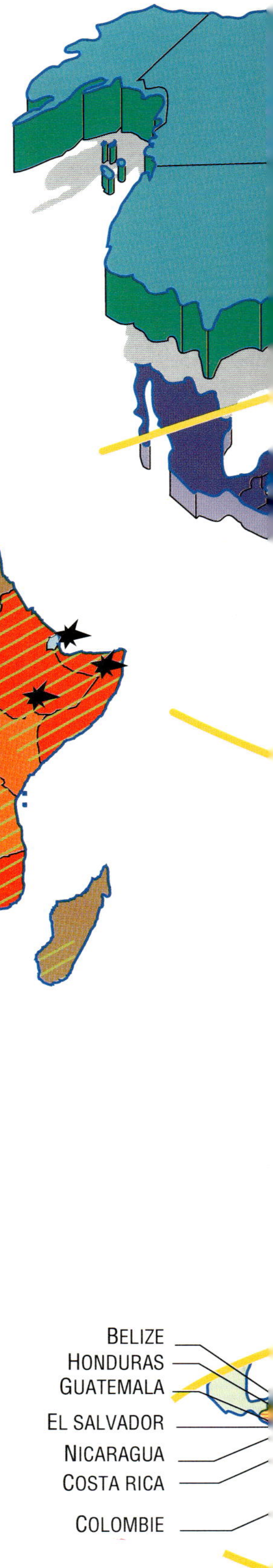

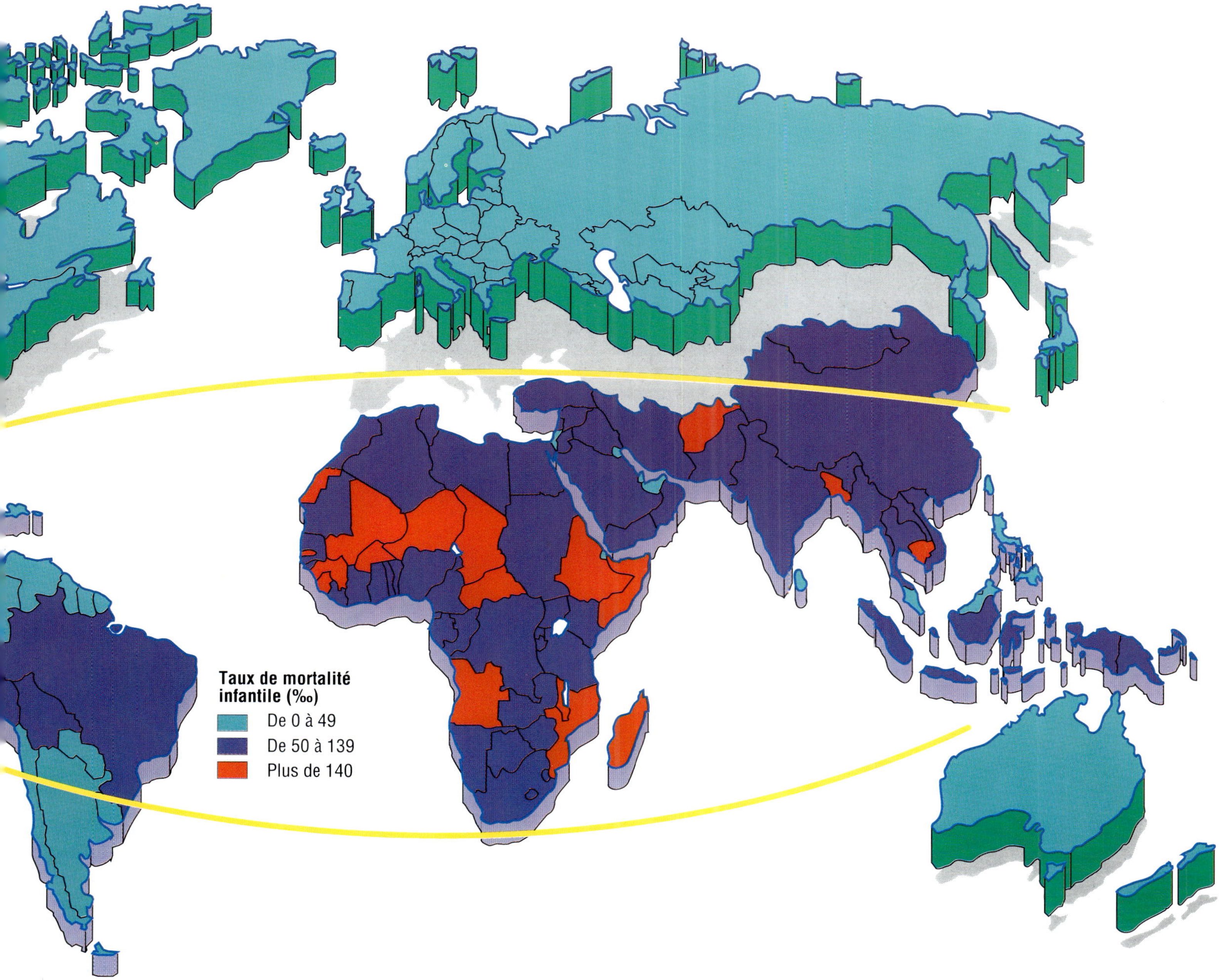

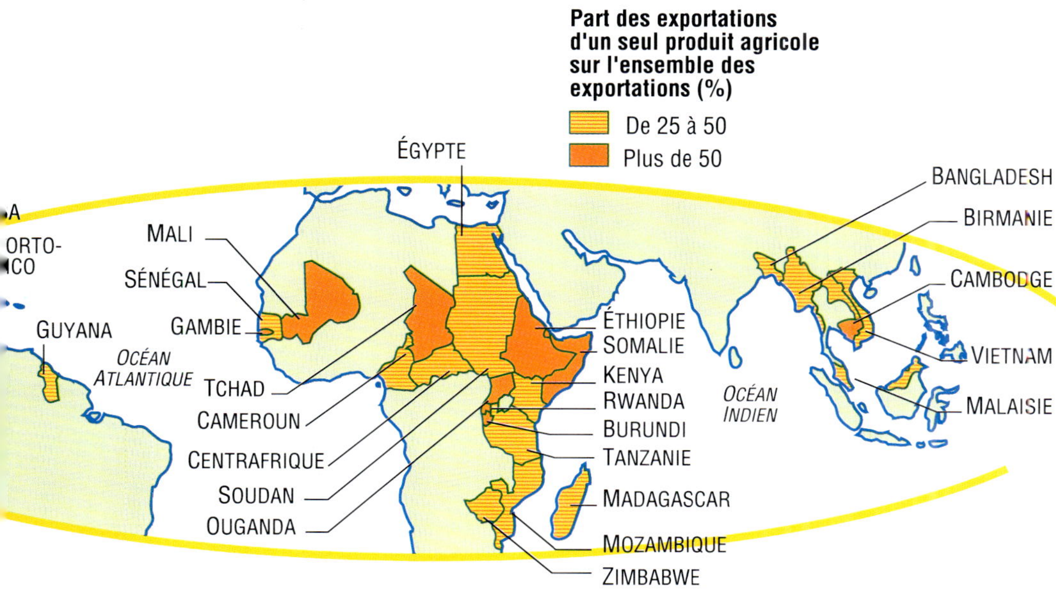

Monoculture, mono-exportation

La ceinture de la faim comprend nombre de pays en situation de mono-exportation d'un produit agricole. Ces monocultures sont nocives pour l'environnement (érosion des sols, désertification...) et rendent le pays fragile économiquement : canne à sucre de l'île Negros aux Philippines, arachide au Sénégal, cacao en Côte-d'Ivoire. De plus, elles rivalisent avec les cultures locales qui ne nécessitent que peu de progrès techniques, mais sont indispensables à l'alimentation des populations. Il faut donc rétablir la concurrence entre cultures vivrières et commerciales sans condamner définitivement les cultures industrielles qui ont dynamisé l'agriculture dans bien des régions.

Maladies du passé : la résurgence

On croyait le temps des grandes épidémies révolu grâce à la découverte des vaccins et à leur application systématique. Pourtant, certaines **maladies jadis responsables de nombreux décès** et qui semblaient **quasiment éradiquées, resurgissent.** Ce phénomène se produit souvent à la suite de **perturbations de l'environnement** favorisant la prolifération de vecteurs de virus ou de contacts de l'homme avec des espèces infectées.

La réapparition récente des **dengues hémorragiques** aux États-Unis, par exemple, provient de modifications écologiques qui ont entraîné la prolifération du moustique *Aedes aegypti*, vecteur habituel du virus, tandis que l'*Aedes albopictus*, autre vecteur moins classique, était accidentellement importé à Houston dans de vieux pneus d'automobiles provenant d'Asie.

La **poliomyélite,** maladie très active dans la première moitié du siècle, à la suite de modifications environnementales, connaît elle aussi un nouveau développement. Elle touche plus souvent les adultes et son pouvoir paralysant est accru.

Deux **épidémies** sévissent particulièrement dans cette dernière décennie du siècle : le **paludisme** et le **choléra.**

En dépit de la volonté de l'OMS d'éradiquer totalement le paludisme dès les années 1950, de violentes épidémies sont réapparues en Afrique orientale et en Asie. Elles sont essentiellement dues à la **résistance accrue du parasite** aux insecticides, DDT inclus, et au médicament le plus utilisé pour combattre la maladie, la chloroquine. En conséquence, à partir de 1988 et 1989, le paludisme a progressé.

Au **Vietnam** et au **Cambodge,** l'épidémie est particulièrement sévère. Au Vietnam, l'une des principales causes de la multiplication des anophèles responsables du virus est imputée aux bombardements des B-52 qui ont creusé dans la terre plus de 20 millions de trous où les moustiques pullulent. Au Cambodge, en 1992, l'OMS s'est alarmée de la forme particulièrement grave de paludisme résistant à tout médicament qui menaçait les quelque 20 000 militaires de la force de paix des Nations unies en phase de déploiement et les réfugiés cambodgiens en Thaïlande.

Hormis le **recours aux insecticides,** longtemps très efficace pour lutter contre le mal, la destruction du vecteur exige désormais l'**aménagement de l'environnement** par des mesures telles que l'emploi de moustiquaires imprégnées d'insecticides, la séparation des habitations et des terres défrichées et irriguées, l'assèchement des canaux quelques heures par jour ou encore la destruction des niches d'anophèles. En outre, un nouveau traitement, à partir d'une plante de la famille de l'absinthe, est à l'étude, et laisse quelques espoirs.

Le **choléra, absent d'Amérique latine depuis plus d'un siècle,** est lui aussi soudain réapparu et **gagne désormais l'ensemble du continent.** Selon l'OMS, de 90 à 120 millions de personnes vivent sous sa menace. Le vibrion *eltor,* responsable du fléau, semble être arrivé dans **un port du Pérou en février 1991** par un bateau chargé de poissons en provenance d'Asie. Au Pérou où 250 000 personnes vivent dans des bidonvilles, où se trouvent d'ailleurs les deux tiers des cas déclarés, il était difficile de circonscrire l'épidémie. Dans les milieux pauvres, le manque d'eau potable, les puits contaminés, les eaux usées non épurées faute d'infrastructures sanitaires efficaces favorisent la contamination. De plus, **la pauvreté contraint les populations à continuer à se nourrir de mets à base d'eau usée et de poissons contaminés.** Le choléra a déjà fait près de 3 000 morts. Un vaccin anticholérique s'est révélé efficace pour les adultes, mais il est coûteux. La lutte contre l'épidémie exigerait en fait d'assainir l'eau et de décontaminer les produits alimentaires, une tâche quasi impossible. Le plus grand danger est de voir cette **maladie** devenir endémique, comme en Afrique où elle frappe fréquemment.

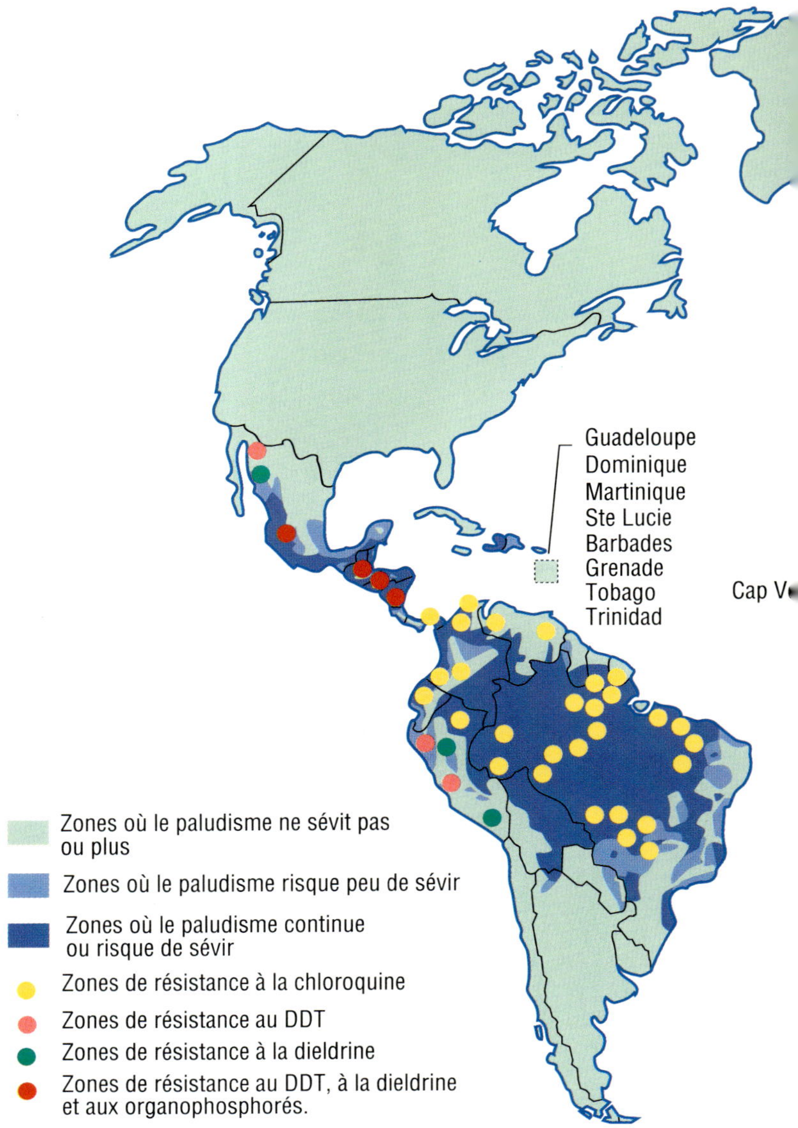

Choléra : la reprise

Le choléra, apparu au début du XIXe siècle au Bengale et dans la haute vallée du Gange, se traduit par une très forte déshydratation et des diarrhées. Il s'est répandu à travers l'Asie suivant les déplacements des populations et a atteint l'Europe, puis l'Afrique. L'épidémie de 1991, née au Pérou, a gagné l'Équateur, le Chili, puis le Brésil, la Colombie et le Mexique. Elle tend à toucher désormais l'Amazonie, un lieu où il sera difficile de l'enrayer. Cette épidémie ne doit pas faire oublier les nombreux morts que la maladie fait actuellement en Afrique. Luanshya, au nord de la Zambie, où trente-cinq personnes sont mortes en juin 1992 à la suite de l'ingestion d'eau polluée par des égouts, n'est qu'un exemple parmi bien d'autres.

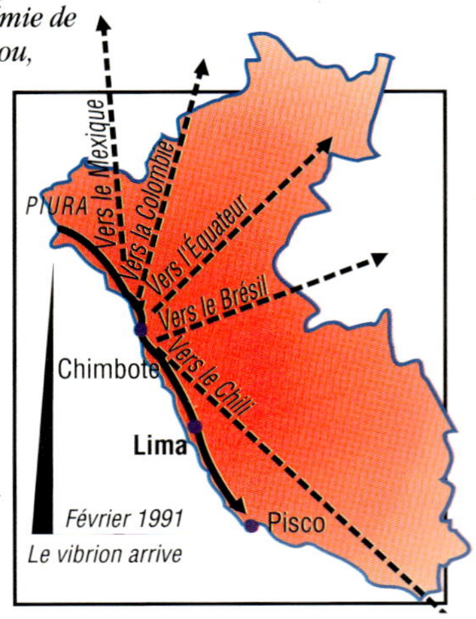

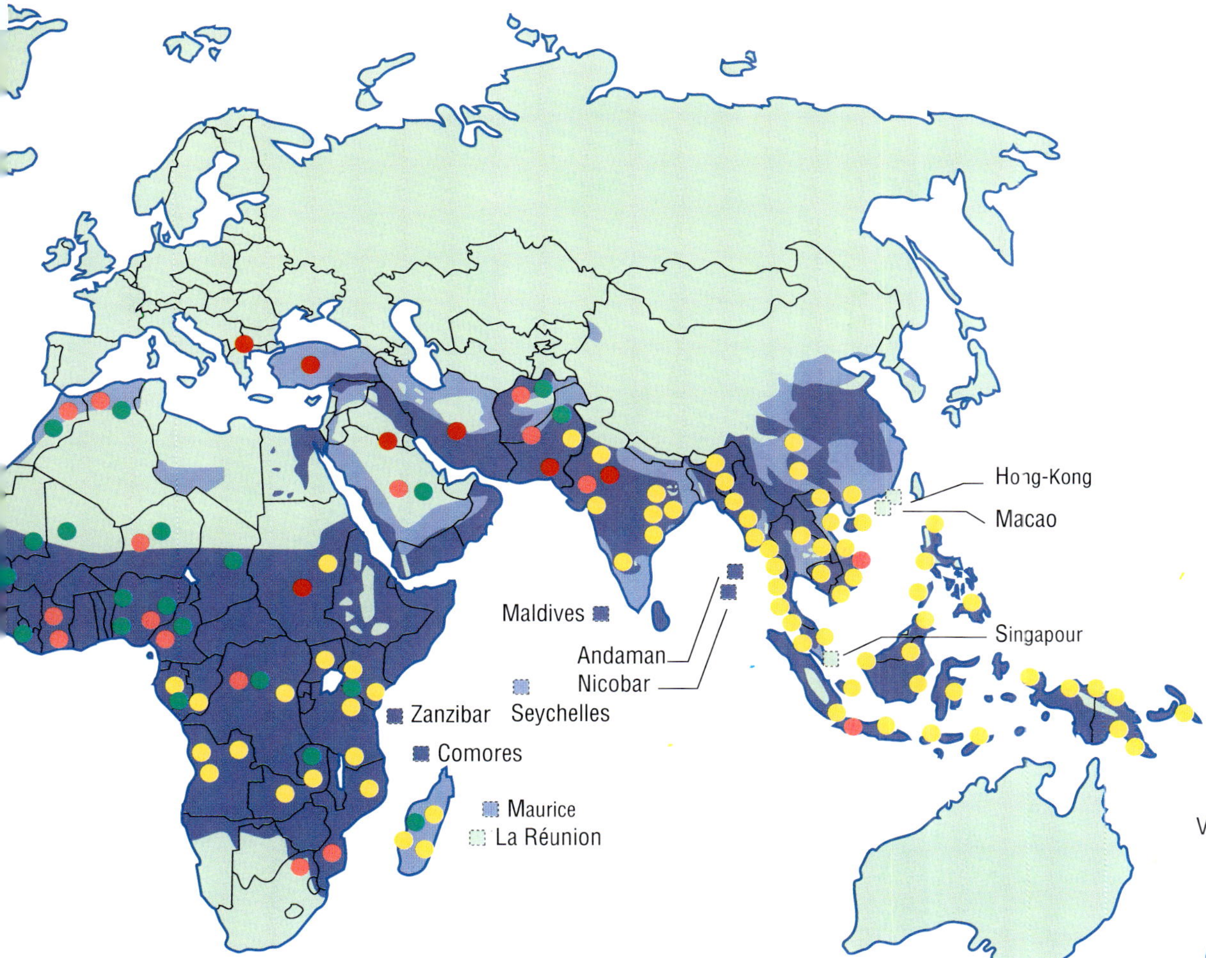

Paludisme : la résistance

Le paludisme touche l'Afrique, l'Asie et l'Amérique du Sud. Entre 1 et 2 millions de personnes en meurent chaque année, 267 millions de personnes seraient infectées et 2,1 milliards exposées à la menace de la maladie. Le paludisme donne fièvres, frissons et sueurs, et lors d'accès violents provoque le coma, puis la mort.

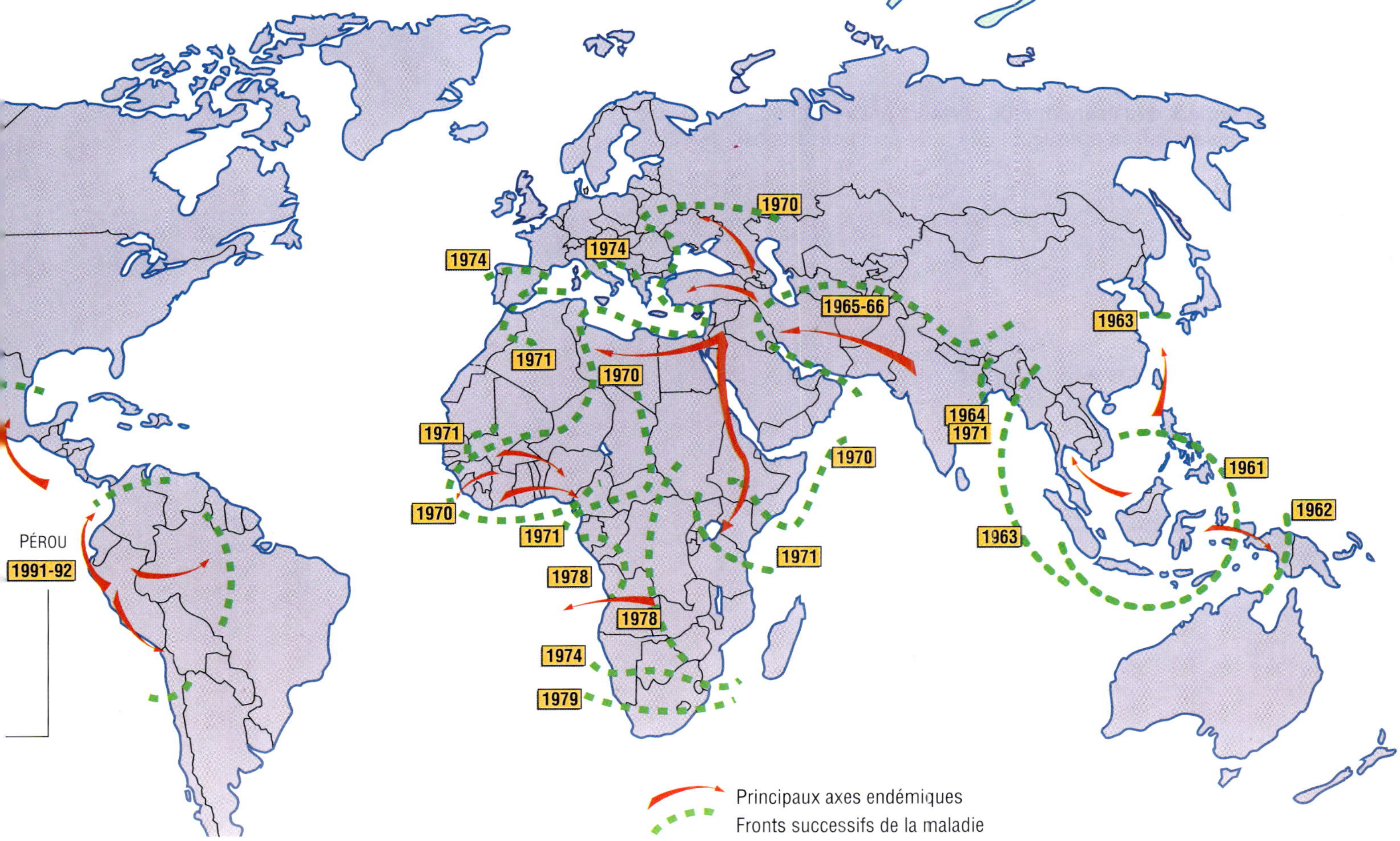

Paradis artificiels, enfers réels

Véritable **fléau,** la consommation de **la drogue** est devenue un phénomène de société inquiétant. Longtemps limitée à quelques minorités marginales en mal de « paradis artificiels », elle arrive aujourd'hui aux portes des écoles et jusque dans les quartiers les plus défavorisés, sans pour autant épargner les autres couches de la société. Désormais, **le trafic progresse partout,** et avec lui **la criminalité.**

La drogue affecte gravement ceux qui la consomment. Le phénomène d'accoutumance qu'elle engendre, les jettent dans la délinquance, car le besoin de drogue provoque le besoin d'argent, et conduit souvent au vol ou à l'insertion comme revendeur (*dealer*). Selon l'étude des *New York State Division of Substance Abuse Services*, **10 % des lycéens américains** des 11e et 12e grades **(1re et terminale) reconnaissent avoir consommé de la cocaïne** et **5 % du crack** (cristaux fabriqués à partir de cocaïne).

Le phénomène a pris une dimension supplémentaire avec le **SIDA**, les **seringues des toxicomanes** étant un des vecteurs privilégiés de la maladie.

La lutte contre la drogue pose de lourds problèmes. D'abord, parce que les **drogués** sont **marginalisés** et que peu de structures, susceptibles de les aider, existent. Ensuite, parce que les politiques employées diffèrent et prêtent à discussion : seringues gratuites, distribution de drogue, sevrages forcés, etc. Autant de solutions différentes qui font douter qu'il existe un remède miracle.

En amont, les intérêts sont grands. Ce commerce, dont le chiffre d'affaire pourrait avoir atteint 150 milliards de dollars en 1990, est contrôlé par **de puissantes organisations** qui disposent de capitaux grâce notamment à la complicité de certaines **banques.** D'où la **« guerre contre la drogue »** décrétée par George Bush dès 1989, et, en **1992**, le **sommet « antidrogue »** de San Antonio (Texas) que le président américain organisa avec les chefs d'État d'Amérique latine, pour décider d'une stratégie commune contre la drogue. Les **résultats** sont **décevants :** ni la consommation de cocaïne ni celle d'héroïne n'ont diminué aux États-Unis.

Des pans entiers de l'économie de certains pays (Colombie, Bolivie, Pérou) **reposent sur la drogue,** et de nouveaux centres apparaissent. Le Venezuela, pays de transit, blanchit les narcodollars. Le Brésil travaille la pâte de cocaïne bolivienne. L'Afrique noire, déjà lieu de transit, notamment au Nigéria, a un nombre croissant de pays producteurs : cannabis (Bénin, Gabon, Ghana, Kenya, Nigeria, Togo, Sénégal, Zaïre), pavot (Kenya, Nigeria) et même coca (probablement dans le nord du Nigeria). L'ex-URSS enfin est désormais route ouverte pour la drogue et même lieu de production, son instabilité économique et politique en faisant un lieu propice au trafic.

Beaucoup accusent les **pays riches** de favoriser l'**extension de la coca en faisant chuter les cours du café et du cacao.** Or, la **culture de la coca,** pratiquée traditionnellement et de façon légale par les Indiens des Andes, se révèle néfaste pour l'environnement quand elle s'intensifie. Le raffinage de la cocaïne rejette des tonnes de produits chimiques dans les fleuves et détruit l'écosystème du plateau andin. Les **paysans** sont **employés par de véritables multinationales** de la drogue qui les exploitent. Les méfaits de la drogue sont considérables. Cependant, l'abandon de ces cultures suppose donc de proposer aux paysans une autre activité.

La multiplication des **« zones grises »,** c'est-à-dire de zones qui échappent à tout contrôle hormis celui de la mafia de la drogue, est également un danger. Ces zones se prêtent à tous les trafics les plus douteux, tel celui du **stockage de déchets à risque.** Leur inaccessibilité, par exemple, a interdit aux services de santé péruviens de distribuer des soins lors de l'épidémie de **choléra** de février 1991. Les sites étant sous le contrôle du « Sentier lumineux », la maladie **semble avoir suivi la route de la drogue.**

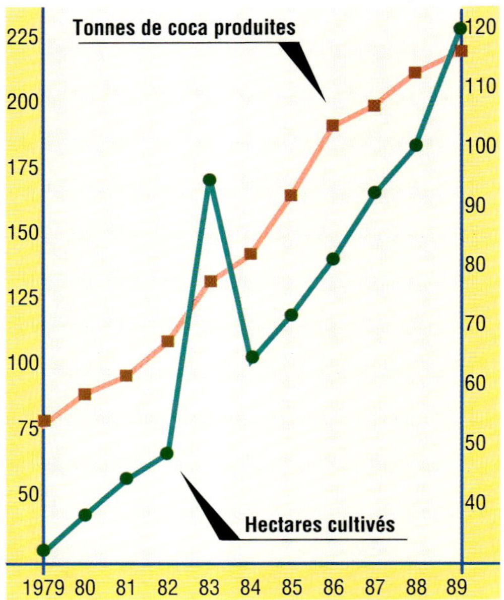

Surfaces et productions

La tendance générale des dix années représentées ici est une croissance continue. L'augmentation momentanée de surfaces cultivées permet à la production de se maintenir en constante augmentation.

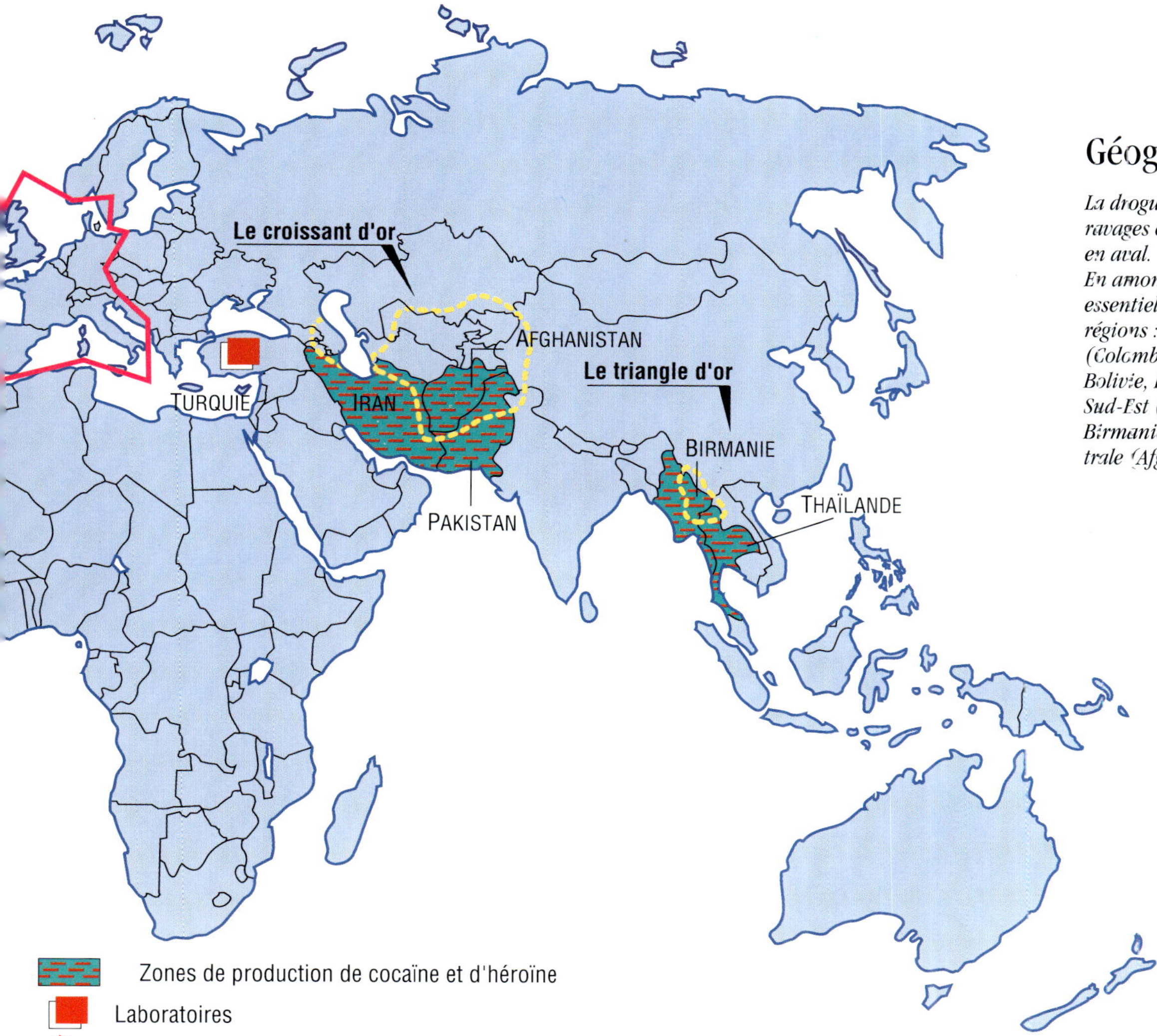

Zones de production de cocaïne et d'héroïne
Laboratoires
Principaux marchés de consommation
Zones incontrôlées

Géographie de la drogue

La drogue poursuit ses ravages en amont comme en aval.
En amont, elle touche essentiellement trois régions : l'Amérique latine (Colombie, Équateur, Bolivie, Pérou), l'Asie du Sud-Est (Thaïlande, Birmanie) et l'Asie centrale (Afghanistan, nord-ouest du Pakistan, républiques musulmanes de l'ex-URSS, Cachemire, Xinjiang).
En aval, elle affecte l'ensemble des pays industrialisés, au premier rang desquels les États-Unis. Elle a un coût humain et financier important.

Production mondiale de drogues, 1986-1990 (en tonnes)

HASCHISCH

PAYS	1986	1987	1988	1989	1990
LIBAN	720	600	700	905	1 000
PAKISTAN	200	200	200	200	200
AFGHANISTAN	200-400	200-400	200-400	300	300
MAROC	30-60	60	85	85	85
Total	**1 150 -1 380**	**1 060 -1 260**	**1 185 -1 385**	**1 490**	**1 585**

MAJIRUANA

PAYS	1986	1987	1988	1989	1990
MEXIQUE	4 000 -6 000	5 970 -7 130	5 655	47 590	47 590
COLOMBIE	2 530 -3 630	3 435 -7 760	5 927 -9 625	2 800	1 500
JAMAÏQUE	1 485 -2 025	325-535	340-470	190	190
BELIZE	550	200	120	66	66
AUTRES	800 -1 000	1 000 -2 000	3 000 -4 000	3 500	3 500
Total	**9 365 -13 205**	**10 930 -17 625**	**15 042 -19 870**	**54 146**	**52 846**

COCA

PAYS	1986	1987	1988	1989	1990
BOLIVIE	44 000 -52 920	46 000 -67 000	57 445 -78 355	65 998	64 000
COLOMBIE	12 000 -13 600	18 000 -23 000	19 000 -24 200	33 487	33 360
PÉROU	95 000 -120 000	98 000 -121 000	97 000 -124 200	123 828	108 544
ÉQUATEUR	1 000	400	300-500	270	170
Total	**152 000 -187 520**	**162 400 -211 400**	**173 745 -227 055**	**223 583**	**206 074**

OPIUM

PAYS	1986	1987	1988	1989	1990
AFGHANISTAN	400-500	400-800	700-800	585	500-800
IRAN	200-400	200-400	200-400	300	200-400
PAKISTAN	160-160	190-220	190-220	130	118-128
BIRMANIE	770-1 100	925-1 230	1065-1500	2625	2750
LAOS	100-290	150-300	210-300	375	300-450
THAÏLANDE	20-25	20-45	23-33	50	40
GUATEMALA				14	6
LIBAN				45	45
MEXIQUE	35-50	45-55	45-55	85	85
Total	**1 685 -2 525**	**2525 -3 050**	**2 433 -3 308**	**4 209**	**4 074 -4 734**

Le nouvel ordre écologique

Vingt ans après la conférence de **Stockholm,** la communauté mondiale se remobilise et décide de définir la politique écologique de la prochaine décennie. En **1972,** des sujets essentiels, comme les **pluies acides,** le **réchauffement global** ou l'**ozone,** avaient été abordés. Le Programme des Nations unies pour l'environnement avait été créé à l'issue de cette réunion. La Conférence témoignait donc de la préoccupation des Nations unies d'en finir avec certains excès, mais seuls 113 États et deux chefs d'État s'étaient réunis. Au sommet qui s'est déroulé du 3 au 14 juin 1992 à **Rio,** étaient présents 175 États et 117 chefs d'État et de gouvernement ; et ce, dans un **contexte international totalement bouleversé :** la guerre froide est révolue, la menace d'une guerre mondiale semble écartée depuis le consensus issu de la crise du Golfe, le souci d'une harmonisation entre le développement et la préservation de la planète semble possible.

La **nouvelle répartition mondiale** met en présence des **pays industrialisés divisés** sur la question de l'environnement. Ainsi, à Rio, **George Bush** a-t-il fait cavalier seul, une attitude favorisée par la coïncidence de la Conférence avec la campagne électorale des présidentielles américaines. Face aux problèmes socio-économiques intérieurs, le président a affirmé qu'il **privilégierait l'économie sur l'écologie ;** il n'a en conséquence pas signé la convention sur la biodiversité, qui aurait pu heurter le monde des affaires. Le **Japon,** lui aussi, reste en retrait, ne voulant pas donner l'impression de profiter de l'isolement des États-Unis. Il est le seul grand à ne pas avoir envoyé son Premier ministre, et a refusé de porter son aide à 0,7 %, mais il a signé les deux conventions sur le climat et la biodiversité. La **CEE,** relativement homogène, est handicapée par son manque de moyens. Mais les pays scandinaves, la France et l'Allemagne se sont engagés à consacrer 0,7 % de leur PNB à l'aide publique au développement.

Les **pays du Sud** sont eux aussi **divisés,** l'**OPEP** se démarque en s'opposant violemment à la taxation des combustibles fossiles.

Enfin, ne pouvant aider le tiers monde, mais ne pouvant non plus prétendre à l'aide financière de l'ONU au tiers monde, les **« pays de transition »** (pays de l'Est) sont confrontés au coûteux désastre écologique révélé par la faillite de l'empire soviétique. Son ampleur justifierait un véritable **« plan Marshall »** de l'écologie, financé essentiellement par l'Europe occidentale, les États-Unis et le Japon.

Le nouvel ordre écologique risque donc d'être calqué sur le nouvel ordre mondial et donc de renforcer la **domination des membres du G 7** (regroupant 7 pays industrialisés : Allemagne, France, Grande-Bretagne, Italie, États-Unis, Canada et Japon). Il est révélateur que les négociations aient achoppé sur des orientations décisives concernant les **multinationales** ou la recherche. Des sujets aussi importants que l'impact de la dette et les négociations au sein du **Gatt** (*General Agreement on Trade and Tariffs*) ont été exclus.

A **Rio, aucun système fiable de vérification des engagements** pris n'a été adopté, mais la Conférence a permis une **mobilisation** planétaire. Reste maintenant à s'interroger sur les moyens de préserver la Terre. La Conférence a laissé transparaître la faiblesse de sa préparation scientifique. Ainsi, une partie de la **communauté scientifique** a dénoncé les dangers « de l'émergence d'une idéologie irrationnelle qui s'oppose au progrès scientifique et industriel ». L'appel de **Heidelberg** adressé aux chefs d'État et de gouvernement a été lancé le 3 juin 1992 par 264 scientifiques, dont une cinquantaine de prix Nobel. Selon eux, l'écologie a besoin de la science et réciproquement. Ce sont les scientifiques qui rassemblent les données sur l'état des ressources ou l'effet de serre. Ils veulent donc éviter que l'écologie ne devienne un pouvoir politique, idéologique, religieux. **Cette inquiétude des scientifiques, pour légitime qu'elle soit, semble faire peu de cas des pouvoirs politiques pourtant en charge jusqu'à ce jour des grandes décisions.**

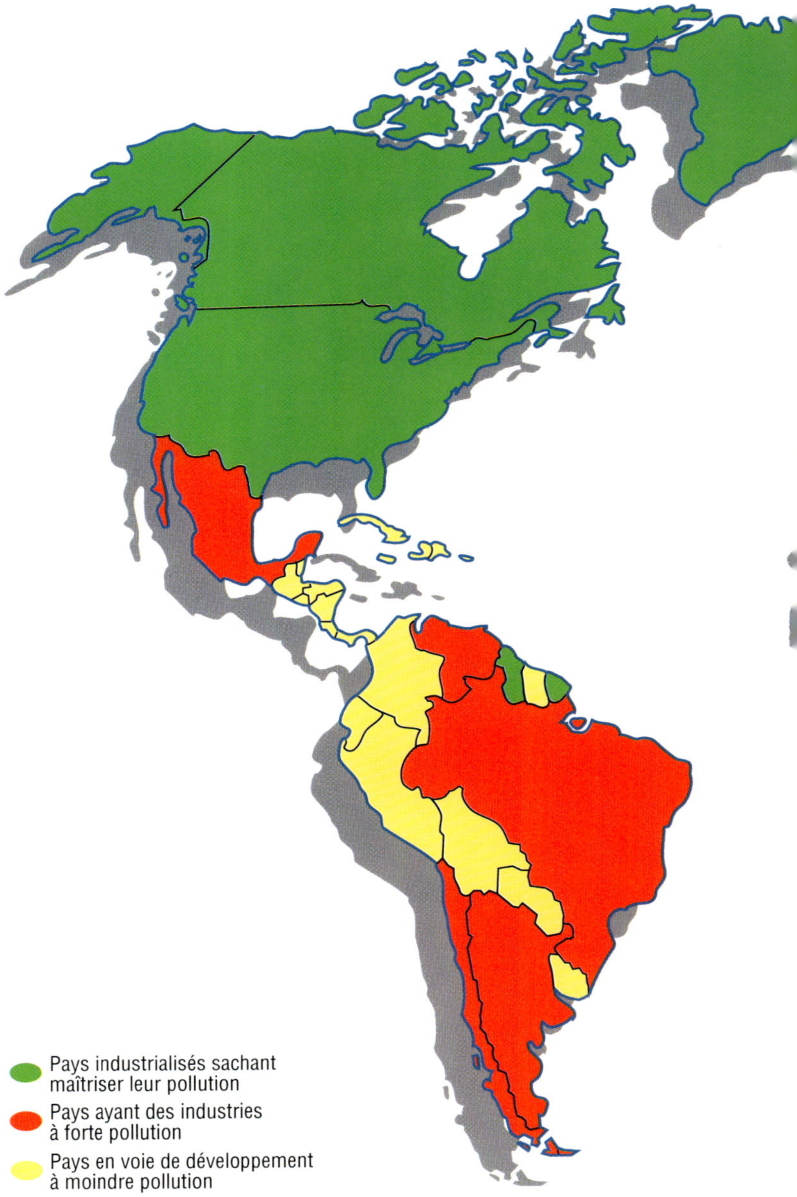

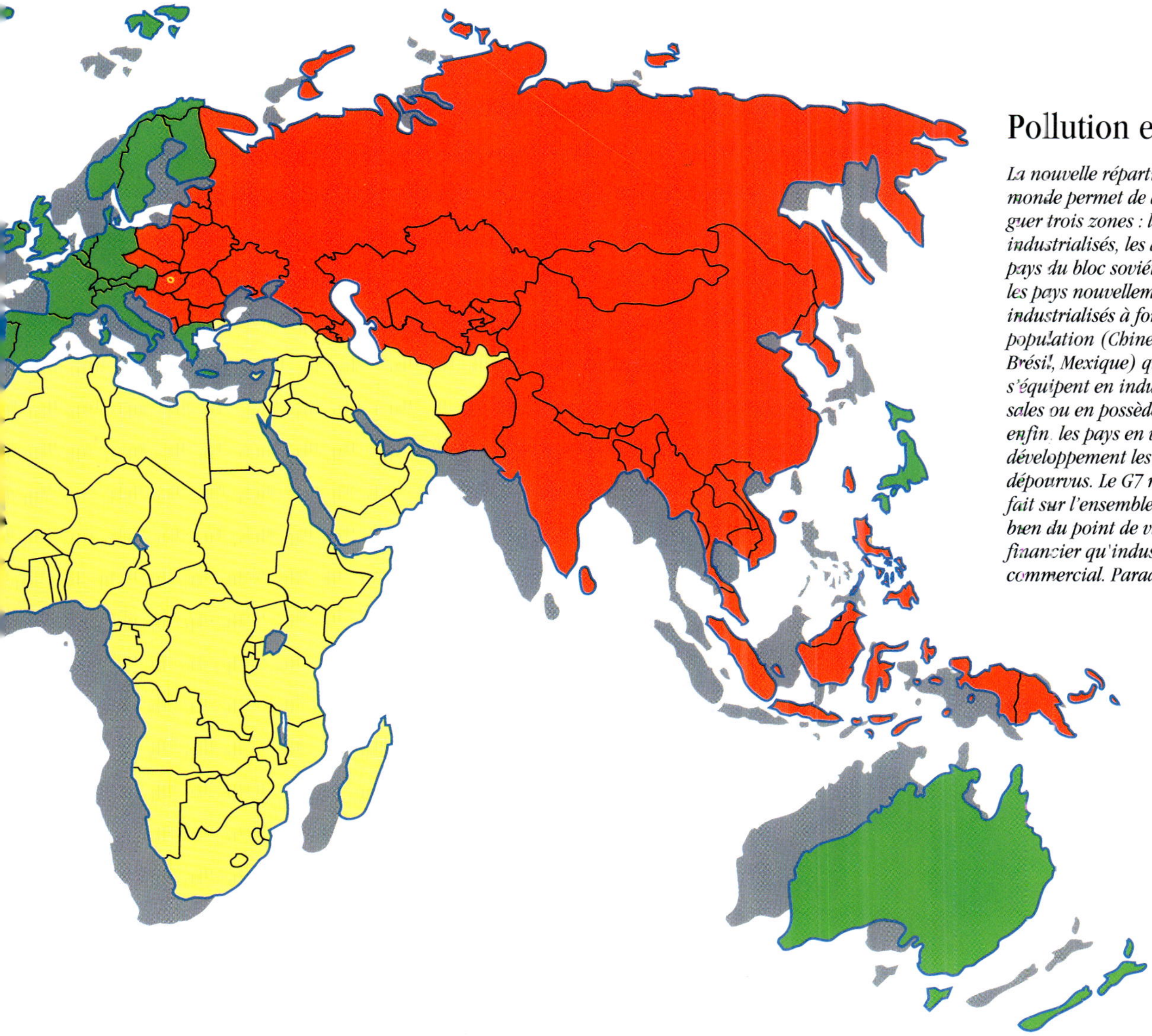

Pollution et maîtrise des risques

La nouvelle répartition du monde permet de distinguer trois zones : les pays industrialisés, les anciens pays du bloc soviétique et les pays nouvellement industrialisés à forte population (Chine, Inde, Brésil, Mexique) qui s'équipent en industries sales ou en possèdent déjà, enfin, les pays en voie de développement les plus dépourvus. Le G7 règne en fait sur l'ensemble, aussi bien du point de vue financier qu'industriel et commercial. Paradoxe apparent : ce sont les pays les plus industrialisés qui bientôt pollueront le moins, car les mesures écologiques sont extrêmement onéreuses et donc inabordables pour bien des pays en développement. L'ex-URSS et ses satellites devraient pouvoir investir des sommes considérables pour devenir propres. Les nouveaux pays industrialisés (NPI) n'appliquent que partiellement les règles qui permettraient le respect de l'environnement.

Le bilan de Rio

	CONTENU	SIGNATAIRES	LIMITES
CONVENTION SUR LES CHANGEMENTS CLIMATIQUES	Limitation des émissions de gaz à effet de serre, à commencer par le gaz carbonique	154 États	Accord-cadre, donc sans objectifs contraignants, notamment pour les États-Unis, et les pays de l'OPEP. Les Européens auraient souhaité que la production de gaz à effet de serre soit au même niveau en l'an 2000 qu'en 1990
CONVENTION SUR LA BIODIVERSITÉ	Protection des pays abritant des espèces protégées, par le biais de crédits et de transferts de technologies	154 États, excepté les États-Unis	Rejetée par les États-Unis qui s'opposent à la « biosécurité » risquant d'entraver la commercialisation de produits obtenus par manipulations génétiques Les Européens la jugent sans grande portée, parce qu'elle ne prescrit aucune mesure concrète
DÉCLARATION SUR LA FORÊT	Préservation des forêts tropicales et boréales, considérées comme des ressources naturelles sous la souveraineté des États	En cours de signature	Les pays « forestiers » du Sud considèrent la protection internationale de leur forêt comme une atteinte à leur souveraineté Seulement une déclaration, l'Inde, le Brésil, l'Indonésie et surtout la Malaisie ayant mis leur veto à une convention sur la forêt
AGENDA 21	Catalogue d'objectifs à atteindre pour le XXIe siècle abordant en 40 chapitres et près de 800 pages le « développement durable » Projet de convention sur la désertification	Tous les États	Aucune valeur juridique contraignante Seul engagement politique et symbolique Absence d'engagements financiers adéquats (débats autour du financement) Refus des pays du Nord de porter à 0,7 % de leur PNB le montant de leur aide au développement Refus des pays du Sud de soumettre ces nouvelles aides à l'adoption de mesures concrètes de protection de l'environnement
COMMISSION POUR LE DÉVELOPPEMENT DURABLE	Surveillance de l'application de l'Agenda 21 État des lieux de la planète sous l'autorité des États	Tous les États	Pas d'autorité décisionnaire Officiellement créée à l'automne par l'Assemblée générale des Nations unies et contrôlée par sa Commission économique et sociale Participation des scientifiques et des ONG

Le transfert des risques

Sous l'apparence de déplacement d'industries d'un site à un autre se cache souvent l'**exportation d'activités dangereuses.** Les réglementations de plus en plus strictes dans les pays industrialisés incitent un grand nombre de firmes à installer les activités les plus polluantes hors de leurs frontières. Les **lois** en vigueur y sont beaucoup **moins sévères en matière de sécurité,** et parfois même inexistantes. Ce transfert explique que de très grandes **catastrophes industrielles** aient eu lieu dans des usines « délocalisées » comme à **Seveso** ou à **Bhopal.** A Seveso, en 1976, le dégagement de dioxine s'est produit dans une usine chimique, la ICMESA, filiale de la société suisse Givaudan, elle-même rachetée par la multinationale suisse Hoffman-Laroche. Quant à Union Carbide, société américaine, elle avait décidé d'installer son usine à Bhopal, en Inde, à la suite de protestations d'écologistes. **Le rôle joué par les multinationales dans la surveillance de normes conformes à des exigences de sécurité minimales est donc essentiel.**

Les **exportations de produits dangereux** sont une autre forme de transfert de risques. Les industriels ont longtemps profité de la législation lâche des pays du tiers monde pour y exporter des produits interdits ou dangereux, comme les **pesticides** ou certains **médicaments.** Plusieurs sociétés européennes n'ont pas hésité à envoyer des produits alimentaires dont le taux de radioactivité à la suite de Tchernobyl dépassait le nombre de becquerels (unité de radioactivité qui correspond à une désintégration par seconde) par kilo autorisé par la CEE. En janvier 1992, 120 tonnes de bœuf anglais suspecté de la maladie de la vache folle ont été refusées à Moscou, puis à Saint-Pétersbourg, avant d'être acceptées à Mourmansk.

La dernière forme de transfert de risques est l'**exportation de déchets dangereux.** Ainsi, selon Greenpeace, depuis 1985, le flux entre l'Ouest et l'Est s'élèverait à 5 millions de tonnes de déchets. Ce trafic est encore plus scandaleux dans l'axe Nord-Sud, car les pays du tiers monde ne disposent pas d'infrastructures de traitement des déchets. D'un côté, cette exportation a été **stimulée par les mesures antipollution** de plus en plus sévères des **pays industrialisés** et le renchérissement du coût de l'élimination des déchets ; de l'autre, par les **difficultés économiques des pays en développement** pour lesquels l'accueil des déchets est source de revenus considérables par rapport à leur PNB annuel. Les transactions entre multinationales, courtiers douteux et parfois gouvernements des pays en voie de développement se sont donc multipliées. Les scandales aussi ! L'odyssée des fûts contenant des déchets toxiques qui, partis d'Italie en février 1987, regagnèrent leur port initial sur le ***Zenobia*** en avril 1988, est restée célèbre. Toutes les tentatives de déchargement étaient restées vaines. Aussi l'exportation des déchets dans le tiers monde a-t-elle été sévèrement réprimée. Depuis 1987, 78 pays ont banni l'importation de déchets. L'OUA – Organisation de l'Unité Africaine – et les pays ACP – Afrique, Caraïbes, Pacifique – ont appelé à l'interdiction totale d'exportations de déchets du Nord vers le Sud, une décision renforcée par la convention de Bamako du 29 janvier 1991. **Officiellement, désormais, l'Afrique n'accepte plus de déchets de l'extérieur.** Des peines allant de trente ans de prison à la peine de mort sont même prévues au Nigéria pour quiconque importe des déchets toxiques ou nucléaires. Une mesure qui s'explique par la découverte, en 1988, de fûts contenant des déchets toxiques dans le port de Koko. Ces déchets en provenance d'Italie finalement évacués ont interdit l'accès de la ville pendant près d'un an.

Les **« pays poubelles » n'ont pas disparu pour autant :** en Afrique, la pauvreté favorise le trafic clandestin, le Liban ou la Turquie se sont déjà adonnés à ce commerce, et les pays de l'Est comme la Chine ont proposé d'accueillir des déchets en échange de devises.

Le Sud, poubelle du Nord

En 1989, environ 20 % des déchets dangereux des pays industrialisés auraient été expédiés vers les pays en voie de développement. Les Américains ont été les premiers à pratiquer les exportations de déchets. Après s'être débarrassés chez leurs voisins immédiats (Québec, Mexique, Haïti), ils se sont tournés vers la Sierra Leone dès 1979. Les Européens ont suivi en signant un contrat avec la République centrafricaine en 1988, puis la Guinée Bissau, etc. De plus, au large de l'Afrique, les bateaux de certains pays industrialisés viennent vidanger leurs réservoirs. Tous ces « échanges » ont eu lieu avec la complicité plus ou moins active des autorités locales contraintes à un tel commerce. Désormais interdits, les trajets que l'on voit sur la carte sont censés ne plus exister mais la pauvreté d'un côté et l'encombrement des déchets de l'autre risque de faire perdurer ce commerce illicite.

Exportation de catastrophe

Bhopal, l'une des plus grandes catastrophes industrielles, montre les dangers de l'exportation du risque technique. La firme Union Carbide a été condamnée à payer 470 millions de dollars en 1989 pour ce transfert de risque, mais un nouveau jugement doit avoir lieu.

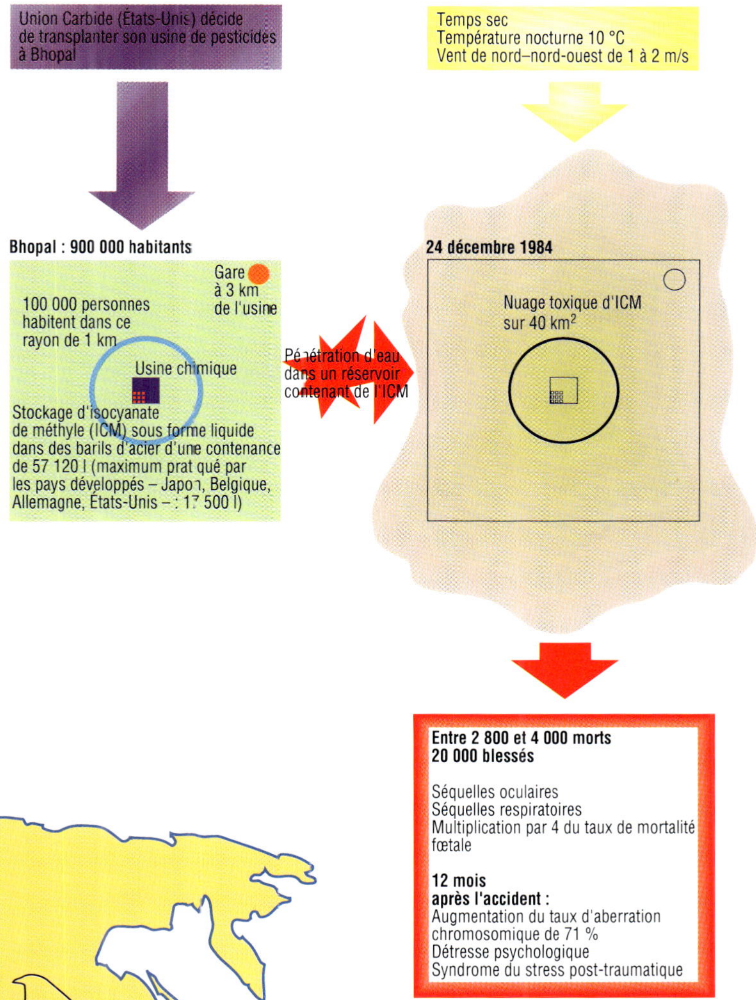

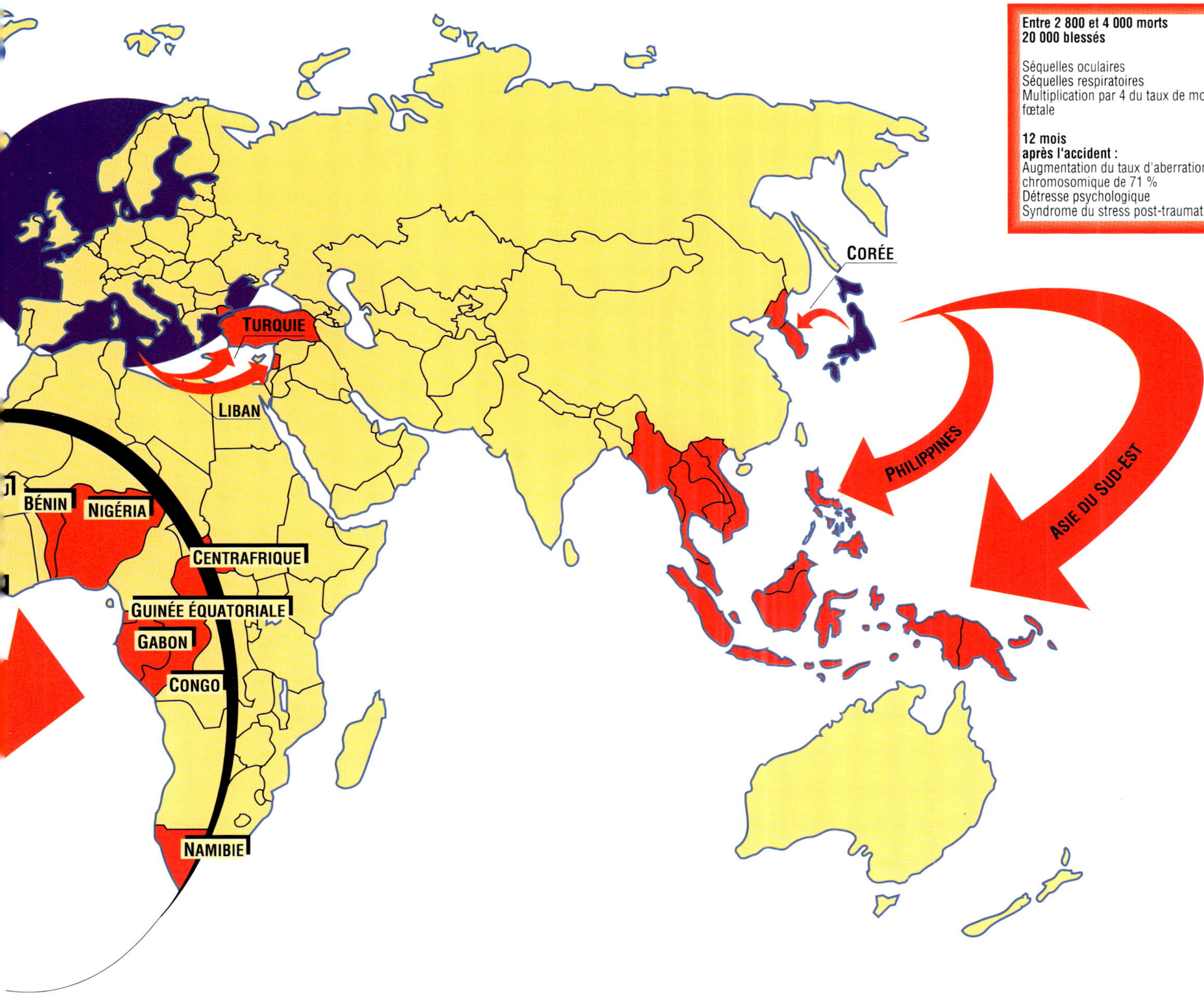

Marché unique propre ou sale ?

Les États-Unis, le Japon, le Canada ont dans l'ensemble des normes beaucoup plus contraignantes en matière d'environnement que les États européens. Les pays de l'AELE (Association Européenne de Libre-Échange) ont des normes plus strictes, l'Autriche et la Suisse notamment, pour la réglementation des déchets, de la production de plastiques ou des transports. L'ouverture d'un marché unique « propre » est donc nécessaire par rapport aux autres partenaires occidentaux, et pour la CEE (Communauté Économique Européenne) elle-même.

La construction européenne a introduit une dimension nouvelle, supranationale, dans le droit de l'environnement. L'Acte unique européen fixe en ces termes les objectifs suivants :
– « préserver, protéger et améliorer la qualité de l'environnement » ;
– « contribuer à la protection de la santé des personnes » ;
– « assurer une utilisation prudente et rationnelle des ressources naturelles ».

Enfin, à Maastricht, en février 1992, les pays de la Communauté ont réaffirmé que l'environnement était une réelle préoccupation. La politique des Douze est fondée sur le **principe d'« action préventive ».** Le **principe du « pollueur-payeur »** s'est peu à peu imposé qui exige d'internaliser les coûts de la dégradation de l'environnement. L'Europe « propre » devrait donc s'imposer dans la pratique.

Cependant, **l'Europe sans frontières risque de devenir l'Europe sans contrôle.** La levée de la surveillance des douaniers sera-t-elle remplacée par un contrôle efficace des autorités régionales ? En effet, avec l'ouverture du marché unique et la disparition des frontières, les hommes, les marchandises et les capitaux pourront circuler librement

Certes, l'Acte unique introduit une **logique d'« harmonisation par le haut » des normes d'environnement,** en laissant la possibilité aux États membres d'adopter des normes plus strictes que celles approuvées sur le plan communautaire et en ne recherchant pas de compromis sur des bases laxistes. La jurisprudence de la Cour de justice a même déjà fait prévaloir le principe de respect de l'environnement sur celui de la libre circulation des produits. Mais certains craignent que les niveaux de protection définis dans l'Acte unique européen ne soient contournés. Un rapport de recherche rédigé par l'Institut allemand de normalisation (*Deutsches Institut für Normung* – DIN) montre les **effets pervers du grand marché : entrée de produits et de substances interdites** sur le marché européen au nom de la reconnaissance mutuelle, **États ayant un niveau de protection élevé défavorisés par les scrutins à majorité qualifiée, « harmonisation par le bas ».** On pourrait y ajouter le risque de propagation des épidémies d'origine animale ou végétale avec la multiplication des échanges. L'avènement d'un grand marché ouvert de l'énergie va multiplier les communications et risque en outre de renforcer la surcharge des grands axes. Les réalisations et les projets de routes, de tunnels, de ponts sont en perpétuelle extension : construction du tunnel du Gothard (49 km) et du tunnel de Lötschberg (28 km), tunnel sous la Manche, traversée des Pyrénées, tunnels et ponts au-dessus du Grand Belt pour relier le Jutland avec la Zélande et la Suède et pour rapprocher la Scandinavie des pays européens.

Dans le **conflit entre écologie et économie,** les régions économiques les plus faibles, c'est-à-dire les pays méditerranéens, conservent pour priorité de rattraper le niveau de vie des pays du Nord de la CEE. Ils ressentent donc les normes écologiques comme des entraves et leur coût leur semble encore insurmontable. Or ces zones sont souvent très exposées à l'installation d'infrastructures touristiques ou industrielles parfois néfastes à leur environnement (Espagne, Portugal, Grèce).

La difficulté réside dans le **juste équilibre** entre l'**édification d'une Europe propre** et l'adoption de **dispositions écologiques** suffisamment raisonnables **pour ne pas remettre en cause la compétitivité** internationale des pays de la Communauté.

Le civisme européen

Face à l'accroissement des problèmes écologiques, la Communauté a adopté un grand nombre de directives qui définissent une véritable législation européenne édictant des normes de prévention, notamment pour l'air et l'eau. Leur application est souvent difficile malgré les mécanismes de mise en cause des États prévus par les traités, pour non-observation des directives et règlements.

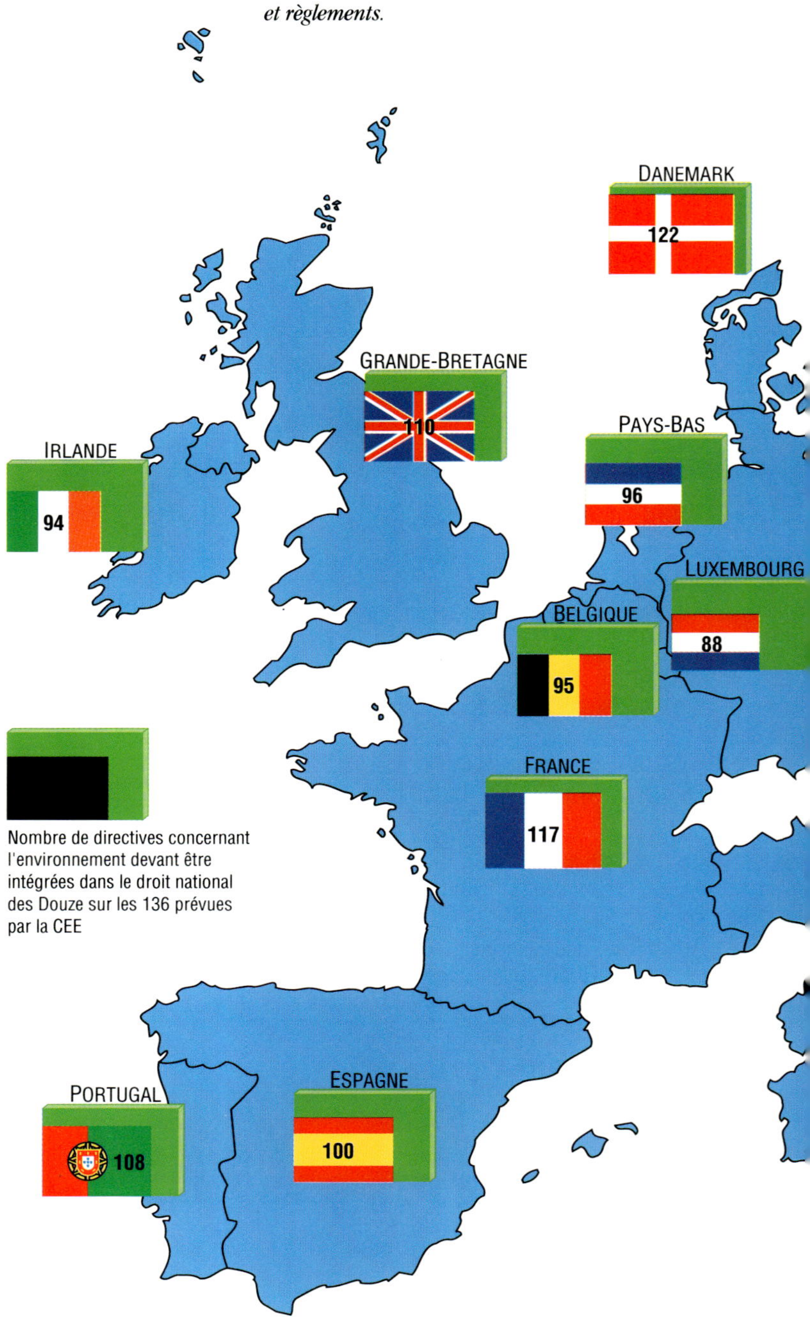

Nombre de directives concernant l'environnement devant être intégrées dans le droit national des Douze sur les 136 prévues par la CEE

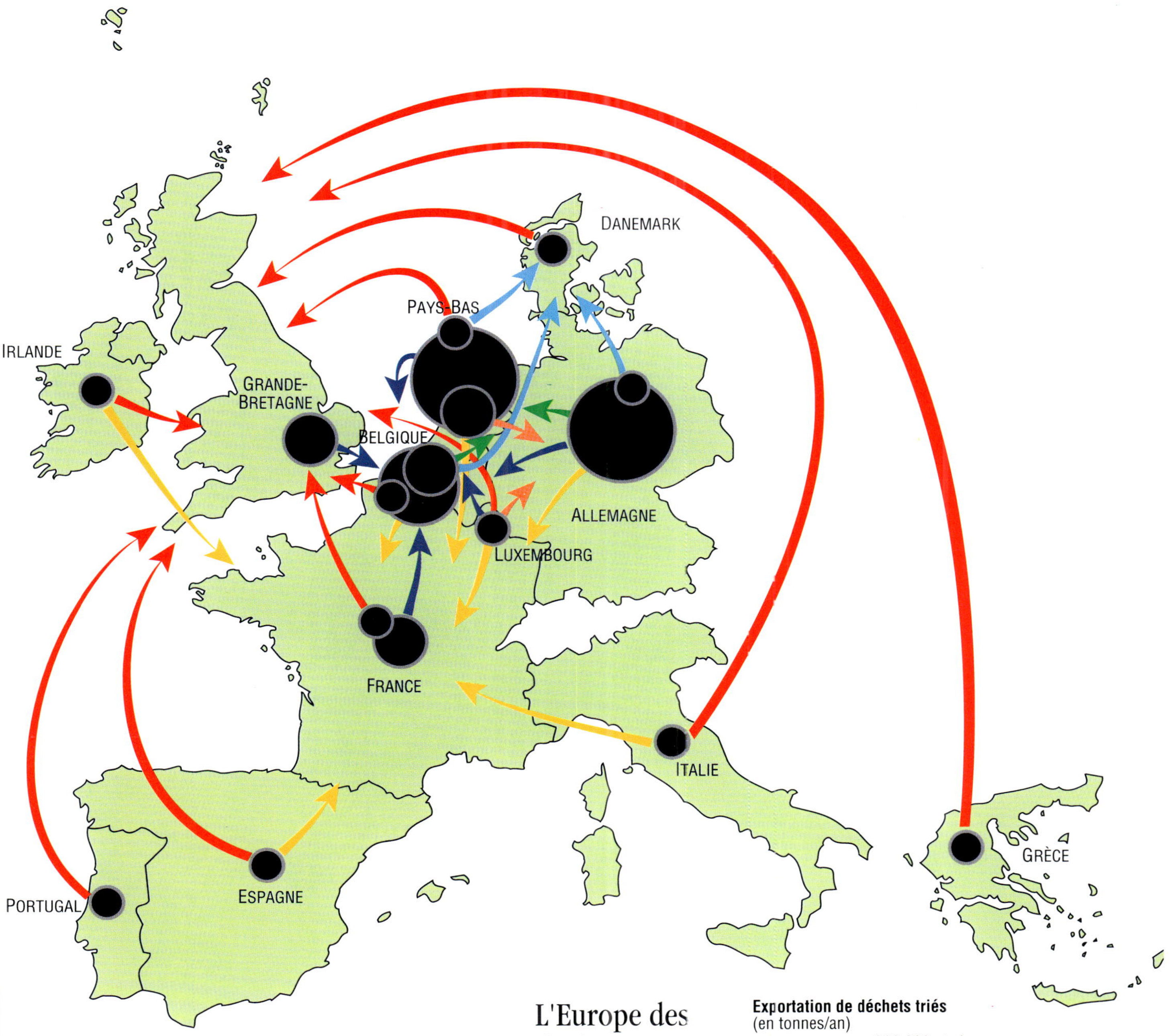

L'Europe des déchets

L'Europe sans frontières ne risque-t-elle pas de devenir l'Europe sans contrôle, celle qui, par exemple, favorisera la circulation de déchets douteux ? Longtemps, dans ce domaine aussi, la tentation a été de déporter les risques, les pays exportateurs ne se souciant guère de la qualité des équipements susceptibles d'accueillir leurs déchets, de les retraiter ou de les stocker.

Est : le dégel écologique

La **disparition de l'URSS** et de la **structure économico-politique** qui l'entourait **(démocraties populaires)** a permis la découverte d'un véritable scandale écologique. Dans un **régime sans contrôle démocratique** et où chercheurs et techniciens étaient assujettis à la **raison d'État**, ces atteintes à l'environnement ne sont pas étonnantes. Nul ne se serait permis de demander des comptes à la puissante **Armée rouge** ou aux **directions d'entreprises,** dont la production était étroitement contrôlée par le **KGB.** De telles pratiques, ajoutées au mythe du « paysage industriel » et à l'impératif au moins théorique d'atteindre les **objectifs du Plan,** ont amené à une situation que l'on peut considérer comme « globalement catastrophique ».

Dans le domaine de l'**agriculture,** la conquête forcenée, depuis les années 1960, de nouvelles terres, les célèbres **« fronts pionniers »,** a souvent entraîné une désorganisation du **système d'irrigation** naturelle. L'épandage massif de **pesticides** et d'**engrais,** les **labours à outrance** ont dénudé une terre, dont la meilleure part a été érodée par les vents. L'extraction du charbon et du minerai, enfin, a privé l'agriculture de terres labourables et exercé un effet néfaste sur le rendement des terres agricoles (poussières, gaz...).

Dans le domaine **industriel,** la priorité accordée à l'industrie (lourde notamment) et à des **rythmes forcés** a été particulièrement nocive. Le danger des industries métallurgiques et sidérurgiques, grandes productrices de **poussières très toxiques,** a été renforcé par leur installation souvent systématique au sein de grosses **agglomérations** et, si possible, à proximité des quartiers d'habitation. D'où une **morbidité** considérable à Kemerovo, Kommounarsk, Magnitogorsk, Zaporojie, Mednogorsk, Djezkazgan, Bratsk, Chelekhov, Balkhach, Karabach, Revda, Alaverdi... Les entreprises chimiques, elles aussi, se sont multipliées très rapidement. De véritables villes consacrées à cette monoactivité ont été construites sans qu'aucune précaution d'ordre écologique ait été prise : Dzerjinsk, Berezniki, Oufa... autant de capitales de la chimie aux fumées multicolores, à l'air irrespirable, aux arbres défeuillés et aux poissons de rivière immangeables.

Dans les domaines de l'**énergie,** la politique hydro-énergétique a été particulièrement fâcheuse. Les **barrages** ne sont pas polluants en eux-mêmes, mais ils détruisent l'environnement en rompant le cours normal des eaux et en multipliant les lacs artificiels. Les eaux de la Volga, qui s'écoulaient en un mois, s'écoulent désormais en un an et demi. Mais ce sont les **centrales nucléaires** qui sont le problème le plus préoccupant. Ni les centrales ni l'évacuation des **déchets** nucléaires n'ont, en effet, été soumises aux mêmes exigences de sécurité que dans les pays occidentaux.

Dans le domaine **militaire,** enfin, le danger a été accentué par le **« secret défense »** qui a permis tous les **abus :** essais divers aux effets plus ou moins contrôlés, mise au rebut de matériels dangereux sans précaution particulière.

Cinquante ans d'agressions contre l'environnement sont difficiles à effacer en quelques mois. Aujourd'hui, les nouveaux États concernés sont pour la plupart incapables d'assurer le **contrôle** ou la **maintenance** dans ces différents domaines. L'Ukraine a beaucoup de **difficultés financières et techniques** à mener à bout le programme de décontamination de Tchernobyl et de sa région, la Bulgarie ne peut pas assurer l'**entretien des centrales nucléaires** construites sur son territoire par les Soviétiques. Et il est significatif que tous les réacteurs de la centrale de Greifswald dans l'ex-RDA, aujourd'hui sous contrôle occidental, aient été arrêtés. Les milliards et les moyens technologiques qui seraient nécessaires par exemple pour **neutraliser les déchets** de la mer de Kara, nul pour le moment n'est capable de les donner. De même, qui peut **fournir de l'électricité** aux Soviétiques si l'on arrête l'ensemble des centrales nucléaires qui doivent l'être ? Qui peut **financer l'arrêt de la culture de coton** pour sauver la mer d'Aral ?

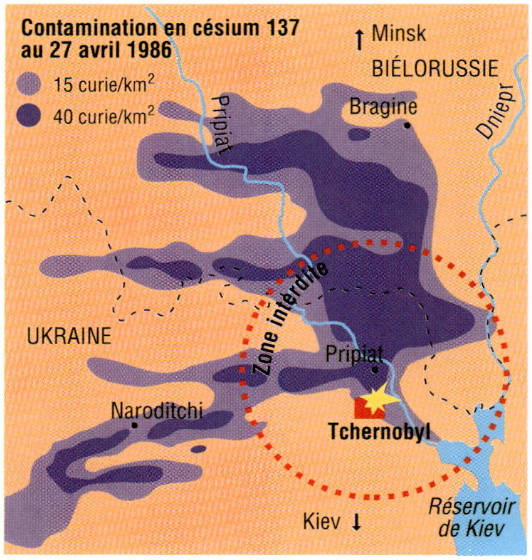

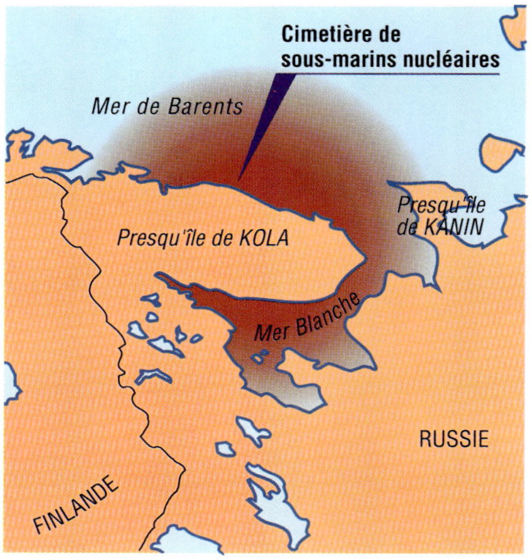

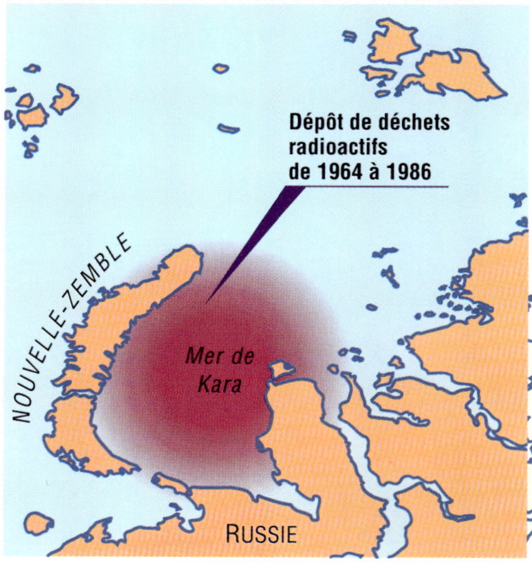

Risques radioactifs

Si l'explosion de la centrale nucléaire de Tchernobyl n'a pu être cachée, l'existence de nombreuses centrales du même type, à Saint-Pétersbourg, Koursk ou Smolensk, est très inquiétante. Plus discrets, mais tout aussi menaçants, sont certainement les risques que fait courir le cimetière de sous-marins nucléaires de la mer de Barents. Dans la mer de Kara, l'immersion de nombreux conteneurs remplis de matière radioactive, en violation de toutes les conventions internationales, laisse craindre le pire dans une période de dix à cinquante ans. D'autant plus que cette pollution est susceptible d'atteindre les côtes d'Europe occidentale.

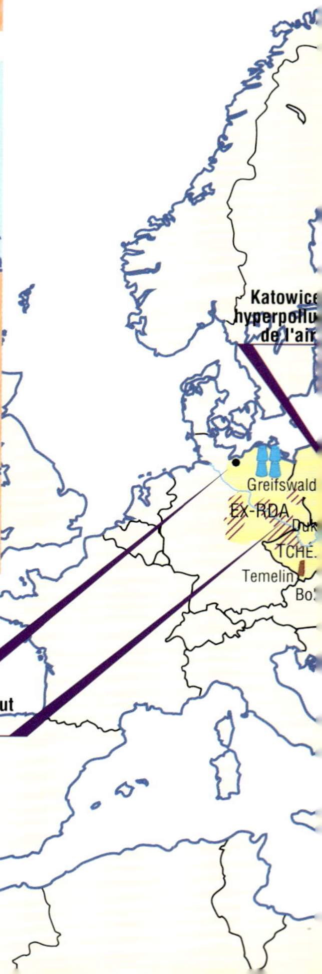

Effets pervers de l'aménagement

Deux exemples d'« aménagement » de la nature particulièrement néfaste. Le ralentissement du cours de la Volga par neuf barrages hydro-électriques entraîne un bouleversement des échanges d'eau et une stagnation qui menace de nombreuses espèces dont l'esturgeon de la Caspienne. Les travaux d'irrigation pour la culture de coton au Kazakhstan et dans les républiques voisines ont détourné de la mer d'Aral l'eau de ses affluents : le Syr-Daria et l'Amou-Daria. La côte se trouve désormais à soixante-dix kilomètres du port de pêche de Mouinak. Un sauvetage de la mer se chiffrerait à 300 milliards de francs.

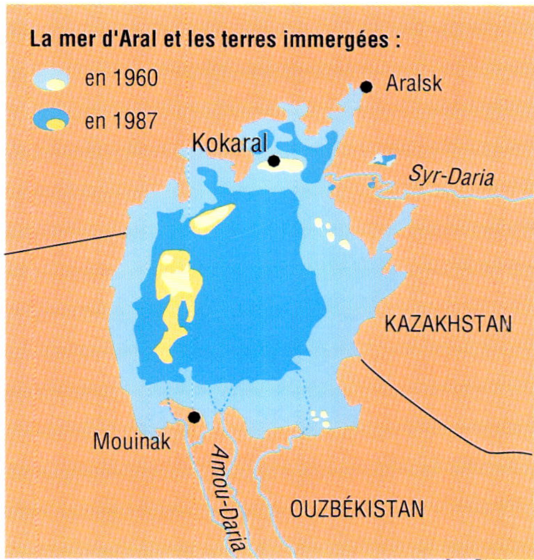

L'Antarctique

L'Antarctique n'est pas un continent comme les autres. Il se distingue par sa taille et sa situation (aussi grand que l'Europe, il s'étend sur 14 millions de kilomètres carrés à mille kilomètres de l'Amérique du Sud) et surtout par ses conditions climatiques. Il est presque totalement couvert d'une couche de glace de 2 500 mètres d'épaisseur en moyenne. En hiver, les températures peuvent descendre jusqu'à – 70 °C, les vents peuvent y atteindre 300 km/h. La seule vie humaine organisée en Antarctique tourne autour d'une quarantaine de **bases** permanentes. Les seules créatures terrestres y sont de petits **arthropodes.** La **végétation** est **rare :** environ 500 espèces de lichens, 70 de mousses. Surtout le milieu est particulièrement fragile ; la moindre agression physique, chimique ou biologique risque de l'altérer considérablement

Scientifiquement, l'Antarctique, encore très largement vierge, constitue un **observatoire exceptionnel :** il fournit des éléments d'informations précieux sur les **modifications antérieures du climat** et la **composition de l'atmosphère** sur 150 000 ans environ. Représentant **90 % des glaces de la planète,** il joue un rôle fondamental dans la **régulation du climat.** Il abrite en outre **70 % des réserves d'eau douce** de la Terre.

Le **traité de Washington,** entré en vigueur en 1961, fait de ce continent une zone régie par un régime international de protection. Il décrète, dans ses articles 2 et 3, la liberté et la coopération internationale en matière de recherche scientifique. L'article 4 gèle toute revendication de souveraineté territoriale et l'article 5 interdit toute explosion nucléaire ainsi que l'élimination dans cette région de déchets radioactifs. Le traité a été complété à **Londres,** en 1972, par une convention sur la protection des phoques, puis à **Canberra,** en 1980, par une convention sur la protection de la faune et de la flore marines. Aucune disposition relative aux ressources minérales n'ayant été adoptée, à l'initiative de la Nouvelle-Zélande les pays adhérents ont élaboré depuis une dizaine d'années une convention destinée à assurer la **sauvegarde de l'environnement** tout en permettant, sous certaines conditions strictes, des activités relatives aux ressources minérales. Cette convention a été signée à **Wellington** le 2 juin 1988.

La prise de conscience récente par l'**opinion publique** du rôle écologique majeur de l'Antarctique a largement contribué à cette prise de position, sous l'influence notamment de scientifiques comme le commandant Cousteau ou Paul-Émile Victor. L'**accord** conclu le **29 avril 1991** prévoit l'**interdiction de toute exploitation minière pendant cinquante ans.** L'éventuelle remise en cause de cette interdiction devrait être décidée par un accord entre les 26 États membres à part entière du traité de Washington et une majorité des trois quarts de l'ensemble des États signataires.

Malgré toutes ces précautions, des **menaces** pèsent toujours sur l'Antarctique : **marée noire** ou **pollution** provenant de régions lointaines. On trouve encore du **DDT** à des teneurs décelables dans la graisse des manchots alors que le plus proche territoire habité est à 1 800 km. Ces pollutions menaceraient la vie marine, celle des **krills,** mais aussi des pingouins ou des baleines.

Sur terre, la première menace est l'attrait de l'**exploitation minière** qui pourrait inciter certains à violer les traités. L'**Antarctique abrite d'immenses richesses : cuivre, uranium** et le plus grand gisement de **charbon** du monde. Les gisements de **pétrole** *off-shore* ont également attiré l'attention. On estime à 15 000 millions de barils les réserves de pétrole des mers de Ross et de Weddell alors qu'elles ne sont que de 8 000 millions en Alaska. Ces explorations bouleverseraient l'environnement : la catastrophe de l'*Exxon Valdez* a montré les dangers du transport du pétrole dans les régions polaires. Heureusement, les conditions météorologiques qui diminuent considérablement la rentabilité d'une exploitation commerciale des ressources de ce continent freinent les appétits.

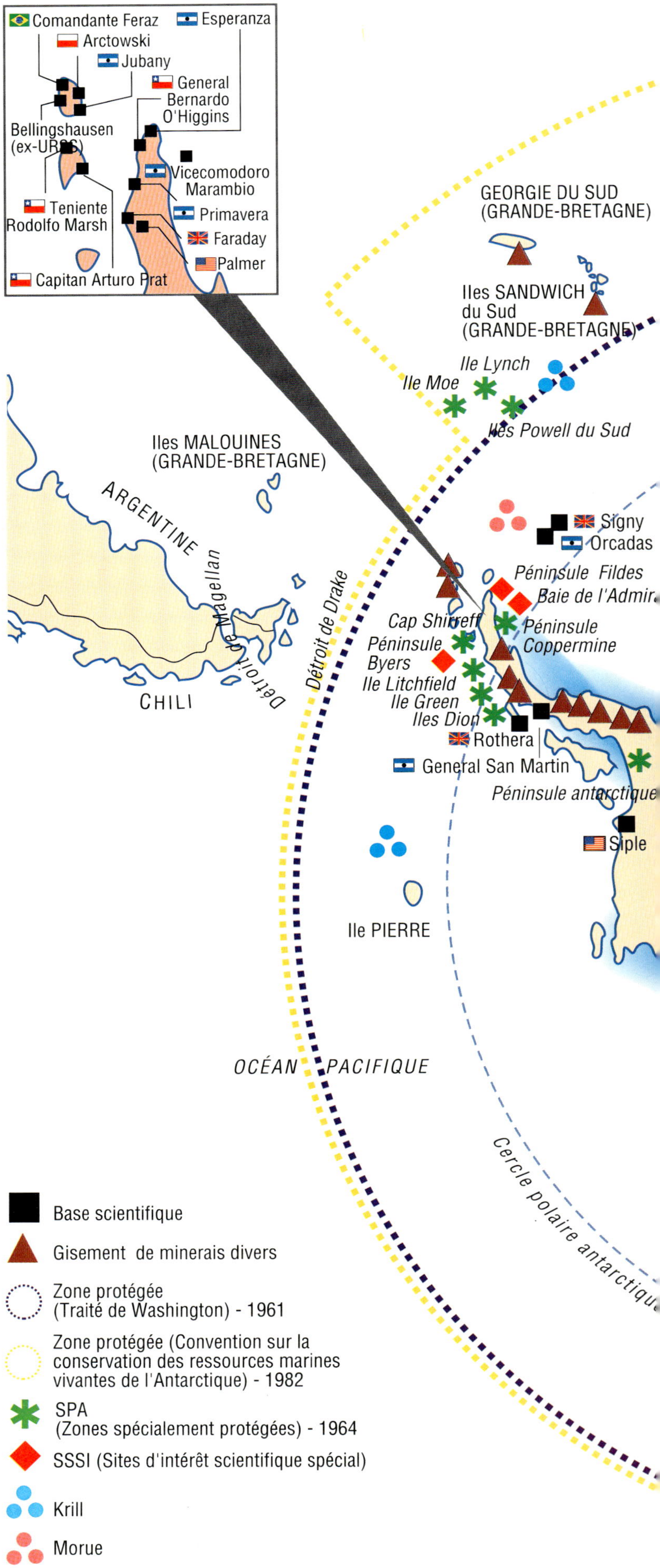

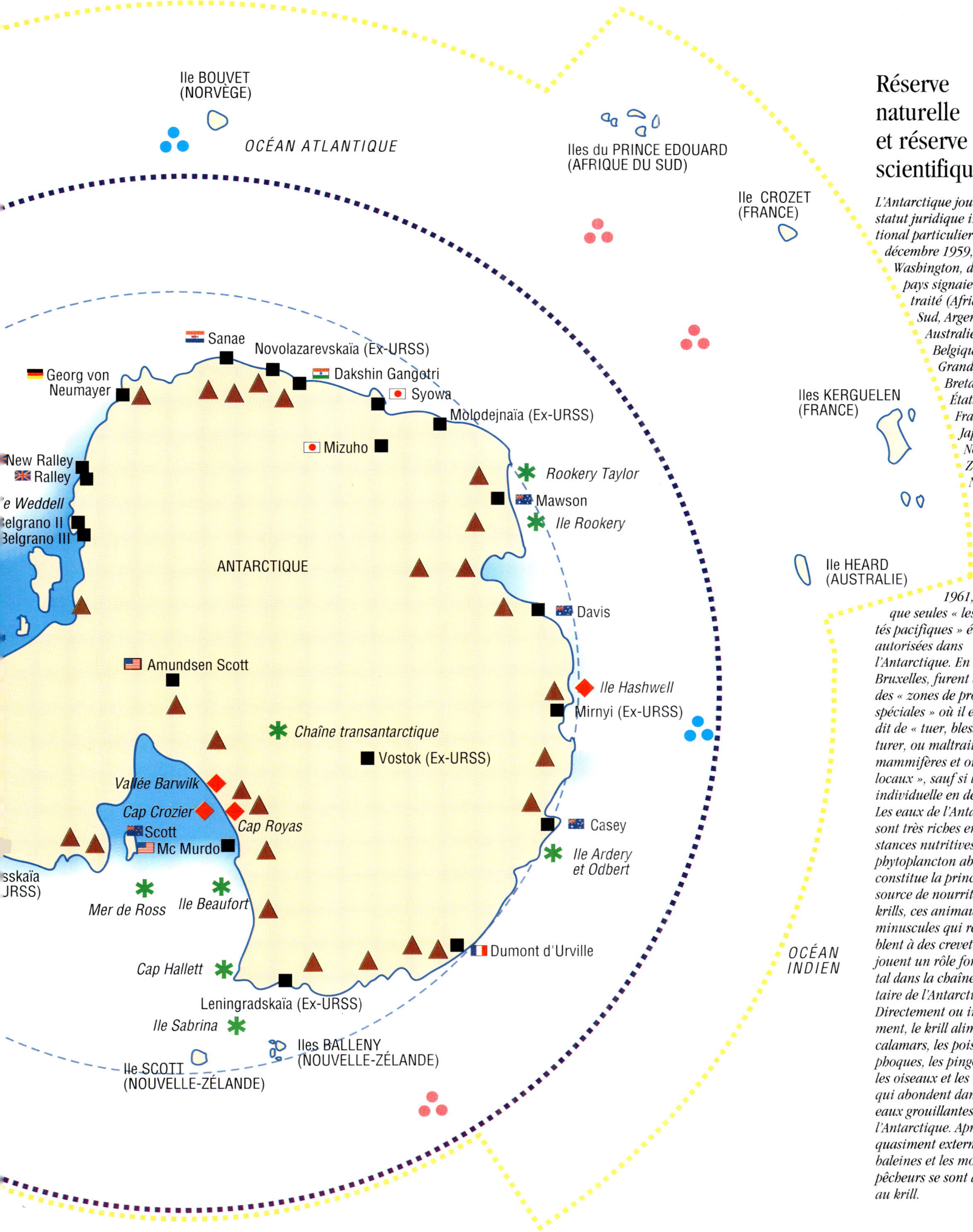

Réserve naturelle et réserve scientifique

L'Antarctique jouit d'un statut juridique international particulier. Le 1er décembre 1959, à Washington, douze pays signaient un traité (Afrique du Sud, Argentine, Australie, Belgique, Chili, Grande-Bretagne, États-Unis, France, Japon, Nouvelle-Zélande, Norvège, URSS). Ce traité, entré en vigueur le 23 juin 1961, décida que seules « les activités pacifiques » étaient autorisées dans l'Antarctique. En 1964, à Bruxelles, furent définies des « zones de protection spéciales » où il est interdit de « tuer, blesser, capturer, ou maltraiter mammifères et oiseaux locaux », sauf si la survie individuelle en dépend. Les eaux de l'Antarctique sont très riches en substances nutritives ; le phytoplancton abondant constitue la principale source de nourriture des krills, ces animaux minuscules qui ressemblent à des crevettes et jouent un rôle fondamental dans la chaîne alimentaire de l'Antarctique. Directement ou indirectement, le krill alimente les calamars, les poissons, les phoques, les pingouins, les oiseaux et les baleines qui abondent dans les eaux grouillantes de l'Antarctique. Après avoir quasiment exterminé les baleines et les morues, les pêcheurs se sont attaqués au krill.

Le marchandage vert

Le **« différentiel écologique »** ne cesse de s'accroître. Confrontés aux problèmes de l'environnement, Nord et Sud s'opposent en tous points. Les **pays du Nord polluent par leur abondance,** les **pays du Sud** par leur **pauvreté.** Au Nord, ce sont les modes de consommation et de déplacement qui dégradent le plus l'environnement : émissions de gaz à effet de serre, surconsommation, production de déchets, civilisation de l'automobile. Au Nord, aussi revient la responsabilité d'une certaine organisation du monde : les multinationales, la baisse des cours des matières premières, le GATT défavorable aux agricultures traditionnelles. Au Sud, en revanche, c'est la pression démographique qui explique beaucoup de dégâts. Elle renforce la pauvreté, cause à son tour de la destruction de l'environnement (crise du bois de feu, désertification, urbanisation incontrôlée...).

Autre **inégalité entre le Nord et le Sud, leur vulnérabilité** respective **à** l'état de **l'environnement.** L'ozone, le réchauffement menacent les pays du Nord comme ceux du **Sud,** mais ces derniers sont **plus touchés par les changements climatiques** comme la sécheresse, les cyclones ou les inondations. En outre, leurs **populations** sont **plus** directement **exposées,** car leur survie même dépend étroitement de la nature : nourriture, fourrage, soins médicaux.

Enfin, le Nord et le Sud n'ont ni les mêmes moyens scientifiques ni les mêmes moyens financiers. Face aux larges possibilités du Nord, le Sud est bien démuni. Or, **à Rio,** le **groupe des 77** qui rassemble quelque 120 pays en voie de développement **n'a pas réussi à obtenir des pays industrialisés qu'ils consacrent 0,7 % de leur PNB à l'aide au développement.** Le secrétaire général de la Conférence, Maurice Strong, avait, cependant, estimé à 625 milliards de dollars par an la somme nécessaire pour aborder le XXIe siècle favorablement en matière d'environnement. 20 % de cette somme devaient provenir des pays riches, d'où l'objectif des 0,7 % contre 0,35 % actuellement en moyenne pour l'OCDE, avec des disparités entre les 0,2 % des États-Unis et les 0,5 % de la France. Les États-Unis comme le Japon refusent en fait, arguant d'une préférence pour l'aide bilatérale, ce qui risque d'autoriser tous les marchandages. Ils ont promis néanmoins d'augmenter leur aide tout comme la CEE, mais les efforts consentis risquent de rester insuffisants et les fonds d'être dirigés en priorité vers l'Est, notamment par l'Allemagne.

Avec des priorités si différentes, il est peu surprenant que le débat sur l'environnement puisse tourner à l'**affrontement.** Le Nord veut protéger la biodiversité, mais les réservoirs de gènes sont au Sud. Leur entretien incombe donc à des pays qui connaissent d'importantes difficultés économiques, mais qui veulent néanmoins conserver leur souveraineté nationale. **Au Sud, la défense de l'environnement semble, parfois, presque incongrue.** Comment exiger des populations qui ont peine à se nourrir qu'elles se soucient de la préservation de la nature. Comment expliquer ce paradoxe de l'existence de parcs nationaux quand les populations manquent de zones cultivables.

La préservation de l'environnement risque donc de devenir un prétexte au Nord comme au Sud. Au Nord, il est une **nouvelle condition pour l'aide** comme le montre **l'échange dette-nature,** accord par lequel un pays créditeur s'engage à effacer la dette si le pays débiteur crée des fonds en monnaie locale pour financer un programme de protection de la nature. La Bolivie est le premier pays à avoir signé un échange dette-nature en 1987, l'Équateur, Madagascar, le Costa Rica, les Philippines ont suivi. Au Sud, il alimente un véritable **chantage écologique : chantage passif des pays en voie d'industrialisation** (Inde, Chine, Mexique, Brésil, Corée, certains pays arabes, Indonésie, Asie du Sud-Est) qui menacent de poursuivre **le développement sale** plus compétitif ; **chantage plus actif** de certains **pays producteurs de pétrole** qui refusent de renoncer à leur indépendance pétrolière en attendant de posséder les technologies propres.

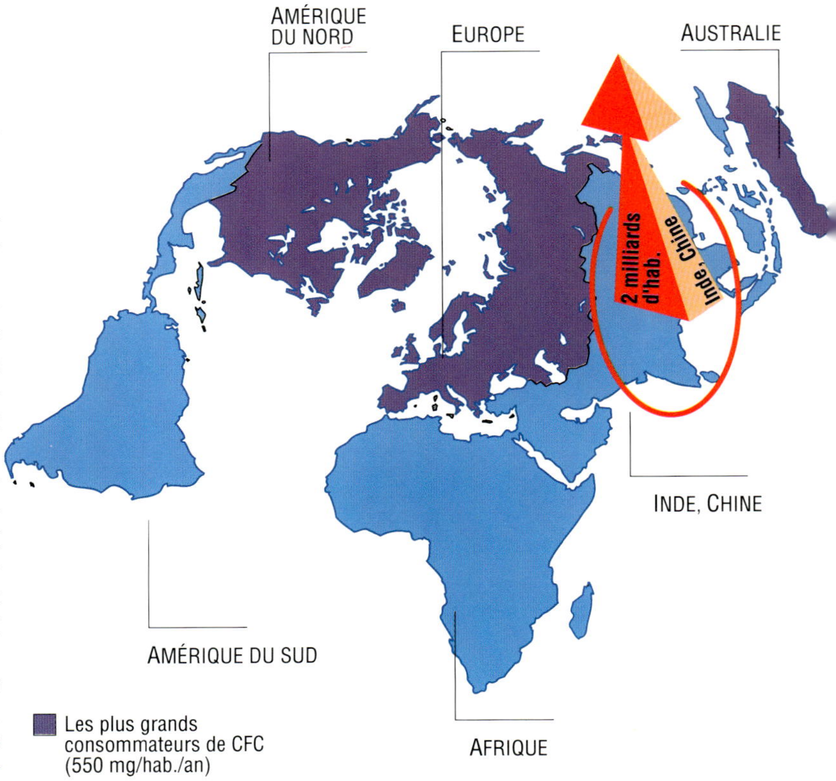

Les plus grands consommateurs de CFC (550 mg/hab./an)

Les plus petits consommateurs de CFC (100 mg/hab./an))

Pays rejetant autant de CFC que l'Amérique du Nord et développant des technologies de CFC pour s'équiper en réfrigérateurs

Menace sur l'ozone

Face aux pays riches et développés, les pays du Sud qui commencent à s'industrialiser et qui ont le nombre pour eux ont quelques arguments pour se faire entendre. A ces pays riches soupçonnés de ne vouloir effacer la dette qu'en échange d'un investissement (à crédit) dans les technologies propres, ils peuvent opposer la menace d'un développement sale. La Chine, comme l'Inde, qui développent actuellement une technologie des CFC pour la production de réfrigérateurs, n'ont pas signé le protocole de Montréal de 1987 sur la réduction de la production de CFC. Ce n'est là qu'un exemple.

Prêts et remboursements

20 % des hommes se partagent 82,7 % du revenu mondial, tandis que les 26 % les plus pauvres s'en partagent 1,4 %. L'écart de revenu entre les plus pauvres et les plus riches a doublé en trente ans. Or le tiers monde a remboursé plus qu'il n'a reçu de 1986 à 1990.

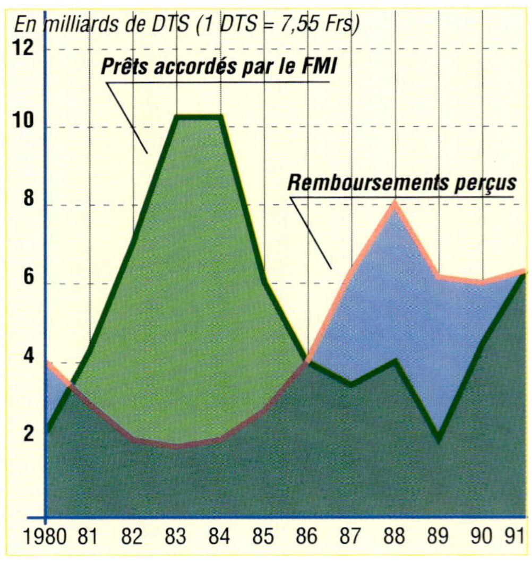

Riches et pauvres

Le développement est souvent considéré comme un moyen de diminuer la pollution ainsi que la pression démographique, mais en fait tout dépend de la nature de ce développement. Qu'adviendra-t-il dans un monde où 78 % des 400 millions de véhicules en service appartiennent pour le moment au quart le plus aisé de l'humanité, si les trois quarts restant s'équipent eux aussi en automobiles « sales ». On peut poser la même question à propos des réfrigérateurs : à quoi sert d'interdire les systèmes à base de CFC dans les pays riches si des pays comme la Chine, beaucoup plus peuplés, continuent à en fabriquer. Et pourtant, le Nord ne peut refuser au Sud de tenter de se doter d'un confort semblable au sien !

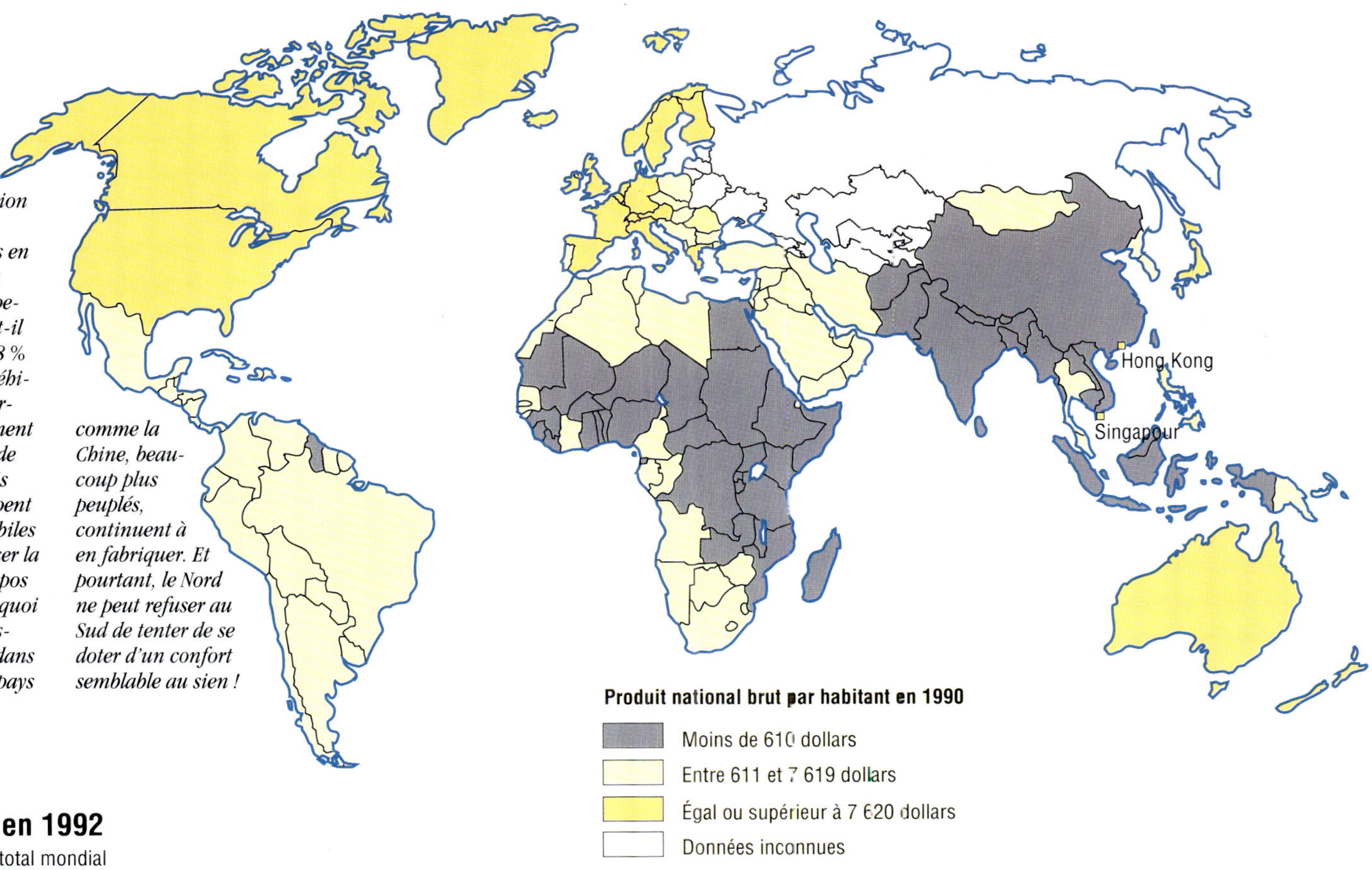

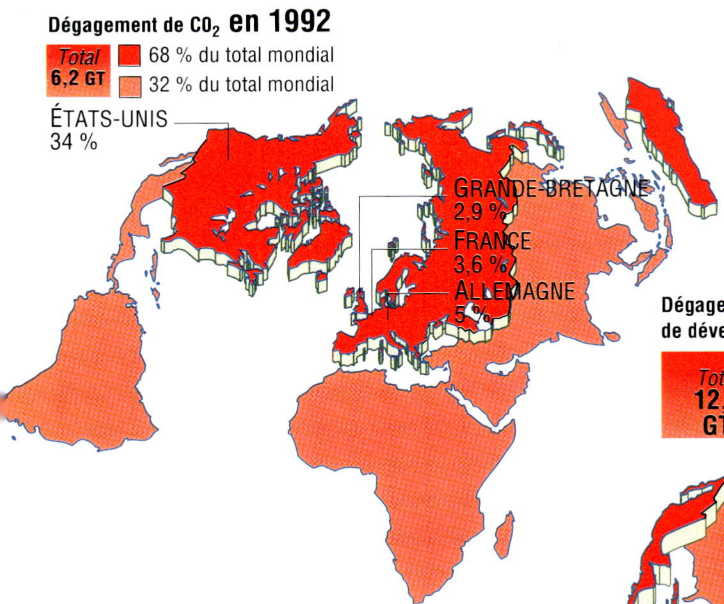

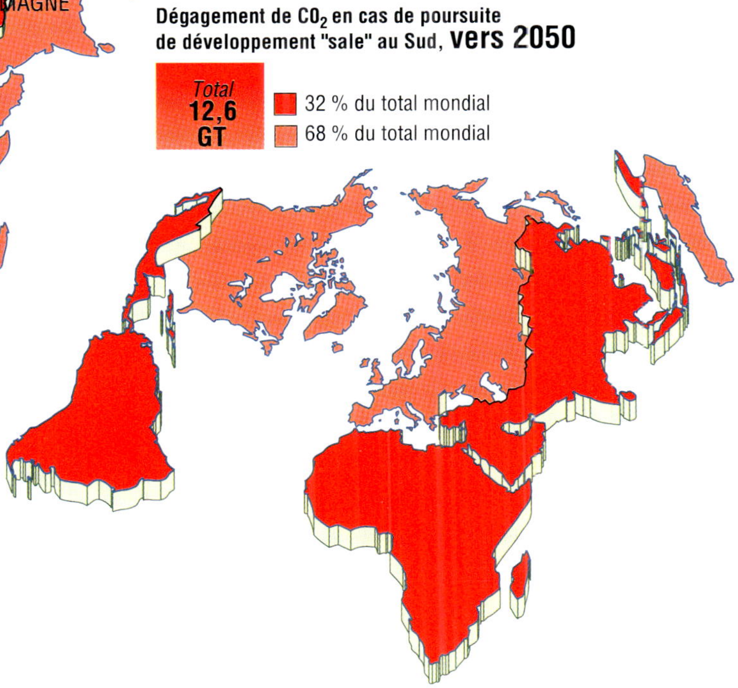

CO_2 : toujours plus du Nord au Sud

La croissance du CO_2 paraît incontrôlable au niveau mondial. Si elle peut, en effet, être réduite dans les pays développés ; dans le tiers monde, c'est par quatre ou cinq que seront multipliés les chiffres dans les cinquante prochaines années et ce, sans accroissement du niveau de vie. On assiste, dans ce domaine, à un phénomène qui risque de devenir classique : le passage des problèmes du Nord vers le Sud.

Le patrimoine mondial

Comme pour les parcs naturels, qui ont pour fonction de protéger espèces animales et végétales, l'établissement par l'UNESCO d'une liste de **lieux naturels** et de **monuments** constituant le **patrimoine commun de l'humanité** peut sembler un luxe, au moment où des millions d'hommes et de femmes connaissent, de par le monde, la faim, la maladie, l'insécurité ou la guerre.

Pourtant, l'idée même d'un patrimoine mondial à préserver quoi qu'il en coûte, rejoint l'ensemble des préoccupations plus directement liées à l'écologie ou à l'environnement. Cela va de soi évidemment pour les sites naturels qui ont été recensés et qui sont désormais protégés – au moins en théorie. La communauté internationale et les États eux-mêmes manifestent ainsi des **préoccupations relativement nouvelles,** d'autant plus que ces lieux sont souvent protégés contre des agressions rémunératrices – comme la mise sur pied d'opérations immobilières. Dans les pays en développement, cette « vertu » est encore plus coûteuse que dans les pays riches disposant d'autres sources de revenus. Quoi qu'il en soit, la **préservation** de certains lieux témoigne d'une **prise de conscience.** Pour nombre d'endroits célèbres, on a quelques difficultés à imaginer aujourd'hui leur état initial.

S'agissant de monuments, la démarche est encore plus audacieuse et respectable. **Au Cambodge,** alors que les Casques Bleus tentent encore de désamorcer les innombrables mines qui font chaque jour des victimes, la préservation des temples d'Angkor est un signe du retour de l'espoir dans un pays martyrisé.

Que l'on ait pu dire des bombardements sur la splendide cité médiévale de **Dubrovnik** dans l'ex-Yougoslavie, à la fin de 1991, qu'ils portaient atteinte à une partie du patrimoine de l'humanité, est aussi la manifestation de l'intégration des risques que l'homme fait courir à sa propre histoire.

Plus que le temps ou que les phénomènes naturels, ce sont en effet les hommes et leurs activités qui mettent en danger l'œuvre de leurs prédécesseurs. Ce fait n'est pas nouveau : déjà, la ruine de la ville d'Éphèse, riche cité d'Asie Mineure, au IXe siècle de notre ère, s'expliquerait, d'après ce qu'ont révélé les fouilles archéologiques, par l'envasement progressif de son port déplacé, puis abandonné. Or cet envasement était une conséquence de l'érosion des versants surexploités, à la suite du remplacement de la forêt de chênes par les champs et les pâturages à moutons.

Plus près de nous, la montée des eaux qui s'accompagne de l'enfoncement des terres met **Venise** en péril. Depuis la catastrophique inondation de 1966, un système d'écluses a été mis en place, et l'on tente d'enrayer l'affaissement du sol en interdisant le pompage de la nappe phréatique. Cependant, les dommages subis par le passé (pollution industrielle, vibrations produites par les bateaux à moteur) sont irréversibles : Venise s'enfonce et s'ensable. Le **Mont-Saint-Michel,** pour sa part, est affecté par le problème de l'épuration des eaux. A Athènes, le **Parthénon** se délite peu à peu, victime de la pollution produite en particulier par la circulation automobile. On ne peut désormais plus admirer dans leur cadre initial nombre de sculptures, mises à l'abri dans les musées.

Prise de conscience donc, mais **tâche immense,** qui commence par le recensement et ensuite par la mise en œuvre d'un **système de protection** qui reste très largement à **inventer** et à **financer.** En compensation, les mesures de protection exigent un véritable engagement des pays. En 1986, par exemple, la Grèce demanda l'inscription de Delphes sur la liste des sites classés au patrimoine culturel de l'UNESCO, mais le Comité de l'UNESCO, apprenant que la Grèce avait passé un accord avec l'Union soviétique pour construire une usine d'aluminium à quelques kilomètres, suspendit la protection du site jusqu'à ce que la Grèce abandonne son projet d'implantation.

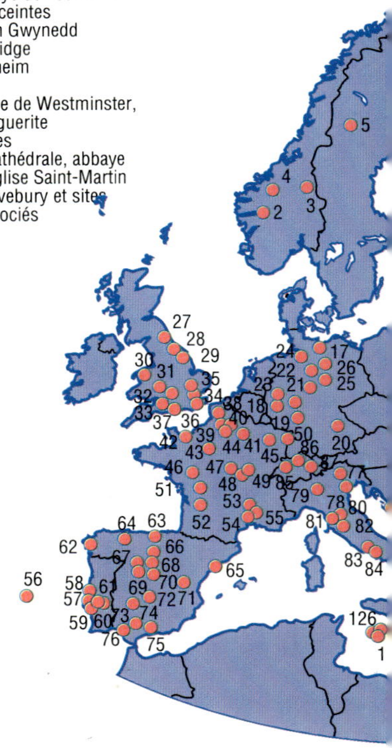

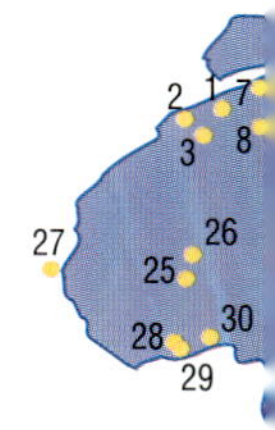

EUROPE

Norvège
1 Sites rupestres d'Alta
2 Quartier de Bryggen à Bergen
3 Cité minière de Røros
4 Église de bois d'Urnes

Suède
5 Domaine royal de Drottningholm

Finlande
6 Ancienne Rauma
7 Forteresse de Suomenlinna

Pologne
8 Camp de concentration d'Auschwitz
9 Centre historique de Cracovie
10 Centre historique de Varsovie
11 Mine de sel de Wieliczka

Russie
12 Centre historique et monuments annexes de Saint-Petersbourg
13 Kizhi Pogost
14 Le Kremlin et la Place rouge de Moscou

Ouzbékistan
15 Ville historique d'Itchan Kala

Ukraine
16 Saint Sophia et Kievo-Pechers'ka Lavra

Allemagne
17 Ville hanséatique de Lübeck
18 Cathédrale d'Aix-la-Chapelle
19 Cathédrale de Spire
20 Église de pèlerinage de Wies
21 Résidence de Würtzbourg
22 Châteaux d'Augustusburg et de Flakenlust à Brühl
23 Monuments romains, cathédrale et Église Notre-Dame à Trèves
24 Cathédrale Sainte-Marie et église Saint-Michel d'Hildesheim
25 Abbaye et Altenmünster de Lorsch
26 Châteaux et parcs de Potsdam et de Berlin

Portugal
56 Angra do Heroismo
57 Couvent du Christ à Tomar
58 Monastère de Batalha
59 Monastère des Hiéronymites et Tour de Belem
60 Centre historique d'Evora
61 Monastère d'Alcobaça

Espagne
62 Vieille ville de Saint-Jacques-de-Compostelle
63 Grotte d'Altamira
64 Églises du royaume des Asturies
65 Parc et palais Güell et Casa Milá à Barcelone
66 Cathédrale de Burgos
67 Vieille ville de Salamanque
68 Vieille ville et aqueduc de Ségovie
69 Vieille ville, remparts et églises d'Avila
70 L'Escurial
71 Architecture mudéjare de Teruel
72 Ville historique de Tolède
73 Vieille ville de Caceres
74 Mosquée de Cordoue
75 Alhambra et Generalife à Grenade
76 Séville (Cathédrale, Alcazar et Archivo de Indias)

Grande-Bretagne
27 Mur d'Hadrien
28 Cathédrale et château de Durham
29 Parc de Studley Royal et ruines de l'abbaye de Fountains
30 Châteaux et enceintes du Roi Edouard en Gwynedd
31 Gorge d'Ironbridge
32 Palais de Blenheim
33 Ville de Bath
34 Palais et abbaye de Westminster, Église Sainte-Marguerite
35 Tour de Londres
36 Cantorbery : cathédrale, abbaye Saint-Augustin, église Saint-Martin
37 Stonehenge, Avebury et sites mégalithiques associés

Italie
77 Art rupestre du Val Camonica
78 Venise et sa lagune
79 Santa Maria delle Grazie avec "La Cène" de Léonard de Vinci
80 Centre historique de Florence
81 Piazza del Duomo à Pise
82 Centre historique de San Gimignano
83 Centre historique de Rome

Saint Siège
84 Cité du Vatican

Suisse
85 Vieille ville de Berne
86 Couvent de Saint Gall
87 Couvent bénédictin de Müstair

Yougoslavie
88 Vieille ville de Dubrovnik
89 Monastère de Studenica
90 Le Vieux Ras et Sopocani
91 Centre historique de Split, palais de Dioclétien
92 Kotor
93 Ohrid

AFRIQUE

Maroc
1. Médina de Fez
2. Médina de Marrakech
3. Aït-Ben-Haddou (ville fortifiée)

Algérie
4. Ruines romaines de Djémila
5. Kalâa des Beni Hammad
6. Ruines romaines de Timgad
7. Site archéologique de Tipasa
8. Vallée du M'Zab

Tunisie
9. Amphithéâtre d'El Djem
10. Ville punique et nécropole de Kerkouane
11. Site archéologique de Carthage
12. Médina de Tunis
13. Médina de Sousse
14. Kairouan

Libye
15. Site archéologique de Cyrène
16. Site archéologique de Leptis Magna
17. Site archéologique de Sabratha
18. Ghadames (vieille ville)
19. Sites rupestres du Tadrart Acacus

● Site classé au patrimoine culturel par l'UNESCO en 1991
OCÉANIE — Par continent
Australie — Par pays
1. Région des lacs Willandra

Monuments : péril et protection

Les agressions de la pollution, des catastrophes naturelles, de la guerre (qui multiplie destruction et trafic illégal d'objets d'art) mettent en péril bien des lieux de la mémoire du monde. Les travaux de l'UNESCO et la mobilisation de la communauté internationale permettent heureusement de protéger des sites essentiels.

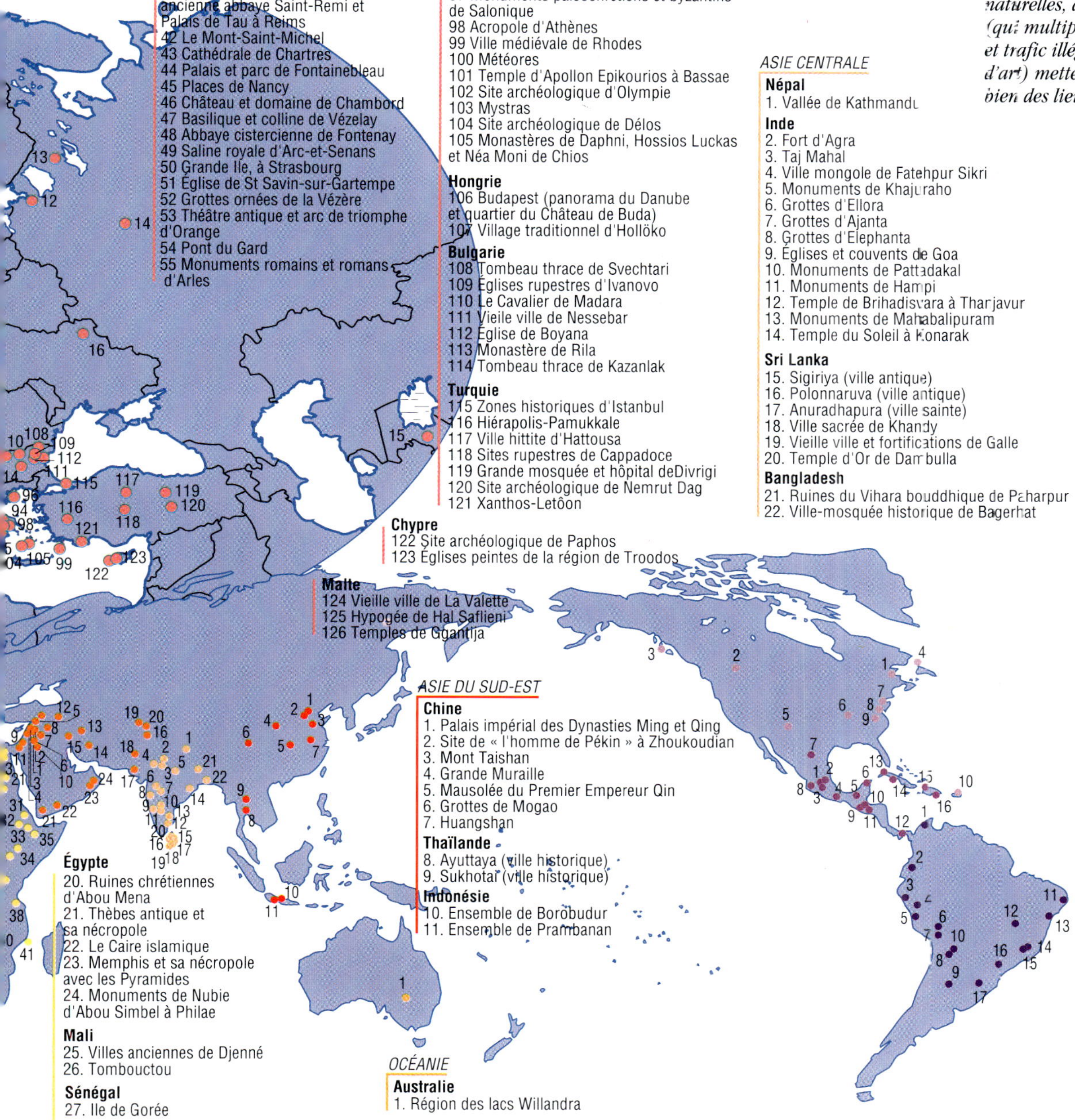

France
38 Cathédrale d'Amiens
39 Palais et parc de Versailles
40 Rives de la Seine à Paris
41 Cathédrale Notre-Dame, ancienne abbaye Saint-Remi et Palais de Tau à Reims
42 Le Mont-Saint-Michel
43 Cathédrale de Chartres
44 Palais et parc de Fontainebleau
45 Places de Nancy
46 Château et domaine de Chambord
47 Basilique et colline de Vézelay
48 Abbaye cistercienne de Fontenay
49 Saline royale d'Arc-et-Senans
50 Grande Ile, à Strasbourg
51 Église de St Savin-sur-Gartempe
52 Grottes ornées de la Vézère
53 Théâtre antique et arc de triomphe d'Orange
54 Pont du Gard
55 Monuments romains et romans d'Arles

Grèce
94 Site archéologique de Delphes
95 Site archéologique d'Épidaure
96 Mont Athos
97 Monuments paléochrétiens et byzantins de Salonique
98 Acropole d'Athènes
99 Ville médiévale de Rhodes
100 Météores
101 Temple d'Apollon Epikourios à Bassae
102 Site archéologique d'Olympie
103 Mystras
104 Site archéologique de Délos
105 Monastères de Daphni, Hossios Luckas et Néa Moni de Chios

Hongrie
106 Budapest (panorama du Danube et quartier du Château de Buda)
107 Village traditionnel d'Hollöko

Bulgarie
108 Tombeau thrace de Svechtari
109 Églises rupestres d'Ivanovo
110 Le Cavalier de Madara
111 Vieile ville de Nessebar
112 Église de Boyana
113 Monastère de Rila
114 Tombeau thrace de Kazanlak

Turquie
115 Zones historiques d'Istanbul
116 Hiérapolis-Pamukkale
117 Ville hittite d'Hattousa
118 Sites rupestres de Cappadoce
119 Grande mosquée et hôpital deDivrigi
120 Site archéologique de Nemrut Dag
121 Xanthos-Letôon

Chypre
122 Site archéologique de Paphos
123 Églises peintes de la région de Troodos

Malte
124 Vieille ville de La Valette
125 Hypogée de Hal Saflieni
126 Temples de Ggantija

ASIE CENTRALE

Népal
1. Vallée de Kathmandu

Inde
2. Fort d'Agra
3. Taj Mahal
4. Ville mongole de Fatehpur Sikri
5. Monuments de Khajuraho
6. Grottes d'Ellora
7. Grottes d'Ajanta
8. Grottes d'Elephanta
9. Églises et couvents de Goa
10. Monuments de Pattadakal
11. Monuments de Hampi
12. Temple de Brihadisvara à Thanjavur
13. Monuments de Mahabalipuram
14. Temple du Soleil à Konarak

Sri Lanka
15. Sigiriya (ville antique)
16. Polonnaruva (ville antique)
17. Anuradhapura (ville sainte)
18. Ville sacrée de Khandy
19. Vieille ville et fortifications de Galle
20. Temple d'Or de Dambulla

Bangladesh
21. Ruines du Vihara bouddhique de Paharpur
22. Ville-mosquée historique de Bagerhat

ASIE DU SUD-EST

Chine
1. Palais impérial des Dynasties Ming et Qing
2. Site de « l'homme de Pékin » à Zhoukoudian
3. Mont Taishan
4. Grande Muraille
5. Mausolée du Premier Empereur Qin
6. Grottes de Mogao
7. Huangshan

Thaïlande
8. Ayuttaya (ville historique)
9. Sukhotai (ville historique)

Indonésie
10. Ensemble de Borobudur
11. Ensemble de Prambanan

OCÉANIE

Australie
1. Région des lacs Willandra

Égypte
20. Ruines chrétiennes d'Abou Mena
21. Thèbes antique et sa nécropole
22. Le Caire islamique
23. Memphis et sa nécropole avec les Pyramides
24. Monuments de Nubie d'Abou Simbel à Philae

Mali
25. Villes anciennes de Djenné
26. Tombouctou

Sénégal
27. Ile de Gorée

Ghana
28. Bâtiments traditionnels Asante
29. Forts et châteaux de Ghana

Bénin
30. Palais royaux d'Abomey

Éthiopie
31. Site archéologique d'Axoum
32. Fasil Ghebbi et monuments de Gondar
33. Églises rupestres de Lalibela
34. Stèles gravées de Tiya
35. Basse vallée de l'Aouache
36. Basse vallée de l'Omo

Tanzanie
37. Région de Ngorongoro
38. Ruines de Kilwa et de Songo Mnara

Zimbabwe
39. Ruines de Khami
40. Ruines du Grand Zimbabwe

Mozambique
41. Ile du Mozambique

PROCHE ET MOYEN-ORIENT

Liban
1. Site archéologique d'Anjar
2. Baalbek
3. Byblos
4. Site archéologique de Tyr

Syrie
5. Alep (vieille ville)
6. Bosra (ville antique)
7. Damas (vieille ville)
8. Site archéologique de Palmyre

Israël
9. Vieille ville et remparts de Jérusalem

Jordanie
10. Ruines et fresques de Qusair Amra
11. Pétra

Irak
12. Site archéologique de Hatra

Iran
13. Ispahan (Meidan Emam)
14. Persépolis
15. Tchogha Zanbil

Pakistan
16. Forts et jardins de Shalimar à Lahore
17. Monuments historiques de Thatta
18. Site archéologique de Mohenjo Daro
19. Ruines bouddhiques de Takht-i-Bahi
20. Vestiges archéologiques de Taxila

Yémen
21. Sana'a (vieille ville)
22. Vieille ville et remparts de Shibam

Oman
23. Fort de Bahla
24. Sites archéologiques de Bat, Al-Khutm et Al-Ayn

AMÉRIQUE DU NORD

Canada
1. Québec
2. Précipice à bisons
3. Ile Anthony
4. Parc historique de l'Anse aux Meadows

États-Unis
5. Parc historique de Chaco
6. Site des Cahokia Mounds
7. Statue de la Liberté
8. Independence Hall
9. Monticello et université de Virginie
10. Forteresse de Porto Rico et site historique de San Juan

AMÉRIQUE CENTRALE

Mexique
1. Centre historique de Mexico et Xochimilco
2. Cité pré-hispanique de Teotihuacan
3. Centre historique de Puebla
4. Oaxaca et cité pré-hispanique de Monte Alban
5. Cité pré-hispanique de Palenque
6. Cité pré-hispanique de Chichén Itzá
7. Ville et mines de Guanajuato
8. Centre historique de Morelia

Guatemala
9. Antigua Guatemala
10. Parc archéologique et ruines de Quirigua

Honduras
11. Ruines maya de Copan

Panama
12. Fortifications de Portobello et San Lorenzo

Cuba
13. Vieille ville et fortifications de La Havane
14. Trinidad

Haïti
15. Citadelle, parc historique Sans-Souci et Ramier

République dominicaine
16. Saint-Domingue (ville coloniale)

AMÉRIQUE DU SUD

Colombie
1. Port, forteresse et monuments de Carthagène

Équateur
2. Quito (vieille ville)

Pérou
3. Site archéologique de Chan-Chan
4. Site archéologique de Chavin
5. Centre historique de Lima
6. Sanctuaire de Machu Picchu
7. Cuzco (vieille ville)

Bolivie
8. Potosi (ville minière)
9. Missions jésuites des Chiquitos
10. Sucre (ville historique)

Brésil
11. Centre historique de Olinda
12. Brasilia
13. Centre historique de Salvador de Bahia
14. Ouro Preto (ville historique)
15. Sanctuaire du Bon Jésus à Congonhas
16. Parc de Serra da Capivara

Brésil/Argentine
17. Missions jésuites des Guaranis

Peuples en fuite

Nombre d'événements ont chassé de leur foyer des populations entières. Parmi elles, **12 millions** sont des **réfugiés « écologiques »,** qui fuient temporairement une catastrophe naturelle ou, définitivement, des campagnes devenues improductives à la suite d'une détérioration de l'environnement, telle la désertification. Beaucoup vont grossir le nombre des habitants des bidonvilles. Près de **15 millions** sont des **réfugiés politiques** dont environ 3 millions vivent dans des camps, dépendant totalement de l'aide internationale. L'existence de réfugiés revêt un caractère tellement constant et tellement important que l'ONU dispose d'un organe particulier, le H-CR (Haut-Commissariat aux Réfugiés), et que les grandes organisations non gouvernementales, telle la Croix-Rouge (ou le Croissant-Rouge) ou des associations comme Médecins sans frontières ou Médecins du monde, ne connaissent pas un jour de répit.

Le phénomène n'est pourtant pas nouveau. La guerre froide avait donné lieu à des départs massifs de certains pays de l'Est vers l'Ouest (d'où le mur de Berlin et ses martyrs). Les **dictateurs** du monde entier ont produit au cours du siècle leur lot de réfugiés (guerre d'Espagne, hitlérisme et, plus récemment, le Chili, ou les « boat-people » en provenance du sud-est asiatique). La création de l'État d'Israël en 1948, avec le problème palestinien, le **partage d'États** comme en Corée, au Yémen, à Chypre **ont** aussi **donné naissance à des mouvements de réfugiés.** L'afflux de tous ces réfugiés politiques a posé la question de la « gestion » des migrations (création d'organismes, de camps, etc.) et de leur d'accueil. Aujourd'hui, le phénomène politique est toujours très puissant (Albanie, Yougoslavie, Haïti, etc.) et réclame des solutions urgentes. Or, les pays d'asile, inquiets pour leur économie, tendent à se fermer aux nouveaux arrivants.

Les migrations sont internes, d'une région à l'autre d'un pays, comme au Brésil en raison des difficultés économiques ou comme au Soudan où l'insécurité économique se double du problème politique. Elles peuvent être dirigées vers l'extérieur (de l'Albanie vers l'Italie ou la Grèce, ou entre pays d'Afrique...).

Outre le **drame humain** (abandon du lieu d'habitation, des biens ou des terres, rupture des systèmes de solidarité traditionnels, dispersion des familles, difficultés psychologiques à vivre des années durant dans des camps-prisons), se posent les problèmes de la malnutrition, de la maladie, de l'habitat, du vêtement, de la sécurité. En attendant que les secours s'organisent, les camps souffrent souvent de la faim et du manque d'hygiène. De **temporaires,** ils deviennent souvent structurels. Les Afghans sont depuis treize ans dans les camps pakistanais et la vague des retours ne s'est accélérée que depuis 1992. La vie perd tout sens pour ces réfugiés sans espoir de retour et qui n'ont plus la capacité de se prendre en charge. **Certains camps deviennent de véritables villes ;** on les accuse parfois de servir de **bases de repli pour la guérilla** (Thaïlande/Cambodge, Pakistan/la résistance afghane)

En fait, **le terme de réfugiés est ambigu.** Les **Kurdes** rentrés dans leurs villages après avoir subi les bombardements des Turcs et de Saddam Hussein n'ont plus le statut de réfugiés alors qu'ils sont victimes d'un double embargo (celui de la communauté internationale envers l'Irak et celui de l'Irak envers eux). Ne sont pas considérées comme réfugiés les **personnes déplacées autoritairement par les gouvernements** dont elles relèvent à l'intérieur des frontières (Europe de l'Est, Salvador, Afrique du Sud). Enfin, **la plus grande partie des réfugiés s'apparentent plutôt à des fugitifs,** les populations étant la plupart du temps harcelées à la fois par l'armée officielle et les guérillas, **voire à des otages.** L'exploitation médiatique de la misère des réfugiés existe. Au Soudan, en 1992, le colonel Garang à la tête du mouvement anti-Khartoum décidait de faire des populations du Sud-Soudan en exode une vitrine, afin d'amener l'opinion internationale à réagir.

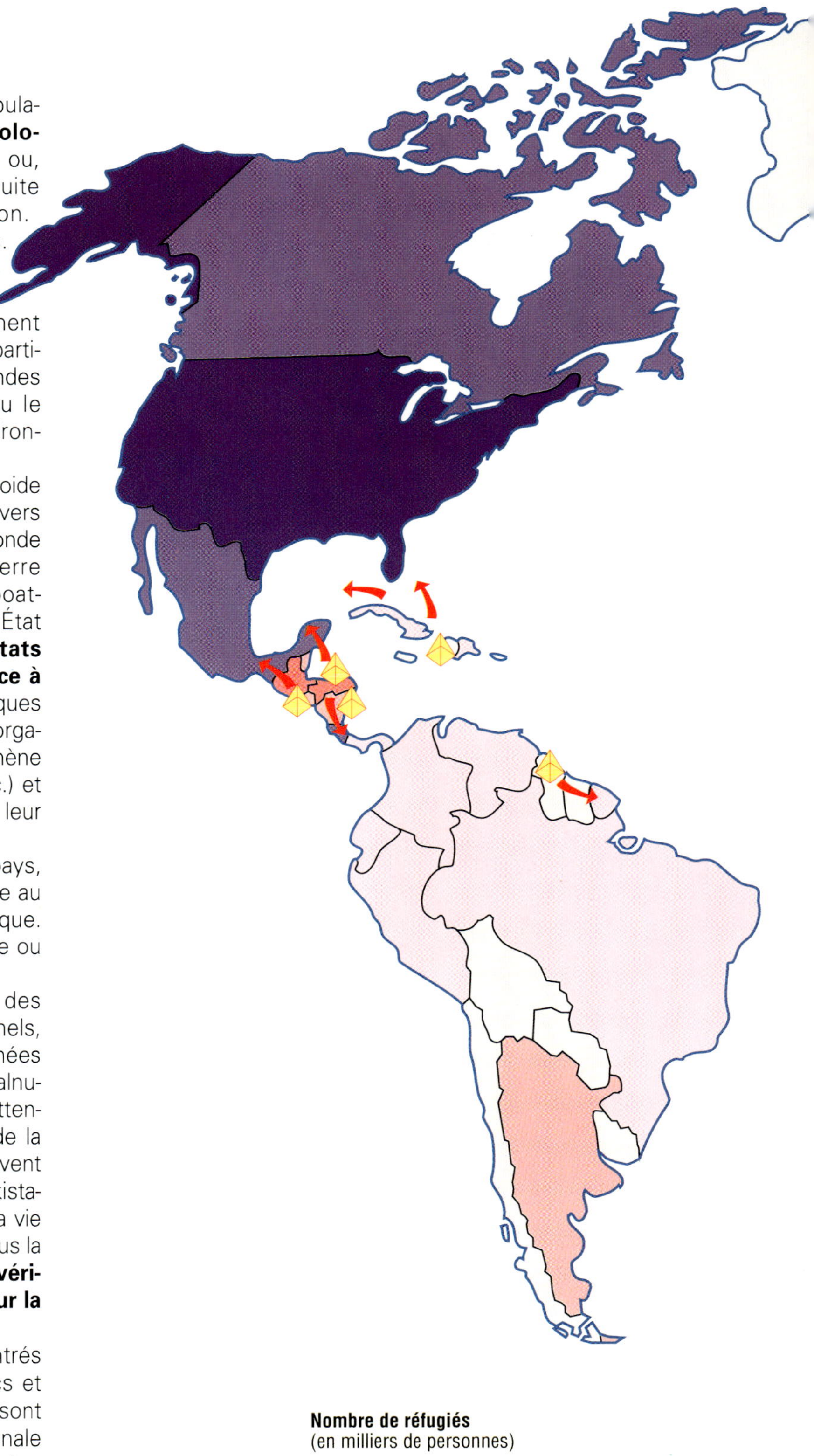

Nombre de réfugiés
(en milliers de personnes)

- Moins de 10
- Entre 10 et 50
- Entre 50 et 250
- Entre 250 et 1 000
- Entre 1 000 et 2 500
- Plus de 2 500
- Données non communiquées ou encore pays sans réfugiés
- **Principaux pays de départ**
- **Déplacement**

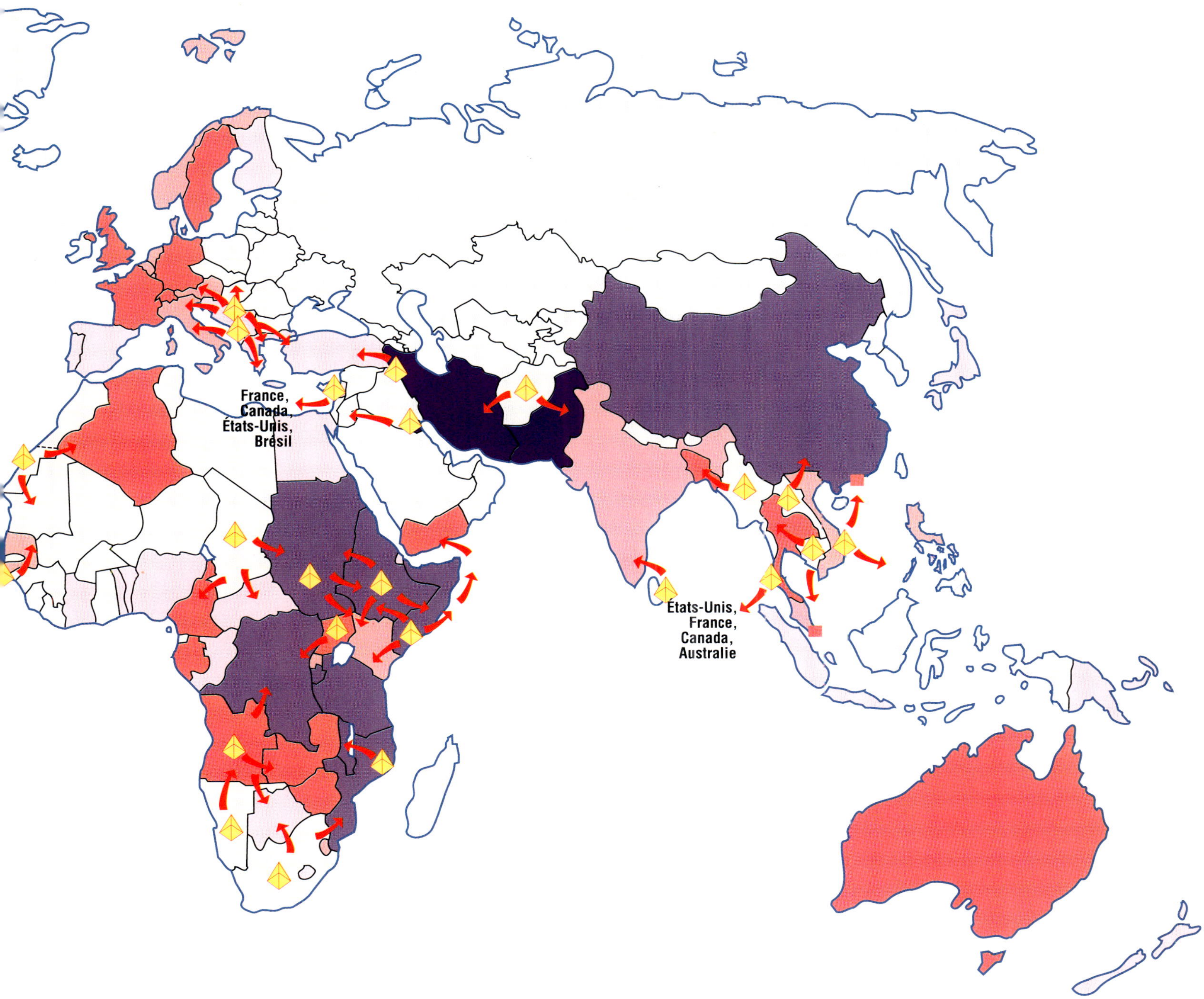

La multiplication des « angles morts du monde * »

Selon la convention de Genève du 23 juillet 1951, est réfugié « toute personne craignant, avec raison, d'être persécutée du fait de sa race, de sa religion, de sa nationalité, de son appartenance à un certain groupe social ou de ses opinions politiques, qui se trouve hors du pays dont elle a la nationalité et qui ne peut ou ne veut se réclamer de la protection de ce pays ». Depuis une vingtaine d'années c'est l'Asie qui a fourni le plus gros contingent de réfugiés avec les boat-people et la guerre en Afghanistan, puis l'Afrique : la corne (Éthiopie, Soudan, Somalie), l'Angola et le Mozambique avec des conflits graves, le Burundi avec des massacres ethniques, l'Ouganda avec la dictature… Enfin vient l'Amérique centrale, avec en tête le Salvador, le Nicaragua et le Guatemala. En 1992, des régions entières sont menacées de devenir des « angles morts ». La liste des réfugiés s'allonge : les Kurdes, les Rohingyas, musulmans de Birmanie chassés au Bangladesh, les Palestiniens, victimes d'expulsions à répétition au cours de leur histoire, expulsés du Koweït. Depuis la guerre du Golfe ils ont rejoint les camps de transit en Jordanie comme les Pakistanais, les Sri-Lankais et les Indiens. La guerre en Yougoslavie fait fuir la population vers les pays voisins…
Seuls quelques flux de retour apparaissent : certains réfugiés d'Afrique australe ou d'Amérique centrale rentrent chez eux.

** Endroits que l'on n'assiste même plus sur le plan international (expression du géographe Olivier Dollfus).*

La disparition des ethnies

La commémoration de la découverte des Amériques a été aussi l'occasion de faire le **bilan humain de la conquête.** Ce bilan déjà connu en partie par Las Casas, précieux témoin des exactions des Conquistadores, se révèle fort lourd. Un chiffre l'illustre : **depuis 1500, le nombre des Indiens d'Amérique du Sud, par exemple, est passé d'environ 10 millions à moins de 2 millions.**

Les Conquistadores ont apporté avec eux des maladies contre lesquelles les populations locales n'étaient pas immunisées ; et c'est ainsi que les Indiens d'Amérique ont été en grande partie décimés par le choléra, la rougeole ou la variole. Au-delà de ce phénomène classique de contagion, l'**élimination physique des autochtones,** les conditions de **semi-esclavage** qui leur ont été infligées et l'**expulsion de leurs territoires** par les nouveaux arrivants ont contribué à la **destruction de peuples entiers.** Les découvreurs, puis les colons ont souvent imposé leur culture. La lutte encore actuelle des **Indiens d'Amérique du Nord** pour protéger leurs réserves est en grande partie fondée sur cette **revendication pour préserver leur patrimoine culturel d'origine.** Ce combat n'est pas fini, comme en témoignent les manifestations récentes des Mohwaks à la frontière des États-Unis et du Canada.

De nombreux autres groupes humains ont disparu, tels les aborigènes de Tasmanie, les Indiens Arawaks des Antilles ou les Indiens Beothuks du Groenland. **Aujourd'hui encore, un certain nombre d'ethnies sont en voie de disparition** parce que déplacées, décimées ou bien parce que le lieu d'existence auquel elles étaient adaptées est bouleversé, soit directement (par exemple par **l'abattage de bois** en Malaisie qui affame les **Penans du Sarawak** ou par **la construction de routes et de barrages** qui entame les moyens de subsistance des tribus ou encore par le tourisme) ; soit indirectement, quand la désertification, par exemple, contraint les **Touaregs** à la sédentarisation.

En fait, la disparition des ethnies repose souvent sur **trois facteurs essentiels.**

D'abord, les tribus auraient tendance à ne retenir **du contact avec la civilisation de type occidental** que les aspects nocifs comme l'alcoolisme, l'absence de prise en charge. La perte de leur dignité qui s'en suit provoque parfois des suicides en grand nombre.

Ensuite, on l'a vu, la colonisation elle-même a eu des effets souvent nocifs.

Enfin, l'indifférence de la communauté internationale qui a longtemps prévalu, vient seulement de laisser place à une prise de conscience qu'il existe dans le domaine humain aussi un « patrimoine » dont ces ethnies sont partie intégrante même si elles peuvent paraître « marginales », aussi bien du point de vue géographique que culturel.

Pour autant, certaines ethnies ne sont toujours pas considérées comme des peuples à part entière, bien qu'en 1982, les Nations unies aient reconnu l'existence de « peuples autochtones », descendants des premiers habitants de territoires conquis. A Rio, s'est tenue le 25 mai 1992 une Conférence internationale des Peuples indigènes, mais ces peuples très éparpillés n'ont en fait pas de cause commune. Les pays prennent également des mesures nationales. L'Australie, par exemple, a adopté récemment une mesure pour réduire les inégalités sociales dont sont victimes les habitants primitifs du pays, soit quelque 260 000 autochtones.

Ces **populations restées très longtemps isolées** pourtant, sont très proches de leurs ancêtres et **constituent un témoignage fondamental pour la reconstitution de « l'arbre généalogique » de l'humanité.** En Amazonie, une quarantaine de petits groupes de moins de 50 individus, soit 2 000 personnes n'auraient encore jamais eu de contacts avec l'homme blanc.

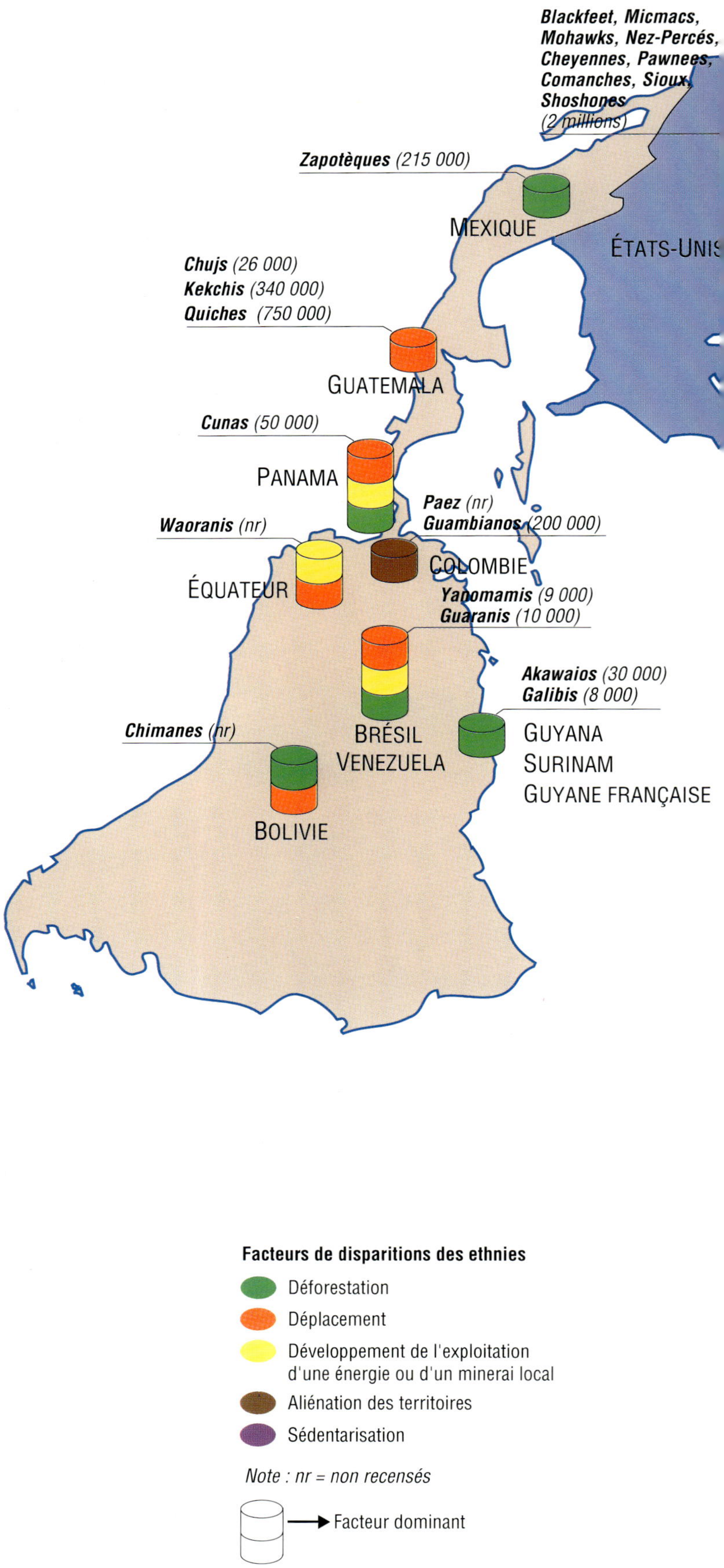

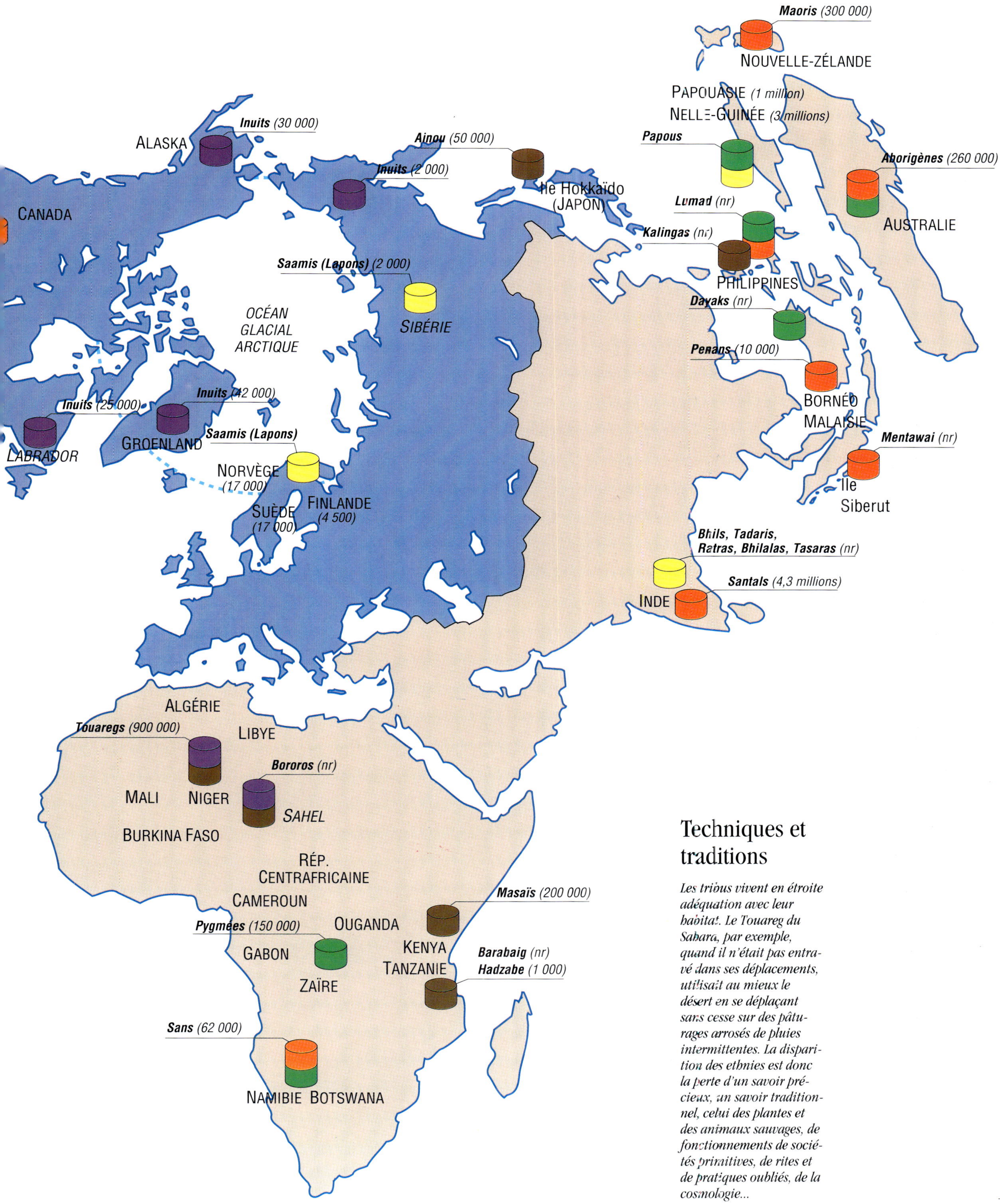

Techniques et traditions

Les tribus vivent en étroite adéquation avec leur habitat. Le Touareg du Sahara, par exemple, quand il n'était pas entravé dans ses déplacements, utilisait au mieux le désert en se déplaçant sans cesse sur des pâturages arrosés de pluies intermittentes. La disparition des ethnies est donc la perte d'un savoir précieux, un savoir traditionnel, celui des plantes et des animaux sauvages, de fonctionnements de sociétés primitives, de rites et de pratiques oubliés, de la cosmologie...

La bataille de l'eau

Les ressources naturelles, de plus en plus sollicitées par la croissance démographique et le développement agricole et industriel, sont un enjeu précieux. **L'eau est** ainsi **source de bien des conflits.** Les pays qui ne possèdent pas un fleuve de la source à l'embouchure sur leurs territoires sont, en effet, toujours à la merci d'une **retenue** des eaux par un voisin situé en amont, voire d'un **empoisonnement.** En Asie, l'**Inde** par exemple est en perpétuel désaccord avec le **Bangladesh** quant à l'utilisation des eaux du **Gange** et du **Bhramapoutre,** tandis qu'elle s'oppose au **Népal** dont les hauts plateaux de l'**Himalaya** abritent les sources de plusieurs fleuves **(Sharda, Rapti, Bhagmati, Kosi, Karnali...)** qui se déversent dans le Gange. En Afrique, les conflits ethniques opposant le **Sénégal** et la **Mauritanie** se cristallisent autour du **fleuve Sénégal,** dont la sécheresse renforce l'intérêt économique. Au Proche-Orient, enfin, où la guerre sévit par ailleurs, l'enjeu de l'eau est encore plus flagrant. Dans cette région en grande partie désertique, l'eau est une denrée rare. En **Jordanie,** certaines estimations indiquent qu'en 2005 les réserves souterraines seront épuisées. En **Syrie,** selon la Banque mondiale, à la fin du siècle, le rationnement sera de rigueur puisqu'il manquera près d'un milliard de mètres cubes d'eau par an et qu'à Damas les coupures d'eau durent déjà jusqu'à 14 heures par jour. Dans la bande de **Gaza,** 650 000 Palestiniens et 10 000 colons et fermiers israéliens voisins épuisent la nappe phréatique, dont l'eau douce menace de disparaître d'ici trois ans. Enfin et surtout, en **Israël,** selon le rapport des Nations unies, déjà plus de 67 % de la consommation en eau est fournie par les régions occupées et annexées depuis 1948. La volonté israélienne de demeurer en **Cisjordanie,** au **Golan** syrien et au sud du **Liban** s'expliquerait donc non seulement par des exigences de sécurité mais aussi par cette nécessité vitale de préserver l'accès à l'eau. **La question de la maîtrise des points d'eau prend une dimension stratégique :** 22 % de la consommation d'Israël en eau provient du plateau du Golan et 35 % de la Cisjordanie et des affluents du **Jourdain.** La Cisjordanie abrite notamment des nappes souterraines essentielles pour l'approvisionnement en eau. Après son occupation lors de la guerre de 1967, **l'État hébreu a décrété l'eau « ressource stratégique sous contrôle militaire » et a interdit aux Palestiniens de creuser des puits.** La surface des terres irriguées et exploitées par ces derniers a alors chuté de 27 % avant 1967 à 3,7 % aujourd'hui.

Face à cette situation, les pays voisins ont réagi : ils accusent l'État hébreu de « détournements ». La Jordanie pour riposter a prévu la construction d'un barrage sur le fleuve **Yarmouk** à la frontière jordano-syrienne. Mais la Banque mondiale attend, pour soutenir la mise en œuvre du projet, l'accord, jusqu'alors refusé, des Israéliens : un **barrage** en construction sur le même fleuve a déjà été la cible de l'armée israélienne en 1967. La Syrie tente également de multiplier la construction de petits barrages de retenue. Les accords sont difficiles : depuis 1939, 17 plans sur le partage des eaux du Jourdain ont été proposés... L'eau qui a souvent été la cause de tensions dans le cadre des négociations ouvertes à Madrid peut devenir paradoxalement un argument de paix : la répartition du réseau hydrographique ignorant les frontières, nul pays ne peut vraiment faire cavalier seul.

Unique pays de la région à posséder un fleuve indépendant, le **Litani,** le Liban est l'objet de bien des convoitises, ses ressources sont cependant juste suffisantes pour lui. Pays également déterminant dans la course à l'eau, la **Turquie** qui possède la source du **Tigre** et de l'**Euphrate** contrôle l'**Irak** et la **Syrie.**

Autre axe fondamental enfin : le **Nil.** Déjà surexploité, il attire plus d'un million de personnes en plus par an sur ses bords. Le groupe *Undugu,* qui regroupe depuis 1983 les pays africains concernés par le devenir du Nil, s'est révélé peu efficace car considéré comme trop dépendant de l'**Égypte** et doté de trop peu de moyens.

L'eau : une arme au Moyen-Orient

Face à l'enjeu de l'eau, la Turquie est un allié ou un ennemi de taille. L'accord de 1987 qui détermine la quantité d'eau dont la Syrie bénéficie – 500 m³ seconde – est assorti d'un engagement syrien de prévenir les raids kurdes en Turquie. Les Turcs sont d'ailleurs souvent accusés de vouloir arrêter le cours de l'Euphrate si la Syrie aide le PKK, organisation indépendantiste et marxiste kurde. Durant la guerre du Golfe, les dirigeants irakiens ont craint un moment l'utilisation de l'arme de l'eau par les Alliés (la Turquie est membre de l'OTAN), habitués qu'ils sont à protester contre leur dépendance à l'égard de la Turquie en ce domaine. En 1986, le premier ministre turc avait proposé l'édification d'un « aqueduc de la paix » alimentant en eau tous les pays du Golfe et du Proche-Orient. A partir des deux fleuves Ceyhan et Seyhan, qui se déversent dans la Méditerranée, il s'agirait de diriger l'une des conduites en direction de la Syrie, la Jordanie, l'ouest de l'Arabie Séoudite ; l'autre vers le Koweït, l'est de l'Arabie et les Émirats Arabes Unis. Un atout majeur pour les Turcs qui disposeraient de la possibilité de couper l'eau, d'où l'hésitation des pays concernés à financer ce projet.

Le Jourdain

Au centre des problèmes d'eau au Proche-Orient, il alimente le lac de Tibériade, plus grand réservoir d'Israël. Les Arabes reprochent à Israël de s'être assuré grâce aux territoires gagnés depuis 1948 le contrôle des rivières Hasbani (Liban) Banias (Syrie) et la source de Dan (en territoire israélien depuis l'annexion de villages libanais en 1949). Les Israéliens de leur côté s'étonnent que la Syrie prélève 200 millions de m³ d'eau du Jourdain contrairement à l'accord signé avec la Jordanie qui n'en prévoit que 90 millions.

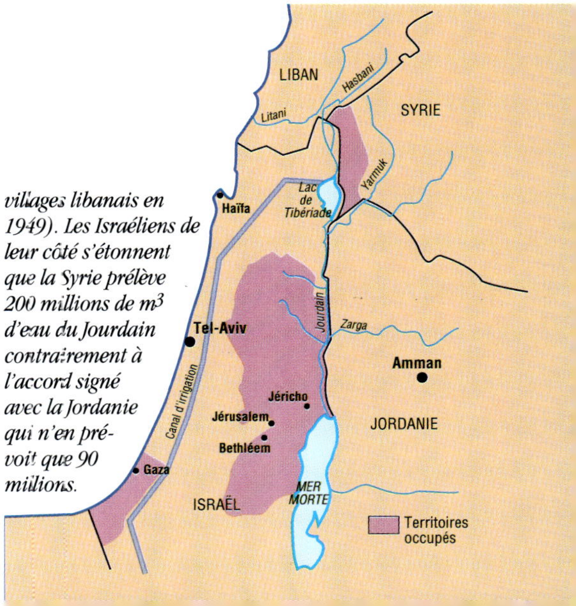

Guerre et environnement

D'Attila, impitoyable guerrier s'il en fût, on disait que, là où son cheval passait, l'herbe ne repoussait pas ! Image seulement, à une époque où la guerre, meurtrière déjà, ne causait que des dégâts limités. Lors des guerres d'Italie (1498-1559), l'utilisation des débuts de l'artillerie proprement dite permit à certains de penser que la guerre devenait tellement meurtrière et destructrice qu'elle était condamnée à disparaître !

Depuis, les hommes ont fait la preuve qu'ils étaient capables d'inventer des armes et des moyens de combat de plus en plus « efficaces », sans que cela les dissuade de s'affronter. C'est pourtant le **XXe siècle** qui, utilisant à des fins meurtrières son savoir scientifique et technique, **a surclassé** très largement **tous les autres.**

Le **Premier Conflit mondial** qualifié de « guerre totale » a utilisé en effet des moyens matériels extrêmes et mis à la disposition des états-majors une puissance de feu inégalée. A tel point que des régions entières – le nord et l'est de la France, par exemple – ont été durablement affectées. C'est aussi au cours de ce conflit que l'arme chimique, en l'occurrence les fameux « gaz », a été utilisée. Mais les hommes n'allaient pas s'arrêter là, et la Seconde Guerre mondiale devait dépasser en intensité et en atrocité la précédente, dévastant tout un continent, et affectant de nombreux autres pays du monde.

Une fois la première **bombe atomique** utilisée sur le Japon, le général Mac Arthur suggéra, lors de la guerre de **Corée,** sinon de réutiliser la bombe, tout au moins d'établir une sorte de **frontière nucléaire** pour empêcher le passage des « volontaires » chinois.

Pendant la guerre du **Vietnam,** l'utilisation du **napalm** et des **défoliants** a eu des effets durables sur l'environnement et les populations. L'armée américaine se livra à un véritable **écocide** et détruisit d'immenses surfaces de forêts et de cultures. Elle répandit environ 372 000 tonnes de napalm. Ces déversements ont évidemment provoqué des destructions écologiques. Ils pourraient aussi être à l'origine de l'augmentation des taux d'**anomalies congénitales** observées chez les nouveau-nés et expliquer que le taux d'hépatite chronique dans les zones défoliées soit douze fois supérieur à la normale. Une étude, commandée par le Congrès américain, et menée entre 1984 et 1988 par le *Research Triangle Institute*, montre que 15,2 % (soit environ 479 000 soldats) des anciens combattants de la guerre du Vietnam présentent des troubles psychologiques. Le **PTSD *(Post Traumatic Stress Desorder)*** est un état d'anxiété faisant suite à une expérience inhabituelle très déstabilisante et s'accompagne souvent de divorces et de difficultés relationnelles.

La guerre du Golfe (17 janvier-28 février 1991), elle, s'est révélée peu traumatisante au moins du côté de la Coalition, en dépit du déploiement inégalé de matériels sophistiqués, de la **menace des armes chimiques** et **bactériologiques,** déjà utilisées par l'Irak contre les Iraniens et les Kurdes. A la différence de la guerre du Vietnam, les soldats bénéficiaient d'un soutien massif de l'opinion. En revanche, qualifiée de **« guerre écologique »** (abusivement d'ailleurs, car on entendait par là une guerre utilisant la menace contre l'environnement), le conflit s'est finalement révélé très polluant à cause des **marées noires** qu'il a à nouveau provoquées dans le golfe Persique. La guerre entre l'Iran et l'Irak avait, en effet, déjà produit des déversements indésirables, surtout pour des pays où les usines de dessalement procurent deux tiers de l'eau potable. Les **destructions de puits** ont aussi fait leur œuvre. La **pollution est** donc **devenue une arme.**

Les dommages de guerre laissent des séquelles plus localisées, mais néanmoins meurtrières. C'est le cas des **mines,** qui font des victimes bien après la fin des conflits, comme au Cambodge ou dans le Golfe aujourd'hui encore.

De la même manière qu'il existe des conventions internationales en cas de guerre pour protéger les prisonniers, il serait souhaitable qu'une convention protège désormais les sites naturels.

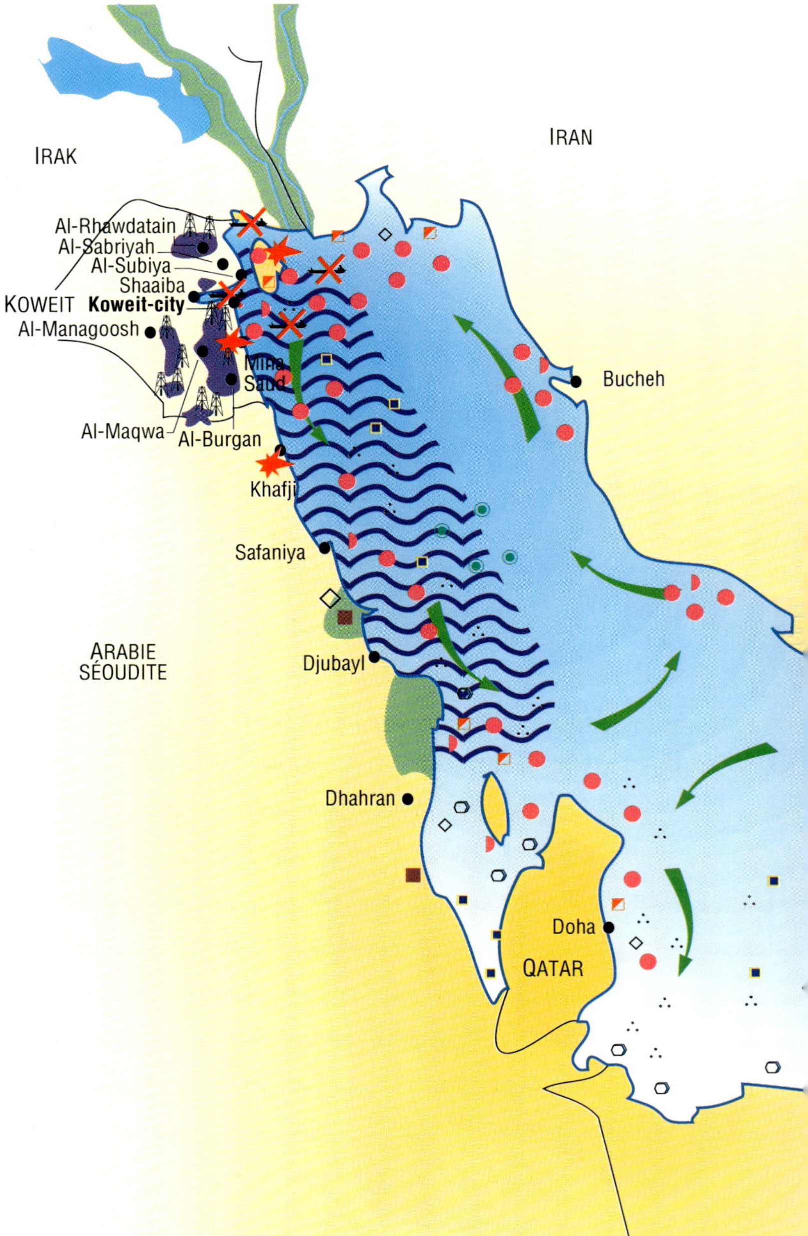

La guerre du Golfe

Tandis que les incendies des champs pétrolifères koweitiens provoquaient une forte baisse des températures en réduisant le rayonnement solaire, les nappes de pétrole endommageaient la faune et la flore du golfe Persique. Les mangroves n'ont pas été épargnées par l'huile noire ; seuls les coraux ne semblent pas être affectés.

Vietnam : l'après-guerre

La guerre du Vietnam, qui a duré de 1961 à 1975, a fait des dégâts considérables sur l'environnement : 40 % de la forêt est détruite, ainsi que 41 % des plantations littorales de palétuviers et 40 % des plantations d'hévéas. Trois espèces de végétaux ont complètement disparu. Quant aux animaux, quatre espèces d'oiseaux ont été décimées.

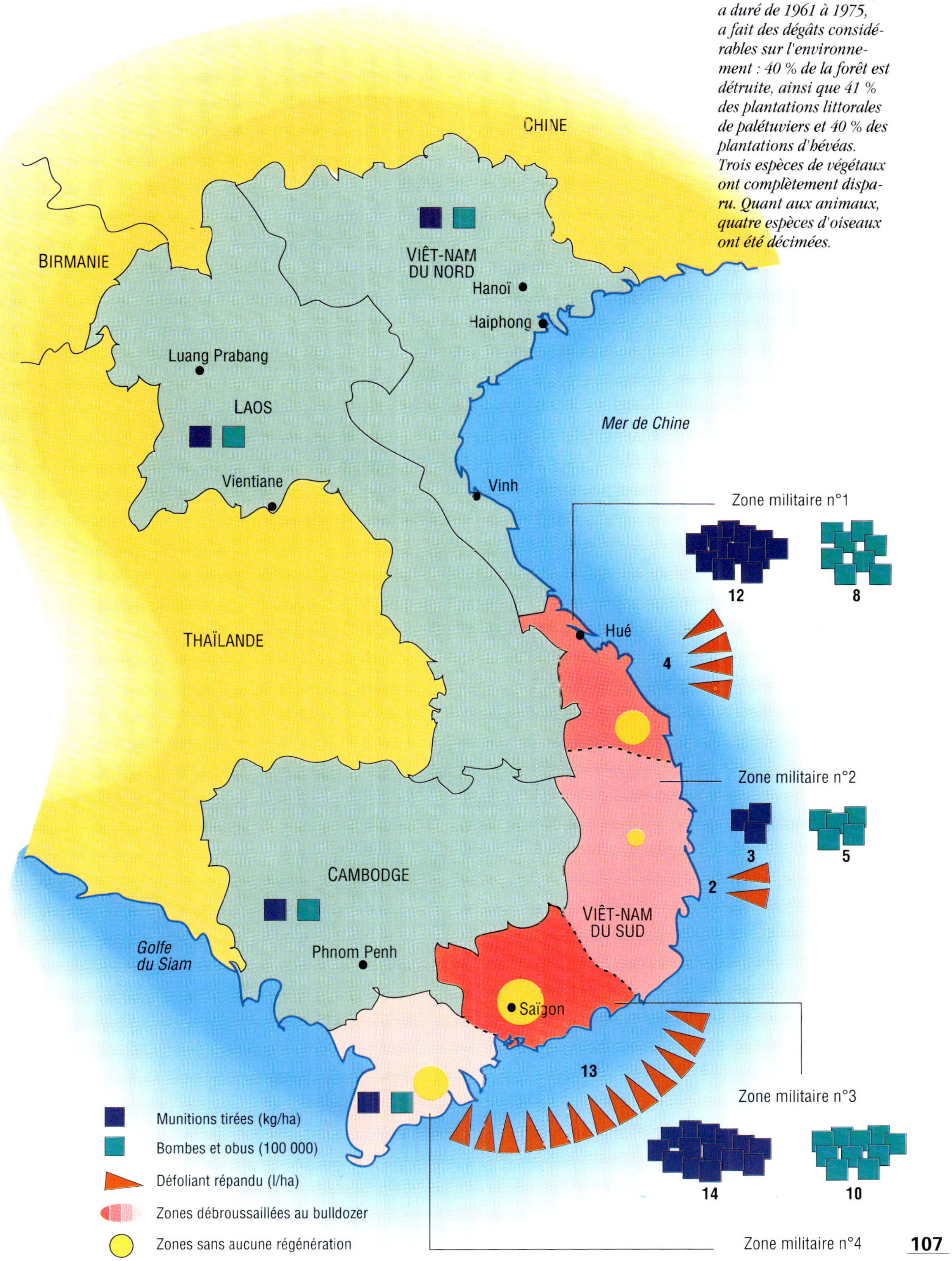

La guerre atomique

De la guerre atomique proprement dite, les hommes n'ont eu à connaître – si l'on ose dire – que l'expérience d'**Hiroshima (6 août 1945)** et **Nagasaki (9 août 1945).** Au-delà de l'effet produit par les **20 kilotonnes** de chacun des bombardements – des **centaines de milliers de morts et de blessés** ainsi que des séquelles chez les survivants et leurs descendants, sans parler bien sûr des destructions matérielles –, la destruction de deux grandes villes du Japon par l'aviation américaine, a marqué une nouvelle phase de l'histoire de l'humanité.

Désormais, des hommes possédaient une **arme absolue** qui, en se perfectionnant et en se multipliant, risquait de **mettre en danger l'existence même de l'espèce humaine.** Plus important encore, la plus grande démocratie du monde, les **États-Unis** d'Amérique, venait de montrer qu'elle avait la **« volonté » politique** d'en faire usage contre un ennemi, alors que ses intérêts vitaux n'étaient pas véritablement en danger. Certains observateurs considérèrent même qu'il s'agissait là, déjà, d'un avertissement aux Soviétiques qui avaient des velléités d'avance vers l'Europe occidentale et l'Asie du Sud.

Après une période de déséquilibre relativement brève, l'**URSS** se dota elle aussi d'un armement nucléaire, et, au fil des ans, s'établit peu à peu **« l'équilibre de la terreur ».** La crise des fusées de **Cuba,** en **1962,** permit de vérifier « l'efficacité » d'une arme aussi redoutable, et les protagonistes préférèrent s'entendre plutôt que de faire sauter la planète. La compétition, cependant, ne prit fin qu'à la disparition de l'URSS et d'un **monde bipolaire** reposant sur la rivalité Est/Ouest – plus exactement soviéto-américaine.

Entre-temps, d'autres États étaient entrés officiellement dans le **« Club »** très fermé des « puissances nucléaires » : la **France,** avec sa politique de dissuasion, la **Grande-Bretagne**, la **Chine** – cette dernière étant isolée aussi bien de l'URSS que du reste du monde –, l'**Inde** enfin. D'**autres pays** ont produit à leur tour l'arme atomique (Israël, l'Afrique du Sud...), tandis qu'on pouvait estimer à une **trentaine** ceux qui étaient plus ou moins en possession des moyens nécessaires pour **fabriquer leur bombe.** Certes, le **Japon** et l'**Allemagne** étaient dans ce cas, mais leur statut, issu de la guerre, et une grande partie de leur opinion farouchement opposée à l'arme nucléaire, leur interdisait tout réarmement. L'accession à l'arme atomique se heurte souvent à des raisons économiques, car elle exige de gros investissements.

Pour autant, la guerre nucléaire totale, sous la menace de laquelle le monde a vécu une quarantaine d'années, n'a pas eu lieu à ce jour.

Elle aurait eu des **conséquences dramatiques.** On jugeait en effet, à la veille de la chute de l'URSS, que les grandes puissances étaient capables de détruire plusieurs fois la planète ! Les **scénarios post-nucléaires** élaborés par les instances compétentes dans les différents pays rivalisent d'horreur. Au **désastre humain** s'ajouterait un désastre **écologique** indescriptible : contamination des eaux, désertification, multiplication des épidémies.

Aujourd'hui, **le risque demeure,** mais sous une forme différente. Les **États-Unis** disposent d'une force nucléaire encore considérable, mais ils n'ont plus d'**« adversaire potentiel »** clairement identifié. L'**ex-URSS** connaît des remous politiques graves qui ne permettent pas toujours de savoir qui détient aujourd'hui le vrai contrôle sur le feu nucléaire. Quoi qu'il en soit, le **désarmement** est en marche et connaît même une certaine accélération. Américains et Russes viennent de prendre des mesures en ce sens.

Reste cependant le **risque de la prolifération** de la part d'États qui souhaitent acquérir en fraude l'arme nucléaire. Des États comme la France ou la Chine, qui avaient refusé d'adhérer au traité de non-prolifération nucléaire de décembre 1968, l'ont finalement signé respectivement en août et mars 1992.

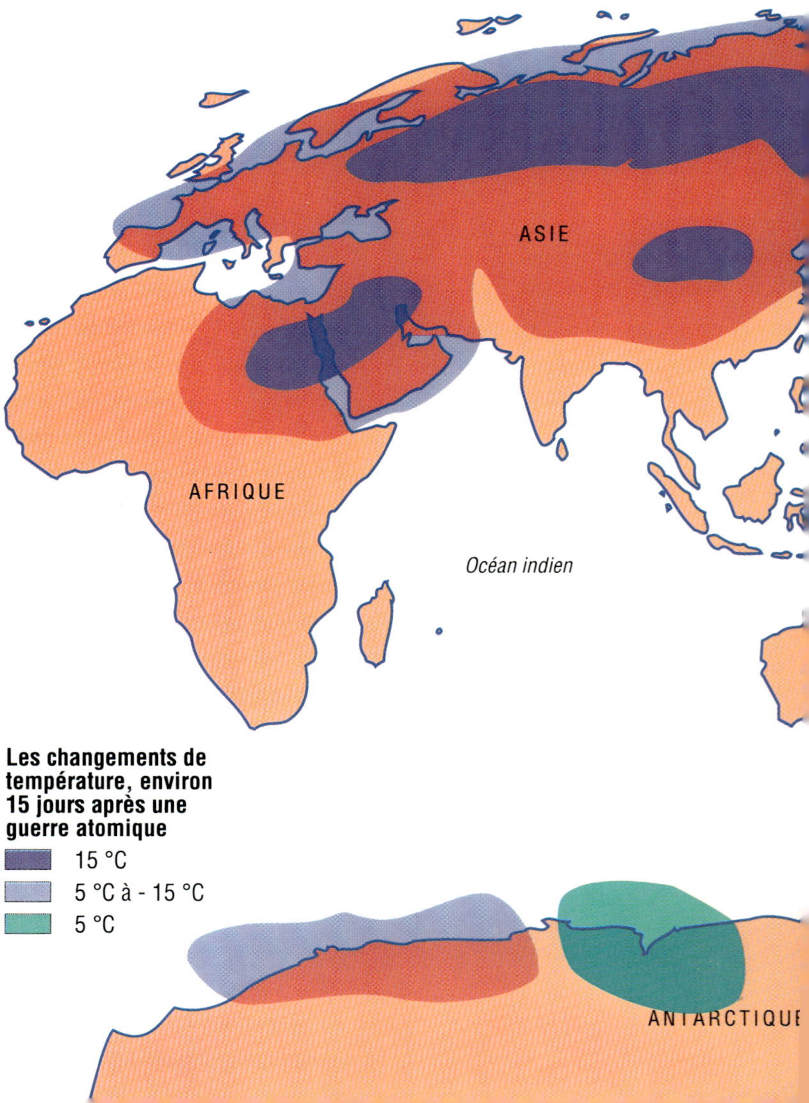

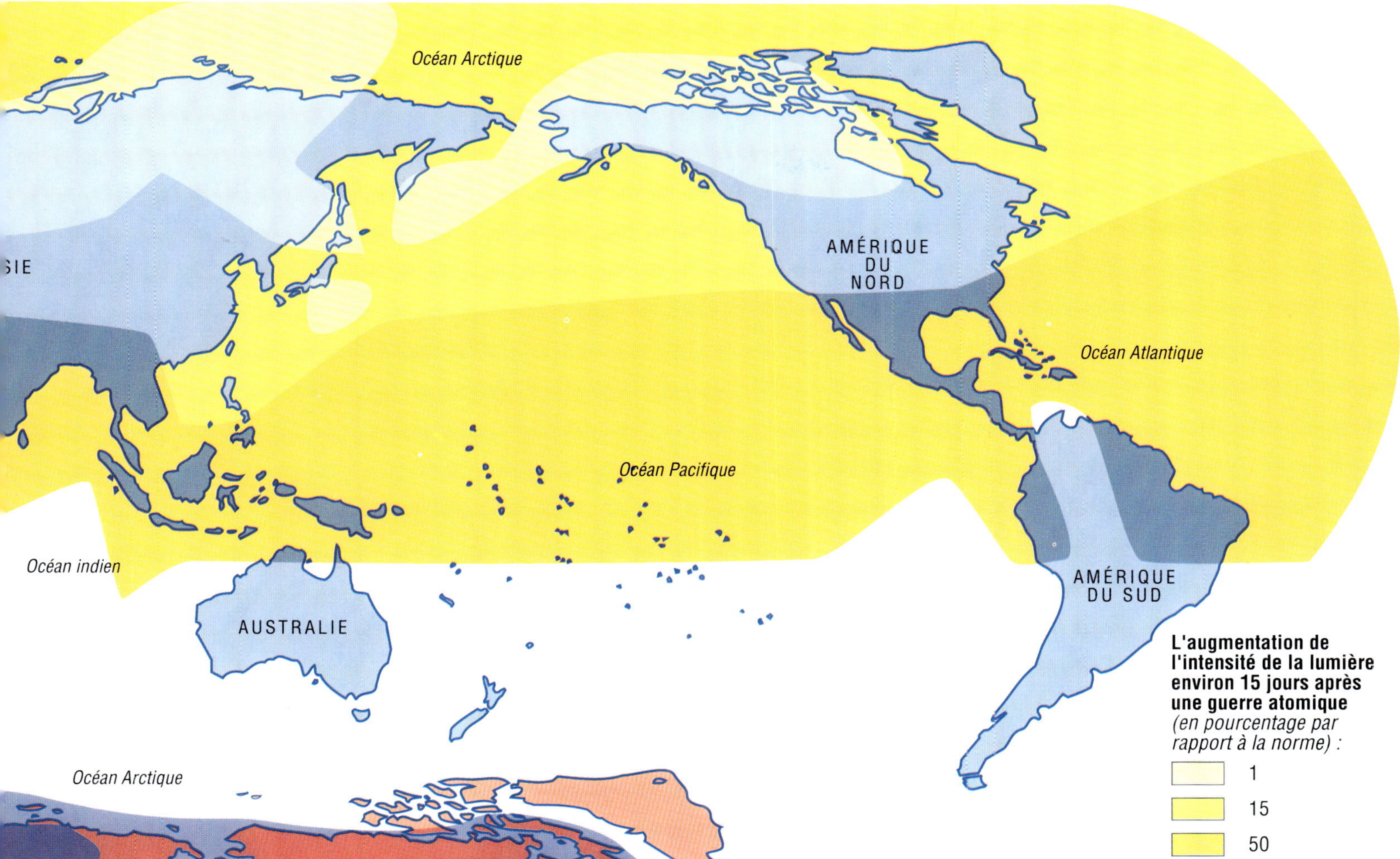

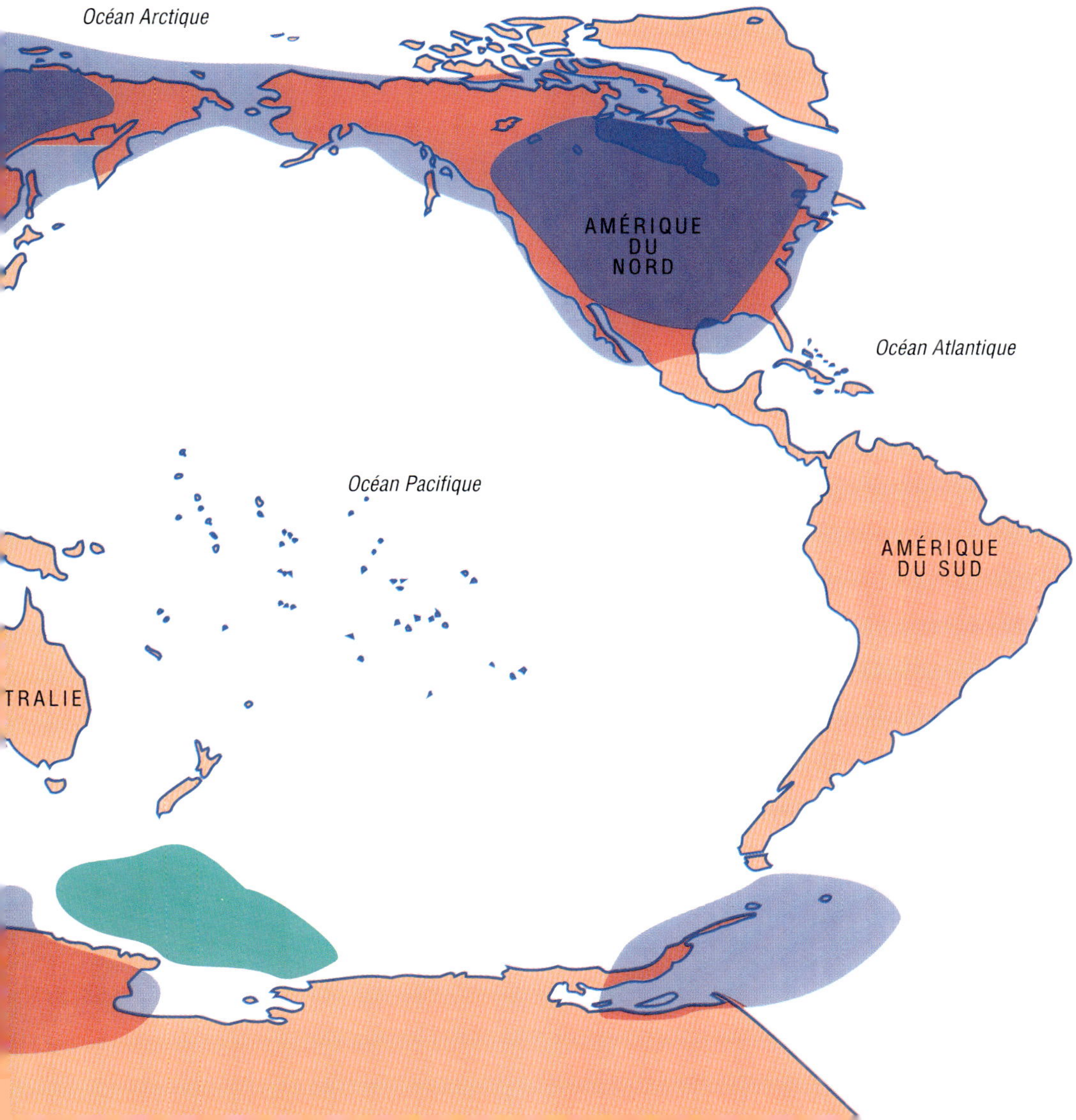

L'arme absolue

L'hypothèse d'une guerre nucléaire, telle qu'elle avait été envisagée lors de la rivalité URSS–États-Unis, menaçait l'existence d'une grande partie de la population mondiale. Les projections prévues en cas de conflit généralisé montraient combien la fumée et les débris auraient pu affecter les températures. Bien que beaucoup d'incertitudes demeurent quant aux changements climatiques, il apparaît que le champignon de l'explosion aurait pu provoquer un « hiver nucléaire » qui aurait duré de quelques jours à quelques mois, voire quelques années

La prolifération nucléaire

Soumise d'abord à la mise en œuvre de connaissances techniques et scientifiques mobilisables par très peu d'États, **l'aventure du nucléaire, commencée durant la Seconde Guerre mondiale, revêt un double aspect militaire et civil.**

Redoutable enjeu entre les grandes puissances, **détenue d'abord par les États-Unis en 1945, puis par l'URSS en 1949, l'arme nucléaire s'est répandue de manière limitée,** tout au moins **officiellement,** puisqu'un certain nombre d'États ont été assez rapidement soupçonnés de la détenir ou de mener des recherches très poussées dans ce domaine.

Les principales puissances détentrices de l'arme en question, tout en perfectionnant et en multipliant leur arsenal, ont toujours été tentées d'en limiter la prolifération. D'abord, pour des raisons de puissance et ensuite pour des raisons de danger en cas de non-contrôle. Hiroshima et Nagasaki ont laissé des souvenirs douloureux.

Le **développement du nucléaire civil,** *a priori* sans danger sur le plan militaire, a donné lieu à un commerce avec un certain nombre d'États souhaitant se doter de centrales électro-nucléaires (Irak, Pakistan) limitées à un usage civil... Ces installations ont parfois permis un **détournement.**

Le **commerce de l'uranium** pose plusieurs problèmes : celui du transport d'une matière fissile dangereuse, celui d'un vol éventuel. Quant au plutonium, fabriqué à partir de l'uranium dans les réacteurs nucléaires, il peut être utilisé dans un objectif militaire. **Il est** donc **à craindre qu'à partir de déchets radioactifs, certains États ne soient tentés de bricoler un armement nucléaire.** Limiter le plutonium est souhaitable pour éviter la prolifération nucléaire.

La chute de l'URSS laisse présager le pire. Les **difficultés économiques de l'ex-URSS pourraient amener certains à vendre leurs compétences, leurs informations, voire à brader du matériel à des États du tiers monde intéressés.**

Enfin, les **essais nucléaires** ont des effets nocifs pour l'environnement, des fuites radioactives pouvant se produire en sous-sol après les explosions. Des associations comme *Greenpeace* se sont même formées initialement pour lutter contre ces expérimentations. Le 21 mai 1992, l'armée chinoise a encore procédé à un essai nucléaire massif, arguant du petit nombre de ses essais en réponse à ceux qui lui reprochaient la puissance de l'explosion.

Jusqu'à ce jour, les pouvoirs politiques détenant l'arme nucléaire se sont montrés responsables. Certains pays disposant de la technologie des armes nucléaires y ont renoncé, en adhérant au **traité de non-prolifération en 1968.** Surtout, l'accord de désarmement stratégique, conclu le **16 juin 1992** par les présidents George Bush et Boris Eltsine, semble ouvrir une ère nouvelle. Les deux puissances acceptent d'amputer de deux tiers leurs armements nucléaires. Ce serait, selon les mots du président américain, **« la fin du cauchemar nucléaire ».** L'accord fait passer le nombre d'ogives possédées par les deux pays de 21 000 à 7 000. Le désarmement est aussi qualitatif, puisqu'une catégorie entière d'armes nucléaires particulièrement destructrices est appelée à disparaître : les missiles intercontinentaux (stratégiques) basés au sol sur des sites fixes ou mobiles et armés de plusieurs ogives. Boris Eltsine a fait la plus grande concession, au nom de sa volonté d'en finir avec « la sinistre parité qui a conduit la Russie à avoir la moitié de sa population au-dessous du seuil de pauvreté ».

Mais la découverte en Irak par la Commission d'enquête de l'ONU, de recherches très avancées, est un avertissement tout comme les difficultés persistantes des experts étrangers à accéder aux informations militaires dans ce pays.

En dépit de la réduction des armements nucléaires, un nombre suffisant d'armes reste en place pour faire sauter plusieurs fois la planète, et laisse planer le risque d'un docteur Folamour.

Civil ou militaire

Le risque de prolifération nucléaire est inquiétant. C'est pourquoi dès 1967 (traité de Tlatelolco) des solutions sont recherchées à travers des accords internationaux, et en 1968, un traité de non-prolifération est signé. Puis, en décembre 1987, pour la première fois, les Américains et les Soviétiques décident une réduction des armements nucléaires par la destruction des missiles intermédiaires. Cette évolution a conduit à l'accord historique du 16 juin 1992. La prolifération nucléaire reste un danger parce que rien n'empêche un État qui dispose de la maîtrise du cycle nucléaire civil de se livrer à des applications militaires.

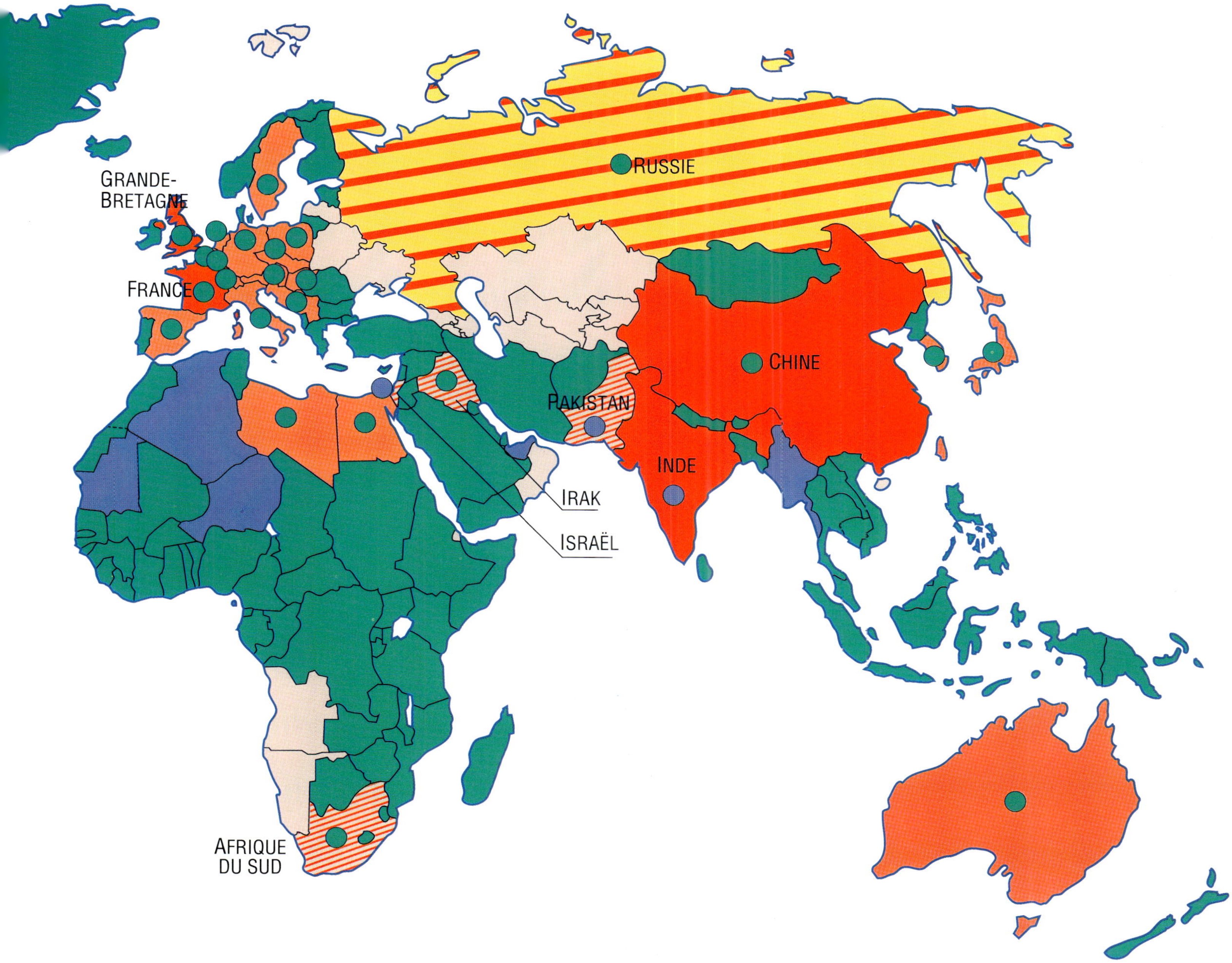

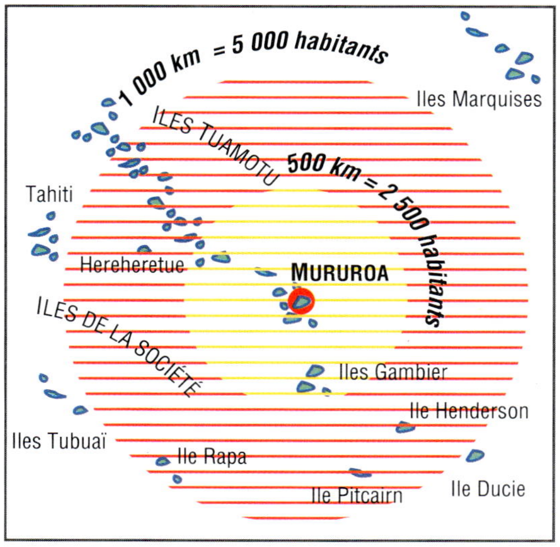

Mururoa : haute surveillance

L'atoll de Mururoa comme celui de Fangataufa situé à 25 km a été choisi en 1974 par l'armée française pour effectuer ses essais nucléaires. Mururoa est à 1 200 km de Tahiti, et le premier atoll habité se trouve à 120 km. Depuis 1975, l'atoll de Mururoa a été le théâtre de 131 explosions nucléaires souterraines. Auparavant, entre 1966 et 1975, 40 essais nucléaires atmosphériques y avaient été effectués. La suspension des essais, décidée en 1992, met en difficulté économique la Polynésie pour laquelle les essais nucléaires étaient source de recettes substantielles. Les écologistes soutiennent que les cocoteraies de l'atoll qui mesurent 35 km de long sur 15 de large seraient contaminées. L'armée française, de son côté, affirme disposer d'études prouvant que le taux de radioactivité de Mururoa est conforme aux normes en vigueur.

La biodiversité

On appelle **biodiversité** la variété et la variabilité des organismes vivants sur notre planète à tous les niveaux. Elle regroupe : les espèces vivantes (mammifères, arbres...), les écosystèmes (forêts, îles...), ou encore les processus naturels de reproduction.

La planète compterait aujourd'hui entre **4 et 30 millions d'espèces végétales et animales,** dont seul **1,7 million a déjà été répertorié.** Leur **taux de disparition** serait désormais **mille fois supérieur à leur taux naturel d'extinction.** Les **milieux les plus riches** en variétés sont aussi **les plus exposés** à d'éventuelles extinctions : les **forêts tropicales,** les **récifs de corail** et les **plaines océaniques** situées entre 10 et 2 000 m de profondeur.

La disparition d'une espèce peut avoir des **explications naturelles.** Les changements climatiques, telle la sécheresse exceptionnelle qui a duré de 1968 à 1984 au Sahel, peuvent entraîner localement de nombreuses extinctions. Cependant, c'est l'**intervention humaine** qui est la principale responsable de la disparition d'espèces.

Le taux d'extinction a été multiplié depuis l'intervention de l'homme. Premier chef d'accusation, le **rythme accéléré de la déforestation.** Or, c'est dans les forêts tropicales humides (couvrant 7 % de la surface terrestre) que se trouvent plus de la moitié des espèces végétales et animales du globe. La forêt amazonienne à elle seule abriterait 1 million des espèces animales et végétales identifiées. La déforestation, selon le spécialiste de la forêt tropicale, Edward O. Wilson, serait responsable de la perte de 17 500 espèces naturelles chaque année.

La **chasse,** la **destruction de l'environnement** par les exploitations industrielles et les infrastructures humaines, la **pollution,** l'introduction d'**espèces prédatrices** par l'homme sont autant de facteurs d'extinction des espèces.

De plus, **les pertes se font souvent en chaîne,** la disparition d'une seule espèce en entraînant bien d'autres par la rupture de la relation prédateur-proie. L'extinction est interactive entre espèces végétales et animales. Un seul arbre en Amazonie péruvienne peut abriter plus d'une quarantaine d'espèces de fourmis. Réciproquement, les plantes ont besoin d'agents extérieurs (animaux ou vent) pour transporter leurs graines.

La **nécessité de conserver une très grande diversité** des espèces a pourtant des raisons multiples. Certaines sont **médicales :** 40 % des médicaments occidentaux proviennent en effet de substances naturelles d'origine végétale ou animale. La chauve-souris entre dans la composition d'un remède pour les trachéites chroniques ; la pervenche rose, une plante malgache, synthétise deux alcaloïdes efficaces contre la maladie de Hodgkin et la leucémie ; la girolline est une substance anticancéreuse ; la quinine tirée d'un arbre, le quinquina, soigne le paludisme ; le curare est indispensable à la chirurgie. D'autres sont **économiques :** la faune et la flore assurent subsistance des populations ou revenus commerciaux, surtout pour les pays en voie de développement qui fournissent la plus grosse part du marché. D'autres, enfin, sont **culturelles :** intérêts environnemental et esthétique (espaces verts), gastronomique (appauvrissement du goût) ou encore ethnographique (importance des plumes de certains animaux pour les rites).

Aussi, des **mesures** ont été prises par l'UNESCO avec la création de l'Union internationale pour la conservation de la nature (UICN). Des initiatives privées sont nées comme en témoigne la création du WWF (*World Wildlife Fund*) en 1961. La préservation de la biodiversité est devenue peu à peu une **« préoccupation commune de l'humanité ».** Cependant, à la conférence de Rio en juin 1992, les États-Unis n'ont pas signé la convention sur la biodiversité. Et pourtant, toute perte de la diversité signifie une diminution des choix offerts à l'évolution et des ressources disponibles pour l'homme. Dans cette mesure, l'extinction des plantes et des animaux est un présage de l'extinction de l'homme.

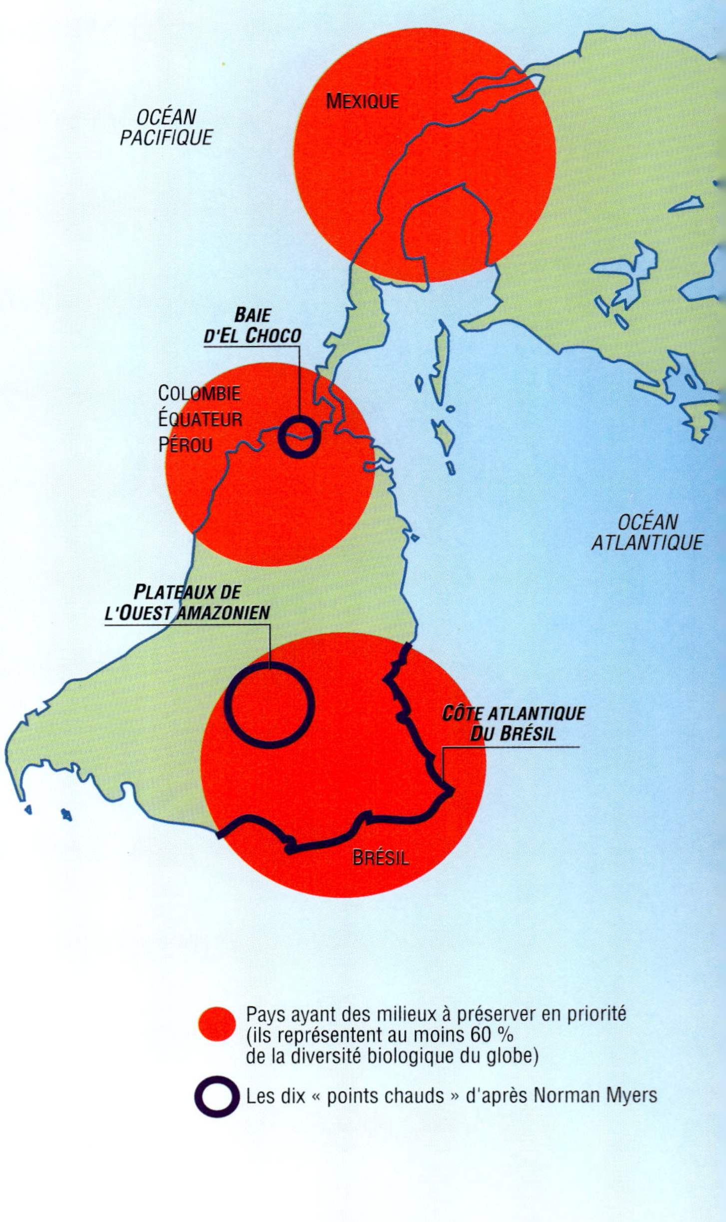

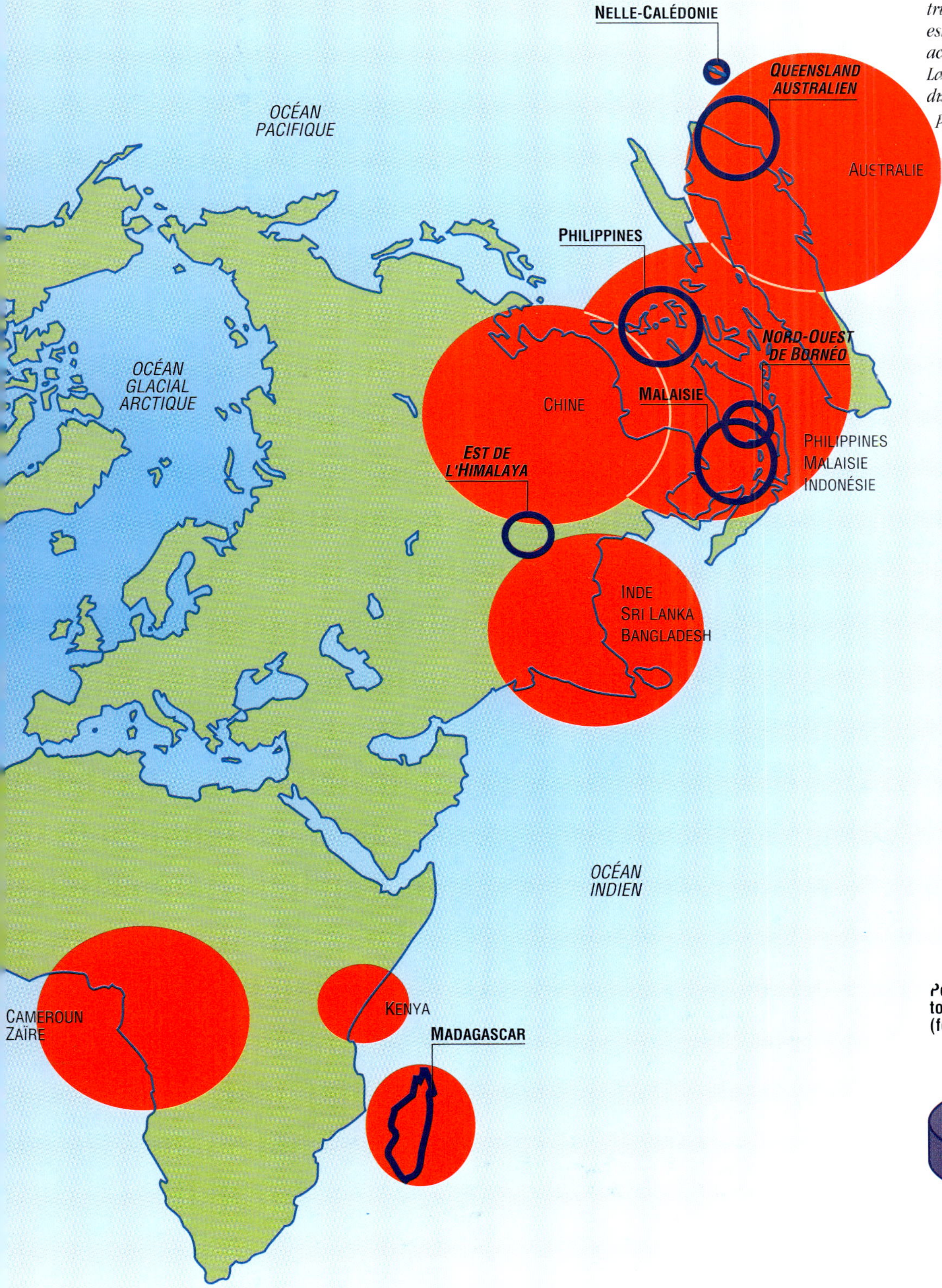

Les points chauds de la diversité

L'habitat est le milieu géographique propre à la vie d'une espèce végétale ou animale. C'est la destruction des habitats qui est la principale cause actuelle des extinctions. La conservation de la biodiversité exige donc de préserver des milieux entiers. Le préambule de la Convention sur la biodiversité est, de ce point de vue, éloquent, reconnaissant que « l'homme coexiste sur la Terre avec d'autres formes de vie et acceptant que celles-ci devraient exister indépendamment des avantages qu'elles offrent à l'humanité… » Selon le biologiste anglais Norman Myers, l'homme a déjà détruit, depuis 1900, près de 75 % des espèces existantes. Myers a d'ailleurs déterminé les dix points chauds de la diversité, c'est-à-dire les dix lieux les plus menacés.

Les disparitions

Au rythme actuel de disparition, il est probable qu'avant l'an 2000 un dixième de toutes les espèces de la Terre n'existera plus ; ce chiffre pourrait atteindre 33 % avant l'an 2020.

Pourcentage de disparition de la totalité des espèces (fondé sur les estimations actuelles)

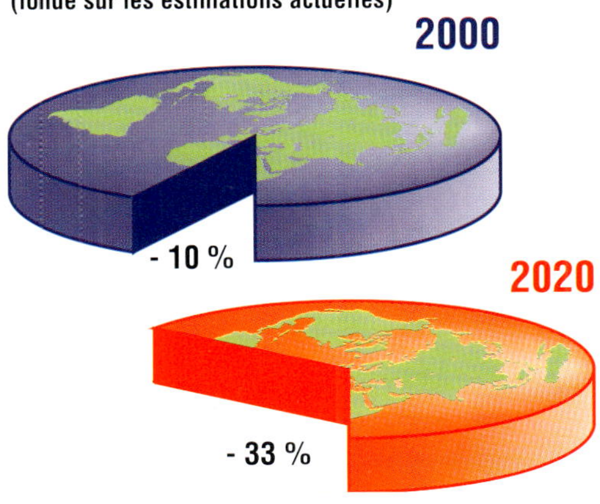

L'homme, une espèce menacée ?

Grâce aux progrès spectaculaires de la médecine (en particulier, les antibiotiques et les vaccins) certains espéraient que les maladies infectieuses seraient, à défaut d'être totalement éradiquées, au moins partiellement contrôlées. La disparition de maladies comme la variole confortait cette idée. Cependant, si le problème de la **résistance bactérienne aux antibiotiques** et la **persistance de grandes maladies du passé** ont ébranlé ces espoirs, l'émergence de nouvelles maladies, qui affectent l'homme ou l'animal, l'a définitivement mis à mal.

Certaines maladies, encore peu connues, peuvent provoquer la mort et décimer une espèce. C'est le cas notamment de **maladies qui attaquent le système nerveux central**. Chez l'animal, l'encéphalopathie spongiforme bovine, autrement appelée **« maladie de la vache folle »** et identifiée seulement en 1986 au Royaume-Uni, provoque une dégénérescence du système nerveux. Un mystérieux agent infectieux serait responsable de la maladie. Son mode de contamination pas encore prouvé serait dû à l'ingestion de carcasses de moutons, eux-mêmes atteints. En mars 1992, au Royaume-Uni, 47 680 bovins ont déjà été abattus et **55 à 64 % des élevages du sud de l'Angleterre sont officiellement contaminés**. La maladie a gagné l'Irlande, la France, la Suisse et même le sultanat d'Oman suite à l'importation de bétail. La consommation de viande contaminée est interdite pour prévenir une éventuelle contagion à l'homme, car la maladie de la vache folle (qui a déjà contaminé des ouistitis) semble **franchir la barrière des espèces**. L'homme connaît d'ailleurs lui aussi une maladie dégénérative du système nerveux assez proche : la maladie de **Creutzfeld-Jacob** décrite dès 1920 qui entraîne des troubles locomoteurs, une démence et la mort.

Des maladies inconnues il y a dix ans font actuellement des ravages : la **maladie de Lyme**, dont le rat des bois était le principal réservoir en Californie, celle du **« Légionnaire »**, transmise par l'air conditionné, et surtout le **SIDA**, Syndrome Immunodéficient Acquis.

Maladie des années 1980, le SIDA aurait existé à une date antérieure, aux États-Unis et en Afrique, lieu d'origine présumé des virus HIV-1 et HIV-2. Des traces de cas ont été retrouvées et des rétrovirus analogues observés chez le singe, mais l'origine des deux virus humains reste inconnue. La transmission peut être sanguine, sexuelle ou materno-fœtale. En **Afrique**, ou dans les pays pauvres, la **contamination** a surtout été dès le début **hétérosexuelle.** Dans les **pays industrialisés,** en revanche, la maladie a d'abord touché des **populations « cibles » (homosexuels** ou **drogués par voie intraveineuse),** avant de se transmettre aussi de manière hétérosexuelle ou par transfusion. Les dernières évolutions montrent une baisse de la contamination chez les homosexuels, une hausse chez les toxicomanes et une extension de la maladie dans les lieux les plus reculés. Autre changement, on compte désormais autant de femmes que d'hommes infectés.

L'Afrique reste le continent le plus touché, avec 20 à 30 % de la population économiquement active séropositive. En Ouganda, dans la région de Rakai, sur une population totale de 300 000 habitants, 40 000 enfants sont orphelins à cause du SIDA. Les répercussions économiques et sociales sont donc terribles et les obstacles culturels et religieux sont autant de barrières qui empêchent les mesures les plus simples de protection, tel le préservatif.

Les victimes directes du SIDA succombent aux infections opportunes. La **tuberculose** étant **la plus fréquente des infections associées au SIDA,** 20 % des porteurs du virus du SIDA l'auraient contractée. Selon les spécialistes, il faut s'attendre, à partir d'un million de séropositifs, à 40 000 ou 50 000 nouveaux cas « en excès » de tuberculose induite par le HIV chaque année. Selon l'OMS (Organisation Mondiale de la Santé), la tuberculose fait déjà 3,3 millions de morts par an dans le monde. L'incidence de cette maladie a augmenté, notamment aux États-Unis où elle est en hausse de 2,3 % en 1991.

SIDA : une évolution mondiale

Les chiffres du SIDA sont à examiner avec prudence. En effet dans les régions où il y a le plus de cas, comme l'Afrique, les indicateurs sont très approximatifs, sur une grande majorité de malades ne sont pas soignés et on ne sait pas vraiment de quoi ils meurent : infections isolées (tuberculose, diarrhées…) ou opportunes du SIDA. De plus, ces pays sont très peu équipés en tests de dépistage. Le dernier sommet de l'OUA (Organisation de l'Unité Africaine), à Dakar, s'est d'ailleurs penché sur l'ensemble de ces graves problèmes. On peut en escompter, à terme, une plus grande prise de responsabilité des États contre une pandémie qui a pris, sur l'ensemble d'un continent, les proportions d'une catastrophe sanitaire et sociale. Selon Jonathan Mann, qui a présidé le Congrès d'Amsterdam, on comptera en l'an 2000 dans le monde entier de 38 à 110 millions d'adultes et 10 millions d'enfants séropositifs.

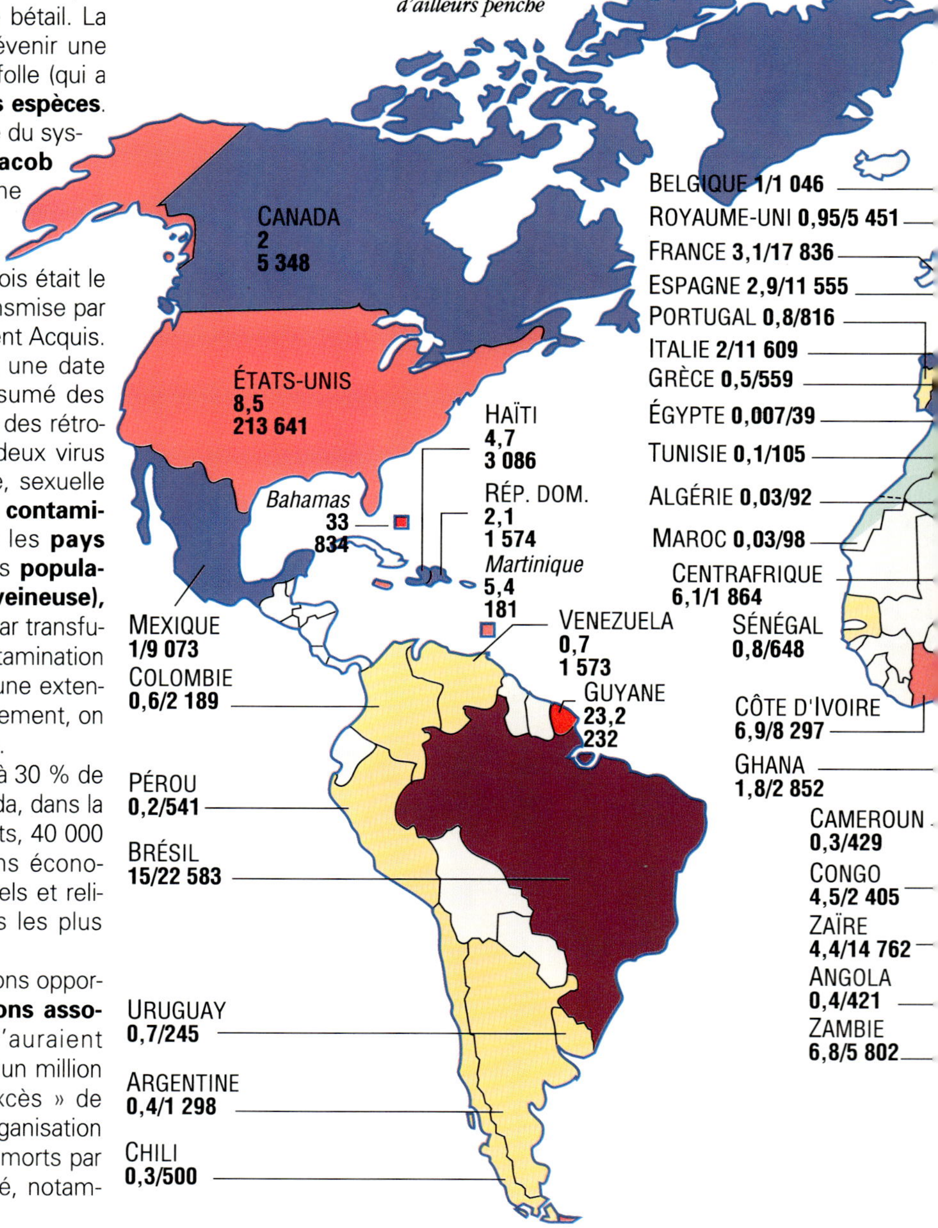

Population atteinte du SIDA au 1er avril 1992
(Premier chiffre : proportion sur 10 000 habitants ; deuxième chiffre : nombre de cas recensés par l'OMS)

- Moins d'1 personne sur 100 000 habitants
- Moins d'1 personne sur 10 000 habitants
- De 1 à 5
- De 5 à 10
- De 10 à 15
- Plus de 15
- Données non communiquées

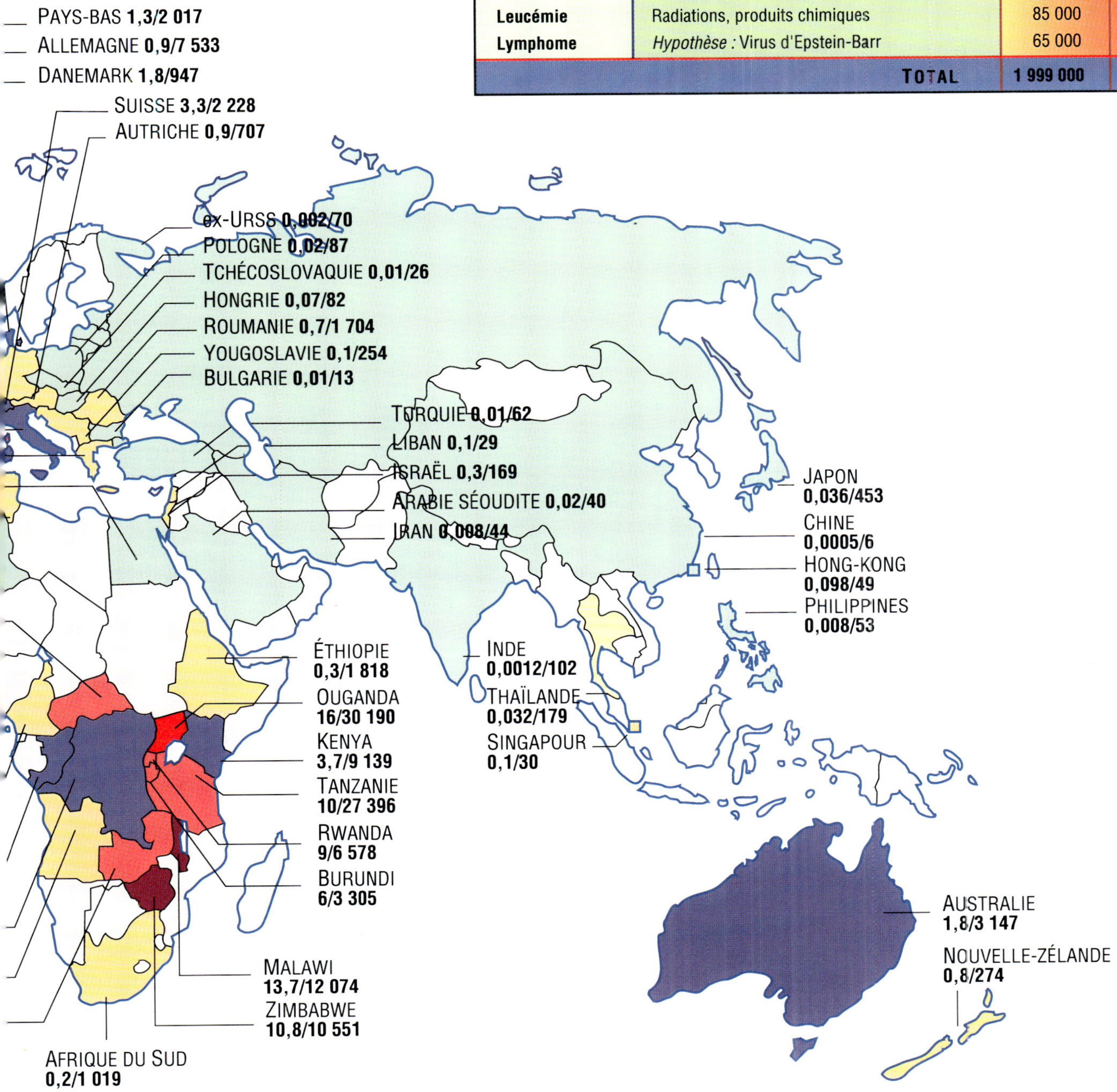

Nouveaux cas de cancers, parmi les dix plus fréquents, sur une année

Type de cancer	Cause principale	Pays développés	PVD	MONDE
Estomac	Toxines alimentaires, tabac, alcool	335 000	335 000	670 000
Poumon	Tabac, métaux (amiante, nickel, chrome), radiations ionisantes	460 000	200 000	660 000
Sein	*Hypothèse :* Radiations, alimentation, nulli- ou pauciparité, première grossesse après 35 ans, absence d'allaitement	345 000	230 000	575 000
Côlon	*Hypothèse :* Régime alimentaire riche en lipides et pauvre en fibres	400 000	170 000	570 000
Col utérin	Rapports sexuels, virus herpétique	94 000	376 000	470 000
Œsophage	Tabac, alcool, *hypothèse :* boisson bouillante	60 000	250 000	310 000
Bouche/gorge	Tabac, alcool, virus d'Epstein-Barr, poisson séché	100 000	200 000	300 000
Foie	Hépatite B, alcool, carcinogènes alimentaires	55 000	195 000	250 000
Leucémie	Radiations, produits chimiques	85 000	105 000	190 000
Lymphome	*Hypothèse :* Virus d'Epstein-Barr	65 000	70 000	135 000
	TOTAL	**1 999 000**	**2 131 000**	**4 130 000**

Cancers : augmentation au Sud

Malgré les progrès accomplis dans la lutte contre le cancer, on constate un développement des différents types de cette maladie dans les pays en développement. Expliqué par l'allongement de l'espérance de vie et l'amélioration des statistiques, il est également dû à l'adoption de modes de vie en provenance du Nord (comme la consommation de tabac), qui accentuent les risques de cancers. L'analyse de ce tableau fait apparaître le rapport étroit qui existe entre modes de vie, facteurs de risque et cancers.

Jours comptés pour la planète

La pollution ignore les frontières. Qu'il s'agisse, par exemple, de la pollution **atmosphérique**, du **transport** et du **stockage** des **déchets** ou de la **gestion de grands fleuves** internationaux, les questions de l'environnement ne sauraient être résolues sans tenir compte de l'ensemble des partenaires. Certaines déprédations écologiques exigent des **solutions régionales,** comme celles des **pluies acides** ou celles des **mers** Baltique, du Nord ou de la Méditerranée. D'autres ont une **dimension plus vaste,** telle l'organisation des **échanges**, ou enfin, une dimension véritablement planétaire, pour la couche d'**ozone** ou le **réchauffement** par exemple. Aussi, les pays ont-ils adopté au fil des ans des accords nationaux, bilatéraux ou multilatéraux concernant notamment la faune et la flore, la pollution marine, le transport de déchets dangereux et la protection de l'ozone. Ces **engagements juridiques** ont considérablement amélioré la situation, mais bien des obstacles demeurent.

Nombre des pays industrialisés signataires d'accords risquent d'être freinés dans leur effort par le problème du **chômage**. Beaucoup pourraient être tentés d'arbitrer en faveur de la réduction du chômage au détriment de l'écologie, à l'image du président des États-Unis, George Bush, qui a décidé de suspendre la plupart des nouvelles réglementations antipollution votées en 1990 et rendues obligatoires par le *Clean Air Act* (loi sur l'air pur). La politique antipollution est souvent jugée coûteuse : deux universitaires américains ont calculé le coût de cette réglementation et ont estimé qu'elle avait réduit de 0,2 % le taux de croissance annuel entre 1974 et 1985. Une estimation controversée puisque la politique antipollution n'est rentable qu'à long terme, à la fois parce qu'elle préserve la **survie de la planète** et parce qu'elle permet des **« économies-retours ».** L'*American Lung Association* affirme ainsi que le *Clean Air Act* permettra d'éviter des dizaines de millions de morts prématurées et d'économiser les milliards de dollars dépensés en assurance santé.

Le second obstacle à la politique antipollution est le **rejet d'une réglementation jugée excessive**. Déjà les secteurs les plus touchés par ces réglementations **(énergie, métallurgie, raffinerie, mines, exploitations forestières, textile, papeterie, chimie)** protestent. Certaines industries voient dans les technologies non polluantes un débouché et de **nouveaux marchés.** D'autres, surtout en période de récession, s'organisent en **groupes de pression** pour éviter l'adoption de mesures trop strictes en matière d'environnement qui alourdiraient leurs comptes et renforçeraient la concurrence. Le *Clean Air Act,* par exemple, coûterait aux entreprises entre 20 et 50 milliards de dollars par an. En Californie, l'un des endroits où la lutte contre la pollution est la plus stricte, les industriels se plaignent de plus en plus des contraintes qui leur sont imposées et commencent à transférer leurs installations dans des États voisins moins sévères en matière de pollution, comme l'Arizona, le Nevada, l'Oregon ou l'Utah.

Parallèlement, la **pollution** se banalise et devient un **élément de coût,** tant et si bien que **Wall Street** et Chicago spéculent déjà sur elle. Désormais, les opérateurs tentent d'obtenir l'autorisation de lancer sur le marché un nouvel instrument : les ***smog rights,*** ou droits au smog. Ces titres permettent aux entreprises de dépasser leur norme de pollution en achetant des sortes d'« actions pollution ». Chaque société a un quota fixant les tonnes de polluants qu'elle a le droit d'émettre. Elle peut acheter des droits de pollution cotés à la bourse du smog à une autre société. Confrontées à l'alternative : investir dans un équipement moins polluant et vendre ses droits à polluer ainsi libérés, ou acheter des **« crédits » polluants,** les firmes ne choisiront peut-être pas toujours la première solution. Les réglementations sont donc nécessaires, mais elles peuvent se prêter à des détournements ou à des rejets, la **conciliation des exigences de l'écologie et de l'industrie étant souvent difficile.**

Les limites de l'écotaxe

Le CO_2 : la commission de la CEE avait proposé l'instauration d'une taxe sur l'énergie, ou écotaxe, afin de réduire la consommation de combustibles fossiles comme le pétrole ou le charbon. L'opposition des industriels a contraint la CEE à abandonner ce projet. Les États-Unis, qui produisent près du tiers du CO_2 dégagé par les activités humaines de la planète, ne prennent qu'un engagement moral concernant la réduction des émissions de gaz à effet de serre d'ici l'an 2000. Pour lutter contre l'effet de serre, le président Bush a opté pour le financement de la plantation d'arbres qui absorbent le CO_2 par photosynthèse plutôt que de pousser à la diminution de la consommation américaine de pétrole.

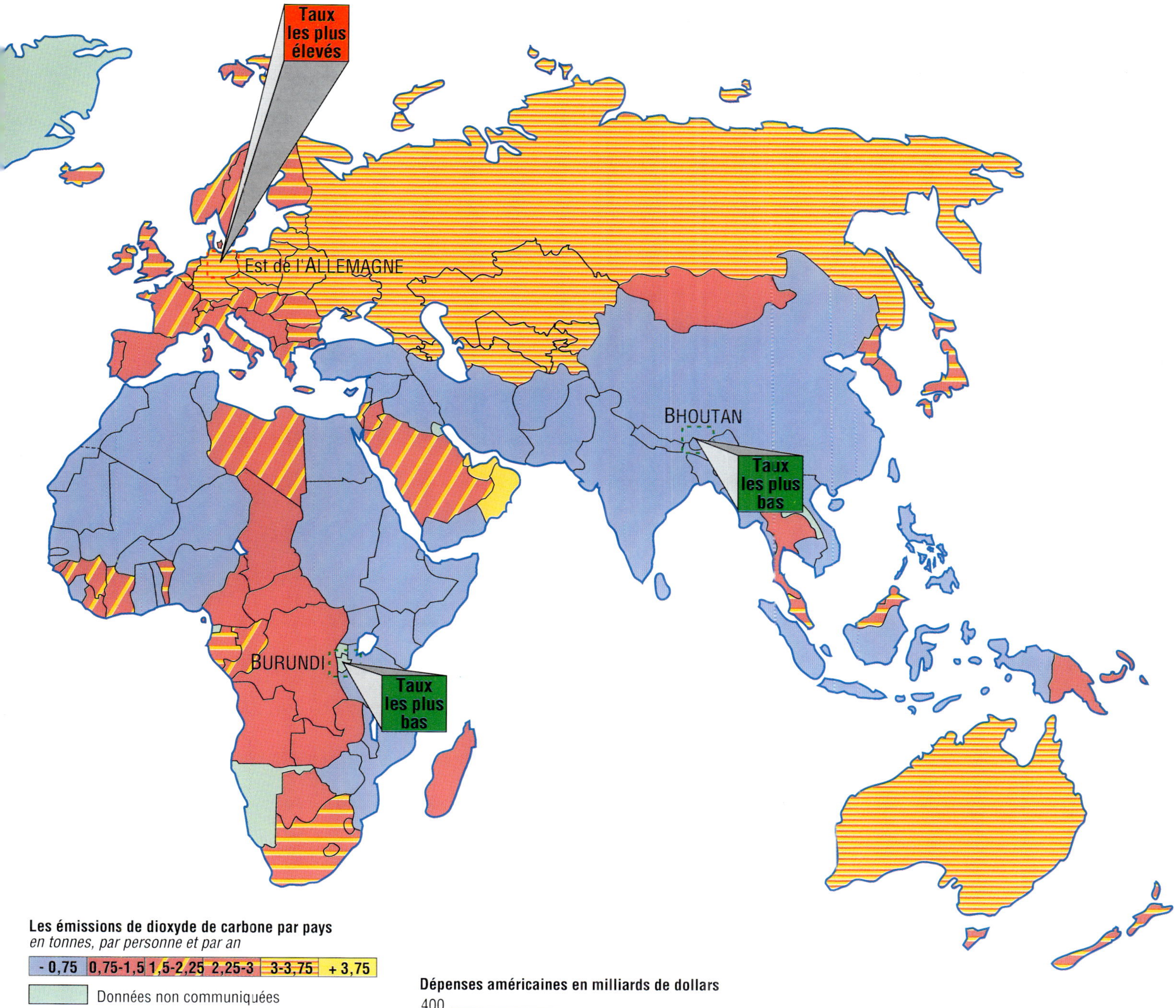

Dépenses américaines en milliards de dollars

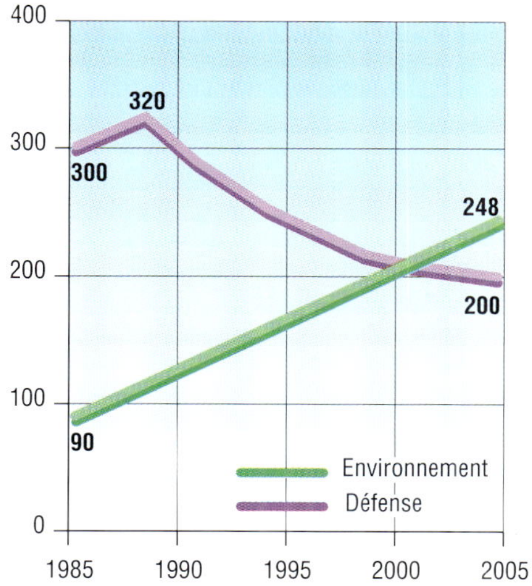

États-Unis : défense ou environnement

Malgré la priorité donnée au développement économique et à l'emploi par rapport aux efforts en matière d'environnement, les États-Unis semblent vouloir opérer aujourd'hui un changement dans l'ordre des priorités. Au début du siècle prochain, selon les prévisions, les dépenses américaines d'environnement dépasseraient celles du Pentagone.

L'écoconscience

Protéger la nature n'est pas une idée neuve. Elle n'est devenue réalité qu'avec la prise de conscience qui s'est opérée au fil du siècle. **Depuis le début de la révolution industrielle,** la **résistance au chemin de fer** (illustrée par exemple par le refus du passage des lignes à Orléans et à Tours) et en général **à l'industrialisation** a été manifeste. Elle n'a pas été suffisante pour empêcher la destruction de régions entières. Les besoins et les intérêts étaient trop puissants. **L'industrialisation, dans sa forme première assimilée à la modernité, a été perçue comme positive.** La civilisation du charbon et du chemin de fer a pris le relais d'une civilisation technique non polluante, mais au départ seules des régions limitées ont été concernées. Pour autant, si l'on regarde des cartes des années soixante, on observe des « zones », des « bassins » industriels entiers, mais relativement isolés du reste des pays.

La mise en coupe réglée d'une partie du monde, dès la fin du XIXe siècle et tout au long du XXe (en particulier dans les colonies ou ex-colonies) **attentait déjà à l'équilibre écologique** de ces régions. Quelques scientifiques, quelques hommes politiques et quelques individus mettaient déjà en garde l'opinion, mais les dégâts apparents n'étaient pas tels qu'ils pussent être entendus.

En outre le **débat politique,** essentiellement axé autour des problèmes Est-Ouest était largement **déformé par une grille d'analyse qui réduisait tout à l'affrontement idéologique et politique.** Malgré leur prétention à l'« apolitisme », en tout cas par rapport à la politique « traditionnelle », la plupart des « Verts » ont pris une place sur l'échiquier politique. En Europe, contestataires en Allemagne, relativement intégrés aux Pays-Bas, « indépendants » et anti-européens dans les pays scandinaves, ils sont proches des libertaires en Grèce, du PC au Portugal et ont connu en France des expressions contrastées. **Aux élections européennes de juin 1989, seuls six des douze pays de la CEE ont présenté des listes nationales écologistes.** Les pays les plus industrialisés y sont le mieux représentés. Les *Grünen* allemands, qui ont été le fer de lance du combat écologique, ont quitté en 1990 le Bundestag où ils étaient entrés en 1983, suite à leur opposition à la réunification, mais ils disposent toujours d'une bonne assise régionale. En France, le vote écologiste a fait un score de 14,7% aux élections régionales de 1992. En Australie, les *greenies* – des modérés, *light greens,* aux plus durs, *dark greens* – constituent un groupe de pression important. A l'**Est,** en dépit des désastres écologiques, l'**audience** des partis verts est **limitée.** Au **Sud,** en revanche, il existe déjà **vingt-deux partis verts,** et certains rêvent d'une **Internationale verte.** Cependant, **les résultats politiques ne sont qu'un indice, ils varient beaucoup selon le mode de scrutin adopté et la capacité des partis traditionnels à intégrer à leur programme les questions de l'environnement.** De plus, **dans bien des pays** (notamment les pays anglo-saxons) **les écologistes s'expriment moins au travers de partis que par la voix d'associations** telles que *Greenpeace, World Wildlife, Sierra Club, Friends of the Earth...*

Le mouvement a été assez fort pour qu'une prise de conscience se produise en matière d'environnement et d'écologie. Souvent, elle est partie de problèmes de proximité (centrale nucléaire, marée noire, etc.). **L'écoconscience commence souvent par l'écorisque local.**

Les phénomènes ont été amplifiés par le fait que **certains États** ont érigé des « normes » ayant trait à l'environnement pour, en fait, se livrer à un protectionnisme caché. Ils **ont attiré l'attention,** puis ont sensibilisé l'opinion (manifestations anti-Concorde sous prétexte de nuisances sonores aux États-Unis, pots catalytiques et pluies acides en Allemagne, sans parler de « l'édit de pureté » concernant la bière). Tous ces éléments entraînent aujourd'hui un souci de l'environnement et de sa protection très présent dans l'opinion. Les gouvernements comme les entreprises sont obligés d'en tenir compte.

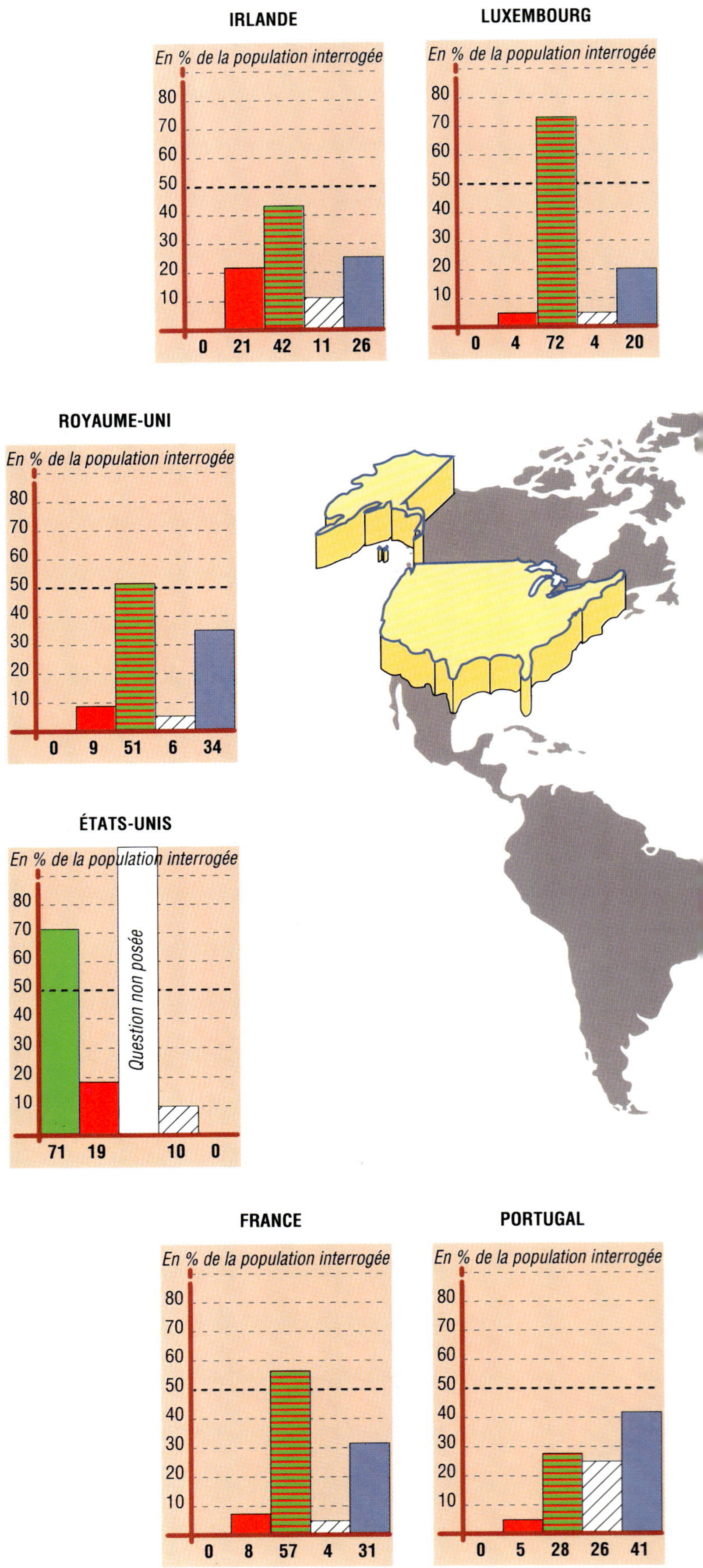

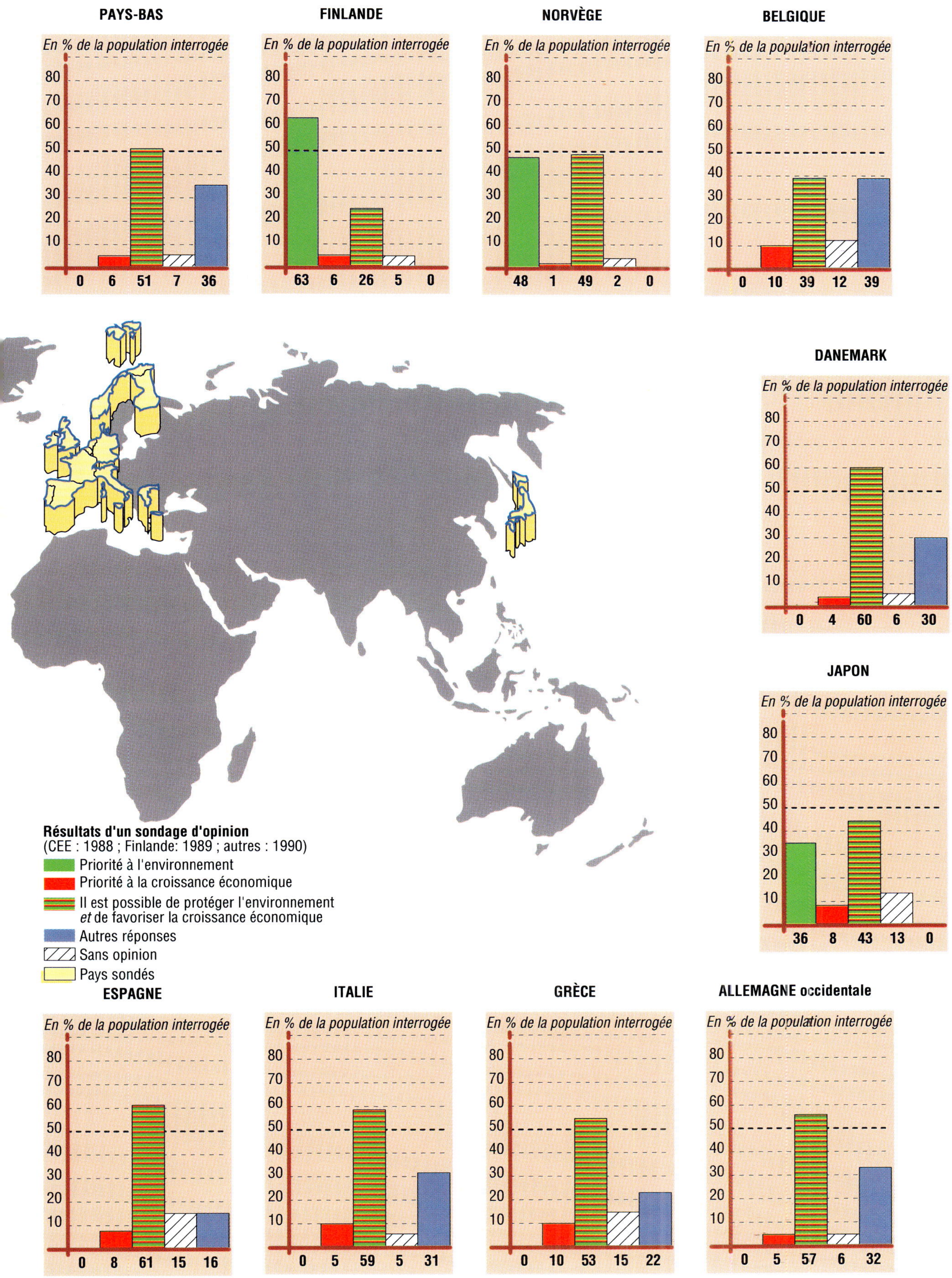

Prise de conscience

Les informations sur l'état de l'environnement sont de mieux en mieux connues et de plus en plus médiatisées (conférence de Rio, par exemple). Le mouvement de défense des consommateurs a aussi souligné un certain nombre d'aspects touchant, sinon à l'environnement, tout au moins à la santé : étiquettes informatives, interdiction de colorants, utilisation d'emballages respectant l'environnement, etc. Aussi, les questions de l'environnement prennent-elles une place grandissante dans les préoccupations de l'opinion publique. Celle-ci reste néanmoins le plus souvent partagée entre le désir de préserver l'environnement, que le développement dégrade, et celui de poursuivre ce même développement. Le public craint également que les charges de la lutte antipollution ne lui incombent sous la forme d'impôts ou de prix plus élevés. Rien d'étonnant, en conséquence, à ce que la priorité à l'environnement vienne en tête aux États-Unis et en Finlande, deux pays depuis longtemps sensibilisés.

Cent propositions

Il y a vingt ans - le temps d'une génération ! - un groupe d'experts, animé par Louis Armand, proposa « Cent mesures pour l'environnement ».

Toutes furent adoptées quelques semaines plus tard par le Conseil des Ministres, le 10 juin 1970. Toutes ou presque toutes ont été mises en œuvre. C'était le temps où notre pays prenait un peu d'avance et l'un des tout premiers dans le monde à créer un ministère de l'Environnement.

Depuis, nous avons été au point que, souvent autour de nous, la volonté est mieux affirmée et l'action plus volontaire. Et pourtant, à une époque où les frontières et les murs tombent, pourquoi, dans cette bataille de l'environnement, la France ne chercherait-elle pas à dominer et surtout à entraîner par son exemple ?

C'est dans cet esprit que Michel Barnier, à son tour, proposa en avril 1990 « Cent nouvelles propositions pour l'environnement » en conclusion de son rapport parlementaire *Chacun pour tous*.

Chacune de ces propositions est réaliste. Donc possible. Toutes exigent une volonté et quelques-unes du courage. Certaines idées supposaient de changer les structures et les habitudes. Elles conduisent par une nouvelle loi de décentralisation à réfléchir et à agir plus près des problèmes et des hommes. Depuis, une trentaine de ces propositions ont été étudiées et parfois prises en compte. Certaines ont été reprises dans le Plan National pour l'Environnement présenté le 9 octobre 1990 par Brice Lalonde, et différents Gouvernements, comme les Parlementaires, se sont attachés à faire progresser ces idées et ces projets.

Ainsi la protection de l'Antarctique a fait l'objet d'un accord international le 6 octobre 1991.

Les premiers labels verts sont attribués pour les produits industriels respectueux de l'environnement. Une loi sur les déchets et une loi sur l'eau ont été adoptées par le Parlement. Le Gouvernement travaille enfin à un projet de loi sur le paysage. Le ministère de l'Environnement s'est doté de Directions Régionales et la circulation des véhicules motorisés tout terrain a été réglementée.

Une convention a été signée entre EDF et le Gouvernement pour l'intégration paysagère des réseaux aériens et les lignes électriques...

Mais il reste tant à faire ! Aujourd'hui c'est tout autant de la panique que de l'indifférence qu'il faut se méfier. Pour écarter l'une et l'autre, il n'y a qu'un chemin : celui de l'action.

Une grande ambition

1. Le droit de l'homme à l'environnement est introduit parmi les droits fondamentaux reconnus par la Constitution.

2. Une loi organique complète l'article 34 de la Constitution pour faire entrer l'environnement dans le domaine législatif.

3. Un Code de l'environnement est établi par regroupement et harmonisation des textes législatifs et réglementaires actuellement dispersés.

4. Compte tenu de l'extension du domaine législatif à l'environnement, la loi fixe désormais les principales normes de prévention des pollutions assurant ainsi, au minimum, le respect des directives européennes. La loi prévoit les sanctions correspondantes.

5. Une responsabilité pénale, d'ordre délictuel, est introduite pour les atteintes graves aux écosystèmes et aux milieux naturels.
Le délit de pollution vise « quiconque commet, directement ou indirectement, par imprudence, négligence ou dans un but lucratif; en l'absence d'autorisation administrative motivée et dûment remplie, une action ayant pour effet soit de modifier de manière substantielle ou irréversible l'équilibre écologique, soit de porter atteinte directement à la santé de l'homme ou aux possibilités de vie animale et végétale en provoquant une altération essentielle du sol, de l'eau ou de l'air».

6. L'ouverture d'informations judiciaires en matière de contravention est généralisée lorsqu'il s'agit d'environnement.

7. Au plan international, la France agira pour :
a - la transformation du Programme des Nations unies pour l'environnement (PNUE) en un organisme nouveau doté de véritables pouvoirs et de financements renforcés;
b - la création d'un dispositif international de taxation sur les émissions de dioxyde de carbone d'origine anthropique, dont le produit financerait des programmes d'économies d'énergie et de reforestation;
c - la constitution de réserves naturelles internationales donnant une protection juridique internationale aux réserves mondiales de biosphère (programme « Man and Biosphere » de l'Unesco) et à d'autres espaces remarquables, comme cela est fait pour l'Antarctique.

Le renforcement du rôle de l'État

8. La Haute Autorité de l'environnement est créée. Elle dispose d'un pouvoir suspensif des décisions de l'autorité administrative, d'arbitrage et de saisine du juge administratif et judiciaire. La Haute Autorité de l'environnement peut se saisir elle-même ou être saisie par le Premier ministre, les présidents de l'Assemblée nationale ou du Sénat, soixante députés ou soixante sénateurs, les présidents de Conseil régional ou de Conseil général sur vote de leur assemblée à la majorité qualifiée, ou cent maires. La Haute Autorité est constituée de 9 membres désignés, pour une durée de six ans, à parité par le président de la République et les présidents de l'Assemblée nationale et du Sénat.

9. Il est constitué dans les assemblées une délégation parlementaire à l'environnement disposant de pouvoirs d'information et de contrôle de l'action gouvernementale.
Le gouvernement dépose sur le bureau des assemblées un rapport annuel sur l'état de l'environnement qui donne lieu à un débat .
(La résolution n° 321 du 15 juin 1990 modifiant le règlement de l'Assemblée nationale prévoit la possibilité d'annexer au rapport parlementaire un bilan écologique, dès lors que les projets de loi concernés ont un impact sur l'environnement.)

10. Un ministère chargé de l'Environnement et du Cadre de vie est créé. Il regroupe le ministère actuel de l'Environnement, le ministère de l'Equipement et un certain nombre de services ou directions appartenant aujourd'hui aux ministères de l'Agriculture (forêts et eau), de l'Industrie (sécurité industrielle et sûreté nucléaire), de la Santé (hygiène du milieu). (Voir proposition d'organigramme en annexe.)

11. Dès 1991, les crédits budgétaires affectés aux actuels services du ministère de l'Environnement et des services qui lui seront rattachés sont doublés. A l'échéance de 1999, l'objectif est de consacrer à l'environnement 1% du budget de l'État.

12. L'environnement et l'écologie sont reconnus comme une discipline fondamentale de la formation générale et supérieure, et notamment au sein de l'École nationale d'administration, de l'École nationale de la magistrature, des grandes écoles d'ingénieurs des écoles normales d'instituteurs et de toutes les écoles de formation agricole.

13. Un Institut national de recherche sur l'environnement (INRE) est créé par rattachement et regroupement des laboratoires et services au sein des principales structures traitant aujourd'hui de l'écologie et de l'environnement (CNRS, Inra, Cemagref, Muséum national d'histoire naturelle, Institut Pasteur, Ifremer, Orstom...).

14. Une Ecole nationale du génie de l'environnement est créée à partir, notamment, de l'École nationale du génie rural des eaux et forêts.

15. Un corps national de hauts fonctionnaires de l'environnement est constitué. Ses membres sont principalement formés par l'École nationale du génie de l'environnement.

16. La Délégation à la qualité de la vie est transformée en Délégation à la vie associative, aux relations avec les collectivités locales et à la communication. Cette délégation gère un Fonds de soutien spécifique aux associations.

17. Les effectifs de l'Inspection des installations classées - 554 en 1990 - sont doublés d'ici 1993.

18. Des services extérieurs de l'environnement sont mis en place au plan régional ou interdépartemental par regroupement des DRAE, des SRAE et des moyens liés aux questions d'environnement des DRIR, des DDAF des DDE et des DDASS, compte tenu des nouvelles compétences décentralisées aux régions et départements.

19. Un véritable observatoire national et permanent des données écologiques et économiques intéressant l'environnement est constitué au sein du ministère de l'Environnement et du Cadre de vie.

20. Un Conservatoire national des espaces naturels est créé par extension des compétences et des moyens du Conservatoire du littoral aux sites d'intérêt écologiques et paysagers majeurs dans l'ensemble du pays. Il coordonne son action avec celles du réseau des conservatoires locaux d'espaces naturels.

21. Un projet de loi sur les parcs nationaux est soumis au Parlement. Il prévoit la création de nouveaux parcs et, notamment, de parcs nationaux marins destinés à protéger les écosystèmes littoraux les plus menacés.
Il définit les règles selon lesquelles les parcs nationaux pourraient décider de modifier leurs limites. Cette possibilité leur serait ouverte pendant un temps limité après trente ans d'existence. et à la condition que toute modification soit, d'une part, contrôlée par un comité scientifique établi par l'État et dont l'avis sera rendu public, et, d'autre part, qu'elle

se traduise obligatoirement par une augmentation très sensible de la surface initiale du parc et de sa qualité écologique.

Valorisation des études d'impact et enquêtes publiques

22. Dans le cadre de l'instruction des grands projets publics et privés susceptibles d'avoir un impact sur la nature et l'environnement, l'intervention, à l'amont, du ministère de l'Environnement et du Cadre de vie est renforcée.

23. La législation relative aux études d'impact est renforcée, notamment pour dissocier la maîtrise d'ouvrage de l'analyse de l'état initial, de celle des études de l'impact proprement dit et des mesures compensatoires, et pour prévoir le financement et la réalisation d'un bilan à postériori des effets réels des aménagements exécutés.

L'obligation de l'étude d'impact est élargie notamment aux plans d'occupation des sols.

24. La décision portant approbation de tout projet soumis à une enquête publique comporte obligatoirement une réponse explicite à toute objection ou contre-projet ayant fait valoir des préoccupations d'environnement au cours de l'enquête.

25. Dans chaque département, le préfet et le président du Conseil général mettent en place une formation spécifique à l'intention des commissaires enquêteurs.

Une politique à long terme de l'énergie

26. Un grand programme prioritaire de recherche développement sur les énergies renouvelables (solaire, éolienne, géothermique...) est mis en œuvre.

27. Le Service central de sûreté des installations nucléaires (SCSIN) est placé sous l'autorité du ministre chargé de l'Environnement et du Cadre de vie, de même que le Conseil supérieur de sûreté et d'information sur le nucléaire (CSSIN), dont le rôle est renforcé notamment en matière d'information du public.

28. Les moyens budgétaires et en personnel affectés à la recherche sur le traitement et la gestion des déchets radioactifs sont renforcés. Priorité est donnée aux solutions réversibles : stockage plutôt qu'enfouissement.

Une lutte plus active contre les pollutions

29. L'article L 122-16 du Code de la construction et de l'habitation qui interdit l'action en responsabilité contre le pollueur pré-occupant est supprimé; cependant pour l'activité agricole des adaptations doivent être trouvées.

30. Le permis de construire d'une installation classée soumise à autorisation ne peut être délivré qu'après avis motivé du préfet (dans le cadre de l'instruction préalable à l'autorisation d'exploiter).

31. Un service de protection de l'environnement, de prévention et de lutte contre les risques majeurs est institué au titre des formes civiles du service national (1).

Les brigades vertes accueillent en priorité les jeunes gens du contingent effectuant leur service national dans ce cadre.

(Proposition de loi de Michel Giraud, n° 957).

32. Dans le cadre de la procédure de certification de qualité, il est institué un mécanisme d'attribution d'un label « Éco-produit » prenant en compte les conséquences sur l'environnement de toutes les phases de la vie des produits. Les organismes certificateurs sont agréés par le ministère de l'Environnement et du Cadre de vie.

33. Un Fonds de soutien à l'innovation dans le domaine des « technologies propres » est institué par le ministère de l'Environnement et du Cadre de vie.

L'Agence nationale pour la valorisation de la recherche (Anvar) est chargée de l'instruction des demandes d'intervention présentées à ce Fonds.

34. Des mesures sont prises pour interdire, à compter du début de 1993, la commercialisation des produits dont la filière d'élimination n'est pas maîtrisée.

35. Une norme d'étiquetage est définie pour les produits toxiques, comportant deux indications: l'une lisible par l'utilisateur ou le gardien d'une déchetterie, expliquant le mode de rangement intermédiaire et de collecte, l'autre, éventuellement codée, indiquant au professionnel agréé pour le conditionnement et le traitement des produits toxiques la composition ou le mode d'élimination.

(Des dispositions sont prises pour appliquer cette norme à partir de 1993).

36. En contrepartie de l'autorisation d'ouverture qui leur est donnée sous condition de respect de normes maximales de pollution, les entreprises qui mettent en œuvre un équipement de combustion à très haute température (four de cimenterie, torche à plasma, lit fluidisé, par exemple), peuvent se voir imposer l'obligation de dimensionner leur équipement de telle sorte qu'elles puissent proposer d'éliminer des déchets toxiques d'autres entreprises de manière compatible avec leurs techniques industrielles et les normes antipollution.

Cette mesure peut notamment être envisagée en liaison avec une autorisation d'ouverture ou d'extension de carrière.

37. Est introduite dans les procédures de clôture d'activité artisanale ou commerciale l'obligation de se séparer des stocks de produits toxiques, qu'ils soient commercialisables ou constitués de résidus périmés ou inutilisables, soit par transfert de propriété, soit par élimination dans des conditions agréées, avec fourniture de preuves.

Est modifiée dans le même esprit la disposition qui fait obligation à tout gérant d'officine de garder en stock les médicaments invendus périmés, déclarés comme tels dans les inventaires annuels, notamment lors de cessation d'activité et revente du fonds.

38. La législation et la réglementation relatives aux installations classées est modifiée de façon à permettre l'accueil et la détention des déchets toxiques en quantités dispersées des particuliers et artisans, dans les déchetteries, et pour en définir les conditions de stockage.

39. L'Etat engage un programme de collecte et d'élimination, par des entreprises agréées, des résidus toxiques et de leurs contenants produits ou détenus par ses services ou ceux des établissements publics dont il exerce la tutelle.

Les collectivités locales sont chargées de procéder de la même façon avec les services et organismes dépendant de leur autorité, en particulier les établissements d'enseignement.

40. Le ministère de l'Environnement et du Cadre de vie est chargé d'étudier, en liaison avec les branches professionnelles concernées, les modes de récupération, par les réseaux de distribution, puis par les producteurs, des produits toxiques invendus, des résidus inutilisés, et des emballages souillés. Il prend ensuite toutes dispositions pour qu'une application effective des conclusions de ces études soit proposée au public avant 1993.

41. Des pictogrammes nationaux sont créés et leur apposition est rendue obligatoire sur les contenants recyclables, et sur tous les emballages, pour indiquer le mode d'élimination préférentiel et favoriser la collecte sélective.

Une campagne d'information nationale, animée par l'Anred, renforce l'impact de cette mesure en incitant la population à adopter une conduite favorable au tri sélectif

42. Il est fait obligation au maître d'ouvrage des travaux publics d'insérer, dans le cahier des charges, une variante permettant de valoriser les matériaux issus du recyclage (pneus, gravats, mâchefer, stériles d'activités industrielles...) lorsque la nature des travaux l'autorise.

43. Sont interdites l'importation, la diffusion, la mise en vente ou en location, de tous objets présentant des niveaux sonores dépassant des normes maximales admissibles.

Par ailleurs, les activités bruyantes exercées dans des établissements, centres d'activités ou installations publiques et privees sont soumises à des dispositions prévoyant la limitation des nuisances sonores auxquelles elles donnent lieu, en fonction notamment de leur éloignement des habitations ou établissements recevant du public.

44. Un label national « Silence » est accordé aux communes ayant consenti un effort particulier en matière de lutte contre les nuisances sonores.

Le ministère de l'Environnement et du Cadre de vie assure la publicité nécessaire au soutien de cet effort.

45. La loi définit les conditions dans lesquelles peut être autorisée la pratique des véhicules motorisés tout-terrain. Dans ce cadre le préfet, représentant de l'État, peut interdire ou restreindre cette pratique dans l'ensemble du Département après avis de la Commission départementale de l'environnement.

(Cette proposition a trouvé une réponse avec la loi n° 91-2 du 3 janvier 1991, relative à la circulation des véhicules terrestres dans les espaces naturels, et portant modification du Code des communes.)

Des règles d'urbanisme et d'aménagement plus protectrices

46. Des garanties supplémentaires de respect de l'environnement sont introduites dans le cadre des procédures de modification des POS prévues par l'article L 123-4 du Code de l'urbanisme.

Un cahier de prescriptions environnementales et paysagères est adjoint au POS.

47. Toute modification et révision des POS est interdite dans les deux ans qui suivent leur approbation et dans les deux ans qui précèdent le renouvellement des mandats communaux sur l'ensemble du territoire.

48. De nouvelles formes et procédures de coopération intercommunale sont instituées pour favoriser la mise en place de plans d'urbanisme intercommunaux en particulier en zone rurale.

49. Une bande de recul paysagée est imposée pour les sites à vocation industrielle, artisanale ou commerciale, qui s'implantent à proximité des routes.

50. Dans toute zone d'aménagement ayant pour objet la réalisation de constructions à usage de commerce, d'industrie ou de service, il est fait obligation de mettre en place une structure de gestion à statut de copropriété pour les espaces publics ou privés non bâtis. Le rôle de cette structure est de pourvoir au préverdissement puis à l'entretien de ces espaces.

51. Les compétences dont disposent le département et l'Etat pour assurer l'entretien et la propreté des routes dont ils ont respectivement la charge sont étendues à une bande de 100 mètres de part et d'autre des voies.

52. La loi du 29 décembre 1979 sur l'affichage et la publicité, et ses textes d'application sont modifiés afin de définir plus rigoureusement les limites des zones urbaines ou d'agglomération, et notamment en dehors des voies de circulation.

Une procédure d'urgence est mise en place pour supprimer les panneaux et supports

publicitaires implantés illégalement sur des propriétés privées. Une co-responsabilité du propriétaire du terrain d'implantation de l'affichage est instituée.
53. Toute opération d'aménagement foncier rural, et notamment de remembrement, est obligatoirement accompagnée d'un plan d'aménagement écologique et paysager, opposable aux tiers.

Mettre les finances de l'État au service de l'environnement
54. La « taxe sur la valeur écologique » (TVE) est instituée, taxe additionnelle à la TVA, à un taux moyen de 0,5 à 1% modulable selon l'impact écologique des produits et services.
55. Le Parlement approuve, dans le cadre des lois de finances et après avis des comités de bassin, les redevances des agences financières de bassin.
56. Le système des redevances des agences de bassin est revu pour prendre en compte toutes les pollutions, notamment agricoles, et tous les pollueurs même en dessous des seuils actuellement fixés. En contrepartie, l'ensemble des redevables a droit aux interventions des agences.
Une redevance spécifique pour pollution accidentelle est instituée à un taux suffisamment dissuasif permettant, au minimum, de financer les dépenses de restauration du milieu.
57. La taxe parafiscale sur la pollution de l'air est transformée en redevance de nature fiscale assise sur les émissions des principaux polluants atmosphériques (SO_2, NOx, chlore, poussières...) et affectée, par le biais d'un compte d'affectation spéciale, à l'Agence pour la qualité de l'air.
Le taux de cette taxe est augmenté pour être cohérent avec le principe «pollueur-payeur».
58. Il est ouvert une possibilité d'exonération volontaire de la part départementale de la taxe professionnelle pour les entreprises réalisant des investissements de dépollution au-delà des obligations légales ou réglementaires.
59. Les espaces protégés ou inscrits à l'inventaire du Patrimoine naturel sont exonérés de la taxe sur le foncier non bâti. Parallèlement, l'exonération de la taxe sur le foncier non bâti dont bénéficient les marais asséchés est supprimée. (Cette suppression a été annoncée comme étant effective à partir de 1991, par le ministère de l'Environnement.)
60. La valeur des espaces naturels remarquables ou monuments naturels dont il est fait don à l'État avec son agrément est déductible des montants dus au titre des droits de succession. Ces espaces sont confiés au Conservatoire national des espaces naturels.
61. Une incitation fiscale est instaurée (TVA à taux réduit) pour les produits intégrant un taux minimum de matières premières recyclées.
62. Le dispositif réglementaire et fiscal d'incitation aux économies d'énergie est renforcé. Un fonds d'intervention auprès de l'Agence française pour la maîtrise de l'énergie (AFME) est constitué. Il est financé par une taxe additionnelle à la taxe intérieure sur les produits pétroliers (TIPP).
63. L'affectation des recettes de ventes de bois, effectuées par les services de l'État lorsqu'ils gèrent le patrimoine arboré bordant les routes nationales et les canaux, ou planté dans des parcs et espaces de loisirs ouverts au public, est modifiée de manière à établir un circuit court de financement permettant d'attribuer directement cette ressource au service concerné.

Un meilleur financement des politiques décentralisées
64. La taxe départementale des espaces naturels sensibles (TDENS) est instituée dans tous les départements.
Son produit, affecté au Fonds départemental des espaces naturels sensibles, est réservé à des dépenses d'acquisitions de terrains et d'investissement dans un but de protection de l'environnement, au-delà des possibilités actuellement ouvertes par la législation.
Son taux peut être modulé en fonction de la destination des constructions et son assiette peut être étendue aux surfaces imperméabilisées au sol.
65. Les centres d'enfouissement de classes I et II feront l'objet d'une modification spécifique du mode de calcul de leur taxe professionnelle afin d'apporter des ressources substantielles à la collectivité d'accueil.
66. Il est créé, dans chaque département, un Fonds pour la gestion des sites alimenté par une taxe additionnelle à la taxe sur le foncier bâti, par un prélèvement sur le fonds de péréquation de la taxe professionnelle et le produit transféré des redevances sur l'affichage - et toute autre recette du budget départemental.
Ce fonds finance les dépenses de fonctionnement afférentes à la gestion des espaces naturels sensibles.
67. Le département affecte 20 % au moins du produit de la taxe départementale sur l'électricité à un programme de mise en souterrain des lignes électriques et téléphoniques.
EDF et France Télécom ont l'obligation de participer à la définition et au financement de ce programme.
68. Les revenus de la redevance pour affichage sont transférés au département, qui les affectera notamment au financement d'initiatives communales en faveur de l'environnement éligibles au fonds départemental de gestion des sites.
69. Les régions, les départements et les établissements publics de coopération intercommunale reçoivent une dotation globale d'environnement principalement financée par le produit de la TVE. Cette dotation est répartie en tenant compte notamment des nouvelles compétences de chaque collectivité en matière d'environnement, de sa population, de sa superficie, de l'importance et de la nature des sites industriels implantés sur son territoire, des espaces naturels protégés ou inscrits à l'inventaire du patrimoine naturel, du kilométrage de routes et de leur trafic.

Une nouvelle étape de la décentralisation
70. Il est créé dans chaque département une « Commission départementale de l'environnement » réunissant les compétences actuellement exercées par la Commission départementale des sites et la Commission des carrières.
Cette nouvelle commission est présidée par le président du Conseil général. Les associations de protection de l'environnement et du cadre de vie y sont représentées. Elle est saisie notamment pour avis des propositions relatives aux programmes financés par le Fonds départemental des espaces naturels sensibles et le Fonds départemental de gestion des sites, ainsi que de leur suivi.
Elle a vocation à examiner toute question relative à l'environnement dans le département, soulevée notamment par le préfet.
71. Chaque département dresse un inventaire du patrimoine naturel sur la base des critères définis par le Muséum national d'histoire naturelle dans le cadre de son programme de recensement des zones naturelles d'intérêt écologique, faunistique et floristique. Cet inventaire fait l'objet de documents comportant des obligations et servitudes opposables aux tiers.
72. Le département établit une liste départementale des espèces protégées de la faune et de la flore en complément de la liste nationale. Cette liste sert de base à des mesures spécifiques de protection prises par arrêté du président du Conseil général.
73. Le département reçoit la responsabilité des sites inscrits en application de la loi de 1930 ainsi que des sites délimités selon les arrêtés de protection de biotopes et des réserves naturelles volontaires. Il peut en outre créer des « espaces naturels d'intérêt départemental » bénéficiant des mêmes protections.
74. Le département établit un inventaire départemental du patrimoine rural non protégé, sur la base de critères historiques, ethnographiques, artistiques, ou d'appartenance à la culture scientifique et industrielle.
Cet inventaire fait l'objet de documents comportant des obligations et servitudes opposables aux tiers, dès lors qu'il est approuvé par la Commission départementale de l'environnement, et après notification aux propriétaires et collectivités.
Les procédures d'expropriation pour utilité publique peuvent être utilisées au profit de la collectivité, suite à un constat de carence d'entretien.
La collectivité récipiendaire se voit conférer l'obligation de gestion dudit élément de patrimoine rural.
75. Des conservatoires d'espaces naturels sont institués auprès des régions et des départements. Ils sont chargés de l'acquisition et de la location de milieux naturels sensibles dont ils assurent la gestion.
Les moyens de ces conservatoires émanent des Fonds départementaux des espaces naturels sensibles et de gestion des sites.
76. Un droit de préemption est créé dans la législation au bénéfice des collectivités territoriales et de l'État aux fins de protection de la nature, de l'environnement et du patrimoine rural non protégé. Les objets ou espaces préemptés dans ce cadre sont soumis à des obligations et servitudes pouvant comporter notamment, l'inaliénabilité et l'inconstructibilité.
77. Chaque commune de France est tenue de créer et d'entretenir un « jardin écologique communal », espace paysager ou naturaliste, ayant vocation à bénéficier notamment d'une aide départementale.
78. De façon à résorber d'urgence le retard pris pour l'application des mesures de protection décidées lors des procédures d'autorisation d'unités touristiques nouvelles en montagne, le préfet est chargé, dans chaque département, de procéder à une réactualisation motivée de ces protections, et à leur mise en œuvre dans un délai impératif de trois ans.
79. Une brigade verte est créée dans chaque département. Cette brigade est constituée de « gardes-nature » dont la mission est la surveillance et la protection de l'environnement.
Ce corps de gardes-nature est géré par un établissement public départemental réunissant au sein de son conseil d'administration les représentants du Conseil général, de l'Association des maires, de la Fédération des chasseurs, de la Fédération des pêcheurs, des instances de gestion des parcs nationaux, des parcs naturels régionaux et des réserves naturelles, des associations de protection de la nature, ainsi que le préfet. Il coordonne son action avec celle de l'Office national des forêts et de la gendarmerie.
Les gardes-nature sont nommés par les maires assermentés auprès des tribunaux d'ins-

tance et commissionnés par le ministère de l'Environnement et du Cadre de vie au titre des lois sur la protection de la nature.

80. Dans chaque département, le Conseil général et les organisations professionnelles agricoles peuvent avec le soutien de l'État, mettre en place des contrats « Agriculture-Environnement » ayant pour objet de promouvoir de manière durable des pratiques agricoles respectueuses de l'environnement et des milieux Ces contrats sont négociés pour chaque exploitation et ouvrent droit à une allocation compensant les coûts liés aux contraintes acceptées par l'exploitant. Une loi cadre détermine les modalités de cette politique et veille à son harmonisation avec la législation communautaire.

Il est ouvert la possibilité d'inscrire dans les baux ruraux des clauses librement consenties par les parties et favorables à la gestion écologique des milieux.

81. Des stratégies conjointes ou coordonnées du paysage sont mises en œuvre par les services routiers dépendant de l'État et du département, en particulier pour la gestion de la végétation de bord de route.

Dans le même esprit, un poste ce paysagiste de haut niveau est mis en place dans chaque département pour promouvoir un « réflexe paysager », à chaque niveau de décision et d'exécution, au sein des services chargés des routes nationales ou départementales.

Sa mission est d'éclairer les choix des partenaires et d'apporter ses compétences aux réseaux d'intervention sur le terrain, qu'ils soient conjoints ou séparés.

82. Une étude paysagère est systématiquement établie au stade de la conception des programmes de tous travaux neufs routiers relevant de l'État. L'État met en place, pour une période minimale de dix ans, un Fonds de réhabilitation des erreurs du passé en matière de traitement du paysage des bords de routes, dont le montant annuel ne peut être inférieur à 1% du budget consacré aux travaux neufs de l'année en cours.

Les départements ont l'obligation de consentir un effort analogue et à signer à cet effet des conventions de coordination avec leur autre partenaire routier départemental.

83. Le département définit une charte de qualité du matériel d'affichage et de publicité, qui puisse s'imposer aux règlements de publicité et d'enseignes, hors agglomérations, et se voit attribuer la capacité de poursuite en cas d'infraction, hors agglomération, à la loi du 29 décembre 1979.

84. Les régions ou les groupements de régions reçoivent compétence pour mettre en place et gérer les réseaux de mesure de la pollution atmosphérique, de surveillance de la sismicité et de mesure de la radioactivité.

85. Les départements reçoivent compétence pour mettre en place et gérer - en liaison avec les agences financières de bassin - les réseaux d'observation de la qualité des eaux et de contrôle sanitaire de la qualité de l'eau potable. Ils sont associés à la mise en place, par les agences de bassin, des réseaux d'annonce des crues.

86. Les médias audiovisuels et la presse sont destinataires des informations collectées par ces réseaux régionaux et départementaux et invités à les porter à la connaissance du public.

87. Le département est chargé de mettre en place une information régulière sur le suivi des installations classées fonctionnant sur son territoire. A cet égard, il développe tous moyens pour assurer la collecte de données objectives régulières, et pour les porter à la connaissance du public. Les services de l'État ont l'obligation de lui prêter le concours nécessaire.

88. L'institution d'une commission de surveillance et d'information est rendue obligatoire auprès de tous les sites nucléaires existants ou en projet : centrales, centres de recherche nucléaire, sites de traitement ou de stockage de déchets radioactifs.

Cette commission est présidée par le président du Conseil général. Elle peut s'entourer d'experts indépendants reconnus par les autorités de sûreté des installations nucléaires. Elle a accès à toutes les informations relatives aux installations concernées.

89. Le département est chargé de l'élaboration d'un schéma départemental des risques naturels et du suivi des plans d'expositions aux risques. Le schéma départemental des risques naturels est élaboré conformément à un cahier des charges national. Il est approuvé par le préfet.

Le ministère de l'Environnement et du Cadre de vie et ses services déconcentrés ont la responsabilité de la prévention des risques technologiques majeurs.

90. Le département est chargé de l'établissement d'un schéma départemental des points noirs du bruit.

91. Le département a l'obligation d'établir le schéma départemental des carrières définissant des zones d'exploitation et de réaménagement coordonné (Zerc). Il est créé une taxe départementale sur l'extraction des granulats. Son produit est affecté aux dépenses d'élaboration et de mise en œuvre de ce schéma départemental des carrières.

92. Le département reçoit une compétence générale en matière de police et de gestion des eaux.

A ce titre, il établit la carte départementale de qualité des eaux sur avis conforme du comité de bassin ainsi que le schéma départemental de vocation piscicole. Il gère la totalité des moyens qui lui sont accordés par le FNDAE. Il coordonne la mise en place des réseaux d'adduction d'eau et d'assainissement ainsi que des stations d'épuration. Il assure l'assistance technique requise pour l'entretien des stations d'épuration.

Il a la charge du suivi de la qualité des eaux.

L'Etat transfère au département la propriété et la gestion des cours d'eau du domaine non navigable.

Le département a compétence pour coordonner l'entretien et la restauration des cours d'eau privés. Il reçoit à cet effet les pouvoirs d'intervention nécessaires.

93. Une gestion économe des ressources en eau est assurée au niveau départemental.

Les captages d'eau sont soumis à autorisation donnée par le département.

Le département a compétence pour mettre en place les périmètres de protection des captages. Il agit à ce titre comme maître d'ouvrage délégué des communes et des établissements publics de coopération intercommunale.

94. Les règles de fonctionnement des agences de bassin sont revues afin de mieux garantir leur autonomie par rapport à l'État.

Le conseil d'administration des agences reçoit en particulier compétence pour élire en son sein son président.

95. Il est créé, sur le périmètre d'intervention de chaque agence de bassin, une agence interrégionale des déchets fonctionnant selon les mêmes principes et assurant par un système mutualiste de même type sous le contrôle effectif des collectivités locales et des usagers, un soutien financier pour la collecte, le traitement et l'élimination de tous les déchets.

Son champ d'intervention est le suivant:

- contribuer au financement, au contrôle et à la mise en œuvre des différents schémas régionaux et départementaux de gestion des déchets
- participer au financement et au contrôle de centres d'enfouissement de classes I et II ainsi que de centres de traitement de déchets
- développer la recherche sur les technologies propres de stockage et d'élimination des déchets.

Les interventions de l'agence interrégionale de déchets sont financées par des redevances assises sur les déchets toxiques et des contributions des usagers et des collectivités locales calculées en fonction de la nature et du volume des produits mis en décharge ou à traiter.

96. Les collectivités locales reçoivent compétence pour élaborer un schéma de collecte, d'élimination de traitement des dechets des différentes catégories pour le mettre en œuvre en liaison avec les autres collectivités locales et l'agence interrégionale des déchets concernée.

Leurs compétences se répartissent de la manière suivante:

Régions : déchets industriels de classe I, déchets contaminés.

Départements : déchets industriels de classe II, déchets encombrants, ordures ménagères, déchets toxiques en quantités dispersées.

Communes ou établissements publics de coopération intercommunale : déchets de classe III.

Les schémas de déchets de classes I et II et de déchets contaminés font l'objet d'une enquête publique et sont approuvés par l'Etat.

97. La région reçoit compétence pour l'ouverture et le suivi des centres d'enfouissement de classe I, le département des sites de classe II et les communes et établissements publics de coopération intercommunale de classe III.

Les collectivités ne peuvent pas déléguer la totalité de la gestion de ces sites.

Elles envisagent le devenir et la mise en conformité des sites existants ainsi que des décharges dites « historiques» non encore réhabilitées.

98. Les régions instituent un comité indépendant chargé de l'évaluation scientifique et éthique de toutes les mesures relatives à la gestion des déchets. Ses avis et rapports sont rendus publics.

Au niveau départemental, ces fonctions d'évaluation et d'information sont assurées par la Commission départementale d'environnement qui pourra faire appel au concours d'experts indépendants.

99. Les communes ou établissements publics de coopération intercommunale sont chargés de collecter et faire éliminer les déchets toxiques en quantités dispersées des particuliers.

Le financement de cette disposition est imputé aux redevances d'enlèvement et de traitement des ordures ménagères.

Les mêmes collectivités sont chargées d'offrir un service de ce type aux artisans et commerçants, à titre payant.

Compte tenu de la spécificité de ces produits et du coût de collecte et d'élimination, le département peut être délégué comme maître d'ouvrage. Pour mettre en œuvre cette collecte de la façon la plus rationnelle et la plus économe, le département élabore, en outre, un schéma départemental de collecte et d'élimination des déchets toxiques en quantités dispersées des artisans et commerçants.

100. L'assemblée permanente des présidents de Conseils généraux prend l'initiative de créer une conférence des départements partenaires pour l'animation d'une politique décentralisée de l'environnement. Cette conférence est le creuset de réflexions sur les politiques à mener et de confrontations des expériences.

Index

Crédits sources

10-11 - Vidal-Naquet, Pierre (sous la direction de), *L'histoire de l'humanité*, Atlas Hachette, 1989
Langaney, A., Hubert van Blijenburgh N., Sanchez-Mazas, A. *Tous parents, tous différents*, Chabaud, 1992
12-13 - Lefeuvre, Jean-Claude (sous la direction de), Tordjman Nathalie, *Histoire et géographie des climats*, Hachette/Fondation Diderot,1986
14-15 - Centre national américain de la recherche atmosphérique : Ozone Trends Panel.
16-17 - Demangeot, Jean, *Les milieux naturels du globe*, Masson, 1990
La Recherche n° 243, mai 1992,
18-19 - Tardieu Vincent, *Forêt des hommes* , Robert Laffont, 1992
Goldsmith, Edward, Hildyard, Nicholas, Bunyard Peter, Mc Cully Patrick, *5 000 jours pour sauver la planète*, Le Chêne, 1990
20-21 - Goldsmith, Edward, Hildyard, Nicholas, *The Earth report 2*, General Editors, 1990
22-23 - Fort, Monique, *La Terre*, Rageot éditeur, collection « Planète verte »,1992
Goldsmith, Edward, Hildyard, Nicholas, *The Earth report 2*, General Editors, 1990
24-27 - Vallaud, Pierre (sous la direction de), *Atlas de la puissance économique*, Hachette, 1990
Gentilini, Marc, Duflo, Bernard, *Médecine tropicale*, Flammarion, 1991
28-29 - *État de l'environnement* , OCDE, 1991
30-31 - Kidron, Michael, Segal, Ronald, *Atlas encyclopédique du monde*, Calmann-Lévy, 1989
32-33 - OCDE 1989
34-35 - Labeyrie, Jacques, *L'homme et le climat*, Denoël, 1985
36-37 - Statistiques des fertilisants FAO (Food and Agriculture Organization of the United Nations) 1991
Ministère fédéral de l'Alimentation, de l'Agriculture et des Forêts
État de l'environnement , OCDE, 1991
Banque mondiale, 1989
38-39 - ANRED (Agence nationale pour la récupération et l'élimination des déchets) *Prospective des déchets dans le monde à l'horizon 2010* , avril 1992
40-43 - Pharabod, François, Cheylan, Jean-Paul, Dessus Benjamin, Ramain, Patrice, Rosenstiehl, Florence, *Atlas mondial de l'énergie*, Reclus, CPE, CNRS, 1989.
Dessus Benjamin, Devin, Bernard, Pharabod, François, *Le potentiel mondial des énergies renouvelables*, CNRS, AFME, CPE, 1991
44-45 - Pharabod, François, Cheylan, Jean-Paul, Dessus Benjamin, Ramain, Patrice, Rosenstiehl, Florence, *Atlas mondial de l'énergie*, Reclus, CPE, CNRS, 1989
ISPN (Institut de protection et de sécurité nucléaire)
46-47 - *État de l'environnement* , OCDE, 1991
48-49 - Brunet, Roger (sous la direction de), *Mondes nouveaux*, Hachette/ Reclus, Géographie universelle, 1990
50-51 - Vallaud, Pierre (sous la direction de), *Atlas de la puissance économique*, Hachette, 1990
52-53 - ANRED (Agence nationale pour la récupération et l'élimination des déchets) *Prospective des déchets dans le monde à l'horizon 2010* , avril 1992
54-55 - Morand de Jouffrey, Pauline, *Démembrement clinique et cognitif de la recherche de sensations*, (thèse 1992)
Enquête de Balter, 1989, et de Dunbar, 1989
56-57 - Goldsmith, Edward, Hildyard, Nicholas, *The Earth report 2*, General Editors, 1990
58-59 - Annuaire des statistiques du travail du BIT (Bureau international du travail), 1991
U.S Bureau of Labor Statistics
60-61 - OMT (Organisation mondiale du tourisme) ,1991
62-73 - World Resources Institute 1990
UICN (Union internationale de la conservation de la nature et de ses ressources)
74-75 - Le Bris, Sonia, *Rapport*, centre de recherches en droit public, université de Montréal-Canada
76-77 - Attenborough David, Withtfield Philip, Moore, Peter D., Cox Barry *Atlas du vivant* , Nathan, 1991
78-79 - *L'État du monde* , La Découverte, 1992
80-81 - Chalmin, Philippe, (sous la direction de), *Cyclope, les marchés mondiaux*, Economica, 1992
82-83 - *L'État du monde*, La Découverte, 1992
84-85 - Gentilini, Marc, Duflo, Bernard, *Medecine tropicale*, Flammarion 1991
Pilly, Eugène, *Maladies infectieuses*, C. et R., 1990
86-87 - *International Narcotics Control Strategy Report*, BINM (Bureau of International Narcotics Matters), mars 1990
88-89 - Roelants du Vivier, François, *Les vaisseaux du poison*, Sang de la terre, 1990
90-91 - *Courrier international*, mai 1992
Greenpeace, Office fédéral pour l'environnement
92-93 - Lemechev, Mikhaïl, *Désastre écologique en URSS*, Sang de la terre, 1991
94-95 - Victor, Paul-Émile et Jean-Christophe, *Planète Antarctique*, Robert Laffont,1992
96-97 - Vallaud, Pierre, Messarovitch, Yves, *L'Économie internationale en mouvement 1992*, Hachette, Pluriel
L'État du monde 1992, La Découverte
Paraire Philippe, *l'Utopie verte*, Hachette, Pluriel, 1992
98-99 - UNESCO
100-101 - HCR (Haut-Commissariat des Nations Unies pour les Réfugiés), données de 1970 à 1989
102-103 - Strong, Maurice F. (préface de), Burger Julian, *The Gaia atlas of first peoples*, Anchor books, 1990
104-105 - Sfeir, Antoine (sous la direction de), *Les Cahiers de l'Orient*, à paraître
106-107 - *Géo*, décembre 1991
Kidron, Michael, Segal, Ronald, *Atlas encyclopédique du monde*, Calmann-Lévy, 1989
108-109 - Heinrich, Dieter, Hergt, Manfred, *Atlas zur Ökologie*, DTV (Deutscher Taschenbuche Verlag)
110-111 - AIEA (Agence internationale pour l'énergie atomique) 1992
112-113 - Rapport sur le développement dans le monde de la Banque mondiale, 1992
114-115 - OMS (Organisation mondiale de la santé)
116-117 - Cahiers français n° 250, *Environnement et gestion de la planète*, Documentation française, 1992
La Tribune de l'Expansion du 20 mai 1992
118-119 - *État de l'environnement* , OCDE, 1991

Bibliographie

Allègre, Claude, *Économiser la planète*, Fayard, 1990
Allègre, Claude, *Introduction à une Histoire naturelle*, Fayard, 1992
Barrère, Martine (sous la direction de) *Terre, patrimoine commun*, La Découverte, 1992.
Bombard, Alain (préface de), Roelants du Vivier, François, *Les vaisseaux du poison*, Sang de la terre, 1988
Bougrain-Dubourg, Alain (préface de), Balouet, Jean-Christophe, *Ces espèces qui disparaissent*, Ouest-France,1990
Brown, Lester R., *L'État de la planète*, Economica, 1992
Brunel, Sylvie, *Une tragédie banalisée*, Hachette, Pluriel Intervention, 1991
Cans, Roger, *Le monde poubelle*, First, 1990
Cans, Roger, *Tous verts !*, Calmann-Lévy,1991
Copel, Étienne (général), *Le nécessaire et l'inacceptable*, Balland, 1991
Copens, Yves, *Le singe, l'Afrique et l'homme*, Hachette Pluriel, 1985
Cousteau, Jacques-Yves, *Encyclopédie*, Robert Laffont
Cousteau, Jacques-Yves (préface de), Balouet, Jean-Christophe, Alibert, Éric, *Le grand livre des espèces disparues*, Ouest-France, 1989
Étienne, Jean-Louis, *Transantartica*, Robert Laffont, 1990
Fort, Monique, *La Terre*, Rageot, 1992
Fottorino, Éric, *Le festin de la terre*, Lieu Commun, 1988
Goldsmith Edward, Hildyard, Nicholas, *Rapport sur la planète terre*, Stock, 1991
Goldsmith, Edward, Hildyard, Nicholas, Bunyard, Peter, Mc Cully, Patrick, *5 000 jours pour sauver la planète*, Le Chêne,1990
Gould, Stephen Jay, *La vie est belle : les surprises de l'évolution* Seuil, 1991
Gribbin, John, *La terre serre*, Robert Laffont, 1992
Hulot N. (préface de), Girardet, H., Seymour, J., *Sauvons la planète* Hachette, 1990
Hulot, Nicolas, *États d'âme*, Lattès, 1991
Kandel, Robert, *Le devenir des climats*, Hachette, 1990
Kouchner, Bernard, *Le malheur des autres*, Odile Jacob, 1991
Labeyrie, Jacques, *L'homme et le climat*, Denoël, 1985
Labrousse, Alain, *La drogue, l'argent et les armes*, Fayard, 1991
Laïdi, Zaki, *Enquête sur la Banque mondiale*, Fayard, 1989
Langaney A., Hubert van Blijenburgh N., Sanchez-Mazas A., *Tous parents, tous différents*, Chabaud, 1992
Le Roy Ladurie, Emmanuel, *Histoire du climat depuis l'an mil*, Champs Flammarion, 1983
Lecourt, Dominique, *Contre la peur : de la science à l'éthique, une aventure infinie*, Hachette, 1990
Lemechev, Mikhaïl, *Désastre écologique en URSS*, Sang de la terre, 1991
Lovelock, James, *Les âges de Gaïa*, Robert Laffont, 1990
Notre avenir à tous, rapport de la Commission mondiale sur l'environnement et le développement, Édition du Fleuve, Québec, 1990
Paraire, Philippe, *L'Utopie verte*, Hachette, Pluriel Intervention, 1992
Pelt, Jean-Marie, *Le tour du monde d'un écologiste*, Fayard, 1990
Pharabod Jean-Pierre et Schapira Jean-Paul, *Les Jeux de l'atome et du hasard*, Calmann-Lévy, 1988
Philibert, Cédric, *La Terre brûle-t-elle ?* Calmann-Lévy, 1990
Reeves, Hubert (préface de), Porritt Jonathan, *Sauvons la Terre*, Casterman, 1991
Robins, Nick, *Impératif écologique*, Calmann-Lévy, 1992
Serres, Michel, *Le contrat naturel*, François Bourin, 1990
Tardieu, Vincent, *Forêts des hommes*, Robert Laffont, 1992
Tazieff, Haroun, *La prévision des séismes*, Hachette, 1989
Victor, Paul-Émile et Jean-Christophe, *Planète Antarctique*, Robert Laffont 1992

Revues et périodiques

Courrier international, Europe 1993, Alerte à l'écologie !, hors série n°2, mai 1992
Géo, avril 1990, décembre 1991
Grenon Michel, *Développement et environnement. Sauver la Méditerranée, problèmes politiques et sociaux*, n° 674, La Documentation française, 1992
Le Nouvel Observateur, Demain la terre, collection Dossier n°11
L'homme en danger de science? Le Monde diplomatique, mai 1992
L'État de l'environnement, OCDE, 1991

Achevé d'imprimer sur les presses de Publiphotoffset - PANTIN en septembre 1992
N° d'éditeur 12196